吉野作造選集 1

政治と国家

岩波書店

編集

松尾尊兊

三谷太一郎

飯田泰三

凡例

一　本巻には、一九〇五年一月から一九二九年四月に至る吉野作造の政治理論・国家観に関する論文を収録した。排列は発表年代順とし、初出の新聞・雑誌等を底本とした。なお、本巻の参考資料として、海老名弾正と木下尚江の二論文を、巻末に二段組みで収めた。

二　底本を可能な限り尊重したが、次の諸点については整理をおこなった。

1　漢字は原則として新字体を用い、異体字等はおおむね通行の字体に改めた。

2　合字は通行の字体に改めた。

3　句読点、中黒などについては基本的に底本のあり方を尊重したが、特に必要と認められる箇所に限り補正した。行間に付された傍点等については極端に多用されているものは省いた。

4　底本の明らかな誤字・誤植は正した。

5　振りがなについては、原文(原ルビ)を尊重しながら、編者によって新かなで付した。

6　底本にある引用符は慣用に従って整理したが(引用文や論文名などは「　」、書名・雑誌名などは『　』、引用符が原文にない場合はそのままとした。

三　編者による注記は次の原則によりおこなった。

誤記等によって文意が通じ難い箇所には、行間に〔　〕を用いて注記を加えた。また、脱字及び特に注記が必要な場合は、本文中に〔　〕を付して補った。印刷上のかすれなどによる判読不能の文字には□をあてた。

目次

凡　例

政治と国家

本邦立憲政治の現状

善良なる政治の二条件……立憲制度の精神……立憲政治の完全に行はるゝに必要なる二条件……我国の現状……現時の政治に対する吾人の態度

（一）

（一）凡《およ》そ国家の政治其宜しきを得て四海安康国運振張の実を挙ぐると否とは専ら係りて次の二条件に在り。曰く治めらるゝ者(広く之を人民と云はん)が治むる者の適法なる施置に遵従《じゅんじゅう》する誠の厚きこと、曰く治むる者が政を行るに放縦《ほうしょう》ならず一定の道規に準拠して国家の目的を達するに務むること、是也。

（二）夫《そ》れ国家は非常に多数なる人類の集合なるに拘《かかわ》らず能《よ》く儼然として纏《まと》まりたる一体を成す所以《ゆえん》のものは、上に最高の主権者ありて下万民を統制し給へばなり。然れども上主権者が能く主権者たるを得るは、下万民に之を仰ぎ之を奉ずる忠誠の志あるに依るものなくんば非ず。果して然らば夫の万民を統一し之をして団体生活に集中せしむるの求心力は、主権其者なりと云はんよりは、寧《むし》ろ主権を主権として崇敬し之に対して絶対の服従を捧ぐる所の人民の忠誠に在りと云ふを適当なりとす。故に此忠誠の志の厚薄は、やがて団結張弛の因にして即ち国家強弱の岐《わか》るゝ所たらずんば非《あらざ》る也。

（三）人民に忠誠の志厚ければとて、若《も》し上に在りて政柄を握る者の施置其宜しきを得ざるときは亦国家の強大は期すべからず。国家の発達を期するの目的より云へば主権の発動を一定の道規に遵拠せしむるの必要あり、国家の目的理想より推論したる一定の理法を以て主権の行動を整ふるを必要とするなり。且つ治者の施設其宜しきを得ると否とは人民忠誠の志を冷熱高低せしむるに著大の効あるものなるが故に、治者の行動に適当にして鮮明なる規道あるは、独り政治の目的を達するを得るのみならず、また益々下忠誠の志を深からしむる所以也。

(四) 故に国家に善良の政治の行はれんことを欲せば、被治者に於いて顧《かえりみ》る所なかるべからず、又治者に於いて顧る所なかるべからず。

(二)

(一) 国家の到達すべき窮極の目的は如何と云ふ根本問題に対する哲学的解決は暫《しばら》く之を避けん。最も卑近なる事実の観察に従へば一国の政治は先づ其国の生存発達を以て直接の目的とすることは些《いささか》の疑を容れず。而して国家の生存発達は人民全体の精神的幷びに物質的平安進歩を謀ることに依りて達せらる。蓋《けだ》し国家と人民とは元と利害を異にするものに非ず又異にすべき者に非ず(是れ国利民福と併称する所以)。政治上諸般の施設の効果は須《すべか》らく常に人民の利益の上に在らしむるを要するもの也。故に国家の生存発達を以て主要なる目的とする所の政治は、必ずや人民全体の安寧進歩を以て念とせざるべからず。善良なる政治とは畢竟《ひっきょう》人民に安寧を供し其進歩を補《たす》くるに効ある政治を云ふに外ならず。是に於てか「主権の行動は人民全体の精神的物質的利益を保護進捗《しんちょく》するを目的とすべし」と云ふことは、政治上動すべからざる大原則となれり。

(二) 此原則は善政を布《し》きて国利民福を進めんと欲する治者の必ず採用せざるべからざる所なり。併し治者は法律上無限の権力を掌握する者なるが故に、治者の此原則を採用するはもと其義務に非ず、之に準拠するとせざるとは固《もと》より其自由なり。然らば此原則の採用――従つて国利民福の進捗――は賢明なる治者の在世に於てのみ之を望むべく、然らざる治者の下に於いては動《やや》もすれば専横下虐の弊を生ずるの憂なきにあらず。斯《かく》の如んば即ち政治の善悪国家の盛衰は一に治者たる自然人の賢愚明暗によりて左右せらるゝことゝなり、永遠に国家の発達を期するの望み甚だ少きに至るものと云はざるを得ず。是に於いて、治者の賢愚明暗に拘らず永遠に人民の利益を進捗するを得る(少くとも人民の利益を無視せざる)政治を為さゞるを得ざらしむる永久的の一制度を創設するの必要を生ず。

(三) 且つ近代の政治は極めて稀《まれ》なる例外を除いては元首自ら政務の万機に亘りて之を独裁すると云ふことなし。近代政務の多端なるや如何に賢明の元首と雖《いえど》も悉《ことごと》く之を親裁摂行するに堪えざるなり。是れ即ち各国悉く内閣の制を樹て各省大臣を最高の為政官として国務に与《あずか》らしむる所以なり。されば或る意味より云へば近代の政治は内閣諸大臣の掌る所なりと云ひて可なり。法律上の主権者は別に存すれども、政治上主権の発動は内閣諸大臣の方針に出づるを以て也。而して内閣諸大臣が夫の原則を奉じて民利の進捗に務むるや否やの必し難きは、猶ほ君主が此原則を採用するや否やの必し難きが如し。動もすれば君主を擁蔽して自家階級の利益を専らとするの弊に陥ゐり易きことは古今の事例に炳焉《へいえん》たる所たり。是に於いて、内閣有司の行動を監視し、彼等をして夫の原則を無視するを得ざらしむるの永久的制度を創設するの必要を生ず。

(四) 立憲制度は実に之等の必要に応ぜんがために発生したるものなり。蓋し立憲制度の眼目とする所は、(一)国務に関する元首の命令は必ず大臣を経由せしめ以て君主の専横に流るゝを防ぎ、(二)民選代議士を以て議会を組織し以て政府の行動を監督し人民の利益を主張せしむるに在り、中にも民選議院を以て最も著しき特徴となす。但し斯くして組織せられたる議会は十分に人民の利益を主張するを得るか。思ふに人民全体の利益は人民自身最も能く之を知るべし。故に人民の意見は実際為政の局に当る者の必ず傾聴せざるべからざる所なり。然れども近代の国家に於ては人民の数極めて多きを以て事毎に一々其意見を徴し、之を概括して所謂《いわゆる》輿論なるものを発見すること頗る《すこぶ》困難なり。故に人民をして其代表者を推挙せしめ、此少数の代表者をして人民の意見を代り表せしむること丶なれり。斯くして選ばれたる代議士は実に人民の意見を代表するもの也。若し彼にして人民の利益を十分に主張せざらん乎、人民は自由に之を排斥し、他の適任者を推挙するを得べきを以てなり。故に民選議会は結局人民の選挙権に制せられて政府監督の大任に堪ゆるの理なり。之に依りて之を観れば所謂立憲制度とは、元首の行動は政府之を制し、政府の行動は議会之を監督し、議会の行動は人民之を監視するの制度にして、人民をして政治の得失に対する終極の判定をなさしめんとするものなり。換言すれば人民を以て確定的の政治勢力とするの制度なり。

(三)

(一)「主権の発動は人民全体の利益を保護進捗するを以て目的とすべし」といふ大原則を完《まっと》うするに上に述べたる立憲制度は果して適当なりや否やの問題に対しては、更に多くの政治的経験を観察し一層精密なる考察を積める後に非れば軽々に之を答弁し去るを得ず。然れども現在に於て此立憲制度は、実行し得べき各種の考案中最善の制度なることに至つては何人《なんぴと》も疑はざる所なるに似たり。而して予輩は茲《ここ》に只二つの仮定を許すならば此制度は夫の大原則を十分に完うするを得る理想的制度なりと云ふに躊躇《ちゅうちょ》せざる者なり。其二条件とは何ぞや。(一)選挙を為す者が善良なる代議士を選挙するの明あり且つ其行動を監視するの十分なる能力あること、及び(二)議会に政府を監督するの実力あること即ち政府は議会に対して政治上の責任を有すること、即ち是なり。茲に予輩は敢て代議士其人に於ける政治的能力の具備を挙げず。固より立憲政治運用の妙は代議士其人の人格如何に依ること極めて大なりと雖も、代議士の人格如何は畢竟選挙者其人の見識如何に是れ依るものなるを以て、既に選挙者の能力を以て一条件とせし以上は最早《もはや》代議士の人格は問はずして可なり。如何に代議士たる者の智徳を糺《ただ》すとも選挙者其人にして不見識ならば其用なしと信ずる也。

（二）上述の如く立憲政治は、政治勢力の中心たるべき人民の、高明なる見識と健全なる判断とを前提す、人民にして斯《こ》の見識と斯の判断とを欠かば何を以てか能く議会を監視することを得んや。人民にして議会を監視するを得ずんば即ち立憲制度の効用は全然没却せられたるものと云はざるを得ざる也。然れども実際上人民の総が這般《しゃはん》の能力を具有するといふことは固より之を期し難し。故に「人民を政治勢力の中心とする」の主義に悖《もと》らざる限りは人為的に能力陥欠の分子を排斥し健全なる部分のみを以て政治勢力を組織せしむるの必要あり。只如何なる標準を以て此両者を区劃すべきやに至りては人に依りて各々其見る所を異にすべし。詳しく云へばかの未成年者の如き、婦女子の如き、犯罪者の如きを政治圏外に排し去るべしとするの一点は何人も異論なきが如しと雖も更に此上に或標準に依りて淘汰の歩を進むべきや否やといふに至りては議論の分かるゝ所なり。併し此問題は其国々の人民の智徳の程度に基きて決せらるべき事実問題にして、既に一旦人為淘汰を認容せる以上は最早理論上斯くあるべしといふが如き問題にあらざる也。個人の平等自由と云ふが如き抽象的独断を以て普通選挙論を主張するものは此点を誤れる者なり。未成年者、婦女子、犯罪者等を除外しても猶ほ他に政治的能力の十分ならざる者多しとせば、更に適当なる標準を以て政治勢力の範囲を縮少するの必要あるや論を待たざる也。故に総ての人民が悉く政治能力を具有せざる今日の状態の下に於て立憲政治の美果を収めんと欲せば、（一）人民を教育して速かに這般の能力ある人物たらしむるに務むると共に(衆民教育の問題)、(二)適当なる標準を以て健全なる政治勢力を組織せざるべからず(選挙法立案の問題)。

(三) 政府が議会に対して責任を有せず、議会の決議を無視して其意思を遂行するを得るとせば、仮令《たとい》前項の条件を具備すとも政治勢力の中心は人民に在らずして政府に在ることゝなり、政府の専横を防がんとする立憲制度の主意は没却せらるゝものと云はざるべからず。然らば政府と議会との関係は如何にあるべきものなりや、之れ大に識者の考察を要す。今議会と政府との関係に就き西洋先進国の実例を案ずるに、(一)英国の如く大体に於て政府は常に下院に於ける多数政党の占むる所にして、政府党が下院に多数を占むる間は政府は其地位を保ち、若し多数党たるの実を失ひ反対党却《かえつ》て多数となり、為めに議会の反対決議に遇ふときは、現政府即ち辞職して反対党に其席を譲るの制あり(政党内閣制といはん)、(二)仏国の如く必ず多数党を以て政府を組織すると云ふことはなけれども、議会の反対決議に遇へば現政府は必ず一部又は全部の更迭を為すの制あり(責任内閣制といはん)、(三)独国の如く政府は議会の反対決議に遇ふも敢て辞職せず、議会は政府に対して僅に或一部の国務に関して薄弱なる消極的監督権を有するに過ぎざるの制あり(超然内閣制といはん)。此三つの制度のうち何れか最も立憲主義の精神に適するや。

(四) 超然内閣制は立憲政治の主意に反す。何となれば此制に於ては議会の政府に対する権力は消極的にして、而かも其監督の力を及ぼし得るは或一部の国務に限り、他の多くの重要なる国務に付ては政府は議会の決議を無視して其意思を遂行するを得るが故に、実際の国権発動の原動力は政府にあり。もし議会にして甚しく政府の意思に反《そむ》く時は却て解散を以て脅かさるゝの恐あり。即ち政府が主にして議会が客たるの有様也。故に人民の勢力は制度上確定的に非ずして政府の専横は直接に之を防ぐことを得ず。然らば人民の政治勢力を確保するを目的とする立憲主義は十分に発揮せられざるものと云はざるべからざるを以てなり。但し(イ)政府に在る者非常に賢明にして、安んじて国務を托するを得るのみならず、(ロ)多数議員の智徳の度頗る低くして到底政府監督の任に堪えず寧ろ政府の施設を妨害するの恐あるが如き場合に於ては、一時已《や》むを得ざるの必要として超然内閣を忍容するの理由なきに非ず。然れども永久の制度としては此制の採るべからざるや多く弁ずるを待たざるべし。蓋し(イ)政府在職者の賢明は永久に期し難く、時として過失なきを得ざるのみならず又往々其職を利用して私曲を営むもの丶生ずるなきを保し難し。(ロ)議員の能不能はもと人民の明不明にか丶る。人民の智徳日に月に進歩するを以て大体の趨勢なりとせば、議員の見識も年と共に進むものと見ざるべからず、故に超然内閣の制は一時は之を忍ぶべきも、決して永久の制度に非ず。已むを得ざる必要として一時許されたる超然内閣は、寧ろ国家に対して衆民教育を盛にし一日も早く立憲主義の本旨に適《かな》ふ内閣制に移り得るやうに準備を怠るべからざるの義務を負担するものと云ふべき也。

(五) 予の信ずる所に依れば、立憲主義の真髄を得たるものは実に責任内閣の制度なり。此制に於ては議会の多数党と政府とは固より何等の交通なく従つて両者の意思は必ずしも一致するを必せずと雖も、若し両者其見る所を異にするときは、(イ)政府一歩を譲りて議会の主張に服従するか、(ロ)又は政府其職を辞し若しくは之を改造して議会と調和するに至るものあるを以て、議会を以て政府の監督者とするの主意最も明了に発揮せらる。蓋し立憲主義の本旨は人民の勢力を確定的政治中心とするに在るを以て、政府を抑へて議会を立て、之を主として彼を客とするを当然とするを以て也。故に苟《いやし》くも立憲制を採用すといふ以上は必ず此責任内閣制に帰せざるべからざる也。

(六) 政党内閣制も実は責任内閣制の一変態にして固より立憲主義の精神に反するものに非ずと雖も、此制は或特別の条件を具《そな》へざれば行はれず、又其条件を具ふれば必ず行はるべきものにして、必ずしも之に非れば立憲制の本義を得ずといふが如きものに非ず。蓋し政党内閣制の行はるゝには、(一)議員が大体に於て二大党派に分れ、其何れかの一方が常に絶対的過半数を有せざるべからず。(イ)若し政府党が絶対的過半数を有せざるときは、政府の施設が悉く議会の賛助を得るに由なし、(ロ)政府党多数たるの実を失ひて辞職するに際し、反対党が絶対的過半数を有せざる時は、代りて政府を組織すべき政党なく従て政党内閣制は破るゝことゝなるべし。故に政党内閣制は常に二大党派の存することゝ、其何れかの一方が必ず絶対的過半数を有することゝの二条件あるに非れば行はれざるものなり。之を我国の現状に比較するに最多数の議員を有する政友会すら議院に於ける勢力は百三十七名に過ぎずして全体の半数に及ばざること遠きを以て、我国に於ては政党内閣制は行はれ難しと云はざるを得ず。(二)且つ夫れ政府は国家最高の官府なり、之に当る者は国家最高の識量ある者ならざるべからず。されば政党内閣が好果を収めんには、国家有用の人材が悉く政党に集ることを必要とす、若し政府を組織するに堪ゆる程の人材が却つて多く政党以外に在るときは、政党内閣は決して望ましきものに非ず。故に仮令政党内閣の存在に必要なる条件を具備するとも、若し其政党にして適材を有せざるときは、政党内閣は寧ろ危険なる制度なりと云はざるべからず。思ふに立憲制度の憂患の一は議会と政府と無用の争論に精力を濫費し以て甚しく国務を渋滞せしむるに存す。併し此弊の由来を研究せず強《しい》て多数党を政府に立たしめ所謂多数専制の実を挙げんが為めに政党内閣制を利用するが如きは、実に国家の一大深憂と云はざるを得ず。

〔以上、『新人』一九〇五年一月〕

(四)

（一）我国は明治二十三年以来、立憲主義を採用せりと云はる。併し立憲主義の政治が実際上良結果を収むるには、前項論明せる如く(a)選挙民の政治的能力の相当の程度に進めること、(b)責任内閣の制度の確立せられ居ること、の二条件の存在を必要とす。本邦現時の状態は果してこの二要件を具備するや否や。

（二）選挙民の状態は如何。抑《そもそ》も議員公選の権利は臣民の政治的人格を公認せるに伴ふ必然の結果にして、臣民の政治的人格は其智徳の発達相当の程度に達せることを予想して公認する所也。是れ智徳の発達せざる者は以て公選の権利を行ふに堪えざればなり。然らば此公選の権利を臣民に附与するは実に国家がそれだけ臣民の智徳を尊重する所以に非ずや。臣民たる者当《ま》さに小心翼々として此貴重なる特権を善用し、以て国家の自己に対する尊重に孤負すべからざる也。不幸にして我が選挙民の多数には斯の念慮なし。是れ既に事実の語る所、夙《つと》に識者の認む所、予輩の立証を待ちて始めて明なるに非る也。人或は曰く選挙権者中其権利を抛棄するもの我国に於ては英仏諸国よりも少し。見よ選挙権者百人に対し実際選挙の権利を行使する者英国に在りては五十六人、仏国にありては七十五人独国に在りては六十七人に過ぎざるに、我国に於ては独り八十七人の多きに達す。是れ我国に於て却《かえっ》て政治思想の普及せる確証に非ずやと。予輩以為《おもえ》らく然らず。(イ)先づ選挙権者の全人口に対する割合を見よ。我国に於ては全人口一千の中選挙権者の数僅かに二十一人に過ぎず。然るに英国は百六十五人、仏国は二百六十五人、独国は二百二十人にして三国を通じて之を平均すれば二百十八人、即ち正さに我の十倍たり。然らば彼に在りて棄権者の多き固《もと》より深く怪むに足らず。況《いわ》んや彼は概して普通選挙又は之に近き制度を採るが故に彼の選挙権者は下層階級の多数を含み、而かも棄権者は比較的之等下層の人民に多かるべきに於てをや。(ロ)今姑《しばら》く西欧諸国との比照を離れて考ふるも、之等多数の選挙権行使者が如何の動念に導かれて其権利を実行するに至りしやは、頗《すこぶ》る疑を容るゝの余地なきに非ず。之は市会議員選挙の話なるが去秋関東の某大都市に於て市会議員補欠選挙のありしとき、他に競争者なく某氏の一人舞台となりしかば、一般公民は為めに何の物質的利益をも得るに由《よし》なければとて棄権せしもの八割の多きに及びしと云へり。是れ只一例のみ。何の利益もなき時には棄権するを憚《はばか》らざる臣民が、何故に国会議員の選挙の際にのみ挙《こぞ》りて選挙の権利を行使するや。我国の選挙権実行者の数西欧諸国よりも少しく多ければとて、直に之に依りて政治思想の普及を論結するは決して早計の譏《そしり》を免るゝを得ざるなり。

(三) 臣民の智徳発達の程度頗る低きの結果は既に十有五年の政治史上に顕然明白たり。予は今一々其事例を摘挙するの煩《はん》を取らじ。只其事実を概括して次の如く云はんとす。曰く臣民は帝国議会に対して幾何《いくばく》の勢力をも有せず。況んや議員の国家的行動を督励するが如きは思ひも及ばざる所なり。偶々《たまたま》議員に迫る事あらばそは必ず地方的私利私益を目的とするの類たるのみ。故に議会は遂に清議公論の府たるを得ず。そも社会文明の進歩は日に月に浸々として暫くも熄《やす》まざるに帝国議会の醜雲は徒《いたず》らに停滞して今に至り又将来に及ばんとす。去れば(イ)一方に於ては奸悪なる政府の誘ふ所となりて小利小益の為めに天下の大節を屈し、益《ますます》国家の禍害を深からしむ。蓋《けだ》し監督機関と執政機関と黙契して国政を弄する、国患之より大なるはなし。(ロ)又他方に於ては議院自ら政府案に協賛を与ふるの報酬として自家の要請の採諾を政府に求む。政府之を容るゝは明かに私曲なり。之を容れずんば即ち議会は徒らに喧々擾々《けんけんじようじよう》として必要なきに政府の行動を妨ぐるに至る。彼等の要求を容るゝも国の憂なり、之を容れざるも亦国の憂なり。斯くして国家の終に到達する所果して如何の地ぞ。

(四) 更に翻《ひるがえ》つて議会と政府との関係を見よ。思ふに立憲制度施行以来の我国の内閣制は大体に於いて超然内閣なりき。予輩は先きに超然内閣の制は明に立憲主義の大旨に背反し、一時已むことを得ざる経過的制度としては暫く其存在を許すを得べけんも、永久の制度としては不都合なることを述べたり。故に一時の経過的制度として其存在を忍容せられたる超然内閣は、深く超然内閣制の本来立憲主義に添ふものに非るを思ひ、鋭意健実なる政治思想の普及を助け国民智徳の上進を図り、以て速かに責任内閣制の樹立を見るに至る様準備を怠るべからざるの責務あり。此準備を怠らざればこそ超然内閣制は是認せらる、を得るなれ。若し之を怠らん乎、超然内閣制は独り存在の理由を没却するのみならず、又実に立憲主義の敵なりと云はざるべからず。不幸にして我国の超然内閣は実に之を怠る者には非るか。思ふに是れ我国のみに限れるにあらじ。蓋し其由て来る所遠きものある也。乞ふ少しく之を説かん。

(五) 立憲制度はもと人民の要求に基きて発生せしものなり。今西洋に於ける沿革を観るに、彼国に於ては十四五世紀以前までは一般に専制の政治行はれ人民の政治的人格は普《あまね》く認められざりしが、此頃よりして世運こ、に一大変転をなし、従来久しく閑却せられたりし個人そのもの、充実は漸《ようや》く識者の注目を惹《ひ》けり。加之《しかのみならず》ルーテル以来の基督《キリスト》教の発達は益《ますます》個人それ自身の尊厳犯すべからざるを教へ愈々《いよいよ》人民自身をして其自由を主張せしむるに至れり。然れども諸国の君主多くは暗愚にして依然として専制の過を改めず、其暗愚ならざるものと雖も、人民の自由を認むるは即ち事実上自家特権の減縮なりとなし、強いて個人の発達を抑圧し以て自由の大勢に無益の反抗をなせしかば、人民は遂に一大反動をなし、遂に自家の主張を政治上に貫徹するを得るの制度を確立せんと欲し、是に於て鉄血の惨害をも辞せずして立憲制度の発生を促すに至れる也。故に立憲制度の確立は実に主民主義的運動の結果なりと云はざるべからず。

然り、立憲制度は主民主義的運動の結果として生ぜるものなり。然れどもこの主民主義的運動の結果として発生せる立憲制度の体様は固より一様に非ず。主民主義の最も極端に主張せられたる仏国の如きに在りては全く君権を顚覆して衆民共和の立憲制を確立したりと雖も、主民主義的運動の主張が只君権の行動に或制限を加ふるのみを以て満足せる諸君主国に於ては、政治勢力の全部が全く人民に帰するに至らずして、君主と人民との間に猶政治勢力の掌握を争ふの余地を残したり。是に於て狡獪なる政治家は巧に人民を欺罔《きぼう》して政治勢力を廟堂に留め、下人民の勢力をして僅かに消極的容喙《ようかい》権に過ぎざるものたらしめぬ。独逸《ドイツ》最近の政治史は実に其好適の事例に非ずや。而して我国の近時の事亦頗る之に似たるものある也。

（六） 夫れ維新の鴻業を成し新日本建設の功を遂げたるものは疑もなく薩長の先覚を中心とせる壮士の団体なりき。而して明治国家の政治勢力は其勲功に依りて彼等の肩上に帰しぬ、思ふに彼等が維新の大業に参ずるや其始め固より一点の私心なかりしならん、新政府創立の当初彼等に政権を私せんとの意思なかりしことは元年三月の五ケ条勅諭に依りて炳乎《へいこ》たり。然れども功成り一旦政府の要路に立つに及んでや自ら我は日本帝国の主人公、国家は即ち我れの国家なりとの感を生ずることゝなり、玆に漸く政権を自家一味の間に壟断《ろうだん》せんとの野望を起しぬ。而して此目的のためには自家の一味徒党の団結を更に緊密にするの必要あり、為めに彼等策を廻《めぐ》らして同《おなじき》を党《くみ》し異《ことなる》を伐《う》ち、先づ西郷を陥れ板垣大隈を排し、以て益残存功臣の密着を来し、遂に藩閥なる一派の政治的階級を作るに至れり。然れども世運の進展と共に主民主義の勢力また暫くにして我国の人心をも風靡し、やがて国会開設の請願となり、其運動頗る激烈を極めたりき。七年一月民選議院設立の建白に曰く、「臣等伏シテ方今政権ノ帰スル所ヲ察スルニ上帝室ニ在ラズ下人民ニアラズ、而シテ独リ有司ニ帰ス（中略）。臣等愛国ノ情自ラ已《や》ム能ハズ、乃《すなわ》チ之ヲ振救スルノ道ヲ講究スルニ唯天下ノ公議ヲ張ルニアルノミ、天下ノ公議ヲ張ルハ民選議院ヲ立ツルニアルノミ。則チ有司ノ権限ル所アリテ而シテ上下安全幸福ヲ受クルモノアラン」と。是豈《あに》当時の政治勢力の中心たる藩閥の一派に対する挑戦状に非ずや。藩閥が此運動を喜ばざるや情に於て当然なり。加之主民主義主張の中堅たるものは昔時の幕府方に多く、従つて其運動は専擅政治に対する反抗たることの外維新の功臣に対する旧敵の復讐とも見るべかりしを以て、両者の間には始めより悪感情の蟠《わだ》か〔ま〕るものありし也。故に藩閥政府は二重の理由に依りて主民運動を喜ばざりき。然れども主民主義は既に世界の大勢なり。大勢には抗すべからずして遂に二十二年帝国憲法の発布を見るに至れるなり。之等の歴史は立憲制度を採用したる今日猶ほ臣民と藩閥との対抗てふ奇観を現出せしめたるものなりとす。而して彼等元老を中心とせる閥族の階級が如何に政治勢力の広く人民に帰するを妨げしかは、夫の議会と政府と意見を異にせる時に当り啻《ただ》に自ら去就を決するの処置に出でざるのみならず、却て屢《しばしば》解散の処分を以て議員を圧迫せしの事実に依りて明なり。単に議会と政府と議合はざるの故を以て議会の解散せらるゝといふ事は丁抹《デンマーク》のウエストリューブ内閣の時代を除きては西欧諸国に於ても多く其例を見ざる所、かの超然内閣制の張本人にして本邦政治家の模範視せる独のビスマークすら社会党鎮圧条例を否決せるが為め只一回解散を断行せしのみなりき(一八七六年)。然るに我国の内閣は議会を見ること恰《あたか》も丁抹のウエストリューブの如くにして、解散の断行に付て左まで慎重の考慮を致さゞるに似たり。第五議会解散の際時の総理大臣伊藤博文氏曰く、「解散ハ大権ノ発動ニシテ閣臣苟クモ責ヲ取リ奏請奉行ス、必シモ一事一件ヲ以テ断案トスルヲ要セズ。然レドモ強テ断案ヲ求メバ今回ノ解散ハ博文衆議院ヲ以テ和協ニヨリテ大業ヲ翼賛スルノ望ナシト認メタルニ出ヅト断言スルヲ憚ラズ」と。之を公法学者の口より聞かば予はその堂々の明論に服せんも、之を立憲治下の宰相の口より聞く、誰か専擅暴悖《ぼうはい》に驚かざらんや。

今や我国の政権は斯の如き閥族の掌中に在り。それ超然内閣の制度は一時の経過的制度としては之を是認すべき理由あるが故に、政治勢力の大部分が一時閥族の掌中に在ることは其自身に於て深く憂ふるに足るものなしと雖も、現に政権を擁握する閥族が主義として政治勢力の広く人民に帰するを欲せず、力を尽して主民的運動の発達を阻害すとせば、是れ名を立憲主義にかりて実は階級政治に逆行するもの、誠に憲政の一大危機に非ずや。且つ彼等は所謂華族の無智なるを利用し其間に非主民的思想を注入し、自らをして平民以上の特別階級たるの感を抱かしむ。華族は即ち皇室の藩屏《はんぺい》にして人民の勢力に対抗して政府の専権を擁護するの先天的義務あるかの謬想《びゅうそう》に浸染せることの如何に深きやは貴族院の多数議員の思想と感情とに注意せし者の既に明に観取せる所たるや疑なし。この貴族一派とかの閥族一輩とは実に我が憲政の前途に横はれる一大難関たらずんば非る也。

(五)

(一)我国政界の現状や実に如上の如し。予輩は当に之に対して如何の態度を採らんとすべきか。抑も立憲政治の根蔕《こんたい》を為す者は実に一般人民なり。故に一般民衆を教育して之に憲政の運用に必要なる智識と道徳とを授くること先づ第一の急務なり。而して如何にして公民教育は達せらるべきやは別に特殊の大問題として攻究するの価値あるが故に予は更に他日を期して之を詳論するの光栄を有せんとす。

(二)公民教育の問題は云はゞ百年の大計なり。当面の急務としては先づ智徳ある者と之なき者とを分ち、其智徳ある者のみをして直接政治の事に関係せしむるを要す。此問題を具体的に云はゞ即ち選挙権の範囲を如何の標準により劃定すべきかの攻究なり。我国現行の選挙法は財産の多少を以て其標準とせり。思ふに国民中不健全部分は比較的下層社会に多く健全部分は比較的中産以上の階級に多かるべきを以て、財産の多少は固より好標準の一たるべし。然れども其標準たる財産の多少を如何の額と定むべきかは最も至難なる問題たり。且一旦財産の標準額を劃定せんか、一二特別の場合としては有資格者中に不良分子あるべく無資格者中に亦健全分子なきを保せず。是に於て更に有資格者中より不良分子を排し無資格者中より健全分子を拾取するの方法は亦大に講究せざるべからず。其他選挙権行使の上に於て選挙権者の敗徳を取締り其良心の自由を保護するに如何の方法を取るべきや等選挙法立案上の問題は大に吾人の研究を促すものある也。

(三) 事実上選挙民が議員の行動を監督するの実力を有せざる時は、議員の云為《うんい》に対しては何人も牽束を加ふる者なきを以て最も放漫専恣《せんし》に流れ易し。議員の放漫専恣に対しては選挙民の勢力の外は何物も之を制抑するを得ざる也。只已むなくんば選挙法上被選資格を如何に定むべきか又議員の行動を如何に取締るべきか等の問題につき僅に表面上の法規を以て満足せざるべからず。其他は専ら夫の公民教育の効果に待たざるを得ざる也。

(四) 内閣の制度に付ては速かに立憲主義の本旨たる責任内閣制に依るべきことを主張すべきか又は現今の超然内閣制の継続を許すべきか。此問題は議会が政府の行動に対して現に有し得る見識の程度と及び閥族の従来の行動とを彼此考覈《こうかく》して決せざるべからず。吾人の所信を簡単に白状すれば、予は固より閥族従来の罪過を認めざるに非れども、議会の見識に就ては猶大に疑惧を抱くを以て、寧ろ猶未だ済々たる多士を網羅する閥族に一歩を譲り、暫く超然内閣制の継続を許さんと欲するも、彼等従来の態度は徒らに民論の自由を束縛して政治勢力の普及を妨げんとするものありしを如何せん。吾人は殆んど策の出づる所を知らざる也。責任内閣制とするも弊あり超然内閣制とするも弊あるを以て也。

(五) 是に於て吾人は姑く内閣制度に付て建策立言することを止め、力を移して(イ)藩閥一系の頑迷を諭し速かに兜を主民主義の軍門に脱せしめ、(ロ)又議員を警告して大に自重自愛する所あらしめ、併せて彼の啓蒙と此の悟達とに依り二者相待ちて責任内閣制に到達せしむるの態度に出でんことを欲す。斯くして吾人は我国政界の進歩に対して多少の貢献を為し得べきを確信するもの也。

本篇は去年十一月六日新人社講演会に於て「政治勢力の中心」と題して述べたる演説の大綱を録せる者なり(吉野)

〔以上、『新人』一九〇五年二月〕

ヘーゲルの法律哲学の基礎

例言

一、明治三十六年九月予の東京法科大学に在るや、正課の講筵に侍するの傍ら法理学演習に参し、「ヘーゲルの法律哲学の基礎」なる課題を択び謹んで教を指導教授穂積陳重先生に乞ひ、越えて三十七年三月に至り、漸く覚束なき一篇の論文を呈して報告の任を遂ぐることを得たりき。本書は即ち其大綱を録せるものなり。

二、思ふにヘーゲルの研究は用語の困難なると思想の深遠なるとに於て先づ多大の労苦を感ず。加之《しかのみならず》彼の哲学は整然たる一大系統をなし前後相重畳聯絡して終始相貫通するが故に、彼の法律学説は固《もと》より唯一篇の Rechtsphilosophie に於て之を窺ふことを得べからず。完全なる理解は Logik より Geistesphilosophie の末尾たる『哲学史』に至る彼の全集を読破したる後に於て始めて之を能《よ》くすべきのみ。予の見る所を以てすれば、少くとも Logik の前文と『心霊哲学』中の一篇「主観的心霊論」(殊に其第三章「心理学」)とを一読するに非《あらず》んば以て彼の『法律哲学』を解すべからざるに似たり。斯れ豈《あ》に予が乏しき力と時との能く堪うる所ならんや。今本書を公刊するに当り、特に法理研究会の名を以て出版するを得たるは、予の大に光栄とする所なりと雖《いえど》も、亦時に誤を伝へて或はヘーゲルを累するあらんことを深く恥ぢ且つ恐るゝの情なくんばあらず。

三、ヘーゲルの法理学説は之を彼の『法律哲学』一篇のみに依りて知るを得べからざること既に述べたるが如し。故にヘーゲルの法律学説を研究せんとする者は、直接に彼の『法律哲学』に就きて其の内容を解明するに先《さきだ》ち、まづ緒論として彼の『法律哲学』を解するに必要なる前提的知識を得ざるべからず。予の本書に於て論明せんとする所は主として此前提的知識に限れり、之れ実に彼の法理学説の基く所なるを信ずればなり。若《も》し夫《そ》れ彼の法理学説の精細なる内容に至つては、直ちに彼の『法律哲学』に赴くべく又は Kuno Fischer の近世哲学史中ヘーゲルの部、若しくは Morris の Philosophy of State and History に就くも亦可なり。Stirling の Philosophy of Law 亦一部分を知るに足るべきなり。

明治三十七年十二月

吉野作造

ヘーゲルの法律哲学の基礎　目次

ヘーゲルの法律哲学の基礎

ヘーゲルの法律哲学は、彼れが根本的世界観の性質上、尨然たる一大哲学体系の一階段をなすものなるが故に、之を彼れが哲学体系の他の部分より全く離脱して独立に研究することを得ず。少くとも法律哲学研究の前提としては、彼れが哲学上の基礎観念と、其体系と、及び直接に法律哲学の前提となれる哲学の他の部分とを理解することを必要とす。故に以下三章に分ち、「ヘーゲルの哲学の基礎観念」、「其哲学体系に於ける法律哲学の地位」、及び「法律哲学」を論ぜんとす。

第一章　ヘーゲルの哲学の基礎観念

認識問題に対する見解　宇宙本体観　弁証法

(一)

近時哲学の研究は実験主義に傾き、吾人の知力は経験を超越することを得ず哲学の目的物は現象の範囲を出でずとするの学説盛に行はると雖も、第十九世紀の初代に在りては猶ほ理想派の学説大なる勢力を有し哲学的考究の目的物を以て現象以上の実在なりとなしき。ヘーゲルは実に此思潮の絶頂に位するものなり。今夫れ哲学の目的物は現象以上の実在なりとせば、吾人は果して現象を超越して直に其実在体を認識するの特殊の能力を有するや否やの問題は、実に哲学成立の必須の前提条件たるべし。此の前提問題を論究せずして直に実在問題に入るは非なり、又全然斯かる能力を認めざるも亦早計ならん。所謂《いわゆる》純正哲学の範囲に入りて直に実在問題を論究するの前、先づ吾人の認識力を批判するに非んば、吾人の論究は往々空論に帰するの恐あるべし。是れロック、カントこの方多くの学者が其哲学系統の一部として先づ認識問題を論ずる所以《ゆえん》なり。

認識とは智識を得る所以の過程を云ふ。認識して得たるものは智識なり、智識を得るは即ち認識に依る。凡そ認識の成立には二個の条件を必要とす、認識する主観及び認識せらるゝ客観是なり。抑《そもそ》も認識せらるゝ客観は認識する主観と離れて独立の存在を有する者なりや否や是れ大なる問題なり。所謂現象とは何ぞや。吾人は或物を認識すと云ふも、実は之を見て色の黒白又は形の方円を分ち之に触れて質の硬軟を知り、之等の知覚を綜合して玆《ここ》に或物を断定するに過ぎず、或物それ自身の認識と云はんよりは寧《むし》ろ主観的作用たる色形質等の知覚のみ。然らば即ち現象(認識せらるゝ客観)は畢竟《ひつきよう》主観内の事に外ならず、主観なくしては客観あることを得ざるものと云はざるべからざるが如し。之を要するに吾人の「自我及び外物に関する認識」は純然なる心識の状態に外ならざれども、通俗にはこの心識の状態そのものが客観即ち非我界に存在して認識の対象をなすものと信ずるなり。何故に斯く信ずるか、斯く信ずることを得る理由如何、吾人の意識以外に超主観的実在の存在することは何によりて之を知るか、其実在の本性は如何、実在の形式と認識の形式とは厳密に一致するものなりや否や。之れ皆認識論の問題とする所なり。而して之等の諸問題は之を次の二項に約して研究するを便とするが如し、一は認識と其内容又は対象との関係の問題にして、他は実在を離れたる単純なる認識作用のみの問題なり。

吾人の智識の源たる認識とは如何なるものなるか、正確なる智識は何によりて得らるゝものなるか。此問題に対して古来大略二様の答案あり、経験論及び超経験論是なり。経験論は智識の唯一の起源を経験に帰するの説なり。吾人の智識は経験によりて得たる結果の総体のみ、所謂理性に基く智識と云ふが如きは実は空想に過ぎずして真正確実なるものに非ず、智識の確実なる起源は後天的なる経験のみなりと主張す。ロック嘗《かつ》て曰く、智識とは外部的経験を以て心を充たすことなりと、以て此派を代表するの言となすべし。而して経験論の主張に従ふときは吾人の認識は到底現象界以外に及ぶこと能《あた》はず、所謂実在は吾人の経験することを得ざる所なるが故に、実在問題の範囲に於ては吾人は当然にスペンサーと共に不可知論を唱へざるを得ざるなり。然れども斯くの如きはヘーゲルの採る所の根本主義と相容れざること固より論を待たず。理想派の学者にありては「実在の認識の可能」即ち「万有の超経験的本性の認識の可能」を論証するの責任あること既に述べたるが如し、而して超経験的本性は固より経験によりて認識することを得べからざるを以て茲に別に経験以外の機関を以て認識の本質を説明するの必要を生ず。超経験論は即ち此必要に応ぜんがために、経験論に反対して起るものなり。其主張に曰く、吾人の智識中正確なりと称すべきものは吾人に固有せる且つ外界より受くる経験と全く無関係なる特殊の能力に基くものなり、経験によりて得たる所は正確ならず。何となれば之は倏忽《しゅつこつ》の状態を認識するに止り、事物の外観を決定するのみに過ぎず、即ち経験は Now と Here とに制限せらるゝを以て、之のみにては普遍必然なる智識を得るに由なければなり。智識の起源は経験を超越せる先天的能力にありと。而して此超経験説のうち、或はエックハルト又はセリングの如く、直覚によりて直に事物の真象を洞知するを得と説くものあり、又或はデカルトの如く、人は「考察によりて道理を知る」といふ本性即ち理性を賦有すと説くものあることは深く説明するを待たざる所なり。

智識の起源は単に外部的経験のみなるか、又は単に内部的理性のみなるか。二者の何れか一方のみに依りて智識の起源を説明せんとするは或は極端に失するの誹《そしり》を免れざらん。カントは乃《すなわ》ち認識の作用を以て内外二者の協働に出づるものとなし以て折衷の見を樹てたり。氏曰く、吾人の智識はもと経験によりて生ず。併し経験は智識の唯一の源にあらず。蓋《けだ》し認識は経験によりて始るも、吾人はこの経験に対して決して受動的に非ず。外物の刺撃によりて得たる経験をば更に固有先天の能力によりて斉整し、以て始めて智識を生ずるものなり。此先天的能力に三種あり。感覚(即ち外界の刺撃)を受容し、之に時間空間の形式を附与して知覚し得べき物体とするものを感性《ジンリヒカイト》といひ、感性の供する資料を受容し十二範疇の形式に依りて之を判断するものを悟性《ヘルスタンド》といひ、悟性の判断を心霊、自然、神の形而上的観念に綜合するものを理性《ヘルヌンフト》といふと。之に依りて見ればカントは経験を刺撃する外物(Ding an sich)を立するも、吾人の認識する所は畢竟「心意に具存する主観的形式に従て生ずる観念」に過ぎずとする者なり。物其自身は denkbar なれども erkennbar に非ずとするを以て、吾人の認識する客観は実は物其自身に非ず、認識の主体客体共に我を出でずと云はざるを得ず。カントの説は此点に於て関係的不可知論と云ふて可ならんか。

認識問題に対するヘーゲルの見解は如何。彼が『論理学』の前文に於てカントを評せるの言は正に氏の見解の一端を窺ふに足る。其要に曰く哲学の根本問題の論究に先ち、先づ認識の正否を論定せんとするが如きは到底不可能なり。吾人の思想は決して自己自身の妥当性を判ずることを得ず。仮令《たとい》之を判ずることを得べしとするも、其判断をなす所の思想に対して更に之れが正否を判定すべき第二の思想を要し、斯くして際限なかるべし。故に吾人の思想の客観的妥当性は、一々我が理性に於て然りと信ずる所に依りて判定するの外なし。寧ろ理性自身を信用し其断定する所に基きて論究を進むべきのみ。カントは物其自身は認識すべからずと云ふも其存在するものなることは之を許せり。故に理性を以て自我及非我の実在の本質を究め、其結果によりて認識力の正否を決すべき也と。思ふに認識問題は一方より云へば宇宙の本体に関する純正哲学上の問題より全然独立分離せしむることを得ず、実在の究竟問題より影響を受くることなくして認識問題の論究は進め難きものなりとの説は一理あるの言たり。故に理論上哲学の研究に於て認識論と実在論と何れを先とすべきかは一個の問題とするの価値なきに非ず。カントが認識論を先としたるに反しヘーゲルは之を後にすべしとする論者にして、先決問題として先づ実在の本質を究明すべきことを主張する者なり。去ればヘーゲルはいへり、哲学各部の研究に先ちて認識問題を第一に攻究するは、宛《あた》かも水中に入らずして游泳術を学ばんとするが如しと。然り游泳術は身を水中に投じて而して之を学ぶべし、認識力の正否は実在の本質を解明することに依りて自ら明瞭たるべしとすれば、ヘーゲルが、認識論をば実在問題の攻究以外に置かず、其の哲学体系の一部として研究せしことは、固より当然の事理なるべし(精神哲学中の Phänomenologie des Geistes)。従て彼の認識問題に関する見解を窺ふには先づ宇宙の本体に関する彼の思想の大体を知ることを必要とす。

ヘーゲルの考に依れば、物質及び精神の本体は唯一の理性《ロゴス》(又は道理)なり、吾人の心意は物質的天然と共に同じく万有の本性たるロゴスの有限界に於ける実存体なり。故に「本体の認識」としての哲学は、吾人が自己の本性たるロゴスを認識することによりて成立すべし。然らば哲学は自己が自己の本性を認識するによりて成立す、認識するものも認識せらるゝものも必竟同一なり。而して後にも説くが如くロゴスは弁証法によりて発展するの「道理」なるが故に、吾人は吾人の理性を純粋に弁証法によりて発展せしむるときは即ちロゴスを認識することを得べし。換言すれば本体は弁証法によりて吾人の認識の内容となるものなり。この「本体の認識」に至るまでの人類の理性そのもの、発展を論ずるものは即ち Phänomenologie des Geistes にして主観的精神論の一部たり。

斯くて人は「本体」を認識することを得るやと云ふ問題を論定するに先ち、ヘーゲルは先づ認識者と被認識者との関係を定めたり。万物は唯一の道理の発現なりとの提説は論証と云はんよりは寧ろ彼の独断する所にして、吾人の認識せんと欲する相手は即ち吾人自らの本性に外ならざるが故に、従て吾人は万有の本体を認識するの性能を固有すとするは固より彼の当然の論結ならん。然れども彼は全く経験を排斥せしに非ず。彼が認識の機関として経験と理性とを併挙したるは氏の「弁証法」を執るに基く特色にして、又他の理性論者と異る所なり。

ヘーゲル以為《おもえ》らくロゴスは万有の基本なり、然れども先づ人類の精神作用の対象となり以て意識の前提となるものは現象(即ち具体せるロゴス)なり。故に吾人の認識は第一着歩として観察に基かざるを得ず、智識の心中に生ずるには先づ経験を通過するの必要ありと云ふなり。併し乍《なが》ら人の本性は前にも述べたるが如く、全く経験と関係なくして真理と直接の交渉あるものなるが故に、吾人は受働的に経験(観察)によりて真理を知ることの外に、また能働的に理性(思考)によりて真理を識ることを得べきものなり。以上述ぶる所を以て見れば、智識は独り経験のみに基かず又独り理性のみにも基かずとするはヘーゲルの見地なり。然れども氏の説を誤解して智識には経験に基くものと理性に基くものとの二種ありとなす勿《なか》れ。蓋し世の学者或は観察と思考とを以て二個の相対立する別種の認識力となし、前者に基くを直接の智識と称し後者に基くをば間接の智識と称し、斯くて吾人の智識は此二種の智識を以て成ると説くものも少からず。斯くの如きはヘーゲルの採らざる所なり。彼の説に依れば、二者相対立するに非ず、二者は最高知識に達する一モメントに過ぎず。吾人の認識力は現象の理解より漸次、万有の合理的本質たるロゴスの理解にまで段階的に進むものなり。観察と思考とは理性的認識の弁証法的発展の要素をなすものに過ぎず。さればヘーゲルの認識は次の三段の発展をなして完全するものなり。

一、感覚　Empfindung　二、内察　Reflexion　三、思弁　Spekulation

即ち感覚に始まり内察を加へ茲に思弁となり始めて完全にして且つ確実なる認識は存するなり、思弁としては感覚内察の二要素の一をも欠くべからず。然るに今此三段の発展を無視し若したゞ感覚にのみ依るときは、未だ十分に事物の真相に徹底することを得ず、動《やや》もすれば独断論に陥るの弊なきに非ず。何となれば感覚は例へば肉眼に見ゆるが儘に識知するに止るの類にして、其内部の深遠なる関係を洞察するを得ざればなり。是れ彼が単純なる経験説を排する所以なり。又若したゞ内察にのみ依らんか、是亦前と同様にして、動もすれば懐疑論に陥るの弊多し。何となれば内察にのみよるときは、遂には吾人の感覚を信ぜず、智識は全く内界のことなりとなし、現象と実在とを別つことを知りて之を綜合することを知らざるに至るべければなり。認識の内容又は対象に関する夫《か》の朴素実在論及び観念論の如きはこの二誤謬の一に陥りたるものなり。

朴素実在論は認識の起源に関して経験説を採るものゝ必ず主張する所にして、吾人の智識は全く外界に実存する外物と精確に一致すと信ずる考なり。其説の要に曰ふ、吾人の識知する所は実存する事物の真相その儘なり。物体は実際外界に存在するものにして、所謂観念は其刺撃によりて生ずる結果に外ならず。而かも観念は外物の正直なる摸写にして、其外物自身と異る所は只物性(Dingheit o. Wirklichkeit)を欠くの一点のみと。ベーコンが「人の心は外物を映つす鏡(Passive mirror of an objective world)の如し」と云ひ、ロックが「智識とは外部的経験を以て心を充すことなり」と云ひしは皆この意味に外ならざるものなり。今ヘーゲルの立脚地より論ずれば、斯くの如き実在論は夫の「感覚のみによりて事物を知ることを得とするの謬見」に基するものなり。此説に依るときは、認識の範囲は現象に限局するを以て固より現象実在の区別論を生ずるの余地あるなし。現象即ち実在なりと前提し、哲学の如きは最早所謂「実在の学」にあらずして只「科学的智識の綜合」たるに過ぎざるものとなし、以て形而上学の成立を否認せざるべからざるに至らん。観念論は超経験論者の往々主張する所にして、吾人の智識は只吾人の心裡の意識のみなりとするの説なり。吾人の認識の直接の対象は観念即ち是にして、経験は決して真理を伝ふる者に非ずと云ふなり。プラトーの言は能く此説を代表す。曰く、吾人の経験する所は個々の事物なり、個物は千態万状生滅変化窮《きわまり》なし。今有りと云ふも直に無し。之に反して事物の概念は固定不動なり。若し世に不変不滅のものありとせば其は概念に相当するものならざるべからず。然り概念界は真に実在の世界にして、この浮き世は実に仮現に過ぎず。吾人の経験は宛かも真暗の中にありて鏡裡の映像を見るが如きもの也と。ヘーゲルは此種の説に対しても攻撃の矢を放ちたり。彼以為らく、観念論は内察にのみ是れ依りて感覚を無視せり。此説たるや経験論の欠点を指摘し、現象以外に於て一種の実在の原理存することを暗示するに足ると雖も、併し未だ之と現象との関係を究めて以て本体の真理を洞察するを得ざるの憾《うらみ》あり。且つ動もすれば夫の幻影論(Illusionism)に陥るの弊ありと。要するに、観念論は実在論の反措定のみ。二者は正措定及び反措定として更に第三段の綜合措定を発展せざるべからず。故に真理は見るがまゝの現象も実存し又現象以外に実存する原理もありと云ふ点に存すと云ふべきなり。去ればヘーゲルは純然たる朴素的実在論者にあらず又純然たる超越的観念論者にもあらず、寧ろ二者の綜合なりと云ひて可なり。何となれば、氏は宇宙の本体を以て、一面に於ては世界創造の以前より在るもの(即ち超現世的実在体のもの)となせども、他面に於ては固有の必至法により発展して現象界を構出し茲に始めて具体的存在を得たるものなりとするを以てなり。

(二)

根本原理に関する窮極的説明は元と唯だ一あるべくして二あるべからざるの理なるにも拘《かかわ》らず、古来諸学者の間に提唱せられたる学説は頗《すこぶ》る繁多を極めたり。而して之等の諸説中ヘーゲルの本体観は如何なる位地を占め、又如何なる特色を有するか。予は先づ茲に古今の哲学説を次の如く分類し、此分類中に於けるヘーゲルの位地を明にし、他の類似の学説との異同を弁ぜんと欲す。

ヘーゲルの一元論者にして其のうち唯心的一元論に属することは前述せし所にても明ならん。而して唯心的一元論は分れて抽象的唯心論及び具象的唯心論の二となる。此二者の別は少しく之を説明するの要あり。抽象的唯心論に於て立する所の根本原理は「一切現象の本性たると同時に又全く之等諸現象と離れて独立の存在を有し、

- 多元論
  - 唯物的
  - 唯心的
- 二元論
- 一元論
  - 唯物的一元論
  - 唯心的一元論
    - 抽象的
      - 主観的
      - 客観的
    - 具象的
      - 汎理論
      - 汎意論等
  - 超越的一元論
    - 抽象的
    - 具象的

而かも其《それ》自身に於ては毫も現実の要素を含有せざるものとして承納せられたる単独の精神的原理」なり。全然物質の実在を拒否し、物質は唯精神の現象に過ぎずとするもの也。而して之に主観的及び客観的の二種別あり、フィヒテの如きは前者に属し、プラトー又は旧派の耶蘇《ヤソ》教神学説の如きは後者に属すといふべきか。具象的唯心論は之に反して物心二界の森羅万象を以て仮象とせず、自己のうちに現実の要素を含有する唯一の精神主義（若しくは精神的なる Weltgrund）を承納す。万有の本体は唯一の心霊なれども、此心霊は本来不変不動のものにあらずして、現象界に開展し物質及び心霊となるべき運命を有するものなり。否な斯く開展することが本体の本性なりと見るなり。是れ別に合一的唯心論《イデンツテーツ・イデアリズム》又は汎神論《パンセイズム》の称ある所以なり。

この抽象的及具象的の区別の論は亦移して以て超越的一元論の分類にも応用することを得べし。只超越的一元論の他の一元論と異る所は、之にありては、物質にもあらず又精神にもあらず、二者を超越せる中性的実在を立して根本原理となすにあり。セリングの如きは抽象的超越一元論を唱へスピノーザの如きは具象的超越一元論を唱へたる者なりといふべし。

へーゲルは具象的唯心論に属す。思ふにカント没後、フィヒテは抽象的主観的唯心論を唱へ、自我を以て根本原理とせしが、次でセリングは其の欠点を発見し宇宙の本体を以て自我にもあらず非我にもあらず二者の根元にして物心の差別界を超越せる一種特別の実在なりとなし、之よりして自我及び非我を生ずるものなりと主張せり。然れども斯かる超越的実在は如何にして物質と心霊とを生じ得べきや、是れへーゲルの解する能はざりし所なり。然れどもフィヒテの唱へたる主観的唯心論も亦彼の解せざりし所なりき、蓋しフィヒテの如く自我を以て本体とすること自身は彼の必ずしも反対せざる所なりと雖も、之を「未発の第一段」とせず却《かえっ》て既成体と見做《みな》したるは彼の不可とせし所なり。是れへーゲルが同じく唯心論に属するに拘らずフィヒテの説を排し、根本原理を以て自我以外に猶客観的存在を有するものとなし自我と非我とは皆其発現に外ならずとせし所以なり。

　故にへーゲルの本体観を一言にして尽さんとせば「物心二界に貫通する統一的心霊」なりといひて可なり。物心二界に現はれたる上に於ての一元なり、二者の一を仮相とすることによりて、又或は二者を超越せる中性的実在を立することによりて始めて一元なりといふに非るなり。是れ最も重要なる点なりとす。へーゲル曰く、本体の一元たるべきことは純粋、始源的、抽象的の一元を謂《い》ふに非ず、差別によりて実現せらるる一元ならざるべからずと。故に差別を超越して一元を立つるも不可、差別のみを見て統一する所以を知らざるも亦不可なり。へーゲルがセリング及びカントに加へたる次の評言は此点に於て大に味うべきものなきに非ず。

　抑も絶対的本体を認識するには直観(Anschauung o. Begreifende)のみに依るべからず又悟性(Verstand o. Urteilende)のみにも依るべからず、須《すべか》らく二者の綜合たる理性(Vernunft o. Schliessende)に依るべきなり。然るにセリングは絶対の認識は intellektuelle Anschauung に依るべきものとせり。故に彼の見たる一元は本体の unmittelbare Einheit のみ。彼は一元哲学を唱へたるも、差別有限の中に統一無限の絶対を見ることを得ず、以て本体と差別界との関係を模糊たらしめしは誠に惜むべし。カントは之に反してたゞ事物の差別相を見るのみ、絶対の Vermittlung を見るのみ。有限差別界は能く彼の認識する所なれども無限絶対の実在は認識すべからずとなせり。彼の所謂「理性」はヘーゲルの所謂「理性」に非るなり。凡そ人の思考なるものは事物を分類するの働を有するのみならず又之を関係せしむるの作用をも含むものなり。この二作用を併せ有せざるものは思考に非らず、差別を知りて相関の理を知らざる者は実は未だ差別そのものの真義をすら知らざるものと云ふべし。夫れ万物は無数の差別なり。自我と非我と即ち物質と心霊とは差別の最も大なるものなりと雖も、而かも其間に統一の存するものあり。然らば此差別の世界は決して調和すべからざるものに非ず。蓋し差別とはもと統一を予想したる辞なり、統一なければ亦何ぞ差別あることを得んや。差別は即ち之を分つもの(統一)と関係せざるを得ざるなり。差別は畢竟其自身に於て統一を含むものたり。いな統一が発現して差別となれるものと見ざるべからず。是れカントの未だ思ひ至らざりし所なりとす。抑も真理の認識は理性に依るべし。理性は直観と悟性との綜合なり。故にまづ未発展の統一的原理を認め、更にその発現として有限の現象界を認識すべきなり。有限無限もと一なり。無限は有限の本質にして有限は無限の顕現なり。無限は有限の終る所に始るに非ず。無限が自己を限定《ベステンメン》し、自己を顕現して現実化し、以て有限となるものなり、現実化は即ち自己限定《ゼルブスト・ベステンムング》なり。有限とは或方法にて現存する無限なり、即ち限定を有する無限なり具体せる無限なり。故に無限は有限の外に在らず、有限は無限の顕現としてのみ其意義を有す。カントは有限の中に無限を見るの明なく、セリングは無限を求むるものに供するに有限を超越せる抽象的原理を以てせり。二者ともに非なり。吾人は須らく有限以外の無限を有限の中に求めざるべからず。差別現象界に於て絶対的本体を認識せざるべからず。俗塵の裡《うち》に在りて神と接せざるべからざるなり。故にヘーゲルは決して外部経験世界の実在を否認せず又之をカントの如く認識すべからざるものとせず、一定の理法により抽象的なる本体より発展せる全系を以て唯一の実在となし、此一定の理法又は順序に森羅万象を配列することによりて万有に関する合理的智識は得らるべしと説けり。

以上説く所によりて見れば、ヘーゲルの見解は所謂汎神論(Pantheism)なること明なり。何となれば彼は唯一の抽象的原理を立て、一切万物皆其具体せるものに外ならずとするを以てなり。然れどもこの万有に普遍なる唯一の心霊的原理は如何なる精神主義のものなりや。本体の性質如何によりては汎神論も亦自ら分れて二三の小分派を生ぜん。而して其最も著しきは蓋し主理的汎神論又は汎理論(Panlogism)及び主意的汎神論又は汎意論(Pan-psychism)ならん。汎意論は万有の根本を意思なりとするの説にしてショッペンハウエルの所説の如きは之に属す。之に反して汎理論は宇宙の本体たる心霊の内容を理なりロゴスなりとなす。故に此説に従へば万有は具体せるロゴスなり、あらゆる物体はそれ〴〵ロゴス発展の全系中に於ける格別なる段階の表顕なり。要するに此説は主として外界の刺撃を受容する知的作用即ち吾人の精神の受働的側面を見たるものなり。而してわがヘーゲルは論理的範疇を以て本体的実在となすものにして実にこの汎理論に属し、フィヒテの如く倫理的規範を以て万有の基礎とするものとは正反対の見解たり。Panlogism 又は logischer Idealism の語は実に彼の学説を言ひ尽して余《よ》蘊《うん》なしといふべし。

以上説述する所を要約し、ヘーゲルの本体観を略言すれば凡そ次の如し。

(一) 宇宙の本体は道理即ちロゴスにして而かも自己のうちに現実の要素を含有するものにして万有は即ち其開展の結果なり。故に本体は必然に開展進動するものなり。

(二) 然らば万有はこの進動の総体ならざるを得ず。是れ森羅万象を以て具体せるロゴスなりといふ所以なり。

(三) 斯くの如く本体は必然に客観界に開展すべきものなり。而して本体はロゴスなるが故に其開展進動は亦盲目的に非ず、自家固有の一定の理法(弁証法)によるものなるや明なり。

(四) 故に世界の生活はロゴスの秩序ある発展なり、否発展そのものがロゴスなり、ロゴスは其発展する所の万有中に潜在するものなり。

(五) 精神界と物質界と(主観と客観と)は亦共にロゴスの発展に外ならず。而して二者共に理《ロゴス》の発展なるが故に、其二者の間亦何等かの合理的関係なきを得ず、而して物心の二者は同一本体の異方面と見るべからず。連続的に自然たり心霊たるものなり。ロゴスは自然及び心霊を通しての連続的生活の本体なり。先づNatürlichkeit o. Leiblichkeit となり、次に之より再び自己に帰るの心霊なり。

(六) 上述の如く宇宙はロゴスの漸次的発現なり。故に凡《すべ》ての事物は道理《ロゴス》発展の各階段に相当するものなり。是れ Denken と Sein と一なりと云ひ又 Logisierung der Welt と云ふ所以なり。

(七) 其結果として全宇宙組織は全然合理的なり、一切の万物は事理に於て必至の関係に立つものなり。故に「現実は即ち合理也」といふを得べし。又このロゴス以外に真正の道理なく、而してロゴスは必然に自己を発展せざれば已まざるものなるが故に、「合理は即ち現実也」とも云ふことを得べきなり。ヘーゲルが法律哲学の序文に於て喝破せる左の名言は実に這般《しやはん》の意義を含むものなり。

Was vernünftig ist, das ist wirklich ; und

Was wirklich ist, das ist vernünftig.

夫れ宇宙の本体はロゴスなり、宇宙は具体せるロゴスなり。吾人は日常此具体せるロゴス即ち「現象としての宇宙」を見るに止るのみ。而して吾人天賦の理性は吾人に告ぐるに此宇宙はロゴスの合理的現実化なることを以てす。故に哲学者は見るが儘の宇宙を観察して之を以て具体せるロゴスとなし、原始本体と其開展との関係を明にせざるべからず。哲学の目的は実に宇宙より之に潜在するロゴスを抽象し、ロゴス固有の理法を光明として森羅万象彼此の関係に根本的説明を与ふるに在り。故に本体の静態を研究したる吾人は、更に進んで本体に内在する進動の理法を明にし、以て本体の動静両面の論究を完ふせざるべからず。

(三)

宇宙の本体はロゴスなるが故に、其発展の順序には常に整然たる一定の秩序法則なかるべからず。然らば如何なる法則存するか、又如何にして之を知るか。ヘーゲル以為《おもえら》く、吾人の心意は本体の最も円満なる顕現なり。而して本体は無形のロゴスなるが故に、其真相は眼以て之を見るべからず、又之を直覚するを得べからず。只吾人のうちにある理性によりて見ることを得べきのみ、何となれば吾人の理性の必然性は即ち本体の必然性なるを以てなり。故に吾人は自反商量して以て本体の法則を知ることを得る者なりと。斯くてヘーゲルは之を発見して弁証法(Dialektik o. dialektische Methode)と呼べり。

弁証法とは何ぞ。

抑も本体は自己開展の進動なり。而かも道理ある進動なり。道理ある進動とは常に計劃《アンラーゲ》の結果に成らざるを得ず、而して計劃とは現在と将来との調和の希望なるが故に計劃の状態に於ては「もの」は常に自己矛盾に立つものなり。何となれば此「もの」は自己なると同時に可能的に将成的に「他のもの」なるが故に、「もの」は其本性に於ては即ち「他のもの」なりと云はざるべからずと雖も、現在一時の状態に於ては「もの」は即ち「もの」たるの外決して「他のもの」に非ず、従て自己は自己にあらずと云ふことになればなり。而して此矛盾は進化の次段に於て解決せられ、玆に「もの」は始めて「他のもの」と成る。この「成る」と云ふことなければ矛盾の状態より脱出することを得ず、矛盾の状態を脱するを得ざるの結果は即ち自己破壊なり。故に「成る」といふことは必然之れなきを得ざる所なり。斯くの如く一切の事物はすべて三段の順序を経て発展し来りたる者なり。之れを植物の成長に譬へんに、もと植物は芽より生長発達して遂には大樹ともなるものなり。今之を分析して三段法を適用せば、先づ芽を構成する単純なる物質あり、而してこの物質は将成的に大樹ともなるものなり。即ち、単純なる物質の中に既に亭々たる大樹の概念を含むものなり。故に芽を構成する物質は其本性に於て大樹其者なり。然りと雖もこの物質其れ自身は未だ大樹そのものにあらず、故に此の物質は自己の本性に反く《そむ》。此点より見れば単純なる物質は寧ろ其概念の否定なりと云はざるべからず。而して此矛盾は芽が大樹となるによりて除かる。而して其の概念が大樹となるには思想上その概念にもあらず又大樹にもあらざる矛盾の境界を経ざるべからざるなり。次にまた子供が大人となると云ふ命題に於て、子供そのものは大人にあらず、大人はまた子供にあらず。大人にあらざる子供が大人となるには先づ「大人となるべきもの」と云ふ概念に基かざるべからず。大人たるべきものなるが故に、固より子供にあらずされど又未だ大人にあらず、即ち矛盾の状態にあり。此矛盾が原動力となりて子供をして大人とならしめたるなり。此関係を有(Sein)無(Nichts)成(Werden)又は正措定(Thesis)反措定(Antithesis)綜合措定(Synthesis)と云ふ。即ち正措定(有)は必ず反措定(無)を生じ、この正反の矛盾は綜合措定(成)に於て除かる丶なり。斯かる正反合の関係を弁証法と云ひ、斯くして進化開展するを弁証法的進動といふなり。

もと弁証法の原語 Dialektik は希臘語《ギリシア》の Dialegomai に出で、原意を心中に於ける或るものを彼自ら説明するの義なりといへり。即ち弁証法とは反省によりて真理を知ることの意味なりしなり。反省とは自らが自らと論争することとなるが、後には自らと論争するにあらず、他人と会話し又は論争して真理を発見するの術を弁証法といへり、かのプラトーの書名に会話篇(Dialogue)なる辞を冠するは此義に取れるなり。後世に至り更に転じて矛盾衝突の理によりて真理を知ることを弁証法といふに至れり。ヘーゲルがロゴス固有の理法を以て弁証法といひ、宇宙の発展を弁証法的進動なりと云ひし所以は、一切の物体はみな矛盾撞着を打破したる結果に出づとするの見解を執れるを以てなり。

ヘーゲルの見たるロゴスは論理的進動を以て其本性とすること既に述べたる所の如し、されば万物を個々に見れば一として静止するものなし。故を以て玆に正措定あれば必ず其中より反措定を分出せざるを得ず。而して正措定、反措〔定〕相対立すれば其結果必ず相綜合せられざるを得ず。故に正措定は反措定を生ずるの前提なり。正措定のうちに反措定となるの要素を含有するを以てなり。而して正措定、反措定はまた必ず綜合措定を生ず。故に正措定、反措定は亦其うちに綜合措定を生ずべき要素を含有するもの也。此等の要素を称してヘーゲルは aufgehobene Moment と呼べり。蓋し旧態より揚げられて新態に移るべき潜勢力を意味するなり。而して彼はまたかゝる潜勢力を含有する正措定の範疇に Begriff なる名称を附し、その客観界に発展せる綜合措定にあたる範疇に Idee なる名称を与へたり。

今弁証法的進動として宇宙を考察するに、万有の本体は先づ抽象的に存在し、次に其反措定として現実界に開展し始じめ、遂に其現実界に於て完全に自己を発現するものと見ざるべからず。宇宙の本体を無限又は絶対といはんか、一切の万物は無限の有限に於ける実存なり、絶対が相対に於て自己を現はせるものなり。抑《そもそ》も見るが儘の森羅万象は各個現象の雑然たる機械的集合にして、固より差別有限の域を出でずと雖も、暫く皮相の観察をやめ内面的に其本質を考察すれば、一切の万象すべて皆無限の現れなり、絶対の現れなり。故に万物は有限なると同時に又其本性は無限なりといはざるを得ず。然り無限は有限の本性なり。然れども有限は其の儘にして直ちに無限そのものにあらず。然らば万物は其《それ》自身なると同時に又其自身にあらず、即ち自己矛盾に立つと云はざるべからず。此矛盾は如何にして除かるゝか。曰くこの矛盾を除くものは無限が自己を限定して有限に現るゝといふことが限りなく続くことに在り。即ち事物開展の無窮に亙《わた》ることにあり。何となれば無窮に発展して熄《や》まざれば其発展の絶頂に於て再び無限に復帰すべきを以てなり。之を以て之を観れば森羅万象は、個々別々に之を見れば此無窮の発展の一階段にして、全体として之を見れば無限より発程し有限を通過して再び無限に帰る所の螺《ら》旋《せん》状的進動なりといふことを得べし。されば此発展の各段階は無窮の進動の一関節をなすものなるが故に、一として静止安着することを得ず、必ず自らより高き次段に発展し行かざるべからず。斯くて本体発現の個々の段階は正措定、反措定の綜合なると同時にまた将成的に他のものなるが、故にその他のものに対しては其自身正措定なり。故に一物は正措定、反措定の綜合の結果なると共に其自身亦正措定たるものにして、更に自己より反措定を分出し、玆に正反の矛盾を生じ、更に進んで高等なる段階に於て綜合せらるゝもの也。斯くの如く正反合の関係は無数に連続して無窮に発達の群列をなすものなり。是れ最も肝要なる点なりとす。

正　反
　合(正)　反
　　合(正)　反
　　　合
　　　　等

無限が有限を通過して無限に復帰するは必至の理法なりと雖も、畢竟自己が自己に成るに外ならざるを以て、寧ろ自由なる進動と云ひて可なり、是れ Notwendigkeit ist Freiheit の言ある所以なり。無限が有限に現るゝは無限が有限に於て自己を見出すことに外ならず、是れロゴスの進動を解して Selbstbewusstsein と称せる所以なり。意識とは主観の客観に対する関係なり。自己を有限に於て意識せんには先づ客観界に自己を限定せざるべからず。是れ更にロゴスの発展に Selbstbestimmung の名称を附与せる所以なり。

斯くの如く世界の事物は常に三段の順序を経て開展進歩するものなり。故にこの三段の過程に従ひ、正措定、反措定及び綜合措定の順序を追ひて事物を理解するとき、始めて其本来の真関係を看破せるものと云ふべきなり。一切の事象を Idee となし、之をば Begriff より発展せる体系として理解せんとするは蓋しヘーゲルの根本の業務にして、彼の哲学は必竟弁証法の大仕掛なる適用なり(故に能く弁証法に熟せずんば到底彼の著書の一頁をも理解するを得ず)、故にヘーゲルより見れば弁証法は本体開展の固有法則たると同時に、又真理探究の方法たり、哲学的思索の基本法則たるものなり。

猶ほ茲に Begriff 及び Idee なる辞に就て一言する所なきを得ず。ヘーゲルが弁証法の名の下に正措定、反措定及び綜合措定の発展を説けるは、後にも論ずるが如く時間的関係を意味するものに非ずして、思想上一切の事象は正措定、反措定の綜合の成果なりと解すべきの謂《いい》なり。而して正措定に当るものを Begriff といひ、反措定に当るものを Dasein といひ、二者の一致せる状態(Einheit des Daseins und des Begriffes)即ち綜合措定に当るものをば Idee といふ。正反の綜合にあらずしては何物も世に存在するを得ざる(現に存する物は皆合理的なり、合理的なるものは悉《ことごと》く正反の綜合の結果なればなり)を以て、世にありとあらゆる現実の事象は皆夫《そ》れ〴〵 Idee の範疇に属す。只哲学の対象としては、之より Begriff を抽象し、その開展の結果として Idee を解すべきのみ。要するに Begriff は資料なき形式なり、内容を有せざる包含者なり、抽象に於けるイデーなり、将成的イデーなり。この Begriff の客観界に開展せるものは即ちベグリッフの反措定にして云はゞ形式なき資料なり、包含者なき内容なり、実現せられたるベグリッフなり。然るに夫の形式や包含者やは永久虚無にして止むべきものにあらず、必ずや内容資料を以て充実せられざるべからず。従て夫の反措定たる資料内容は永遠ベグリッフと独立して存すべきにあらずして、必ずや其の認受する所とならざるべからず。於是《ここにおいて》即ちイデーある也。例へば「白」と云ふイデーあるがためには先づ Whiteness といふ形式なかるべからず、併し Whiteness といふことのみにては「白」といふことは未だ完からず。「白」といふことの完からんがためには Whiteness なる形式より之に応ずる資料を発出し、この資料のうちに Whiteness なる性質を附与することなかるべからず。世に固より Whiteness なるもの現存せずと雖も、「白」といふことの現存するは畢竟 Whiteness なる形式と其資料との綜合の結果なりと解するなり。故にベグリッフなるものは抽象的の観念に止り世に実存するものは只イデーのみ。例へば幾何学に於て空間を論ずるに当り、立体は平面、線、点より成ると云ふと雖も、点、線、平面としては有形の実存を有せざるが如きものなり。

扨《さ》て宇宙を全体として大観すれば、其自身また一の大なる Idee なり。宇宙間の個々の事物は一大イデーの各要素として只抽象的観念たるに過ぎざるのみ。この点より見れば宇宙其物は此世に於ける唯一の具体存在にして他に絶対的の存在あることを得ず、故に真のイデーは宇宙其物を外にして他に之れあるを得ざるの理なり。然れども宇宙の一部分たる各般の事象は唯一イデーたる宇宙の一部としては抽象的観念に過ぎざれども、若し其各部を宇宙の全系より分離して孤独的に観察するときは、亦正措定反措定の綜合たるイデーなるが故に、之をかの大イデーに対照して小なる仮りのイデーとなし、暫く之に許すに関係的存在を以てするも敢て不可あるを見ざるべし。ヘーゲルの用ふるイデーなる辞にはこの両様の意義あることを知らざるべからず。従て氏の用ふる哲学なる辞にも亦之に応じて二様の意義を附せり。そは哲学はイデーの学なりとするときは、真のイデーは全宇宙の外に之なきを以て、全宇宙の根本的論究の外に真の哲学といふものあるべからず。然れども仮りに全宇宙の各部局をそれぞれイデーと呼ぶが如く、其一部分たる小イデーを論究の対象とするものをも亦哲学と称するなり。かの法律哲学といひ歴史哲学といひ又は宗教哲学といふが如きは皆此の小なる意義に於て云ふものに外ならざるなり。

彼此《ひし》の間に大小の差こそあれ、イデーを論究の対象とすることに至りては即ち一なりとす。

以上説述せる所を要約するに次の如し。

（一）　弁証法はロゴス開展の必然の理法なり。

（二）　弁証法は哲学的思索の法則なり。何となれば哲学の研究法は宇宙開発の進行に追随して思考し行くに在ればなり。

（三）　故に弁証法は知識の主体及び客体に共通する唯一普遍の原理なり。

弁証法的進動を以て進化論的開展と混同すべからず。劣等より発程して無窮に優等に進み其窮《きわま》る所を知らざるを進化(Evolution)といふ。弁証法は之に反してAより出で、Aに復帰するものにして始終其体を同うす。進化的開展を無限の直線を以て表はすべくんば弁証法的発展は始なく又終なき輪状の線を以て表するを得べし。又弁証法的進動を解して派生論的開展なりとなすべからず。派生(Emanation)とは進化と正反対にして、高等より降りて無窮に下等に及び全体を以て部分を説明するをいふ。弁証法は進化と異るが如く又派生と異れり。今それ進化を以て正措定なりとせん乎、派生は即ち其の反措定にして、わが弁証法はまさに之等二者の綜合措定なりと解すべきに似たり。強いて之を一言に約するを欲するならば須《すべか》らく之を自己復帰と云ふべきなり。

又弁証法の示す所の進動は純粋なる思想上の関係にして時間的発展と相関するものにあらざること、既に一言せし所なり。弁証法は「単純」より「複雑」に進む所の時間的機械的の順序進行を示すにあらずして、如何なるものとして此「複雑」を解するを適当とすべきかの合理的説明をなすを目的とするものたり。甲あるが為めに乙ありと云ふにあらず、乙あるがためには甲なかるべからざるの関係を示さんとするものなり。正措定より反措定に至り以て綜合措定を生ずと云ふよりも、綜合措定を分解して正措定、反措定の二となし、この二者の綜合として綜合措定を説明せんとするものなり。時間に於ける又は写象〔ママ〕に於ける事物前後の関係は其の問ふ所にあらず、直ちに概念に於ける事物の合理的関係を見んと欲するものなり。故にヘーゲルの一貫の研究法はまづ事物を正反合の三段に分析し、而して正より必然に反を生じ更に合にいたる所以を合理的に説明するに在り。蓋し絶対の本性はロゴスなり、従つて所謂 Was wirklich ist, das ist vernünftig なるが故に、Wirklichkeit と Vernünftigkeit とは一にして二ならず、故に事物の本性の認識は只思想上当に然るべきの合理的関係を見るのみを以て足れりとするなり。

上述の如くヘーゲルは全く経験的時間的経過を度外視せり。然れども弁証法的進動と時間的経過とは如何なる関係ありや、思想と経験との本来の関係は果して如何の問題は少しく別に考ふるの価値あり。抑も万有の本体は理なりロゴスなり。一切の事象は理の発現なり。然らば即ち思想上当然の合理的関係を知るは畢竟経験上の時間的関係を知る所以にあらずや。本体は理なるが故に思想は基礎なり、事実は固より思想と伴はざるべからざるものたり。哲学は年代記に非ず、経験上の事実関係は之を問ふの必要なし。要はたゞ思想の発展を吟味すれば足る。事物開展の順序は全く経験を離れ弁証法によりて論究するを得べきものなり。経験上の出来事は必ず理念の指示する所に従つて発生するものなるが故に、若し吾人の経験する所にして弁証法の指示する所と違ふものあらんか、是れ偶々《たまたま》経験が正確なる智識を吾人に提供せざるを証するものにして、正否の判断は理性の考察の結果たる弁証法の指示する所に準拠して決せざるべからざるものなり。彼れの名著『哲学史』は明に此原則に従へるものなり、故に史と云はんよりは寧ろ学といふを適当とすと称せらる。氏の『哲学史』は弁証法的の順序に古今の学説を排列して頗る巧妙を極め、学説の推移変遷に対して一貫の合理的説明を与へたりと雖も、為めに往々事実を枉《ま》げ、牽強附会に過ぎたるの譏《そしり》を免るべからず。去れども事実を附会せりとか前後の順序を顛倒《てんとう》せりとか云ふ如きことは直ちにヘーゲルの説を破るに足らず。事実上の関係は始めより問はずして可なりとする彼の立脚地よりすれば、事実の先後を顚倒するが如きは寧ろ当然の事のみ。故にヘーゲルの説を破らんとする者は、須らく根本に遡《さかのぼ》り、経験を無視することの可否如何を問ふべし、事実と道理(ヘーゲルの謂ふ所の道理)との関係に就きて詰問する所あるべし、純粋なる合理的関係のみを研究することが学問上果して幾何《いくばく》の実益ありやを質問すべきなり。

第二章　ヘーゲルの哲学体系及び法律哲学の地位

哲学の三大系別　論理学　天然哲学　心霊哲学幷に法律哲学

(一)

抑《そもそ》も宇宙の本体は万有に内在する絶対の心霊的実在にして、天然を肉とし、人心を首脳とする統一的精神なり。物心二界に跨がる一大宇宙は実に其の具体せるものにして、本体の現実的生命は、之を物心二界に於て始めて見ることを得るものなり。例へば「人」の本体は五体に遍在する心霊なれども、自我は肉体を離れて想像することを得ざるが如く、宇宙の本体も亦万有を超絶して独存するものにあらざるなり。去れば五体其物を指して直ちに「人」なりといふ意味に於て、万有は即ち普遍的自我なりと云ふも必ずしも不可なきに似たりと雖も、精密なる哲学的考究に於ては「人」を分解して意識と肉体とに分つが如く、本体の生命も亦精神と物質とに分解することを必要とす。併しもと物質は物質としては全然精神と関係なく、又精神は精神としては全然物質と交渉なし。今本体は物心二界に於て現実の生命を有すといふときは、この物心の二者は如何にして本体といふ唯一の綜合的実在を組成するか。此の問題に対して合理的説明を与ふるものは即ちかの弁証法に外ならず。そは弁証法は本体開展の固有法則なればなり。此の法則に従へば、先づ純粋なる抽象的なる原始的なる自存的なる未発の本体あり、而してこの本体は静止不動のものにあらず、必ずや客観界に実現せられざるべからざるものなるが故に、先づ其の直接の Anderssein を客観界に求めざるを得ず。是れ即ち天然界なり。併し之は抽象的本体の反措定に過ぎず。更に天然そのものゝ中に精神の発現を見、以て正措定、反措定を綜合するあるに非ずんば未だ以て本体の発展は完きを得ざるなり。是れ即ち心霊界ある所以なり。斯く解釈するときは、天然と心霊とは始めて其意義を明にし、宇宙はこゝに合理的説明の基礎を得て、吾人の理性は満足なる世界解釈を求め得たるなり。之を要するに、宇宙実在は之を外面的に観察すれば物心の二界なりと雖《いえど》も、之を内面的に観察すれば抽象的本体より出立して天地万有となり、更に人類精神となりて完全なる実現をなす所の進動なり、即ちベグリッフより出でゝイデーに終る所の進動なりと云ふことを得べし。

　更に進動作用の方面より観察せんに、この進動は正措定、反措定の綜合作用に外ならず。綜合とは正措定、反措定の帰一なり。今それ抽象的本体(即ちベグリッフ)は其の他在《アンデルザイン》を物質界に求め得たり。併しこの二者は其本来の性質に於ては互に交通するを得ざるものなり。只二者相合体してイデーとなり、物質の中に「我は即ち本体自体也」と意識するものあるに至りて玆に正措定、反措定の帰一綜合ありと云ふを得べきのみ。故に本体進動の作用は、一面より云へば「現実界に於て自己が自己を意識することなり」と云ふことを得べし。何となれば本体は天然及び人心となるの前既に心的たりしが故に、この進動は云はゞAに始りてAに終るものなるを以てなり。この点よりしてヘーゲルは本体をば Zu-sich-selbst-kommender-Idee とも云へり。斯くの如く本体の本性は自己意識なり。然るに「識る」といふことあるがためには「知る所の主体」と「知らるゝ所の客体」と即ち主観と客観となきを得ず。主体が客体を識るなり。主体と客体とはもと各々別個の観念に属す。然るに自己意識に於ては自己が自己を識るなり、即ち「識るもの」も「識らるゝ者」も等しく本体なるが故に、主観と客観と実は二にして

一、一にして二なり。たゞ併し乍ら思想上に於ては「識る前の自我」と「知らるゝ所の自我」即ち「非我としての自我」と、及び「識り且つ識らるゝ所の自我」とを分たざるべからず。「識る前の自我」は即ち抽象的本体にして、純粋なる An-sich-seiender-Idee なり、又 System der vorweltliches Begriffes と見るも可なり。「識らるゝ所の自我」は客観的物質界の諸現象にして、Für-sich-seiender Idee なり、Aussersich-seiender Idee なり。而して「識り且つ識らるゝ所の自我」は即ち一にし〔て〕二、二にして一なる自己意識の主体たる現実の本体にして、An-und-für-sich-seinder Idee なり、又之を Das Absolute in einer höhere Absolutheit といふも不可なし。学者はこの三段の方面に分析して宇宙の本体を観察すべき者なり。

斯くの如くヘーゲルの見たる本体は三位一体のロゴスなり。第一位を抽象的理念(Abstrakte Logos)といひ、第二位を天然(Natur)といひ、第三位を心霊(Geist)といふ。是に於て本体を論究の対象とする哲学も亦自ら三大系に分れざるを得ず。即ち抽象的理念を論ずるものを論理学(Logik)となし、天然を論ずるものを天然哲学(Naturphilosophie)となし、心霊を論ずるものを心霊哲学(Geistesphilosophie)となす。普通に哲学を本体論、万有論及び心理論三篇に分ちて論究するものと、稍《やや》其内容を異にして其形式を同じうするものなり。

哲学の論究を論理学、天然哲学、及び心霊哲学の三大系に分つはヘーゲル自身の分類する所に依る。其の系統の委曲は載せて Encyclopaedie der Philosophischen Wissenschaften に明なり。然るに最もヘーゲルに通暁せるの称ある Kuno Fischer は其著 Logik に於てヘーゲルの学説を次の如くに分類せり。

(一) 如何にして人類の意識は「理性的認識」にまで発展するかを論ずるもの、即ち Phänomenologie des Geistes.

(二) 如何なる範囲に於て理性の認識は成立するかを論ずるもの、即ち Logik.

(三) 如何にしてロゴスは天然及び心霊として発展するかを論ずるもの、即ち Natur- und Geistesphilosophie.

思ふに此の分類は、弁証法に基くヘーゲル自身の特殊なる分類に顧慮せず、只研究の便宜上近時の哲学研究の順序と合ふ様に分類せしものならん。ヘーゲル自身も Encyclopaedie を公にして其哲学全系統を世に問ひしより十年の以前に於て、既に其処女作 Phänomenologie を出版して(一八〇七年)、先づ第一着に認識問題を論究せる程なれば、論理的分類としては兎《と》も角《かく》も、研究の便宜上の分類としては或は K. Fischer のそれを以て便とせんか。附言して読者の参考に供す。

(二)

論理学は抽象的本体を論究の対象とする学なり。もと本体は客観世界を離れて存するにあらざれども、合理的考察の必要上之を以て客観界発展の基源と見做さゞるを得ざるを以て、この客観界に関係なき超然的状態に在りとせらる、本体はまた特殊の題目として研究するの必要あるなり。故に論理学は本体の life in itself を論ずるの学なり、「世界創造以前に於ける神」(Gott vor Erschaffung der Welt) の学なり、世界の経験的進化の未だ始らざりし以前に於ける神の思想を研究するの学なり。

客観界はこの抽象的本体の発展なること既に述べたり。今客観界の事象を見るに単複層をなして変幻無数なり。而して此の変幻無数なる事象が抽象的本体の発現なりとせば、この抽象的本体には予《あらかじ》め発展の計劃なきを得ず。さればこの客観的宇宙の全景は先づ「宇宙計劃」又は「創造の見積り」として予め此の本体の思想を成せりと見ざるべからず。而して本体は其本性道理なるが故に、其の計劃にも亦一定の理法あるべきなり。論理学はこの内部の計劃を研究するもの也。

客観界は抽象的本体の思想の発現する所、其計劃の実行せらる、所なれば客観界は全くこの計劃によりて支配せらる、ものとす。一切の現象は決して予定の範疇の外に出づることなかるべきなり。故に論理学はまた現象の範疇の学なり。こ、に範疇とは諸種の事物を包括すべき普遍的概念の謂に外ならず。而して本体は独り物界の基本たるのみならず、又人類理性の基本たるを以て、かの範疇は亦吾人思惟の法則たらずんば非ず。是れ抽象的本体の学が本体論と称せらるべくして、而かも猶ほ論理学と云はる、所以《ゆえん》ならん。故にわが論理学の対象は思考の標準にして又同時に万有進化の法則たり、真理発見の方法にして又同時に智識の実質たり。その範疇は主観的にして又同時に客観的なり、思惟及び実在の基礎にして、精神及び自然の範疇なり。去ればロギックなる語の通俗の意義が単に吾人の主観的思想の法則を論ずるものに適用するのみなりとせば、ヘーゲルの論理学には absolute Logik の名称を附して多少其特色を表はさしむるを得べきか。

さて客観界の事象の複雑多端なること、従て本体の思想も亦複雑多端なることは前段に於て既に之を説けり。然らばこ、に所謂範疇の種類も其数頗《すこぶ》る夥多《あまた》ならざるを得ざるべし。而して之等諸範疇の性質及び其の相互の関係を精密に研究し、従て各範疇に適当なる地位を与へ以て秩序的体系を作るは実に形而上学に於ける必須の要件なり。蓋《けだ》し諸範疇は各々独立無関係孤立的のものに非ず、弁証法により始源的第一範疇より発展せる系統的連鎖をなすの関係に立つものたり。故に能《よ》く其関係を攻察し其生起する順序に追従して之を論ずるを必要とす。而してこの目的を達するには、凡ての予想僻見又は凡ての後天的感得的観念を排斥し、純粋に超経験的理性のみに依らざるべからず。即ち理性をして其内容を開展せしめ其開展を自発せしめ、由りて以て其進動を認知せざるべからず。是れ即ち純正なる研究法なり。論理学は斯くして範疇の開展を研究するものなり、純粋理念の体系を論明するの学なり。かのヘーゲル通を以て有名なるスターリングがわが論理学の対象を以て Internalization of abstract Spirit なりとせしは蓋し此意味に外ならず。而して此の対象は主観的原理にして又同時に客観的実在の法則なれば論理学は純粋理念の本質を論ずると同時に又万有進化の原則を論ず。故に斯学は論理学にして又同時に万有論たるの性質を有するものなり。

ヘーゲルが論理学に於て論ぜる所の諸範疇の体系は「有《ザイン》」の範疇より始りて「イデー」の範疇に終れり。蓋し範疇の第一根源は最も空虚的《インハルトロージツヒ》に、最も抽象的に、最も包括的に、最も原始的に、最も超経験的に、最も確実に、而して凡ての範疇に通じて一貫するものならざるべからず。斯かる範疇は「有」(Sein)の概念を措《お》きて他に之あらず。然らば「有」は最も根本的なる概念にして万象は皆之が変形に外ならざるものなり。

何が故に「有《ザイン》」は変形して「他のもの」となるか。抑も「有《ザイン》」は最も普遍的なる最も空虚的なる概念にして、全く内容を欠乏するものなり。何となれば茲《ここ》に所謂「有《ザイン》」は「人にてあり」とか「馬にてあり」とかの「あり」に非ずして、只「あり」なり、何かにてあるに非《あらざ》るなり。「何かにてあり」の「あり」は経験的の「有」にして茲に謂ふ「有」にあらず。茲にいふ「有」は何等の限定もなき純粋の「有」なり。然らば此の「有」は何かにてあるに非ず、何にてもあるに非ず、即ち何にても無きなり、換言すれば「無《ニヒツ》」なり。故に純粋の「有」は「無」にひとしく、「其自身」なると同時に又「其反対」なりと云はざるべからずして、即ち自己矛盾の状態に立つものたり。故に此矛盾は除かれざるべからず。この矛盾の除かるゝがためには純粋の「有」が自己を限定 bestimmen して「何かにてあり」の「あり」とならざるべからず。即ち無差別界の「有」は差別界の「有」とならざるべからず。Allgemeinheit に於ける「有」は Besonderheit に於ける「有」とならざるべからず。然らずんば「有」は「無」に等しき結果となり、「有」は「有」たるの面目を完うすることを得ざればなり。是れ即ち「有」が変形して万象となる所以なり。

ヘーゲルは論理学の論究に於ても亦弁証法を応用し、先づ之を三篇に分てり。Die Lehre vom Sein, Die Lehre vom Wesen, 及び Die Lehre vom Begriffe 即ち是れなり。而して各篇亦三章に分れ各章亦三節に分たる。其詳《つまびらか》なる紹介は本論の範囲に非るを以て今之を略し、次に天然哲学の意義を述べん。

（三）

抽象的本体の内的発展《インターナリゼーション》が絶頂に達し其の宇宙計劃が熟せるとき、次で来るべきは其の反措定即ち「他のものにまでの発現」ならざるべからず。若し之れなくんば所謂本体は抽象的、仮想的、空虚的にして宛《あた》かも蔭〔影〕の如く幻の如からんのみ、例へば White と云はずして Whiteness と云ひたらんが如し。そが幻影の如き状態を脱して現実《レアール》なる生命を保有せんには、玆に宇宙の創造といふことなかるべからず。かの「有」が「有」たるの本領を完うせんが為めには無差別界より降りて差別界に自己を限定(bestimmen)せざるべからざると同理なり。此理により創造せられたる差別界は即ち此の物質的自然なりとす。然らばこの客観的天然は正に論理学に於て示されたる範疇の反射なり、他在《アンデルザイン》に於けるイデーなり、其の物質界に於ける例示《バイスピール》なり。自然界の事象は抽象的に本体の思考せし所を実現し客観化するの連続的光景なりと云はざるを得ず。論理学の対象を言ひ現はすに内展(Internalization)の語を以てせるスターリングが、天然哲学の対象を云ひ現すに外展(Externalization of abstract Spirit)の語を以てせるは頗る趣味ある言といふべし。ヘーゲル曰く、創造とは差別の形式に其の普遍の凡てを注入することなり、イデーは死物に非ず、個物に自己の本性を注入し之によりて自己を実現せずんば止まざるものなりと。然り、創造とは論理的範疇に其実質を供給する行為に外ならず。天然は内展的範疇の全系に対する内容たり。内展外展表裏の両景を具有するは実に本体の真相なりとす。支那の古聖が「眼を閉づれば天地我のうちにあり、眼を開けば我天地のうちにあり」といひ、又「之を巻けば方寸に蔵《かく》れ、之を放てば六合《りくごう》に漲《みなぎ》る」といひしは、移して以てヘーゲルが内外両展の本体を説明するの語となすを得んか。

斯くの如く外界に於ける発展は複雑変幻窮りなしと雖も、もと是れ論理的範疇の例示反射に外ならざるが故に、其間に一定の秩序厳然として存せずんばあらず。故に天然哲学の業務としては論理学の究明せし所に拠りて天然界の事物を排列し、以て其間の関係を明にすれば足る。論理学は内容を包括すべき形式の学にして、天然哲学はこの形式に包括せらるべく内容を整頓するの学なり。

天然哲学の詳細なる系統は今之を述ぶることを得ず。たゞ一言すべきは、天然界は其始め単純なる物質より漸次弁証法的に発展し、其の頂上に於て人類を現出せりといふこと是れなり。天然哲学は論理学の分類と相呼応して三篇に分る。Mechanik, Physik, 及び Organik 是なり、而して各篇亦三つゞゝの章節に小分せらるゝこと言ふまでもなし。彼の考に依れば抽象的本体は天然界に於て先づ最も原始的なる「空間及び時間」(物質)となる。然るに物質は物質としては有無の矛盾撞着の域に在ることを免れざるを以て更に分化して個物となり、天体組織を形成するに至る(星学)、次に之より進化して光線、電気、熱等の諸種の作因となり、一致、反撥、結合、分離の内的変化の現象を呈し(理化学)、遂に有機体を発生するに至るものなり(有機体論)。有機体にも三種あり。其の最も単純なるを地球(Erd-organism)とし、次を植物とし、更に進化して動物となり、其最高の発展として遂に人類を現出するに至るなり。然らば人類は物質進化の絶頂にして、茲に始めて無意識界より意識界に入り、最早天然哲学の範囲にあらずして次段の心霊哲学の問題となるものなり。故に人類は物質としての方面より観るべく(即ち天然哲学上の問題として)又心霊としての方面より観るを得べし。心霊として人類を見るときは、彼は天然の意義を知り又自己の思想を意識し更に自己と絶対と同化し得るものたり。絶対も亦人類として実現するに依りて始めて自己を意識するを得、即ち抽象的本体は人類といふ生物によりて最も完全に自己を実現したり。人類は実に絶対の最も完全なる顕現なりとす。一切の自然界の事象も亦固《もと》より、本体の顕現に外ならずと雖も、之れは全く自己の本性を意識することなし、故に無意識界とはいふなり。人間となるに至りて茲に霊妙なる心霊を生じ、自己の本性を意識するの作用を生ずるに至るなり。蓋し本体は本体としては抽象的なり空虚的なり。必ずや具体的実在体として現実《レアール》の生命を得ずんば止まず。而してこの現実の生命を得るには物心を兼有する人類に依らざるを得ず。是れ先づ物質によりて人類の体軀を作るの必要ある所以にして、斯くして作り得たる体軀に更に精神を吹き入れて之によりて、神は自己を顕現せんとする者なり。併し人類の如き複雑なる有機体は一朝一夕にして出来がたし。種々の段階を経て茲に至るものなること、宛かもかのイデーの概念は「有」の概念より種々の段階を経て発展し来りたる結果なるが如し。之を研究するものは即ち天然哲学なり。之を要するに天然哲学に於ける中枢は有機体なり。物質界の万有は皆人体を構成する要素としてのみ其合理的意義を有す。心霊を以て其の本性とする絶対は元来意識的のものたるべきに、そが一時無意識的なる物質的天然となる所以のものは、必竟其の発展の頂上に於て人類となりて意識的顕現をなし、以て自己を実現せんがためのみ。故に自然界に於ける各段階は矢張り悉《ことごと》く本体の実現なれども、之等は人体を構成するために存するものにして、其自身に自存の目的を有するものに非ず。故に曰く、Das Ziel und der Endzweck der Natur ist der Mensch als das natürliche, seiner selbst bewusste Individuum と。

自然と人類との大差は意識の有無に存すと雖も、其の本質はもと一なり。故を以て深く宇宙を考察するときは吾人の理性《ヘルヌンフト》は亦自然の中にも潜在することを認識すべし。吾人の霊眼は、自我と非我とはもと「見も知らぬ《ストレンジ》他人《ヤー》」にあらずして其の本質に於ては兄弟の脈絡の相通ずるものあることを教へ、吾人をして無意識界中に在りながら at home に感ぜしむ、この客観界をば吾人心内の理性に還元し天然をアト・ホームに感ずるは実に哲学の効用の一なり。

（四）

本体は其内的発展複雑多端を極むと雖も本来は単一体なり。而してその客観物界に外展するや其の単一体の反措定として差別的形体に於てせり。然れども単一普遍と差別複雑とは両立すべからず、差別界は未だ本体の単一普遍を現はすに足らず、更に差別の窮極頂上に於て此差別を統一し単一体として本体を完全に現はすものなきを得ず。有限に於て無限を現はすものなきを得ざるなり。之れを心霊(Geist)とす。蓋し抽象的概念の発展は本体の形式的方面にして、天然諸象の全系は其内容をなし、この形式とこの内容とは心霊《ガイスト》に於て綜合せらるゝものなり。

斯くの如く人類の精神は天然界の物質より生れ出でゝ本体的心霊の現るゝ所なり。宇宙万有の統一力たる絶対的心霊は実に人類の精神を通して最も完全に顕現す。抑も天然自体はもと本体より発出せる所なり、併し人類の精神は其源をまた此の天然界に発せり。然らば心霊は天然を作り又天然に作らるゝものなりと云はざるべからず。而して物質に生れたる心霊は一躍して物質を作れる所の絶対的心霊を完全に顕現するに堪うるか。否、其の茲に至るには弁証法によりて幾多の進化発展を経たる後ならずんばあらず。果して然らば絶対者は人類精神の進化の各段階に顕現し、其最高点に於て自己そのものを完全に現はす者なり、人類精神の開展は本体の自己実現の発展なりと云はざるべからず。故に完成したる個人の精神は絶対的心霊そのものにして二者別個のものにあらず。完成したる個人は個人として絶対者に服従するに非ず、個人は即ち現実界に於ける絶対者そのものなり、絶対者が個人に於て其客観性を発揮するものなり。換言すれば絶対者は個人に於て完全に自己を意識するものなり。是に於てか我の意識は絶対者の意識なり、我の発達は絶対者の発達なり、我は即ち絶対なり。わが心霊哲学はこの絶対者の絶対的顕現の過程を論ずるもの、絶対我の自己意識にいたるまでの人類精神の発展を闡明《せんめい》するものなり。

斯くの如く人類精神の開展には段階あり。換言すれば絶対の顕現には秩序的階段あり。ヘーゲルは例の弁証法により て之を次の三大部に分てり。

一、未だ客観界に発展せざる抽象的孤立的状態に於ける心霊(Der Geist in der Form der Beziehung auf sich selbst.)。之を主観的精神(Der subjektive Geist)といふ。

二、客観界即ち社会的現象として発現せる心霊(Der Geist in der Form der Realität als einer von ihm hervorzubringenden und hervorgebrachten Welt.)。之を客観的精神(Der objektive Geist)といふ。

三、前二者の綜合としての心霊(Der Geist in an-und-für-sich-seiender und ewig sich hervorbringender Einheit der Objektivität des Geistes und seiner Idealität oder seines Begriffes; oder der Geist in seiner absoluten Wahrheit.)。之を絶対的精神(Der absolute Geist)といふ。

斯くの如く絶対者の心霊的顕現は唯一の具体実在なれども、思想上之を分析するときは、抽象的心霊(主観的精神)、他在的心霊(客観的精神)、及び具体的心霊(絶対的精神)の三段ありと云はざるべからず。全体を自己意識の作用として見れば、第一は意識前(又は純粋無限定の意識)の心霊なり、第二は意識の対象たり、第三は第一が第二を自己と意識したる具体心霊なり。第一は正措定なり第二は反措定なり第三は其綜合措定なり。是に於て心霊哲学は自ら分れて三となる。曰く主観的精神論、曰く客観的精神論、曰く絶対的精神論、是なり。一は主として心霊動物たる人類の天然的性質を論じ、二は人類の家族的、経済的、社会的、政治的諸関係を論じ、三は即ち精神の完全したる人類の理想的生活を論ぜり。予輩が研究の題目たる法律哲学は正に客観的精神論の全部に当るものなり。

故を以てヘーゲルの所謂「法」は普通に謂ふ所の「法律」とは大に其意義を異にするものなることを注意せざ

るべからず。ヘーゲルの所謂「法」は普通に理想法又は自然法なる名称を以て領解せらるゝ所のものに相当す。彼はかゝる他律的原則が先天的に客観的存在を有し以て各個人の個々別々の精神を統制支配するものなることを主張す。普通に所謂「法律規則」は道徳律宗教律等と相対立するの観念なりと雖も、ヘーゲルよりすれば、苟《いやし》くも人類の社会的云為の規範として之に客観的標準を与ふるものは、倫理道徳何等の名称を冠するに拘《かかわ》らず、皆悉く之を「法」の概念に包括するを得べきなり。蓋し本体は人類精神の主観に顕れたる後、更に人類の社会的行為の規範たる形式に発展して、所謂社会精神の実質をなし、人類に対して拘束者たるの外観を呈するが故に、客観的心霊としての本体は即ち「法」なりと称するを得るなり。而して斯かる「法」は人類の制定を待たず、又経験界の影響の外に超然として独存するものなるを以て、自然法又は理想法の名あり。斯の「法」を論究するは即ちわが法律哲学の目的なり。

故にヘーゲルの「法」は之を所謂「法律規則」と分たざるべからず。自然法を対象とする法律哲学は厳重に之を他の「法律規則」の学と区別せざるべからず。ヘーゲル曰く、所謂「法律規則」は哲学上の問題に非ず。抑も法律規則なるものは其形式より云へば国権に依りて強行せらるべき制定法たり。其実質より云へば国民の性質文化の程度、又は社会の事情等に条件せらるゝ一種の社会現象なり。這般《しゃはん》の意義に於ける法律を研究するは寧《むし》ろ制定法学又は歴史法学の範囲に属し、かのモンテスキュー、又はオースチン等の業務とする所なり。然れども国家強制力の如き又社会事情の如きは全く外部的の事にして固《もと》より「法」の本性と相関せず。制定法学、歴史法学の如きは未だ哲学的といふべからざるなりと。

然れども制定法学歴史法学と法律哲学とは全く無関係の論究にはあらず。「法」と「法律」と自然法と制定法とは其間に極めて密接なる関係を有するものなり。何となれば制定法は畢竟、自然法の差別界に於ける顕現に外

ヘーゲルの哲学体系の大要

Philosophie
- Logik
  - Die Lehre vom Sein
  - 〃 〃 〃 Wesen
  - 〃 〃 〃 Begriffe
- Naturphilosophie
  - Die Mechanik
  - 〃 Physik
  - 〃 Organik
    - Der Erd-organismus
    - Die Pflanze
    - Das Thier
- Geistesphilosophie
  - Der subjektive Geist
    - Die Anthropologie
    - Die Phänomenologie des Geistes
    - Die Psychologie
      - Der theoretische Geist
      - 〃 praktische 〃
      - 〃 freie 〃
  - 〃 objektive 〃 (Rechtsphilosophie)
    - Das abstrakte Recht
    - Die Moralität
    - 〃 Sittlichkeit
  - 〃 absolute 〃
    - Die Kunst
    - 〃 Religion
    - 〃 Philosophie

ならざればなり。蓋し自然法は普遍無差別の状態に於ける「法」なり、制定法は差別相対の状態に於ける「法」なり。自然法は「法」としては内容なき抽象に過ぎざるを以て、「法」としての具体的存在を有せんがためには、制定法として自己を相対界に限定《ベステンメン》せざるべからず。而して制定法は「法」の差別相又は相対的状態なるを以て、或る特殊の制定法は決して円満に自然法を顕現するものに非ず。自然法は到底一時に特定の制定法に発現せらるゝを得ず、制定法の弁証法的発達の全体の上に発現するものなり。是れ一時代の制定法は常に必ず自然法と異る所以なり。之を要するに一代の制定法を以て直ちに之を自然法といふの非なると共に、之を全然自然法にあらずと云ふも亦誤なり。

第三章　法律哲学

ヘーゲルの法律哲学は彼の哲学体系に於て所謂客観的精神論に相当するが故に、之を適当に理解せんとせば、先づ主観的精神論の大体に通ずることを必要とす。故に予は本章の第一節に於て法律哲学の前提と題して主観的精神論を論じ、而して後ち第二節に於て法律哲学の大体に通ずる基礎的性質を述べんと欲す。

第一節　法律哲学の前提

総論　純理的心霊　実践的心霊　自由意思

（一）

甲　三位一体の心霊に於て其の第一位の地位を占むる主観的精神は云ふまでもなく抽象的単独孤立の心霊なり。但し玆に抽象的と云ふ意味は、人類を離れ人類以外に超絶して存する、即ち現実を離れたる仮想的の有様の謂《いい》にあらず（斯くの如き有様に於ける本体は既に論理学に於て論究せし所なり）。こゝに抽象的と云ふ意味は本体が既に人類の精神に顕現したる上にて更に之を人類の社会的交渉の外に抽象し、各人の固有的天然的性質として観察することを云ふ也。凡そ人は孤棲することを得ず必ずや社会的生活を営む。故に各人の精神は一として社会的交通より生ずる影響を蒙らざるものなし。ヘーゲルの所謂主観的精神とは斯かる一切の客観的影響より抽象し、社会的交通を離れ、内心に潜在するものと見たる各人の精神をおしなべて云ふに外ならず。而して此の精神は屢々《しばしば》述べたるが如く絶対的心霊の基本たるべきベグリッフにして、其の固有の法則によりて客観的に人類社会に顕現すべきものたり。故にこの客観的に発展すべき事象は予《あらかじ》め範疇的に此主観的精神の内展《インターナリゼーション》に現れたりと云はざるべからず。故に心霊哲学に於ける主観的精神論の地位は宛《あた》かも哲学全系に於ける論理学の地位に似たりと云ふべきなり。

主観的精神論の結論に於てヘーゲルは主観的精神の本性を以て自由意思なりといへり。而して其の始め物質より生れたる心霊が自由意思となるまでには種々の段階を経て発展せざるべからず。ヘーゲルは此段階的発展の関係を説明するがために、弁証法を適用して先づ心霊を次の三大部分に分てり、曰く Seele、曰く Bewusstsein、曰く Geist 是なり。

(一)Seele は主観的精神中最も抽象的なる又最も物質に近き心霊なり。Natursphäre 又は leibliche Erscheinung に於ける心霊なり。verleiblichen せられたる心霊なり。人の肉体のうちに閉ぢ込められたる心霊なり。故にまた Naturgeist ともいふ。而して之を論究するものは人類学(Anthropologie)なり。肉体と関係しての心霊を論ずるものにして、気候、地勢、年齢、骨骼等の内外の物質的事情が如何に吾人の精神に影響を及ぼすやの如き問題は即ち茲に研究せらるゝ題目たり。(二)Bewusstsein は Seele の反措定にして、其の Leiblichkeit より自己を分つの心霊なり。natürliche Individualität より自己を分つの心霊なり。sinnliche Aussenwelt より自己を分つの心霊なり。自己の本性を認識するの心霊なり。蓋《けだ》し人は本来理性的動物なるが故に、主観的精神の開発の第二段に於て茲に理性の活用を生じ物質以外の高等実在なるを自覚するに至るものなり。この reine Ich を論ずるの学は即ち前屢々引照せし Phänomenologie des Geistes なり。ヘーゲルは之を Bewusstsein, Selbstbewusstsein 及び Vernunft の三となせり。詳くはこゝに説かず。(三)Geist は前二者の綜合にして、人体に宿りつゝ肉体以上の本性を自覚するの心霊なり。肉体を vergeistigen し心霊を verleiblichen し、一方にありては Naturwesen として存じ感じ、他方にありては Vernunftswesen として超経験的認識の本体たる者なり。而して之を研究の対象とするものを心理学(Psychologie)と称す。

乙　上述の如く Seele の作用は心霊自体を肉体化《ヘルライブリッヘン》するにあり、心霊の体を作出するに在り。其作用をなすや無意識的なり。之に反して Bewusstsein の作用は知るなり、己れを知るなり、其作用をなすや意識的なり。而して Geist はこの二者の綜合なるが故に、Geist にありては体を作るも自己なり之を知るも亦自己なり。故にガイストは自己の Produkt を知るの知なり。即ち produktive Wissen なりと云はざるべからず。而して知るといふことは主観の客観に対する一種の関係なるが故に、主観と客観との間に此の関係の生ずるには、主観に於て客観を知らんと欲するの意思あることを必要とす。この意思の発動なければ知なし。意は正に知の前提要件たり。故にガイストの本性は知《インテリゲンツ》なりと云はんよりは寧ろ意思《ウヰレ》なりと云ふべきに似たり。要するにガイストには知の方面あり意の方面あり。斯くてガイストの研究(心理学)は弁証法によりて次の三部に分たる。純理的心霊(Der theoretische Geist)、実践的心霊(Der praktische Geist)、及び自由意思(Der freie Geist)是れなり。

(二)

純理的心霊論(Lehre vom theoretischen Geist)は、弁証法に依りて直観、表象、及び思考の三部に分る。

(一)　直観(Anschauung)

主観的精神論の第二段たる心霊現象論《ヘノメノロギー》に於ては「意識」が発展して「理性」となるに至りて終れり。理性は意識作用の発展の最後の段階にして、認識の最高の機関なり。然れども心霊現象論《ヘノメノロギー》に於て論ずる所の心霊は意識の主体をば其客体より分離して孤独に考へられたるものなれば、此段階に於ける心霊は意識の本体なりとは云へ未だ何を意識すると云ふに非ず、何をも意識せざる未発展、無限定の意識なり。併し何を意識すると云ふことなくんば即ち何をも意識せざるに同じ。於是《ここにおいて》意識は無意識なりといふの自己矛盾に立つこととならん。故に意識が真に意識たるが為めには此の無限定、未発展の状態より脱出し、特定の目的物の上に自己の存在を定めざるべからず。何物をも意識せざる意識に非ずして何物かを意識するの意識とならざるべからず。斯く何物かに自己の存在を定めたる心霊を直観と云ふ。直観は即ち Die in das Objekte versenkte Intelligenz なり。又注意(Aufmerksamkeit)とも云ふ。是れ純理的心霊の第一段の発展なり。

(二)　表象(Vorstellung)

直観の成立は全然外界物体の存在を条件とす。然らば直観は物を知るの始なれども未だ真の「認識」にあらず。何となれば「認識」は本来理性の純思索によりて完全になさるゝものなればなり。故に直観に現はれたる心霊は漸次発展して客観的物界より離脱せざるべからず。直観に次いで発展の第二段階をなすものを表象とす。表象も亦次の三段の小段階を作る。記憶、想像及び思想是なり。

(イ)記憶(Erinnerung)　之は直観より一歩を進めたるものにして、das angeschaunte Objekt を其外部的条件(即ち其目的の生起せし特定の時間及び空間)より離脱して自己の中に収取することをいふ。直観は其目的たる事象の存する特定の時及び場処に限りて之を見るべし。其特定の時及び場処に制限せられず何時如何なる場処にても再び其目的物を再現するを得るやうに其目的物を脳中に収むるを記憶といふなり。云はゞ直観を innerlich にするの謂なり。(但し再現すること其自身は次段の想像の範囲なり。)

(ロ)想像(Einbildungskraft)　angeschaunte Objekt は erinnern せられて Bild となり、茲に心霊は Bild の支配者所有者となる。而して心霊は種々の目的物に接触して各種の Bild を有し其の結果各種 Bild の聯合作用によりて種々の新観念を創造す。之を想像といふ。想像にも三段の発展あり。次の如し。

(a)復造的想像(Reproduktive Einbildung)　純理的心霊は直観せられたる目的物を記憶して Bild とするの受動的作用をなすに止らず、更に之を再現するの積極的作用をなすに至れるとき之を復造的想像と云ふ。幾度ならず繰り返して意の儘に Bild を再現し得るの心霊なり。

(b)聯想的想像(Assozierende Einbildung)　之は一の Bild より他の Bild を聯想し彼此比較関係せしむるの作用なり。単に同一の Bild を再現せしむるのみに止らざるものなり。

(c)創造的想像(Schöpferische Einbildung)　復造的想像も聯想的想像も共に一旦直観したる物に関係せざることなし。全く直観したる物に関係なき新観念を創成するは本段の創造的想像なりとす。之にも更に次の三小段あり。

(甲)比喩(Sinnbild)　実際直観したる外物を借りて自己の云はんと欲する考を表するをいふ。其作用自体を見れば固より直観に関係なしと雖《いえど》も、其の考を発表する手段より見れば未だ全く外物より独立せりと云ふを得ざるものなり。例へば堅きこと鉄の如しといひ、白きこと雪の如しといふの類なり。

(乙)寓意(Allegorie)　未だ外物を全く離るゝにあらざるも、亦全く外物のみに依るにあらず。外物又は其結合に意を寓せしむるを云ふ。前段の比喩より一歩を進めたる所以《ゆえん》は彼の如く外物の属性を直ちに借り来らざることに在り。古人が左手に秤を携へ右手に剣を掲げたる人像を刻して正義の神を表彰せしが如きは此部類に属す。

(丙)言語(Wort)　比喩寓意の二者は共に創造的なりとは云へ未だ外物を手段とするの域を脱せず。全く外物を手段とすることなく純粋に心霊自体より出づる方法を以て自己の思想を表彰するものを言語となす。

(ハ)思想(Gedächtniss)　さて言語なるものは一度言ひ終れば其跡を留めざるものなり。於是其欠を補ふために文字なるものを生じ、この文字によりて言語を表し、一定の考は文書(Schrift)に書き綴らる。而して文書とは紙面に載せられたるものに外ならざれば其自身再び直観の目的物となる。文書の直観せられ記憶せられたるときは之を思想と称するなり。

(三)　思考(Denken)

文書の直観せられ記憶せられたる結果としての思想は無形なる心霊の一現象たりと雖も、文書を其成立の前提条件とするを以て未だ全く外物より離脱せりと云ふべからず。故に思想は十分に心霊の純理的方面を表するに足らず。十分に心霊の純理的方面を表し文書等の外部的拘束より独立して事物の真理を考察するものは思考《デンケン》なり。思考は直観等の経験的事実を超越して自己の本性(宇宙の本体と同一なること)を知る作用にしてかの心霊現象論に論ぜる「理性」と其本質を相同うす。只其の彼と異る所は彼に在りては純粋無限定の認識なり。此に在りては自我非我に対する現実の認識なること是なり。但し「思考」は言語に執着せざれども之を前提とす。故に言語なしには「思考」なし。吾人が考ふといふときは必ず言語の形式に依らざるを得ず、「思考」は即ち言語に於て其 Dasein を有する者なり。之れ心霊現象論の「理性」と異る所なり。ヘーゲル曰く人類は思考力を有するが故に経験的世界観より神に向上することを得。思考とは畢竟《ひつきよう》此向上の謂に外ならず。感覚界を超越し有限より無限に突入する是れ思考の本領なり。思考せざるものには斯かる向上なし。動物にかゝる向上なき所以は感覚的に知覚し直観するのみなるを以てなり。要するに思考は人類独有の霊能なりと。

(三)

純理的心霊《テオレチイツシエ・ガイスト》は「思考《デンケン》」となりて其発展の絶頂に達せり。抑《そもそ》も純理的心霊は外部的対象を知るの心霊なり。心霊が之を知了せるときは対象は即ち内部的(innerlich)のものとなる。之を内部的とするは即ち之を「我がもの」(Meinige)とするに外ならず、然らばわが心霊は其性質単に受働的に物を知るのインテリゲンツたるに止らずして、亦能働的に之を我がものとするのウヰレ(意思)にあらずや。ヘーゲルが謂ふ所の実践的心霊(Praktische Geist)とは実に此心霊の自働的方面を云へるに外ならず。ヘーゲル曰く思考するとは目的物を verallgemeinern することなり。而して思考《デンケン》は思考としては其自身 leer なり。然れども思考することに依りて吾人はこの複雑なる世界を Gedanke 即ち自己の内容となし以て Meinige となすものなり、純理的心霊は斯くして実践的心霊となるものなりと。然り、純理的心霊が十分なる発展をなせば思考《デンケン》は自分を意思《ウヰレ》として認むるに至るなり、思考が意思となると云ふも其意は同じ。故に思考《デンケン》をば一に「自己を意思に限定するの知」(Das sich selbst zum Willen Bestimmende)とも云ひ、又意思を Intelligenz in der Thätigkeit と云ふに反し、之を Wille in der Möglichkeit とも云ふ。要するに思考も意思も二者別物に非ず、同一物の観察の方面を異にしたるものに外ならず。只ヘーゲルは二者を以て弁証法的発展の二段階をなすものと見たるものなり。蓋し思考と云ふことは意思なくしては之なき所なり。意思は思考せしむる所以にして、意思すればこそ思考するなれ。此事実は吾人が事物の真理を認識するに如何に強き努力を要するかを考察すれば明ならん。真理を欲求せざるものにして真理を発見するを得るは不可能事なるべければなり。故に意思は実に純理的心霊の bewegende Princip なりと云はざるべからず。

学者或は曰く人類は右の袂《たもと》には思考を有し左の袂には意思を有すと。此説非なり、二者別物に非ず。意思なければ思考なし、又思考なければ意思なし。意思せんとする所は必ず思考せざるべからず、思考する所は必ず意思せざるべからず。意思は即ち Dasein に自己を限定せんとするの思考にして、思考は本質上の関係に於ては意思の前提たるに過ぎざるものなり。之等の関係を無視して二者を離間するはヘーゲルが認めて以て皮相の見なりとする所なり。

純理的心霊が一転して実践的心霊となるや、其所謂意思は純粋未発展無限定の意思なり。其本性を意思とすと云ふに止り、未だ何物を意思するといふにあらず。Ich will etwas にあらずして単に Ich will なり。可能《モェーグリツヒ》的には「何物かを意思するの意思」たり得るものなれども、現実《ウヰルクリツヒ》的には「未だ何物をも意思せざる意思」なり。未だ何物をも意思せざるが故に即ち「意思せざる」ものなり、故に未だ意思にあらず。然らば所謂実践的心霊は其始め意思にして又意思にあらずと云はざるべからずして、即ち自己破壊自己矛盾に陥るものといふべし。此矛盾は意思が意思たらんが為めに自ら其の Allgemeinheit を限定し、will etwas となることによりて除かる。「何物をも意思せざるの意思」が「何物かを意思するの意思」となるの発展の全系は実践的心霊論の研究する所たり。而して本論も亦弁証法によりて三小段に分る。欲望動機及び幸福即ち是なり。

（一）　欲望(Praktische Gefühl)

　未発展なるものが自己を Besonderheit に限定するの意思は先づ欲望の感として現はる。欲望とは「然かあるべき如くにあらぬ状態の感」(Das Gefühl eines Zustandes, der nicht so ist, wie er sein soll)をいふ。Sollen と Sein との一致せざる状態の謂なり。是れ実践的心霊の根本感覚なり、而して之に対するものを満足(Befriedigung)といふ。「丁度あるべき如くにある状態の感」なり。Sollen と Sein との一致せる状態の謂なり。

　欲望には其種類多し。然れども各種の欲望は孤立無関係にあらずして、各々弁証法的発展の一段階をなすものたり。換言すれば欲望なるものは種々の形式に現るゝものにして、始めは低度の自然的欲望より発達し、高尚なる Reue(行為と利益との不一致の感)、Scham(行為と義務との不一致の感)に至るものなり。

　斯くの如く欲望又は不一致の起るは心霊が自己を発現せんが為めなり。故に吾人は吾人の本性を完成せんが為めには Sollen と Sein とを一致せしむるに努めざるべからず。若し一致せしむる能《あた》はざるときは之よりして悲惨と罪悪とを生ぜん。斯くして欲望は次段の動機を生ずること、なる。

(一)　動機 (Triebe und Willkür)

前述の如く Praktische Gefühl は其自身は欲望の感覚に過ぎざれども、そはやがて其欠けたるを満たし惨悪より脱せんとする念慮を引き起さしむ。か、る念慮を称してヘーゲルは動機(Trieb)と云へり。(Der Trieb ist eine subjektive Willensbestimmung, die sich selber ihre Objektivität giebt)。而して欲望に種々の種類あるが如く、此の動機にも亦種々の種類あること論を待たず。

斯くの如く実践的心霊は動機に現はる、と雖も併し動機に現れたる心霊は有限にして自由にあらず。固《もと》より抽象的に論ずるときは実践的心霊は自ら如何なる動機となるかを定め得るの自由、換言すれば欲望の起るがま、に其目的物を直に採りて自己の動機の目的物とするの自由を有すと雖も、斯くの如きは内容なき形式的自由にて、所謂 inhaltlose Allgemeinheit なり。斯くの如く任意の内容を捕捉し此うちに自己を限定《ベステンメン》し得る抽象的に自由なる意思を Willkür と称す。先づ欲望を感じ更に動機となりて欠乏と満足との一致を来さしめんとするもの是也。人或は Willkür を見て「自由意思」を説く。是れ誤なり。二者は厳に之を区別せざるべからず。蓋し吾人は常に吾人の当《ま》さに欲望すべき所のものを欲望するものに似たりと雖も、実際吾人の欲望する所のものは常に必ずしも吾人を満足せしむるものに非ず。個々の欲望を一々点検すれば其が「真正なる意思」の欲求に出でざる場合も少からざらん。世の学者猶ほ往々誤解して二者の観念を混淆するものあるはヘーゲルの特に注意して誡めたる所なり。

(二)　幸福 (Glückseligkeit)

動機は其種類多し、又相互の間必ずしも調和するものに非ずして一を満足すれば他を害する場合も稀ならず。

是に於て何れの動機を達し何れの動機を抑ゆべきか彼此選択して之を決定せざるべからず。Willkür は如何なる動機に自己を現さんかを定むるの自由あるを以て、彼此選択し最少の犠牲を以て最大の効果を収めんとす。かく最少の犠牲を以て包括的一般的満足を求めんとするとき之を Glückseligkeit と云ふ。一切の動機をすべて一様に満足するときは一般的包括的満足は求め得べからざるが故に此の段階に在りては各個の欲望の満足は多少制限せらるゝ所なきを得ず。故に真正なる意思は未だ此段階に於ては発現せられざるなり。

もと此種の動機は動物も亦之を有す。然れども動物は Wille を有せざるが故に常に全く本能的欲望に支配せらるゝのみ。人にありては然らず、動物的本能以上の理性あるが故に、自己の意思を以て各動機間に緩急前後の順序を附し又は之が取捨選択をなす。動物は欲望に支配せられ、人は欲望自体を支配すと云ふべきなり。斯くの如く動機が意思によりて支配せられ、其間に合理的関係の附与せられたるを「幸福」とは云ふなり。是れ Glückseligkeit を一に vernünftige System der Willensbestimmung といふ所以なり。去れば之に在りては総ての欲望が悉《ことごと》く満足せらるゝにあらず。固よりトリーブの目的となるものは必ず或る欲望を満足するものならざるべからずと雖も、欲望を満足するの性質を有するものは皆必ずしも常にトリーブの目的物となるにあらず、トリーブの目的物となりて満足を得るものもあり又否〔然〕らざるものもありと云はざるべからず。是れ実践的心霊の発展の最高段階に在りて而かも猶ほ未だ十分に Wille として発現せずと云はるゝ所以なり。

（四）

前に述べたるが如く「実践的心霊」は先づ自然的本能的動物的欲望として発現す。是れ心霊は其源を自然に発するを以て従て自然より各種の欲望を継受するが故なり。而して人は本来理性的動物なるを以て、動物的欲望の遂行に際しても反省考察をなし、自家の最大なる満足を得んが為めには如何なる欲望を先とし如何なる欲望を後とすべきかの緩急の別を附し、其間に一定の系統を設くるに至るものなり。蓋し各種の欲望は其一を満足せしむれば其他を害すると云ふが如く彼此相牴触するものなるを以て、一般的幸福を得んには適当に之等をして相制せしむるの必要あればなり。而して各種のトリーブをして斯く相制せしむる者は何ぞや。是れ即ち吾人に賦有せる理性そのものに外ならず。されば吾人の実践的心霊は一旦各種のトリーブに現れたりと雖も、其等のトリーブたるや或るものは満足せらるゝも或る者は理性の抑圧する所となるを以て、甲トリーブとなりたる心霊は其発現の目的を達せるも乙トリーブとなれる心霊は遂に発現の実を完うせずして自滅するの結果となれり。然らばかの実践的心霊は各個のトリーブとして留る間は十分に心霊を顕現する者と云ふべからず。換言すれば個々の事物を欲望の対象とする間は心霊は十分なる発現をなし得ざるなり。然らば如何なるものを以てトリーブの対象となせば心霊は満足すべきか。是れ外ならず、自己自身即ち之なり、蓋し人は理性《ロゴス》の権化にして、考察することも又各種の欲望の間に先後の別を附することも皆理性の作用に外ならず。然らば其終局の目的として最後の満足を得べき対象は理性其者の外之あるべからず。吾人が其欲望する所を欲するに当り必ず全精神の要求を満足せしむるものは自己それ自身のみなるを以てなり。即ち心霊は自己自らをトリーブの目的とせずんば十分に発現するを得ず。自己を意思せずんばあるべからざるなり。故に円満完成なる心霊は自己を其トリーブの目的とするの意思なり。自己を意思するの意思なり。而して斯かる意思は動物的欲望といふが如き自然力に支配せらるゝことなく、自己の意思するものは自己の本性たる理性なれば、自己を支配し自己を指導するものは一に自己のみ。是に於て心霊は如何なるトリーブに自己を現はさんかの形式的自由を有するのみならず、積極的に自己が自己に主たるの実質的自由を有す(此点に於て自主は即ち自由なり)。故に之を自由意思と称す。之を要するに主観的精神の本性は自由意思にして抽象的形式的に自由なるのみならず、自らの実現を目的とし此中に自己を意思するの実質的自由意思なり。それ思考とは自己を識るの知なりと云ふが如く、意思とは自己を意思する所の意思なり。自己を意思するが故に自由意思なり。而して自己を意思せざるものは未だ真の意思に非ずして所謂 Willkür のみ、従て自由にあらず。夫《か》の動物的本能に支配せられて放縦なる云為《うんい》を事とするもの丶如きは之を奴隷生活と云ふは可なり、之を自由なる生活と云ふは断じて不可なり。苟《いやし》くも自由といふときは必ず意思に支配せられざるべからず。意思に支配せらる丶ものにして自由に非るはなし。ヘーゲル曰く、自由は意思の本性《ズブスタンツ》なり。意思として自由ならざるはなし。自由なき意思は空言のみ、意思に伴はざる自由は現実にあらず。自由は即ち意思なりと。

第二節　『法律哲学』の特質

自由意思と法　法と国家　国家的強制権と個人的自由

ヘーゲルの著『法律哲学《フイロゾフイー・デス・レヒツ》』は其本論に入りて細目を詳論するの前特に、「緒論」の一節を設け、実践的心霊より発展して法となるに至るまでの関係を説けりと雖も、其述ぶる所極めて簡略に過ぎて彼れの法律哲学に関する大体の性質を窺ふに足らず、而かも法律哲学の細目に入るの前先づ其大体の性質を了解するは最も必要のことなりと認むるを以て、予は玆にヘーゲルの意を汲みて自由、法、国家又は国家的強制と個人的自由との関係に関する彼の見解の略述を試みんとす。

（一）

既に述べたるが如く、主観的精神の発展は自由意思となりて其絶頂に達せり。然れども是れたゞ主観的に自由意思なるのみ。抽象的の自由意思なるのみ。抑も宇宙の本体たる絶対的心霊は人類 (Menschheit) の精神に於て自家の具体的実在の根拠を有するに至るべきものなるを以て、其の顕現するや独り各個人の主観内に於てするのみならず、又実に客観的に人類の総体的精神に於てせざるべからず。果して然らば夫の主観的自由意思は更に発展して客観的自由意思となり、各人の主観的精神はこの客観的精神と同化せざるべからず。個人の主観内に顕現し終りたる本体は更に人類の社会的関係の上に顕現して現実の生命を保せざるべからず。斯くの如くして客観界に発現したる自由意思はヘーゲルの所謂客観的精神(又は「法」)なり。ヘーゲルが法を定義して自由意思の Dasein なりといへるは此の意味に外ならず (Dies, dass ein Dasein überhaupt, Dasein des freien Willens ist, ist das Recht)。然り、法は自由意思の Dasein なり。然らば主観的精神は自由意思の抽象的内展にして法は其の客観的外展なりといひて可なり。主観的精神論は自由心霊の論理学にして法律哲学はその天然哲学なりと云ふべきなり。是れ法をまた eine zweite, höhere Natur と云ふ所以なり。

何が故に自由意思を本体とする客観的精神を法といふか。法は束縛を意味す。束縛は自由と両立せず。カントは各人の意思の自由を制して衝突なからしめんがために法の必要ありといへり。独りヘーゲルが法と自由とを同一視する所以は如何。是れ彼れの法理学説を理解するが為めに最も緊要とする点なりとす。抑も客観的精神とは人類の総体的精神に実存の基礎を有する自由意思なり。而して人類の総体的精神と云ふときは各人個々の精神の総和と異れる単一の精神的実在を意味するものなれども、必竟は各個人の個々の精神を其分子とするものなるを以て客観的精神は決して各個人の精神を離れて存するものに非ず、実は各個人がすべて皆同一の精神的意識を有する状態を指してこゝに客観的精神ありと云ふに外ならざるなり。例へばかの人道と云ひ仁義といふの類は人の行動を離れては何等実存の根拠を有せず、只各人の精神の実質をなして外部の行動に現はるゝに至りて始めて玆に人道あり仁義ありと云ふべきが如し。併し普通の説明に於ては人道又は仁義と云ふの類を人類の云為より離脱し、一種の抽象的主義として考察するが如く、客観的精神も亦仮りに之を人類各個の個別的精神より抽象して考ふることを得べし。故に客観的精神はもと各個人の精神より独立せる存在を有するものに非れども、抽象的分析的に考ふるときは、客観的精神は自由意思の人類間に於ける顕現を完うせんが為めに、先づ各個人の個別的精神に対する統一力として現るゝものと見ざるべからず。換言すれば客観界に於ては各個人の精神は此客観的精神に指導拘束せられ遂に之に同化せらるゝに至るべきものならざるを得ず。故に客観的精神の円満なる発現は、一方より云へば「抽象的に考へられたる客観的精神」が各個人の精神に普く宿るによりて、又一方より云へば「各個人の個別的精神」が十分に客観的精神を体認することに依りて完うせらるゝものたり。併しこの客観的精神と個別的精神との同化は些《いささか》の困難なくして行はるゝものなるか。蓋し客観的精神と云ふも理性《ロゴス》の発現なり個別的精神と云ふも亦理性《ロゴス》の発現なり。二者其本体を一にす。然れども人はまた其体を自然的物質に受くるを以て屢々《しばしば》各種の動物的欲望に駆られて動《やや》もすれば自由実在たる本来の面目を損はんとするものなり。是を以て人其の本然の性能を完うせんとせば須《すべか》らく理性の光明に指導せられて自然的欲望(即ち個別的意思)を統制し、以て真正なる自由意思を発揮するを要す。故に客観的精神と個別的意思との同化は事甚だ容易なるが如くして実は二者の間に幾多の健闘を経たる後に始めて之を見るを得べきのみ。わが客観的精神論は実にこの健闘の戦紀なり、ヘーゲルが法律哲学を定義して普遍的意思対個別的意思の関係に於ける自由意思を論ずるものなりと云ひしは此謂に外ならず。されば客観的精神の発現とは大なる意思が小なる意思に臨むの関係なり。小なる意思が大なる意思に向上するの関係なり。大なる意思を主として観るときは、其関係や儼然として小なる個別的意思を統御するの姿態を呈するを以て之を法と云ふ。小なる意思を主として観るときは、其関係や自己の本性なる大なる意思に帰嚮《ききょう》するの有様にあるを以て之を自由と云ふなり。一面に於ては自己(普遍的自我)に帰するの自由なり、又一面に於ては自己(個別的自我)を抑制するの拘束なり。然らば自由と束縛とは一にして二に非るなり。只大なる意思を主位におきて考ふるときは客観的精神は普遍的統一力として各人の個別的意思に対して厳実なる規範を指示するものと見ざるべからざるが故に之を法と称するなり。夫れ法は束縛を意味するの辞なり。併し自由実在たる自己を何人か絶対に之を拘束し得る者ぞ。法とは畢竟《ひつきよう》自己の自己に加うる拘束にあらずや。故に法に従ふは我に従ふなり。法の束縛に甘んずることによりて吾人は吾人を完うするを得べきなり。宇宙の本体たる自由心霊は実に此束縛の形式に於て自己の実現を人類界に求めんとす。法によりて自己を束縛するは即ちこの本体に向上するなり。自己が自己の本源に遡るが故に之を自由と云ふ。是れ法に服従するは即ち自由なりと云ふ所以《ゆえん》なり。故に法に対する服従の義務は自己を自主自由の人たらしむる所以にして、法に従ふは寧ろ理性動物たる吾人人類の特権なり。吾人は法に服従することに依りて自己を滅却せざるべからず、否自己を完成せざるべからず。小我を亡して大我を発揮せざるべからず。然らば即ち法の拘束其自体は真正の自由意思に外ならず。束縛と自由とは別物に非るなり。ヘーゲルが自由意思の顕現を呼んで法となせるもの復《ま》た怪むに足らざるべし。

法と自由意思との関係に就いてカントの謬見を指摘せるヘーゲルの説は亦参考として玆に引用するに足る。ヘーゲルの見解に依れば法と自由意思とは別物にあらず。自由意思は法の本体なり。法に従ふが故に意思は自由なり。若し意思にして単に主観的たるに止り、法の束縛に服従せざるときは、是れ即ち自己の本性に背くものにして自由を離るゝこと遠し。然るにカントは曰く、法とは円満なる共同生活の目的のために各人の自由意思に加ふる制限なりと。各人の自由意思は互に衝突するものなるが故に法を以て之を制限するの必要ありとの謂なり。果して然らば法は最早人心に固有するものに非ずして只外部より各個人を制限するもの、即ち消極的に各個人をして或行為を為し又は為さゞらしむるの作用をなすのみにして積極的に其云為の内部的本源となるものに非ずと云はざるべからず。斯くの如き説は必竟大なる意思を無視し、個別的意思即ち Willkür を以て自由意思なりと誤解せしものなり。法は自由意思の個別的意思に加ふる制限なりと云ふは稍《やや》可なり。自由意思そのものに加ふる制限なりと云ふは未だ其可なるを見ざるなり。

(二)

自由意思が法として具体的実在を有するに至るの地盤(客観界)は人類の社会生活なり。抑《そもそ》も単純なる個別的精神の主体としての多数個人の集合は、機械的集合にして未だ有機的社会をなさず。其の相集りて社会的生活をなし、有機体の一員たるを得る所以のものは、必竟各人自己の心裡に於て共同なる普遍的精神を感ずればなり。吾人皆この普遍的精神を体認するに非ずんば社会生活は為し得ざるなり。所謂共同生活の之れ有るを得る所以のものは普遍的精神の個人的体認に依る。個人性の社会化、社会心の個人化両々相待ちて吾人の生活は円満になさるゝものなり。斯《かく》の如くして吾人の社会生活に発現せる普遍的精神は即ち「法」にして、法の発現せる客観界はヘーゲルの所謂国家なり。然らば法は自由意思の客観界に顕現せられたるものにして国家は自由意思の実現せられたる客観界(Das Reich der verwirklichten Freiheit)なり。客観界に発現せられざる自由意思は未だ法にあらず。自由意思の発現せざる客観界は未だ国家に非ず。法あれば必ず国家あり。国家あれば必ず法あり。両者離るべからざる関係ありと云はんよりは寧ろ同一物の観察の方面を異にせる異名に過ぎずといふべきなり。故に法を論ずるは即ち国家を論ずるなり。法律哲学は同時に国家哲学たらざるべからず。是れ彼の著書に『法律哲学一名自然法及び国家学』と冠する所以なり。彼亦『法律哲学』の序文に於て述べて曰く、本書の目的は国家を純然たる合理実在(ein in sich Vernünftige)として理解し且つ説明するに外ならずと。

(三)

以上述ぶる所は法及び国家の本質に関するヘーゲルの見解なるが、之はまた同時に古来学者間に難問たりし所の国家的強制権対個人的自由の問題を解決したるものなり。予は先きに吾人の精神作用には種々の欲望を満足せんとする本能的の働きと、又之を節制して高尚なる生活を営ましめんとする働きとありて、互に相戦ふものなることを述べたり。今暫く古聖の言をかりて前者を外なる人と云ひ後者を内なる人と云はんか。所謂内なる人果して我なるか、外なる人果して真の我なるかは性善論性悪論の岐《わか》る、所にして、学問上細心の研究を要する所なるべし。（ヘーゲルは内なる人を以て自我の本体とせしことは既に読者の知る所なり。）然るに之と同様なる問題は吾人の国家生活に於ても亦之を見る。一方には良心と云ふ個人的内部的権威を以て吾れの行動を右に決せしめんとするものあり。他方には法律と云ふ社会的外部的権威を以て吾れの行動を左に決せしめんとするものあり。良心が実在なるか法律が実在なるか。国家は個人の手段なりや、将《は》た個人は国家其自身の目的のためにあるものなりや。個人は国家の分子なりや、国家は個人の機械的集合に過ぎざるものなりや。道徳上の個人の目的と政治上の国家の目的とは一致するものなりや否や又一致すとせば如何ばかり一致するや。人類の倫理的生活の理想と国家的生活の理想との真関係は果して如何なるものなりや。之等の問題は実に政治哲学上の根本問題にして、古来深奥なる国家攻究者の脳裡を去らざりし所なり。

古代専制の諸国に於ては事実上又理論上国家万能を主義とし、国権に対抗する一勢力としての個人の独立を認めざりしこと固《もと》より弁を待たず。只僅に希臘《ギリシア》に於ては特別の事情により夙《つと》に自由共和の政治盛に行はれたりしを以て、早く既に個人の自由と国権の強制とを調和するの説を生じたり。然れども其の説の多くは直覚的に「国家は個人の精神的発達に必要なり」とか又は「人は政治的動物なり」とかいふが如く独断するものにして精密なる政理の論説としては甚だ其価値に乏しと云はざるを得ず。羅馬《ローマ》以来世は再び専制の政に復《か》へり且つ文物永く衰頽を極めしを以て、如上の問題は久しく学問上の論究に上《のぼ》ることなかりき。次いで十四五世紀の頃に及び世運こ、に一大変転をなし、従来久しく閑却せられたりし個人そのもの、充実は漸く識者の注目を惹《ひ》けり。ルーテル以来基督《キリスト》教の開発は益々個人それ自身の尊厳犯すべからざることを教へ且つ漸く覚醒し始めたる各個人は之が反動として起りたる専制主義に激せられて愈々《いよいよ》個人の自由を主張するに至れり。然れども諸国の君主暗愚にして依然として専制の過を改めず、甚しきは却《かえつ》て個人主義を圧迫するの措置に出づる者多かりしかば、茲に漸く国家は徒《いたず》らに個人の発達を妨ぐるものに非るやを疑ふものあり、更に甚しきは二者を以て全く調和すべからざるものとなし、法律政治の如きは全然人の天性に背反すとなすの説あるに至れり。最も極端に個人主義を提唱せしもの近時に在りては蓋《けだ》しスペンサーならん。スペンサー以為《おもえ》らく政府(国家)は人民の作る所なり、人民は其の自ら作る所の政府より権利を附与せらるゝといふことなし。個人として権利なくんば何んぞ亦社会の一員として之を有するに至るを得ん。法律も政治も個人に対しては何の加うる所なしと。斯くの如きは最も極端なる一例なるが、斯く極端に個人主義を主張せざるものと雖《いえど》も、苟《いやし》くも個人の自由を前提するの論者は常に例へば「国家目的論」と云ふが如き題目の下に「国家は如何なる合理的根拠により又如何なる範囲に於て不服なる一個人を強制するを得るか」を論究せざるはなし。かの最大多数の最大幸福を以て人生の目的なりとせるベンタムは必然に法律を以て「已むを得ざる害悪」となし、政治とは「この害悪中の最少害悪を選むの技術」なりとせり。蓋し最大多数の最大幸福を得んとせば単独の各個人は他の個人と接触するに当りて幾分か自由の拘束を受けざるを得ず。自由の拘束は苦痛なり、苦痛は即ち害悪なり。自由の幾分の制限は最大多数の最大幸福のためには已むことを得べからず。国家は此の已むことを得ざる範囲に於てのみ個人の自由に干渉するを得べしと云ふなり。経済学を以て殊に声名あるジヨン・スツワルト・ミルは吾人の生活を独立せる二部に分ち、一を全く個人の利益に関する部分となし、他を全く社会公同の利益に関する部分となし、以て全然個人の自由に任ずべき範囲と国家の干渉を認むべき範囲とを劃定せり。余りに機械的に過ぎて殆んど実際に適用するを得ざるを憾《うら》む。国家的強制権の合理的基礎に関する説明はルソーに於て既に一大発展をなせり、ルソー以為《おもえら》く、「人間はもと自由にして生れたるに、今何れの処にても束縛の裡《うち》にあり。如何にして此変化は起りたるか我之を知らず。只如何にして之を正当なるものと解すべきか」。曰く各人は社会契約を締結し、其人格を挙げて之を共同体に帰し、各人は皆社会的総意(各人の意思の総和と異る単一の実在即ち国家)に支配せられて以て分離すべからざる全体の一員となれり。各人は社会契約によりて自然的自由を失へりと雖も、之に代りて政治上の自由を得たり。かの束縛に甘んずるは確実なる政治的自由を得んが為めなりと。人は本来自由なれども其自由たるや自然的自由若《も》しくは「自由の能力」(可能的自由)にして現実の自由に非ず。其自由を現実に確定せんが為めに各人は相約して国家を構成するに至れるものなりと云ふなり。然らば国家なるもの、之れ有るは個人の契約して之を作ればなり。国家的強制権が個人を拘束するもの亦其基を個人の発意に発するなり。国家は個人の自由を確保せんが為めに在り。国家は個人の手段なりと云はざるべからず。

ルソーの個人本位的国家説は其の後多少風貌を変じてカント、フィヒテ等の継承する所となり、永く唯理論派哲学者の定説たりき。蓋し個人的自由なるものが神聖なる信条として学者の承認を博する間は、法律政治に関する各般の論説が常に個人的見解に基くべきことは事理の当然なり。然れども翻《ひるがえ》つて思ふに個人の生活なるものは元と社会国家を離れて存在せず。全然社会的交通より超絶せる個人の自由独立と云ふが如きは到底吾人の想像し得ざる所なり。個人の自由といひ個人の独立といひ之を相対的の意味に解すれば可ならんも、之を絶対的の意義に解すべしとせば果して一面の真理を伝ふるものなるや否やを疑はざるを得ず。果して然らば個人と社会国家との間には俄《にわか》に主従の別を附するを得べからず。個人の絶対的自由を前提とせる幾多の説明は動《やや》もすれば個人其者の本質を誤り易きのみならず、又其の国家を解明するや余りに機械的に過ぐるの嫌なきにあらず。是に於てか個人的根拠に立ちし従来の国家学説は全く一変して他に説明の基礎を求めざるべからざるに至る。而してわがヘーゲルの国家学説は実に此一転機を為すものといふべし。

ヘーゲルの国家本質論の基礎は個人本位にあらず又国家本位にあらず。今例の弁証法をかりて説明せんか、個人本位は正措定なり国家本位は反措定なり、真理は両者の綜合措定に在りと云ふべきなり。ヘーゲルは固より唯理論派の流れを汲み「個人的自由」てふ思想を脱するを得ず。然れども彼の個人的自由はルソーやカントのそれと異ること頗る遠し。若し玆に小我大我の辞を仮用せんか、ルソー等の云ふ所は小我の自由なり、ヘーゲルの云ふ所は大我の自由なり。小我の自由はヘーゲルの認めて以て Willkür と呼びし所、彼の所謂真の自由に非ず。真の自由は小我と大我との同化に存す。而して国家は即ち大我の発現なりとせしが故に、国家は実に真の自由の実現せらるゝ所なり、個人の本性の完うせらるゝ所なりと云ふなり。蓋し吾人には二種の我あり。一は小我(偶然的自我)にして他は大我(合理的又は理性的自我)なり。人類はもと皆自我を完成すべきものなるが、此完うせらるべき自我は小我に非ずして大我のみなりとす。何となれば大我は吾人天性の全部を満足せしめんとする傾向を有するに反し、小我は部分的外部的満足を供するに過ぎざればなり。而して吾人の意思が後者に向ふときは宛《あた》かも奴隷の境遇にあるが如きの思あり、之に反して前者に向ふときは自由を感ず。自由とは自我が自我たるを得るの謂《いい》に外ならず。故に人生の要件たる自由とは、単に過去に実成し得たる総量、換言すれば現在の状態を保持するのみの意義にあらずして、吾人の真実なる自我即ち大我を発揮することの謂たらざるべからず。真我を実成することは大我より見れば権利なり自由なり、小我より見れば義務なり服従なり。不幸にして吾人は小我の勢力強く大我と同化すること極めて不完全なるものなるが故に、吾人は自由を得んが為めには通常の自我(小我)を抑へて真実の自我(大我)の強制に服従せしめざるべからず。而して吾人をして此強制に服し、多少完全なる生活を営むの機会を与ふるものは国家組織なり。斯の真実の自我は実に法律の本性にして国家の本体なり。国家が強力に依りて法律を維持するは、吾人の真我の主張を最も大に最も確実に成就せしむる所以に外ならず。故に法は真我の主張なり。国家の強制に服従するは束縛に非ずして自由なり。国家は自由の実現なり。然らば吾人は国家の主張に於て吾人の主張を求むべく、国家の目的によりて自家の目的を求むべし。国家にとりて善なることは各個人にとりても亦善なり、各個人の欲する所は亦国家の欲する所なりと云はざるべからず。ヘーゲルがルソー一派の学説を評するの言に曰く、国家を以て所謂 Versicherungsanstalt と做《な》し、個人の財産及び自由の安全を保護するを目的とする一の Mittel となす所の個人主義的見解は正当にあらず。国家は自由意思の顕現にして其自身目的たり。併し国家は其自身目的なりといふことを誤解して為めに全く個人の利益を顧みざるものとなすこと勿《なか》れ。蓋し Das wahrhafte Allgemeine は das Besondere に於て自己を意識するものにして、besondere Einzel の真の利害は即ち Allgemeine の利害なるを以て、国家の目的と個人の真目的とは identisch なるものなり。国家の目的は固より直接に個人的利益の保護に存せずと雖も、個人の目的は畢竟国家それ自身なりと云ふべきが故に、個人は国家の目的を其目的とすることによりて満足を得べく、国家の目的を適当に遂行するは即ち個人の幸福を来し其利益を増進する所以なり。是れ国家を sittlicher Organism と称する所以なりと。

以上述べたるが如く、ヘーゲルは国家の目的を以て自由意思の完成にありとせるも、其の所謂自由意思たるや、従来の考説の如く小我の自由意思を云ふにあらず、個人の本性にして宇宙の本体たる大我の自由意思を意味するが故に、彼れの国家本質論は自ら従来多数の自由意思論者の国家論と其趣を異にせざるを得ず。故にヘーゲルの説が自由意思論に基くの故を以て之を個人本位の学説なりと速了するは甚しく彼を誣《し》ゆるものなり。何となればヘーゲルの学説は個人本位的なるよりは寧ろ国家本位的なるに近ければなり。只其が純然たる国家本位論と異るは同時に国家と個人との二ケの実在を承認するの点に在り。抑も国家の本質に関する以上諸説の争議は今猶ほ十分に決定せざるものなるに似たり。思ふにヘーゲルの所説の如きは望ましき国家の理想を談ずるものとしては頗る傾聴を値すべしと雖も、現在の国家そのもの、考察としては天下大に異議あらん。況《いわ》んや彼の所謂国家論は彼自ら云ふ如く、「古往今来幾多の国家の連続的発達の上に実現せらるべき国家の理想」を語るものにして、現在個々の国家を見るが儘に観察するものに非るが故に、徹頭徹尾事実を論究の基礎とする科学者より彼の説を見れば、中に幾多の有益なる暗示《サゼッション》を含蓄するものあるに拘《かかわ》らず、必ずや一片の空想又は希望に止る部分少からざらん。近世科学的研究の結果は固よりヘーゲルの論結と乖離《かいり》する点極めて多かるべし。然りと雖も彼が国家を以て其自身に固有の目的を有する一種の有機体となせるの一点に至りては、古来の惑を一掃して国家学の前途に一大光明を放つものなり。要之《これをようするに》彼が極力個人主義的機械観を排斥し、有機体として国家を攻察すべきことを唱導せしの一事は国家学史上没すべからざるの一大偉績なりと云はざるべからず。

ヘーゲルの法律哲学の大綱

Geist
- Das abstrakte Recht
  - 所有権
    - 所有　所有権の本質に関することあり
    - 使用　この中に消滅時効のことあり
    - 譲与
  - 契約　契約の本質のことあり
  - 不法を強制するの権利
    - 不法行為
    - 詐欺
    - 犯罪及び刑罰　この中に正当防衛の本質、刑罰の本質、刑罰の方法のことあり
- Die Moralität
  - 予見及び責任　この中に責任の範囲のことあり
  - 決意及び幸福　この中に責任の基礎のことあり
  - 良心及び善　法律と道徳との関係のことあり

Der objektive

- Die Sittlichkeit
  - 家族
    - 結婚　結婚の本質、一夫一婦の基礎のことあり
    - 家産　家族の財産の性質のことあり
    - 子女の教養
  - 市民集団
    - 欠乏の組織
      - 欠乏及び満足の種類
      - 労働の種類
      - 社会階級
    - 司法
      - 成文的法　法と法律、立法の主意、法律の目的のことあり
      - 成文的法の存在　成典公布のことあり
      - 裁判　法律の適用、訴訟法の性質、裁判所構成法のことあり
    - 警察及び組合　貧民問題のことあり
  - 国家
    - 対内的国法
      - 国権の組織　立憲制度のことを論ぜり
        - 君主
        - 政府
        - 議会
      - 国権の発動
    - 対外的国法(国際法)
    - 世界歴史
      - 東洋
      - 希臘羅馬
      - ゼルマン

〔一九〇五年一月一八日刊、法理研究会出版・有斐閣書房発売〕

国家魂とは何ぞや

本誌前号に於て「日本魂の新意義を想ふ」と題し〔本巻巻末「参考篇」〕、我が大日本の国家精神の過去における勢力と将来に於ける発展とに関して本社主筆の論明せる所は、多数読者の同感を博したるべしと信ず。是れ蓋《けだ》し基督《キリスト》教徒たる我が帝国臣民の抱負を遺憾なく表明したるものに外ならざれば也。只国家といひ国権といふの語辞につき正当穏健なる見解を有せざる者(一月八日発行平民新聞第六十一号所載秋水君の評論の如き其一例なり)は往々にして吾人の所説を曲解せざるを必し難し。乃《すなわ》ち吾人は玆に国家国権の観念を論明し以て我党主張の真義を発揮するの資となさんと欲す。

抑《そもそ》も人類はもと孤棲するを得ず、個人の物質上幷びに精神上の生活は決して社会国家を離れて存在するものに非ず。即ち各個人は皆社会国家なる団体の一員として常に其団体の意思に統制指導せらるゝものなり。この各個人の内外一切の生活の最上の規範たる「団体の意思」を国家精神又は国家魂と云ふ。然れども人類はもと不羈自存の目的と独立自由の意思とを固有するものなり。不羈独立と束縛とは相容れず。故に今こゝに各個人の上に在りて之を統制する一大意力ありとすれば、そは必ずや各個人共通の意思に其根蔕《こんたい》を有せざるべからざるや弁明を待たず。然らば即ち各個人は啻《ただ》に受働的に国家精神の統御に服するものたるのみならず、又よく自働的に国家魂を作るものと云はざるべからず。而してこの個人の意思と国家魂との交互影響の真理は個人の自得覚醒の明了となれる近世文明国に於て最も能く発揮せられたり。蓋し夫《か》の古代蒙昧の時代に在りては団体の維持は僅に比較的賢明雄武なる君主一人の力に依り、各個人生活の最上の規範は君主一人の意思の外に在らざりき。此時に当りてや君主の一切の云為は独り法律上のみならず倫理上亦最高の価値を有し、君主は直ちに国家其ものなりし也。人智少しく進むに及んでも団体生活の絶対的規範を作るものは猶ほ少数の貴族に限られ、多数人民が国家精神に対して受働的の地位に甘んずること茲に年ありき。然れども人智の開発は滔々《とうとう》として一日一刻も停滞することなし、時到り機熟して遂に覚醒せざるを得ず。世界歴史上近世と称する時期は実に個人覚醒の時期にして所謂《いわゆる》近世史とは個人的霊覚の発展の記録に外ならず。是に於て団体生活の規範も亦普《あまね》く各個人の是非の判断を免れざるに至り、斯くして国家は茲に始めて国民的基礎の上に立つことを得るに至りぬ。是れ近代国家の古代国家と其趣を異にする要点なり、故に現今の論壇に於て国家魂を目して君主若しくは貴族の声なりと為す者あらば是れ甚しき誣妄《ふぼう》の言たり。君主貴族の声が直ちに吾人最上の規範たりし時代は既に遠き昔の夢となりぬ。今に於て此事を繰り返すが如きは時勢を観るの明なきものに非ずんば即ち不当に個人の発達を侮蔑する者なりと云はざるべからず。

国家と云ふときは常に之に併《ともな》ひて権力と云ふことを聯想す。併し国家魂対個人の関係は常に必ず権力の関係のみと云はゞ是亦大なる誤なり。蓋し国家魂の各国臣民に臨むや、独り各人の行為に対する外部的規範として服従を迫るのみならず、又一種の精神的規範として各人の意思動念の実質たらんことを要請するもの也。思ふに国家精神の個人に於ける完全なる顕現、換言すれば個人的意思の国家魂に迄の活潑なる向上は国家最上の理想にして、個人の意思と国家の精神との乖離《かいり》は実に国家の生存に取りて一大不祥事たり。故に若し個人にして未だ国家魂を体認せざるものあらんか、即ち国家は徐々に斯かる個人を同化するに務むべきと同時に、国家存立上当面の急務としては先づ非国家魂的意思に基きて顕れたる「行為」を排斥打破することを怠るべからず。所謂国家の権力とは国家魂が各人の行為を強制する外部的勢力として発現せる場合を指して之を云ふもの也。而して各人の行為を厳格に強制せんが為めには国家魂は明確なる具体的形式を得ざるべからざるが故に、権力としての国家魂は必ずや特定の一個人又は個人団体の意思を通じて発表せられざるを得ず。この国家の権力の通過する個人又は個人団体を主権者と云ふ。故に現代の国家に於ける主権者(一個人なると又は個人団体なるとを問はず)の効用はそが国家の権力を顕表する唯一の機関たるに在り。然り、国家の権力は主権者を通して人民を支配強制す。国家の権力を表するが故に人民は主権者の命令に従ふ。主権者が永久に能く主権者たるを得る所以《ゆえん》は一に国家の権力を着実に顕表するの点に存せずんば非ず。然らば夫の国家魂は単に臣民を統制する規範たるのみならず、また実に主権者をも指導するの活力なりと云はざるべからず。然るに世往々国家と主権者との観念を混同し、国家に謳歌するを以て徒《いたず》らに君長に阿諛《あゆ》する所以と做《な》す者あるは頗《すこぶ》る怪むに堪えたり。

之を要するに吾人の所謂国家といひ又は国家魂といふは君主貴族の意思を超越したる一大民族的精神なること以上論明せし所に依りて明なり。而して民族の偉大なると否とは実に此国家魂の偉大なると否とに係る。然らば吾人は帝国の精神的文明の為めに敢て国家魂の発展を慮《おもんぱか》らざるを得ず。又国家の強弱治乱は国家魂と個人的意思との関係の疎密によりて分かる。然らば吾人は主権者をして其拠る所を知らしめ民衆をして其則《よ》る所を悟らしめんが為めに敢て国家魂の意義を明了にせざるべからず。是れ実に吾人が力を極めて屢々《しばしば》大和魂を論明鼓吹する所以也。

〔『新人』一九〇五年二月〕

木下尚江君に答ふ

本誌第一号社説「日本魂の新意義を想ふ」に対し幸徳秋水君の加へられたる評論（平民新聞第六十一号所載）は我党の主張を誤解せるものありしを以て、吾人は更に前号に於て「国家魂とは何ぞや」を論じ（本巻所収前掲論文）、一には幸徳君等の誤解を解き一には益《ますます》吾人の主張を明にするの料となせり。然るに社友木下尚江君は『直言』第二号に於て「新人の国家宗教」（本巻巻末「参考篇」）と題し大に吾党に反対し且つ詰問せらるゝ所あり。然れども木下君の我党を解せざるや決して幸徳君に譲らざるものあり。斯かる誤解を生ずるに至らしめたるもの罪我に在るか、抑《そもそ》も亦君に在るか。且つ木下君は平素吾人の尊敬する教友に非ずや。教友にして而も吾人の心事を解せざるの斯くも甚しき寧ろ怪訝《けげん》に堪えざる所也。加之《しかのみならず》木下君の論文は吾人の主張にあらざるものを吾人の主張なりと曲解して反駁せるの点に於て既に誤る所あるのみならず、君の思想論理そのものに於いて亦陳套なる多少の誤謬を含めるを見て吾人は深く君の為めに遺憾とするもの也。

（第一）国家の観念に就て木下君の所見稍《やや》明了を欠く。吾人の所謂《いわゆる》「国家」とは一国民族の団体の謂《いい》なること従来の言議の上に明白に現れたりと信ず。吾人の観る所に依れば国家といふも社会といふも全然別個の観念にあらず。吾人の社会的生活には宗教の方面あり経済の方面あり統治の方面あるが故に玆に宗教社会あり経済社会あり政治社会あり。社会の政治的方面は即ち国家の存する所以《ゆえん》なりとす。統治なくしては社会は成り立たざるが故に政治的方面を欠如せる社会は少くとも現時に於ては存在するを得ず。故に社会と国家とは別物に非るのみならず、吾人は国家(即ち社会)を離れて一日も生存すること能はざるものなり。是れ殆んど「平々凡々自明の真理」今更明敏なる木下君の前に之を説くの要なきに似たり。然りと雖も同君は其論文の二三の場所に於て「国家」なる文字に吾人と同一の意義を附せる外、別に

> 近時の日本に於て基督教は非国家主義の故を以て強大なる政権の下に圧伏せられたり。爰《ここ》に於てか各派の基督教皆な頭を低《た》れ膝を枉《ま》げて「国家」の歓心を買ふことに汲々す云々、

と云はるゝに依りてまた「国家」と「政権の所在」とを混同するの俗解を捨て給はざるに似たり。此見解を君の定義と見るべきや。又は「国家と君主とを混同するものあらば由々敷《ゆゆしき》事件なり」といふを以て君の真意と見るべきや。同一文字の観念を一定するは議論を進むるに先づ必要とする前提条件也。

(第二) 国家精神と共通意思との関係につきての吾人の所見(前号五頁参照)を木下君は適当に解し給ひしや否や多少の疑なき能はず。思ふに二者の関係の説明は之を詳《つまびらか》に布演《ふえん》せば優に独立の一論文たるを得べき多量の内容を有す。然れども吾人の筆は余りに簡約を極めたりき。簡約に過ぎたりと雖も論理の明晰は私《ひそ》かに吾人の勉めたりし所なるが故に明敏なる読者は必しも吾人の所見を誤らざるべきを恃《たの》みたりき。今不幸にして木下君の理解を得ざりしとせば吾人は退いてわが不文を恥づると共に、更に再び吾人の所思を宣明するの必要を感ず。予輩国家魂を定義して曰く

> 個人の物質上幷に精神上の生活は決して社会国家を離れて存在するものに非ず、即ち各個人は皆社会国家なる団体の一員として常に其団体の意思に統制指導せらるゝものなり。この各個人の内外一切の生活の最高の規範たる団体の意思を国家精神といふ。

然れども此国家精神を作る者は何人なりや。各個人は凡べて皆受働的に国家精神の統制を受くるは疑なしと雖も

自働的に国家精神の内容を作る者は事実上必しも凡ての各個人にあらず。此国家精神の主働的要素は人民文化の開発と共に少数より多数に及べること政治歴史上の一大事実也。夫《か》の古代蒙昧の世に在りては多数人民の自覚全く起らずして

団体の維持は比較的賢明雄武なる君主一人の力に依り、各個人生活の最上の規範は君主一人の意思の外に在らざりき。此時に当りてや君主の一切の云為《うんい》は独り法律上のみならず倫理上亦最高の価値を有し

君主の意思は直ちに国家精神として一般人民の一切の行動を支配せしなり。

人智少しく進むに及んでも団体生活の絶対的規範を作るものは猶少数の貴族に限られ

従て貴族の意思則ち国家精神なりし也。近世以前の国家は即ちみな斯れなりき。之を概括して吾人は少数中心主義の国家といふ。然れども近代文運の開発は各個人の自主自由の精神を勃興し、従つて自己の行動は自己独立の判断に依りて決行せんとするの風潮を生ぜしめ、最早《もはや》君主貴族の意思なるが故に奉命するといふ時代は去り、君主貴族の命令と雖も正義に合せざれば各個人の是非の判断を免れざるの勢をなすに至れり。是に於てか、

各個人は啻《ただ》に受働的に国家精神の統御に服するのみならず又能く自働的に国家精神を作るもの

たらんとす。之を古代国家と対比して予は多数中心主義の国家と称す。近代の国家は少数中心主義なるよりは寧ろ多数中心主義也、換言すれば共通意思を基礎とする国家なり。然らば近代の国家を論ずるに当りて「君主貴族の声が最早吾人の一切の行為の最上規範たる国家魂に非ず」と断ずるに於て何の不思議かある。然るに君曰く

然れども新人記者が直ちに筆を転じて(新人記者曰く予輩は直ちに筆を転ぜず。国家魂の定義の説明より此論断に達する迄には約半段の推論をなせるに拘らず直ちに筆を転じたりと誣《し》ふるは何ぞや)「故に現今の論壇に於て国家魂を目して君主若くは貴族の声なりと為す者あらば是れ甚しき誣妄の言たり」と論断したるは

何ぞや云々。

と云はれたる質問の主旨に至りては全く了解に苦しむ所也。木下君の此文は惜むらくは頗《すこぶ》る明晰を欠く。君の予輩に教へんとする所は汝の言ふ所は正しけれども、斯《かく》の如きは「日本国民の一般感情が正に之を以て国体の精華を毀損する民主的僻論」となす所なるが故に矯激の言を慎めといふに在るか。恐くば然らざるべし。然らば「現実社会に於て進歩せる国家の哲理的理解を有するものは比較的少数」にして「共通意思の国家基礎論が能く明了に唱導」せられざるが故に現今の国家基礎は共通意思に存せずといふに在るか。然らば君の観る所の国家魂とは共通意思にあらずして今尚ほ君主又は貴族の声なりと断ずる者也。然れども

君主貴族の声が直ちに吾人最上の規範たりし時代は既に遠き昔の夢となりぬ。今に於て此事を繰り返すが如きは時勢を観るの明なきものに非ずんば即ち不当に個人の発達を侮蔑する者なりと云はざるべからず。要す〔る〕に国家の基礎は時代に依りて変遷せり。予輩の共通意思論は近代国家の趨勢に就て云ふのみ。国家は其国家たる本来の性質上すべて民主々義に基くべき筈のものと云ふ空理空論は予輩の主張するを欲せざる所なれども、只近代人文の開発と個人霊性の醒覚との事実に基き、国家の基礎は主民主義たるべきを主張するの点に於て、偶々《たまたま》木下君の同感を博し得たるは予輩の大に光栄とする所也。

(第三) 国家精神と政権の所在との関係(又は国家威力と主権との関係)に就て木下君は果して明了なる見解を有せらるゝや否や。抑《そもそも》国家精神は各個人を支配する一大意力なるが故に又之を国家威力といふ。国家威力は即ち多数人民の意思の合成力たらずんば非ず。之れ事実也又真理也。然れども更に一転して国家威力は多数人民の意思に基くが故に、一国の政権も亦必ず多数人民に在らざる可《べか》らずと云ふ者あらば、是れ近代進歩せる国家学の原理に通ぜざるの言と云ふべし、木下君曰く、

看よ、日本帝国に於ける主権の基礎を何処に置くべきや、現に愛国的法学者の苦心焦慮する最大問題に非ずや。新人の秀才は平然として言はん「各個人共通の意思」と。然れども彼等愛国的法学者は正に記者の言に戦慄すべき也。而して之を祖先教の旧信仰に求めて始めて僅に意を安じたり。是れ我が学問界に一種の権威を有する穂積兄弟博士等の態度に非ずや（新人記者曰く少くとも兄穂積博士は曾《かつ》て祖先教によりて主権者の地位を弁護せしことなし）。共通意思論の如きは決して我国民の輿論に非る也。

国家精神と個人とは如何なる関係ありや又国家精神は如何にして権力となるかは吾人既に之を詳述せり（前号六頁上段参照）。蓋し国家威力は国家独り之を有す。而して何人が果して此国家の威力を行ふかは是れ各其国の歴史と国民の信仰とに依りて定る所、或は君主たることあるべく、或は議会たることあるべし。是れ主権者を国権の本体と云はずして国家最高の機関といひし所以也。故に政権の所在は主権者也、国権の所在は国家也。君主と国家とを分つを知りて何んぞ国権と政権とを分つを知らざる。国権政権の区別の存せざりしは古代国家の事のみ。近代に至りて主権者の地位大に変易せしことを知らざるべからず。今や国家其者を威力の所在となし君主を以て其機関となすの見解は本邦多数学者の通説也。民主々義と君主国との矛盾を観ぜしは国家の論究に於て本質論と主権論とを混同せる陳套時代の事のみ。君主国の否定は民主的国家本質論の当然の論結に非るや燎々として火を見るよりも明白たり。「日本帝国に於ける主権の基礎を何処に置くべきや」は浅学なる法律書生の屢《しばしば》疑ふ所なりと聞く。図らざりき今博識明敏なる教友木下君より之を聞かんとは。

（第四）現時の国家が共通意思の基礎に立つや否やは全く事実の観察によりて定まる。此点に於て亦吾人は不幸にして木下君と其観る所を同じうせず。木下君曰く

　文明の結果は同胞の間を割きて貧富両民族に分類せんとするの傾向日に益甚し。何の処にか「共通意思」を

基礎とせる国家の理想は実現せらるゝや。

君は貧富両族に分るゝが故に国家は今尚予輩の所謂少数中心主義に立〔つ〕と云ふ乎。凡ての個人が全然同一の意思を有するに至らざれば共通意思に基く国家と云ふ能はずとする乎。抑も現時の国家に於て共通意思の実現が完全に非るや固より論を待たず。個々特定の問題に就て各人其見る所を異にすること恰《あた》かも木下君と吾人との論争するが如きことあればとてそは、直に其間の共通意識の存在を否定するの確証となるか。貧者と富者と一方に相争ふと同時に他方には日本人としての独特なる共通意識なしと云ふ乎。一方に木下君を起して「国家的宗教」に痛撃を加へざるを得ざらしめし所の魂と他方には吾人を駆りて之を弁明せざるを得ざらしむる所の魂とは全然相関せざること風馬牛の如しと云ふ乎。貧富の分階あるが故に現今の国家を共通意思に基かず(即ち少数中心主義なり)といふを穏健とするか。又は既に多数中心主義に基けりといふ吾人の見解を穏当とすべきか。君懇《ねんご》ろに吾人に教へて曰く

新人の秀才よ、乞ふ書斎の窓を開いて実社会を看よ……記者は国家の理想を説きたるのみ、惜むべし未だ毫厘だも時勢に触れず

と。君と吾人との見解の異る或は半ば吾人の実社会を知らざるに坐せん。君亦願くば暫く書斎の窓を閉ぢて深く思を政法の哲理に致されんことを。

(第五) 国家は最終の目的なりや否やの点に於て吾人は亦木下君と大に見解を異にす。思ふに国家は最終の目的には非らざらん、然りと雖も最終の目的に非るが故に全然国家を顧みざるも可なりといふの論結は何の憑拠あるか。木下君曰く

海老名君は日本を以て世界未曾有なる仏陀神子の国家的権化となさんことを理想せらる。然れども是れ国家

自身の本来として到底成す能はざる所也。個人は神子たるを得、爾かも国家は能はず。其故何ぞや。社会的大意思は元と各個人の心裡に包蔵せらる。或は現れて「家庭」となり、膨脹して「国家」となり、更に発展して「世界」となり「四海同胞」となる。故に理性感情の開発極めて高朗熱烈なるものは以て「神子」の品性を実現すべし。然れども国家なるものは社会的意思の発展史に於ける中途の段階にして、神子仏陀の大品性を実現し得べからざるは元より其所也。

斯の如きは最も非論理を極めたるもの也。平素木下君の学殖に敬服する吾人は一時の粗漏に出でたるを信ずと雖も、躁急なる読者は此論断を読んで軽卒にも君の思想推理の極めて幼稚なるを笑ひ、且つ君が好んで論理的哲理的等の文字を用ふるも果して論理哲理の素養あるや否やを疑はんとすべし。「基督教の理想が最初より人類同胞てふ共通意思の至極に在」ることは吾人の幸にして君と説を同うする所也。然れども社会的大意思が一民族を同化することなくして直ちに四海同胞に発現することを得るか。君曰ふ「国家は社会的意思の発展史に於ける中途の段階」なりと。然らば社会的意思の終局の発展を見るが為には先づ以て国家的発展を通過すべきこと、猶ほ民族的発展を見るが為には家庭的発展を必要とするが如けん。個人にして神子たるを得ば、個人の団体たる国家は何故に神子たる能はざる乎。若し国家にして神子たるを得べからずば如何にして四海同胞は独り神子たるを得る乎。吾人の信ずる所は次の如し。曰く社会的大意思は先づ個人に於て完成せらる。個人化せられたる社会的意思は其精神的威力を逞《たくまし》うして近親を化しやがて家庭を同化す。家庭は必然に民族を同化し民族は更に四海を同化せずんば止まず。是れ必然の勢力なり。此故に基督教は超国家主義と云ふべくも決して非国家主義といふべからず。故に吾人が自ら道を修むるは家庭を化し国家を化する所以、国家を教化するは即ち四海同胞の極致に到達する所以也。家庭を重んずるは国家を軽んずる所以に非るが如く真に国家を重んずるは決して四海同胞の大義と悖《もと》るものに非る也、是れ豈に四海同胞の大義を理想とする吾人基督教徒が国家民族に対して亦大なる使命を感ずる所以に非ずや。然るに木下君曰く

如何せん人類の共通意思は国家に依りて完全成就したるに非るなり、……是れ宗教と国家とが到底併行提携すること能はざる所以

と。共通意思の完成せられざるは啻に国家のみに非ず、多くの個人に於て然り、家庭に於て然り、世界に於て固より然り。完成せられざるが故に宗教と併行提携する能はざらば、天下何物か能く宗教と提携し得べき。

（第六）木下君の所謂「国家的宗教」の意義如何。吾人は自ら吾人の所信を呼んで国家的宗教と自称せしことなし。吾人の宗教が果して国家的宗教なりや否やは国家的宗教の意義如何に依りて定まる。国家的宗教の意義たる、夫の猶太《ユダヤ》的民族宗教の謂なるか、現在の国体政体に阿《おも》ねるの謂なるか、政府の保護を求むるの謂なるか、国民の其時々の意思を最上とするの謂なりとするか。然らば吾人は決して国家的宗教を主張する者に非ず。吾人の国家に対するや、只個人の意思と国家魂との交互影響の著しきを認め、殊に近代の国民的国家に於ては国家魂の個人に対する権威の大なるを思ひ、例へば亜米利加《アメリカ》国民を解せずしてはルーズヴェルトを解する能はず、日本国の現代を研究せずしては木下尚江君を解すること能はざるが如く、最早英雄時勢を作るの時代は遠く経過し去りて時勢却つて英雄を作るの新時代となれるを悟り（本誌第一号一及二頁参照）、玆に我等は個人的救済と共に国家精神の指導もまた最も高尚なる事業なるを信じ、而して従来我国の国家魂は恐らくは広大なる宇宙魂に其根底を有するが如く感ぜられしを以て益々此国家魂の開発指導に任ぜんと欲するのみ。而して若し我が国家魂にして霊化せんか、上は一天万乗の天皇陛下より下万民に至る迄漸々霊化せらるゝに至るべきのみならず、又此意力を以て東洋を霊化せしむることを得べき也。是れ吾人の「国家の尊重」と「東洋の伝道」とを説く所以也。而して木下

君は

不幸にして海老名君は日本を説くに「人」を単位とせずして「国家」を単位とせり。爰《ここ》に於てか「国家」をして「世界」に発展せしめんと欲せば是非共戦争征伐の途に依らざるべからざるの結論に到達す。然り。是れ海老名君の熱心なる戦争論ある所以也

といふ。措辞の形式論理的にして何んぞ其思想の非論理的なるや。吾人もし国家の発展を主張したりとせばそは霊化したる国家精神の発展なるのみ。高貴なる帝国の精神を世界に発展せしむるに戦争征伐何の要ぞ。海老名主筆が木下君と共に非戦論を主張せざるは恐くは別個の論拠あらん。玆に戦争論を引き出すは寧ろ滑稽に近からずや。

海老名主筆に対する質問三ケ条は予輩之に答弁するの責任なしと雖も、前述せし所は自ら木下君の疑を解き得たりと信ず。主筆別に答弁せざるべし。木下君亦予輩の論議に熟読の栄を垂れ賜はゞ再び質問を繰り返し給はざるを得んか。如何。

〔『新人』一九〇五年三月〕

平民社の国家観

一度直言に現はれたる木下尚江君の所論を難じたる吾人は、心ひそかに更に明快なる同君の論議に接するを得んことを予期して、その後絶えず『直言』に注目するを怠らざりき。而して木下君の高論は遂に与《あずか》り聞くことを得ずして、目に触るゝものは二三子の片々たる小蔭言のみ。頗る遺憾の情に絶えずと雖も、亦其たど〳〵しき小論文のうちに平民社諸彦《しょげん》の国家観の如何なるものなるかを窺ふを得て多大の興味を感ぜざるにあらず。

要するに平民社諸彦の根本の大誤謬は「国家」と「国家的制度《ポリチカルインスツツユーション》」とを混同するに在り、近代国家《モダーンステート》を取扱ふに当りてこの二者を区別すべきを要するの主意は、吾人の既に為せる論議の上に明かなるべきに、這《こ》の理今猶ほ俚耳《りじ》に入らずして、再びかの謬妄を繰り返すものあらんとは吾人の寧ろ意外とする所なり。

平民社諸彦の主張と其運動とに対しては吾人平素多大の同情と尊敬とを捧げ居るのみならず、或点までは吾人も諸彦と事を共にし得るものなることを信じて疑はず。強て吾人と諸彦との見解の異る所を求めば、諸彦が社会の一切の罪悪《クライム》と悲惨《ミゼリー》との源因を全然現今の社会組織の責に帰し、以て先づ社会組織を改変するに非ずんば各個人を教化するも其効なしと主張せらるゝに反し、吾人は罪悪と悲惨とを除くが為めには社会組織の改変よりも個人的教化が急務なりと主張するの点にあらん。「人を愛する」に於て吾人固より諸彦と同感なり。「人道の戦士を以て自任する」に於て吾人亦決して諸彦の人後に落ちず。併し所謂「人道」をば諸彦は「人」の団体(即ち国家)を措《お》いて果して何の処に之を実現せんとするや。「人を愛することが直ちに国家を愛すること」になるが故に、平民社諸彦は当然に国家を愛せざるを得ざる筈なり。諸彦は即ち吾人と共に熱烈なる愛国者たらざるべからざる筈なり。然るに諸彦が断乎として吾は愛国者なりと主張するの勇なきは国を愛すること、国家的制度を愛することゝを混同するの謬見を脱せざればなりと思ふ、如何。能く世の人は我党を目して国に阿《おも》ねると云ふが、併し斯かることを云ふて愛国者ぶらぬ人こそ却つて或る謬想に阿ねる軟骨漢なれ。今は真正の国家観を説いて大に愛国心を鼓吹すべき時に非ずや。

吾人は平素平民社諸彦の熱誠に敬服して措かず、敬服して措かざるだけ其国家観の幼稚なるを惜むものなり。「人は目的にして国家は手段なり」とか云ふが如き極めて旧式の議論を今更繰り返すも必竟は「国家」と「国家的制度」とを区別せざればなり。吾人は社会主義的運動の益々盛大となりて、社会上下の円満なる幸福を庶幾するの希望愈々《いよいよ》確実となるを欲するものにして固より諸彦と全然正反対の地位に立つものに非ず。只其主張せらるる所の主義が頗る進歩せるものなるに拘らず、其之を支持する所の理論が余りに陳腐なるを惜むのみ。目のみは千年の遠きを望んで已まずとも頭が百年も後れ居りては折角の運動もチト物足らぬ心地せらる。貧富階級の懸隔に思を焦す程の輩は宜しく自家の目と頭との懸隔にも着眼して、先づ以て自家脳中に一大社会問題を起さゞるべからず。諸彦の赤誠は永く吾人の仰いで師事せんと欲する所たりと雖も、諸彦の学は恐らくは未だ吾人以上に遠く出でじ。乞ふ更に奮発一番せよ。（翔天生）

〔『新人』一九〇五年四月〕

「国家威力」と「主権」との観念に就て

近時国家に関する学術の論究甚だ盛大となれるに拘らず、今猶ほ往々にして「国家威力」と「主権」との二観念を混淆する者あるは頗ぶる惜むべき事なり。此の二観念の区別を明にすることは近代国家の法制と政治とを正当に説明するに極めて必要なるべしと信ずる也。

「国家威力」なる観念と「主権」なる観念とは如何なる点に於て異れりや。予の観る所に依れば「主権」とは各個人の国家的行動を命令し得る法律上の力なり、故に主権は全然各個人に臨むに其の国家的行動に対する外部的規範として服従(語を極端にして云へば盲従)を迫るものと云はざるべからず。併し乍《なが》ら各個人の国家的行動を支配する者は此外部的規範たる主権のみなりや。他に又一種の精神的規範として各人の意思動念の実質たらんことを要請する者はなきか。主権の命令は各個人をして或る国家的行動を為さしめ得ると雖も、此外にまた主権の命令あるにあらずとも我より進んで或る国家的行動を為すに至らしむるものはなきか。予の所謂《いわゆる》「国家威力」とは実にこの各個人を統制指導し、彼をして自ら好んで行動するに至らしむる所の者、換言すれば各個人の国家的行動の最上の内的規範たるものを云ふ也。独乙《ドイツ》語の Staatsgewalt なる辞は彼国にては如何の意義に用ゐらるゝやは知らねども、予の所謂「国家威力」なる観念を現はすには恰好の名辞なるに似たり。要するに以上の如く解するときは一方は法律学上に論ぜらるべき観念として又一方は国家学政治学若しくは社会学上に論ぜらるべき観念として其間に明劃なる区別あること疑を容れざるべき也。

近時国家主権説なる名称を唱ふる論者少からず。此名称の無意義なることは穂積八束先生毎《つね》に憲法の講義に於いて之を説かれ、近頃復た法学新報（一月発行）に於いて之を弁明せられたり。予思ふに世人が国家主権説と云ふが如き無意義なる名称を主張するに至りし主なる理由の一は慥《たし》かに「国家威力」と「主権」との観念を混同せし事に在りと。夫れ主権は何人に在りや、国家を組織する一切の個人（老幼男女を問はず）が悉く相会して国事を議せりといふ例は古今を通して未だ曾つて之れあらざる所、加之《しかのみならず》国民の大多数が総集して国事を議すると云ふことも極めて稀なる例外を除いては現今之を見ざる所なるが故に、各個人の国家的行動を命令し得る法律的権力が国家全般に在りと云ふは到底不通の論たるを免れず。故に問題とする所が主権の所在如何の点に在らば、須《すべか》らく国家組織上の現在の事実を観察して或は主権在君主といふべく或は主権在国会といふべく或は主権在君主及国会等といふべき也。若し夫れ問題を一転して予の所謂「国家威力」の所在如何を問はん乎、即ち近代の国家に於ては殆んど例外なく国家威力は国家全般に在りと云ふを得べし。思ふに彼の国家主権説なる提説が云ひ現さんと欲する所のものは「主権が国家にあり」と云ふの観念にあらずして「国家威力が国家に在り」といふの観念には非るか。然らば国家主権説なる提説は用語甚だ不穏当なりと雖も、亦一面の真理を伝ふる者といひて可なり。

国家主権論者亦往々にして曰ふ、「主権（統治権といふも同じ）は常に必ず国家に在り、主権の所在は時と処とに依りて異るものに非ず古今東西を問はず一定せるものなり主権所在論は事実問題に非ずして学理問題なり」と。玆《ここ》に所謂主権を予の所謂主権と同一の意義とすれば其謬妄や論弁する迄もなし。今若し論者の所謂「主権」をば予の所謂「国家威力」の意義に解すれば如何、国家威力の所在は事実問題に在らずして理論問題なりや、国家威力の所在は時の古今を問はず洋の東西を論ぜず理論上確定不易なるものなりや。予以為《おもえ》らく、然らず、国家威力の所在も時によりて変遷ありと。思ふに各個人はすべて皆受働的に国家威力の統制を受くるは疑なし。然りと雖も自働的に国家威力の発生維持に参与する者は事実上必しも凡ての各個人にあらず。この国家威力の発生維持に於ける主働的分子は人民文化の開発と共に少数より多数に及べること政治歴史上の一大事実なりと信ず。夫《か》の古代蒙昧の世に在りては未だ多数の人民に自主独立の念全く起らずして団体の維持は多くは比較的賢明勇武なる首長一人の力に依り、各個人の公共的行動に対する最上の規範は実に首長一人の意思の外に在らざりき。此時に当りてや首長の一切の云為《うんい》は独り法律上のみならず倫理上亦最高の価値を有し、首長の意思は直ちに国家威力として一般人民の行動を支配せしなり。世の稍々《やや》開くるに及んでも団体生活の絶対的規範を作る者は猶ほ少数の貴族に限られ従つて少数貴族の意思則ち国家威力たりし也。近世以前の国家は多くは皆斯《こ》れなりと見て不可なかるべし。之を概括して予は国家威力在少数者の国家又は少数中心主義の国家と云はんとす。然れども近代文運の開発は各個人の自主自由の精神を勃興し、従つて自己の行動は自家独立の判断に基きて決行せんとするの風潮を生じ、其国家的行動に関してもほゞ各人に一定の理想を生じ、最早《もはや》首長貴族の是とする所なるが故に之を是とするといふ時代は去り、君主の命令と雖も各自の理想に合せざれば忽ち各個人の是非の批評を免るゝ能はざるの勢をなすに至れり、是に於てか各個人は啻《ただ》に受働的に国家威力の統制に服するのみならず今や又実に能く主働的に国家威力を維持し発生せしむるものたらんとす。斯の如き国家をば予は国家威力在多数者の国家又は多数中心主義の国家といはんと欲す。この多数中心主義といふの点は実に所謂近代国家(Modern State)の最著の特質なりと信ず。

斯くの如く国家威力の所在は大体上述の如く時と共に変遷せりといふべし。現今の国家のみを観て国家威力は常に必ず多数に在り即ち国家に在りと云ふは歴史を無視せるの言なるに似たり。国家威力の所在如何も亦事実問題にして学理問題に非るが如し。

古代の少数中心国家に在りては主権と国家威力とは略《ほ》ぼ同一人の手裡に在りき。故に此時代に在りては始めより主権と国家威力とを区別せず又之を区別して観るの必要もなかりしなり。然れども近代の多数中心国家となるに及んでは主権の所在と国家威力の所在とは必しも同一人にあらざることとなりぬ。国家威力は最早多数人民に帰せりと雖も主権は従来の歴史の結果として依然として君主にありと云ふが如き有様となりたる也。斯く国家威力と主権とが同一人の手裡に在らざるの結果として、人民は最早主権者其人の其儘の意思に絶対の価値を置かず、主権者も亦其主権的行動をして国家威力の指示する所に準拠せしめざれば以て永く一般国民の心服を繋ぐことを得ざることとなれり。法律上より論ずれば主権は国家に於ける最高の権力なり主権者は何人の支配をも受くべからざるものなりと雖も、政治上より之を論ずれば主権者は実際国家威力の支配を受くること多きものにして且つ又之が掣肘《せいちゅう》に甘ずるを可とするものなり。何となれば主権者が能く主権者として永久に万民の尊敬を博せんとせば一に国家威力の指示する所を着実に顕表するの措置に出でざるべからざるを以て也。故に近代国家に於ける国家威力は単に臣民を統制するの規範たるのみならず又実に主権者をも指導するの活力たるものなり。是れ政治の理論上主権者(又は主権団体)を以て国家威力を顕表する最高の機関なりと云ふ所以也。故に此点より云はゞ一国の君主の政治的行動の理想は国家威力の忠実なる顕表なり、理想的の首長は国民精神の忠実なる代表者たるものなりといふを得べきなり。フレデリック大王が嘗つて朕は国家第一の忠僕なりといひしの言は辞に多少の語弊はあれども移して以て近代国家の君主の政治的地位を髣髴《ほうふつ》せしめ得べしと考ふ。要するに君主の政治上の地位は近代に至りて大に変易せしものなることを知らざるべからず。

国家威力の既に国家の分子全般に帰せし今日に於ては、主権者は須らく国家威力の指示する所に準拠するを以て政治の大方針と為すべき也。我が今上陛下が維新の当時に「万機公論に決せん」と詔し給ひしは正に如上の聖意なること最も明瞭なり。併し主権者はもと法律上無限の権力を掌握するのみならず又自ら万民尊崇の中心たるものなるが故に、往々にして其地位と其権力とを利用して国家威力を蹂躪するが如きことなきを保せず。主権の行動にして若し国家威力の指示する所と乖離せん乎、茲に乃《すなわ》ち上下の紛乱を生じ甚しきは革命の惨禍を見るに至らん。近世の始めに於ける個人的自由の叫びと人民主権論の主張との如きは実に庸暗《ようあん》なる君主の専擅に反抗して起れる国家威力の声に外ならざりき。所謂民主々義(Demokratie)なる名称の下に包括せらるべき一種の主張は実に「主権」に対する「国家威力」の要請《クレーム》の声たりし也。最〔尤〕も民主々義は一時極端に主張せられ(人民主権論、個人本位主義)為めに久しからずして識者の排斥を蒙りしと雖も、当時の事情上或は斯くまで極端に主張せざるときは、主権をして国家威力に屈服せしむるには足らざりしならん。要するに主権論としての民主々義が革命の失敗と共に排斥せられたるは理の当然なりと雖も、もと民主々義の根蔕に横はる所の一大真理は人民主権説なる謬説に連坐してをめ〳〵其滅亡を共にすべきに非るを以て、此思想は更に姿を変じて政権運用の方面に現はれ所謂立憲政体論となりて再び政界識者の承認を要求することとなれり。蓋し国家威力の敬重を主権者に強制するの制度なくんば、賢明なる治者は固より国家威力を重んずべしと雖も、然らざる治者の下に於ては動《やや》もすれば専横の弊を生ずる憂なきに非ず。斯の如くんば即ち国家の安寧幸福は一に治者たる自然人の賢愚明暗といふ如き偶然の事実によりて左右せらるゝことゝなるを以て、茲に治者の為人《ひととなり》如何に拘らず永遠に国家威力を無視するを得ざらしむる永久的の制度を確立するの必要を生ずべし。斯れ実に立憲制度の政治的理由の一たり。斯くて立憲制度なるものは一方より云へば主権と国家威力との乖離を妨ぐるの効用をなすものと云ふべき也。

以上は極めて生硬なる思索の一端を乱雑に録せるものに過ぎず。之れのみにては甚だ不十分なるを知る。此問題は国家学上また政治歴史上極めて興味ある研究なりと信ずるが故に、更に一層の思索と研究とを積んで他日再び大方の教を乞ふことあらんことを期するものなり。

〔『国家学会雑誌』一九〇五年四月〕

社会主義と基督教

「社会主義に対して足下等は如何なる意見を有し、又如何なる態度を以て之に接せらる丶か」とは吾人の近来殊に屢《しばしば》受くる所の質問である。本誌の主筆は一度本郷教会の講壇に於て此問題の解釈を試みたところ、この一場の説教は意外にも教会の内外に大分反響したやうだ。して見ると、此問題は実に教会の内外に於ける目下緊急の問題と思はれる。察する所、世間では社会主義なる思潮及び運動と基督教《キリスト》のそれとは将来如何に関係し行くだらうかと云ふことにつき刮目して居るに相違なく、社会主義者自身は基督教徒の我が主義に対する態度が気掛りでならず、又基督教徒自身に至りては基督教徒としての我は社会主義に対し果して如何なる態度を採るべきであるかに迷ふて居るものが少くない処からして、右の問題が目下の急務となつて居ること丶思ふ。不肖ながら基督教界の木鐸を以て自ら任ずる吾人は、この問題に対する吾人の解釈を明白にするを以て、吾人当面の義務なりと感ぜざるを得ぬ。況《いわ》んや過般主筆の為せる「社会主義と基督」なる説教は、其後二三の新聞雑誌に全く誤り紹介せられて居つて、為めに世間の読者を誤ること頗《すこぶ》る多いのを認めたる以上は、吾人は益々「社会主義に対して吾人基督教徒の当《ま》さに執るべき真態度」に関し、最も明白なる宣明を為すの必要を認めたのである。

第一、吾人基督教徒は「社会問題の存在」と「其解決の急要」とを主張することに於て社会主義者に同ず。この点を説明するに先《さきだ》ち、先づ社会問題の意義を定めて置かう。吾等の考ふる所では、近世の社会組織が私有財産制度を認むる結果として、資本家階級対労働者階級の対立と云ふいと悲むべき形勢を馴致し、斯くて社会に種々の惨害を齎《もたら》し来ること丶なつた、之は何んとかして救治せねばならぬと云ふのが、即ち社会問題であると思ふ。換言すれば近世文明の特徴たる私有財産的社会組織に伴ふ所の一大弊害を認め、如何にしてこの大弊を除去すべきやと云ふのが社会問題である。而して吾人は社会主義者と共に私有財産制度には右の如き一大弊害の伴ふこと、近世文明には猶ほ右の如き一大欠陥の伏在することを確実に認むるものである。従つて如何にせばこの大欠陥を補充することを得べきやの問題の最も緊切急要なるを認むる点に於て、吾人は全然社会主義者と同感である。否《い》な此点に於ては吾人は全然社会主義者と提携が出来るのである。

世間には全く私有財産制度の光明なる方面のみを観て、更に其裏面に伏在する所の悲むべき大惨害を識認せず、従つて社会問題の存在をすら認めぬ人が随分少くない。よしんば社会問題の存在又は其存在すべき所以《ゆえん》は之を認めて居つても、この問題に同情が薄く、其解決の急要を痛切に感ぜぬ人は中々に多い。我等基督教徒は社会主義者と共に之等の社会問題の存在を認めぬ者又は其解決に冷淡な者に対し、力を竭《つく》して社会問題の存在と其解決の急要とを鼓吹する必要と義務とを感ずる者である。而して吾人は玆に従来の基督教徒が此方面に力を致すことの極めて薄かつたことを自白し、社会主義者が最も熱心に、否な誰人よりも熱心に此方面に死力を竭されたことを心から感謝するものである。

第二、吾人は「社会問題の存在及び其解決の急要」の鼓吹が決して社会主義そのものに非ることを主張す。

吾人は基督教徒として決して社会問題を等閑に附することを得ぬ。併し読者諸君は之を誤解して基督教徒は夫故に社会主義を奉ずるの義務があると思ふてはならぬ。吾人は社会問題に対して冷淡なる態度を執つてはならぬ。然らば社会主義に対してはどうであるかと云ふにソハ全く別問題である。蓋《けだ》し社会問題と社会主義とは同一物ではない。二者の間に大なる区別の存して居ることは決して忘れてはならぬ。

然らば社会主義とは何であるか、と云ふに之れは問題となつて居る社会の一大惨害は、私有財産制度の廃滅に依つて之を除去し得ると云ふ提案である。即ち私有財産制度の廃滅と云ふことに依つて夫《か》の困難なる社会問題を根本的に解決し去らんとする一種の主義である。然らば社会問題と社会主義との区別は最も明白であらう。一は答へらるべき問題である、他は問はれたるに対する一種の答案である。

扨《さ》て吾人は社会問題の存在と其解決の急要とを認むる以上は、如何にかして之を解決せねばならぬ。故に社会問題を等閑に附せざるの義務と共に之が解決はまた吾人基督教徒の義務である、少くとも社会問題を最も的確に最も根本的に解決するを得べき正確なる答案を供示することは吾等の社会に対する最要なる義務の一つである。然らば吾人は何物か果して所要の根本的答案であるかを慎重に吟味せねばならぬ。既に世に根本的答案として種々の提案があるならば、吾人は一々之を比較し吟味して真偽を判断せねばならぬ。然らば夫の社会主義の如きもまた吾人の慎重なる判断を受くべきものである。慎重なる判断なしに社会主義に投ずるが如きは基督教徒として余りに軽卒であると云はねばならぬ。

ある社会主義者は盛に私有財産制度の弊害、資本家の横暴、労働者の疾苦等を切論して後、「か丶るが故に吾等は社会主義を主張するのである」と論結した。是れ実に社会問題と社会主義とを混同して居る著しい第一例である。

吾人は猶ほ未だ社会主義の価値に就て疑を有して居るものである。然るにある社会主義者は吾人を責めて曰く、「汝等は社会主義を賛せぬとな。不埒《ふらち》なり。汝等は下層同胞の疾苦に同情せざるにや」と。是れ亦社会問題と社会主義とを混同して居る著しい第二例である。

ある宗教家は曰く、「基督も亦人々にパンの必要なることを忘れ給はざりき。故に基督教は決して社会主義と悖《もと》るものに非ず」と。是れ第三の例である。

或る躁急なる青年は資本家の暴虐に憤激し、労働者の惨状に同情するの余り、直ちに社会主義の運動に投じた。是れ殊に極端な而かも最も普通なる第四の例である。

社会問題と社会主義との区別は、之を言説の上よりすれば、爾《しか》く見易いものであるのに拘らず、其社会主義者自身を誤り、又性急なる青年男女を実際に誤り居ること、斯くも甚しいのである。是れ吾人が茲に二者の区別を説いて聡明なる読者の注意を乞ふた所以である。

第三、吾人基督教徒は私有財産制度の廃滅を以て社会問題の根本的最終的解釈法と認めざることを断言す。

吾人は今日この困難なる社会問題を誘起するに至つた社会の一大惨害の原因に、差当り内外二方面の基礎があることを信ずる。先づ吾人は内的原因として「潔められざる心」を挙げ、次に外的原因として「此汚れたる心に依りて悪用せらるゝ社会の組織」を挙げ、この二つの原因が今日の大惨害を生じた所以だと信ずる。而して其中何れか根本的の原因かと云へば無論「潔められざる心」であると断言するに躊躇せぬ。宛《あた》かも殺人と云ふ恐るべき結果を生じた原因は「殺した人」と「殺人に用ひた刃物」とであるけれども、其根本的の原因は要するに「人」であると云ふと同一である、故に今日の大惨害を救治するの道としては、無論潔められざる人心を誘惑するやうな社会の悪組織を改革することも必要だけれども、之よりも先づ人心の改善が必要であると信ずる。恐るべき殺人の禍を根本的に無からしめんと欲せば、刃物を奪つたばかりでは駄目である、到底一般の人心を善に導かねばならぬ。之と同じことで社会問題の根本的解決は矢張り迂遠ではあるけれども而かも極めて確実な「人性の開発」であることを信ずるものである。是れ吾人が私有財産制度の廃滅を以て社会問題の根本的解釈法と認めざる所以である。

併し去ればと云ふて吾人は社会組織の改革を以て全く不必要と思ふものでは無い。吾人は人性を移し導かざれば到底殺人といふ様な恐しい事は絶滅するものではないといふもの、、差当り刃物を与へぬといふことが幾分殺人の罪業を少くし、又悪人の改善を進捗せしむる一端となるものであるが如くに、社会組織の改革は明かに今日の惨害を著しく減し、又或は之に依つて人心改導の大なる助を得るだらうと信じて疑はぬ。故に「社会組織の改革」はまた実に夫の「人性の開発啓導」と共に社会問題の解決上重要なる地位を占むるものであることは吾等の十分に認むる所である。只事の軽重本末を云ふならば、人心の改善のみが独り根本的終局的の価値を占むべきであつて、之に対しては社会組織の改革は只一時的応急的若しくは消極的の価値を有するに過ぎぬと信ずるのである。何となれば、若し一般の人心にして善に移らん乎、よしんば社会の組織が今の様であらうとも決して之を悪用するものあらざるべく、又若し人心にして善に移らざらん乎、仮令《たとい》社会組織は改革せられても、夫の刃を奪はれたる悪人が今度は毒を以て人を害はうと企る如く、他に何とかまた罪悪をたくらむであらう。

故に吾々基督教徒は神より賜りたる伝道の聖業がまた同時に社会問題解決の根本方法たるを想ひて、益〻専一に之を奮はねばならぬ。之と同時にまた応急的救済策として社会組織の改革(但し如何に社会の組織を改革すべきかは全く別問題である。必ずしも社会主義の主張するが如く改むるが宜いと云ふ訳ではない。此点は別に研究するの必要がある)に志すも基督教徒として決して不適当の事では無い。が併しドコまでも「伝道」と云ふことが根本であることは忘れてはならないのである。

第四、吾人は若し社会主義にして社会組織の改革を以て社会問題解決の唯一根本の方法とするものなりとせば、そは明白に基督教徒の信仰と相容れざるものなることを断言す。

吾人は前項に於て社会問題の根本的解決は矢張り人心の改善にあることを述べ、社会組織の改革の如きは社会問題の解決と云ふことに対しては応急的副的の地位を占むるものであることを述べた。此点に関しては忠実なる基督教徒にして同時に熱心なる社会主義者たる木下君石川君等の聊《いささ》か御異存のない所であらうと信ずる。去り乍《なが》ら他の多数の社会主義者は決して吾人の説に服するものでは無い。予の観る所を以てすれば、普通一般の社会主義者は大抵、社会組織の改革を以て根本且唯一の解決法となし、人心の改善の如きは全然無力である、否な社会組織を改革せずしては伝道は畢竟徒労であると主張するやうである。我国に於ける斯種の説の最も顕著なる代表者は幸徳君の著『社会主義神髄』である。君曰く、「果して然らば之が治療の術亦実に知るに難からざる也。予は即ち断言せんとす。今の社会問題解決の方法は唯だ一切の生産機関を地主資本家の手より奪ふて之を社会人の公有に移す有るのみと」(二十一頁)と。

何故に彼等は社会組織の改革を以て唯一根本の解決法となす乎。幸徳君曰く、「……而して予は信ず、現時社会の一切の害悪は実に這個《しゃこ》の矛盾に胚胎し来れることを」と。して見ると彼等は社会の一切の惨害の由て来る所を一に社会組織の罪に帰して居る。若し果して彼等の云ふが如く、社会の一切の惨害が全く独り社会組織のみの結果であるならば、社会組織の改革が唯一根本の方法であるに相違はない。併し事実は如何だらうか。

吾人は先きに社会の一切の惨害を第一には「潔められざる人心」、第二には「社会の悪組織」に帰し、畢竟は人心の潔められざるのが根本であると述べた。之に対して社会主義者は云ふ、曰く「ソノ人心の悪と云ふことが何処から来るかと云へば、社会組織から来る。性悪の原因は社会にある」と。然り、若し強て「社会組織の改革」を以て社会問題解決の唯一根本の方法であると云ふ主張をドコまでも押し通うさうとするならば遂にはこの「性悪の原因は全く社会の悪組織である」と云ふ説にまで来ねばならぬ。併しこゝが即ち吾人基督教徒の信仰と正反対なる点ではあるまいか。

若し社会組織と云ふ外部の条件が罪悪の唯一の原因であり、社会組織が改善せられでは人心は到底善に移るものでない、猶ほ露骨に云ふならば、人性の善悪は全く其物質的生活の状態によりて決せらるゝと云ふならば、人は即ち境遇の奴隷、物質の奴隷であつて、吾人の生活は決して夫の動物の生活と異ならぬのである。併し乍ら、読者諸君、人はすべて神の子である、生れ乍らにして神の心を体して居るものである、而して又万物の霊長であると云ふことは基督教の信仰では無いか。人は本来境遇を支配すべきものである。物質を統御すべきものであると云ふのが吾等の最も大切なる信条ではあるまいか。無論世には境遇の奴隷となり、貧苦の為めに身を誤るものが決して少くは無い、けれども吾人はまた他方に境遇を支配し、所謂貧に処して泰然本心をみださゞる君子の多いことを見逃してはならぬ。而して右の二つの例のうち、前者は一時本心のくらまれるものであつて、後者こそ真正なる人性の煥発であると見るのが基督教の神髄ではあるまいか。

要するに罪悪の唯一の原因を社会組織に帰する、従つて社会組織の改革を以て社会問題解決の唯一根本の方法となすの説の根底は唯物主義である。決して霊性の権威を信ずる基督教と両立すべきもので無い。去れば西洋にては社会主義者と云へば多くは無信仰家である（基督教社会主義と云ふものがあるけれども、アレハ所謂社会主義では無い。基督教の精神で以て社会問題を解釈しやうと云ふに止るもので、必ずしも社会組織の改革を唯一根本とする者でないのみか、中には全く社会組織の改革を目的とせぬ者すらある）。日本でも幸徳君の如きは自ら無神無霊魂を主張して居るそうで、現に『社会主義神髄』に於ても寧ろ宗教に反対して居る、曰く「誰か能く之を解決する者ぞ。宗教乎、否。教育乎、否。法律乎、否。軍備乎、否。否。否」（一〇頁）と。於是《ここにおいて》社会主義は基督教と全然正反対の位置に立つものである。

之を要するに、若し社会主義と云ふ者が社会組織の改革を以て唯一根本の方法でないと云ふに於ては、基督教と両立するの余地あるけれども、之に反して唯一根本の方法であると云ふに於ては、全然両立するを得ざるものである。而して基督教徒にして同時に社会主義者なりと云ふ者ある時は、其人の社会主義は必ずや前者でなければならぬ。今日我国の社会主義者中には一方には木下君石川君の如き篤信の基督教徒あると共に、他方には明白に宗教の価値を否認する幸徳君の如きあるを見れば、吾人は所謂社会主義者と云ふ中にも、右の如き根本思想の丸で違つた二種の者が存すると云ふことを認めざるを得ぬ。去るにてもイブかしきはこの丸で根本思想の違つた者が、同じく社会主義なる同一名目の下に運動を共にして居ることである。

〔『新人』一九〇五年九月〕

精神界の大正維新

(一) 独逸を引照す

ビスマークは独逸《ドイツ》の国家を偉大ならしめたれど其個人を縮小せりとは識者の論評なり、独逸統一の大業成りてより茲に殆んど五十年、今や独帝は世界の列強を相手に乾坤一擲《けんこんいってき》の大戦争に従事中たり、国家としての現在の独逸は敵ながら偏《ひと》へに感服の外なしと雖も独逸人個人としては多くは是れカイゼルの鼻息を伺ふに汲々たる利名に狂奔するの徒のみ、其学者中復たゴヱーテなく、シルレルなく、フイフテなく、其政治家中スタインなく、シヤーンホルストなく、ハルデンブルクなし、其学者と称するもの多くはカイゼルの命を奉じ国家の為めに其研究の結果を呈供せんとするに過ぎざるもの、其政治家なるものは即ち是れカイゼルの秘書役たるに外ならず、独逸人民は宛《あたか》も一大軍隊の如く、唯だカイゼルの命の儘に其世界政策を奉行すれば能事了すとせば今日の独逸の国情は殆んど理想に近しと謂ふべきに似たり、真理の研究に専心し世間の木鐸たるべき学者にして多く曲学阿世を以て終らんとする如き決して国家の慶事に非ず、又た堂々たる帝国大宰相の身を以て国際の時変に順応すべき機会を捉ふること能はず、慢然強大の兵力を擁して列強を威嚇せんとし、終に今次の大戦乱を誘致するに至れるが如き決して其責任を解するものと謂ふ可らず、其他実業界に於ては造兵業に於けるクルツプの如き英才を出だし、総じて工芸の発達は世界其比を見ずとするも、独逸の人心は漸く唯物化し来りて殆んど崇高偉大の傾仰すべきもの地を掃はんとするに似たり、仮令《たとい》今次大戦の結果独逸の敗屈に終らず寧ろ勝敗未決を以て互角引分けに帰するとするも其結果は決して独逸の為めに慶賀すべきことに非ず、況《いわ》んや其敗辱に終るが如きに於てをや、其罪の帰する処独逸に一人の人物なく、カイゼルを諫めて今日の惨禍に至る途より救ふ能はざりしに在り、蓋《けだ》し近代五六十年間独逸人民は頻《しき》りに国家的成功に酔ひ、皇帝を以て神に代へ、名利を以て正義に換へ、上下交々《こもごも》利名を征して其国危からんとするものに非ずや、最近の学者中に在りてもオイケン、ハルナックの徒の如き好学の士と謂ふ可らざるに非ずと雖も彼等が軍国主義の独逸を以て世界文明の先達者と做《な》し之に刃向ふものを呼びて文明の賊と做すに至りては其愚実に笑ふに堪へたり、独仏戦争の前後の独逸は士気剛健、之を四隣の国風に比較するに同日に論ず可らざるものあり、殊に仏国がナポレオン三世の権謀に籠蓋せられ人情日に淫靡浮薄を極めたると対照せば、比〔ビスマーク〕公をして「我等独逸人は神を恐る、其他何ものをも恐れず」と云はしめしも誇張の言と云ふ可らず、実に五十年前の独仏戦争に際しては正義独逸に在りき、然れども今日の独逸人はカイゼルを畏る他に何物も此世に恐るものなしと云ふが如きの人情の下にあり、強大世界第一の陸軍を後援とするカイゼルの一命下ると共に挙国一致して軍務に服するの一事は頗《すこぶ》る感心すべきに似たれども、蒙古人種が成吉汗《ジンギスカン》の一令の下に水火を辞せず世界を横行せしと果して何の択ぶ処かあらん、其弊の及ぶ所、独逸に人物なく、カイゼルをして独り社稷《しゃしょく》を憂へしむるに至るの状察す可らずや、更に戦陣の事情に関し現在の独逸軍を以て七十年戦役のそれに比較せんに、兵数に於て今日は前日に十倍し且つ軍器の精鋭、軍隊組織の整頓等亦た遥に前日に優るものありと雖も軍人間士気の一点に至りては遥かに前日に及ばざるものあるに似たり、輓近《ばんきん》の独逸軍隊が著るしく軍紀の弛廃せるもの丶如く、昨秋開戦以来各方面に於ける奪掠其他犯罪の頻繁なる殊にヴエルヅーン附近に於ける皇太子の内命を帯べりと称せらる丶奪掠行為の如き頗る世界の識者を顰蹙せしむるものあり、之に反して前年の独仏役に際しては独人の節制比較的に称するに足るものあり、当時ヴエルサイユの旧王宮に滞在せる比公の如き其飲料の葡萄酒類を悉く本国より取寄せて敵の分捕品を消費せざるを誇りしことあり、又た直接士気の一斑として云ふには非ざるも、前回の役には遂に白耳義《ベルギー》の中立を犯すに至らず能く中立国の権義を認めて国際条約の神聖を尊重したるも、今次の戦争に於ては其開戦第一の行為は即ち白耳義の中立を侵犯するに在りしことを記せざる可らず、世間一部の論者は英国が開戦を宣するに際し白耳義中立問題を以て宛も試験的事件と倣し、独逸が其中立尊重を保証せざるを以て宣戦の主因となせしを怪しみ、寧ろ是れ一種の辞柄を構ふるに過ぎずと云ふものなきに非ざれども、国際条約の神聖は即ち国内に於て法律の神聖なるが如し、殊に列強に保証されたる小国の権利に至りて最も之を尊重せざる可らず、若しも之を尊重せず強国の必要の前には条約なく中立の権義なしと云ふに於ては是れ根本に文明立国の基礎を破壊するものに非ずして何ぞや、吾人は玆に至りて益々比公の深謀遠慮を称し現皇帝の驕気侮慢遂に公法の根本を犯して今日の惨禍を招くに至れるを歎ぜずんばあらず、是れ即ち多年の成功に酔ひ気随気儘を世界に立通ほさんとする心意の荒廃を示すものに非ずや、此等の数例を以てするも独逸魂の堕落歴々蔽ふ可らずと謂ふべし。

（二）　我国情独逸に髣髴たり

吾人が前段独逸を論ずるは他なし其興廃隆替の跡に就き最も例証に富めるを見ればなり、抑《そもそ》も独逸統一の大業成りしは宛も我が王政維新と相前後し其雲蒸竜変人材崛起の状亦た頗る相似たるものあり、而して我邦維新前後の人材を以て今日の所謂人物に比較するに其懸隔の遠きに独逸に於ける前後人材の対照よりも更に甚だしきものあり、独逸最近開戦当時の参謀総長モルトケ将軍を以て七十年役の老モルトケ大将に比較し宰相ベートマン・ホルウエツヒを以て比公に比較し巧慧多能の現皇帝を以て重厚円熟の維廉《ヴィルヘルム》一世と比較すれば時代の推移自ら明なり、然れども我邦現在の所謂政治家を以て吉田松陰、坂本竜馬、木戸、大久保、西郷に比較せば如何、世界的知識を有するの一事に於ては今代の人物素より維新前後の人物に優るものあるべしと雖も、此一事を除きて外は、其胆気に於て其愛国の至誠に於て到底比較の限《かぎり》に非ず、過日尾崎行雄氏は木戸松菊の韻に和して述懐の詩を詠じ之を知友に示せりと聞けり、恐らく其詩の劣作なりしは其人物の木戸と比して甚だ劣作なると毫も択ぶ所なけん、若しも現在の人情時勢の間に橋本左内、高杉晋作の輩を投ぜしめば彼等果して多数党の首領たるを得べきや、恐らくは世間は彼等を狂人視して殆んど真面目に之を相手にするものなからん、近時維新志士の碑を立て其祭祀を行ふの風潮あるは頗る同情すべきことなり、乃木将軍に対する崇敬の如き亦た世道を裨益すること少なからざるを思はずんばあらず、然れども先輩の祭祀を行ひ其紀念に忠なるは必ずしも先輩の志を継ぐ所以《ゆえん》に非ざるを記憶せざる可からず、士気頽敗せる末世に於ては却《かえつ》て先輩の偉業を紀念して誇らんとするの風あり、和蘭《オランダ》領なる南洋ジヤワ島の首府バツテンブルクに於ては一のワートルルー紀念碑あり、其碑銘に依れば是れ和蘭の軍隊にして英軍を援けてナポレオンに最後の打撃を与へしものの為めに建てらるとあれど、実際ワートルルーにては和蘭兵は開戦前夜にブルツセル府に引揚げ、当日は一兵だも該歴史的戦場に形を露はさざりしと云へり、即ち或る場合には人は祖先の無実の勲蹟にも誇らんとするものなり、況んや有実の勲蹟に於てをや、然れども是れ真に祖先の精神に同情せるが故にはあらで寧ろ一種の虚栄心に駆られて遠きを追ふの形式を踏むに過ぎざる耳《のみ》、又た或る一部に於ては偉人を視ること偶像を視る如く之を崇拝すれば宛も不可思議の神助にても与《あず》かるが如く思惟するものあり、而して彼等の精神は偉人の心と全然没交渉なり、若しも然らずして真に精神より偉人を崇拝するものとせば世間の風潮も現在の如くに唯物的に落ち且つ軽佻浮薄ならず尚ほ幾分当年の元気を残存すべき筈ならずや。

独逸の統一が国家を偉大ならしめて個人を縮小せしが如く、我邦にても維新政府の基礎成りて中央集権の政策着々実行せらるゝに従ひ青年学生の志気漸く衰へ其規模は痛く萎縮せられたり、開国前後の我邦の志気は頗る豪邁なるものにして、幾多敢行冒険の気分を含蓄し、殆んどエリザベス朝の英国を聯想せしむるものあり、当時幾多有為の青年は国禁を犯《お》かし且つ僅かに風帆船の便を求め水夫の業務に服し洋行を企て、印度《インド》洋を渡り喜望峰を迂回し七八月の久しきを経て倫敦《ロンドン》又は紐育《ニューヨーク》に達したりき、当時一詩あり何人の作なりしか知らざるも汎《ひろ》く青年間に膾炙《かいしゃ》せらる、其詩に曰く

海城寒柝月生潮、波際連檣影動揺、従是二千三百里、北辰直下立銅標、

此詩の文義に拘泥して観れば宛も北極探険を詠ずるかの如く思はるれど、作者の真意は恐らく単に冒険遠征の情思を言はんと欲するに在るべく、以て開国当時に於ける青年有志輩の意気の壮大を察するに足れり、降りて明治七、八年に至れば征韓論の勃発するありて国内の志士は血湧き肉躍るの感に堪へざりしが、台湾征討の挙あり続いて西南の役あり僅かに鬱勃たる蛮気の一部分を発散するを得たるも、人心の動揺は容易に沈静せず国家変を思ふの情は自由民権の主張となりて発し国会請願の大運動となりて現はれ来れり、此不安の国情を鎮撫するは只だ国会を開設して一種の安全弁を設くるの外に策ある可らず、玆に於て明治十四年の詔勅により二十三年を以て国会の開設あるべきを宣せられたり、是より時の政府にては鋭意法治国の基礎を置くに努むると同時に憲法制定の為めに全力を注ぎ、明治十八年には始めて内閣制の創立ありて帝国の政治組織を一新し、此と前後して華族の五爵を置き位階勲等の規定を立て又た恩給の法を定めて官職を奉ずる者の名誉利禄を保証せり、是れ実に自由民権を唱説して動《やや》もすれば常規より離脱せんとする人情を調整して国家人心の統一を計るの方法として頗る効果ありしも、又た進んでは今日の理想なき唯物的征利的小成的風潮を促せる一大原因ともなれり、試みに思へ衆議院議員の如き固より人民の代表者にして行政府司法府に対しては常に監督者の位置に立つものなり、故に其身自ら官

吏たるものとは職責の趣を異にするものありて、位階服を着し勲章を佩《お》び得々たる官吏とは其撰を同ふせざるものなり、然るに代議士にして位階勲章を羨み中流官吏の対遇を得れば以て頗る満足の色あるが如きは不見識も亦た極まらずや、日露戦争の終りて後ち貴衆議院議員中叙勲を希望して頗る運動に努むる処ありしと聞きしが当時は軍国の政に参画したる稜に由り一般に勲四等を賜はりき、今次の大典に際し何の勲功と称すべきものもなきに係はらず又た叙勲の運動を為すものありしと云ふが如き誠に沙汰の限にして、議院の世間より尊重せられざる誠に故なしとせざるなり。

(三) 国家主義教育の弊

然れども人心を鎮静して自由放慢の弊より救はんとする明治政府の政策上より観れば故森有礼子に由り行はれたる学制改革は最も著るしき効果を齎《もたら》せり、森子は明治十八年の伊藤内閣に入り文部大臣として最も特色を発揮したる人なり、其主張は国家主義の下に教育制度の一統を謀るに在りて、彼は全国に向つて劃一なる学制を施行し、当時異分子視せられし宗教学校を排斥せり、而して各学校の教授法なるものは主として口授に由り新智識を子弟の脳髄に注入せんとするに在り、想ふに注入法の教育は必ずしも森子により始めて主張せられたるに非ず、従来の儒教々育其物已《すで》に極端に注入的にして文字を記憶するに過当の重きを置けり、即ち注入教育法は我邦伝来の教育法にして、偶々《たまたま》西洋の教育制度を輸入するに当りても遂に旧弊を一掃して啓発的教授法を採用するの必要に着眼する能はざりしものなり、例せば小学より中学、高等学校を経て大学に至るまで十七、八年間に亙りて我青年子弟は偏に注入教育に由りて記憶力を浪費し且試験の関門多きが為めに精神を疲弊し、其終に業を了へて大学を出る頃には多くは其脳髄弾力を失し其元気消耗するを常とす、多くは是れ注入教育の罪に帰すべきなり、更に注入教育の弊は先例に拘《なず》み指導に服し、在学中は素より卒業後と雖も永久に柔順なる弟子たるを脱する能はざるに至る、自ら工夫発明し、先例をも破り師説をも翻へし以て学界の開拓者と為るが如きは到底注入教育の結果に待つべからざるなり。

然れども我邦教育の弊は単に注入教育に止まらず所謂国家主義の下に行ひ来れる劃一教育の弊亦た頗る甚だしきものあり、従来我文部省の目的は青年子弟の思想感情を一定の鋳型より打出さんとするに在りて各人に付き其自然独特の賦性傾向を参考とせず、其独創の見地を開拓せしめて自然の発達を為さしめず、却て其感ずべきことを示し其思ふべきことを教へ未来永劫師説の範囲を脱せしめざらんとするに在るが故に、何かの方法に由り其の元気を虚脱せしめて卒業後に於て自由に思索して進歩発展すること無からしめんことを要す、即ち注入教育、試験教育、利禄名誉の拘束、忠君愛国の服従要求等は遂に文部省の目的を達するに頗る効果ありしもの、如し、更に消極的方面に就て之を観るに政治と宗教を学校内に禁制したるは文部省型の教育をして一層活気なく、一層自発力なきものたらしめたり、抑も政治と宗教は明治十年の前後より殆んど併行して我邦に其勢力を増大し来りて、十八年の学制改革の頃に在りては当局の眼には最も危険なる異分子として映ぜしなる可し、全国各地に開設せられて頗る繁昌せる宣教師学校が一面自由思想の養成所と認められし如く、天下到る処に開催せられし政談演説会は謀《む》反《ほん》人の教唆所なりと思惟せられたり、故に政談聞く可らず、宗教は学校の門内に入るを許さずとは文部当局内規の方針なりしなり、如何にも学生として極端に政治に狂奔することの甚だ可ならざるが如く宗教に凝結して学事を忘却するも亦好ましきことに非ず、然れども宗教が人の性情を開発するに最も有効なるが如く、政治の修養は能く人をして其国家的社会的職分を理解せしむ、故に政談宗教を禁制したるは一応の理由なきに非ずして当時の状況に照らし当局の処置に対し其心事を諒とするに足れりとするも、同時に我各学校を卒業する青年をして世事に疎く時勢を解し得ざる偏頗《へんぱ》者ならしめたるの責なき能はざるなり。

之を要するに我邦の教育は、其長所を言はんと欲せば一朝一夕の能く尽すべき限に非ずと雖も、其弊や人心を萎疲し元気を消耗し、一切の雄渾偉大の気象を発生するの余地なからしめんとするに在り、若しも明治十八年に於ける森文相の教育政策を観て之を迂闊となし効果を見るの日を待つに懶《ものう》しとせし人あらば、彼等は必ずや未だ二十年を出でざるに着々其効果の現はれたるに驚きしなるべし、当年の活気横溢して動もすれば放慢に流れ易かりし青年子弟は日露戦役前後に至りて其気風遂に一変し、最も柔順なる官吏候補者となり又は会社員志願者と為れり、若しも森子自身をして其学制の弊遂に玆に及ぶを見せしめば恐らくは早く已に矯正の法を講ぜしなるべし、不幸子は憲法発布の当日を以て凶刃に係りて逝き、その後に文相たりしもの多くは凡庸の器にして劃一政策の弊を認むること頗る遅きに失するの怨あり、近来に至り稍《やや》弊の甚だしきを暁《さと》れるが如きも今や病膏盲に入りて一大英材の出づるを待たざれば容易に改むること能はざらんとす、亦た歎息す可らずや。

(四) 現代の精神的堕落

之を要するに我国家は維新以来長足の進歩をなし我国勢は年と共に開展し、日清日露の両戦を経て既に韓満を奄有《えんゆう》し、更に今次の世界争乱に際会するや一躍東洋の覇権を把握するに至れるも、内に国民の精神状態を顧みれば其志漸く荒廃し苟安《こうあん》小成を希ひ、国家の偉大国民の縮小とは正に反比例を為すものの如し、現代の国民は国家をして今日の偉大を為さしめん為め維新の先輩が如何の苦辛を嘗め如何の犠牲を払ひしかを忘却するもの丶如し、表面には頻りに其功勲を賞し崇仰の形を示すも其精神は日々益《ますます》之に遠ざからんとするに似たり、勲章、年金、爵位、恩賜を目標として活動する処の現代人士が到底当時の誠忠にして犠牲的なる高崇雄大の精神を理解し得べきよう無ければなり、而して犠牲献身の気魄なく高崇雄大の精神なき今日の縮小せる国民にして果して無難に先輩の遺業を継承し行くことを得べきや否や、是れ実に現代の有司、軍人、政客、学者、教育家、宗教家輩の正に自反再思して深く憂慮すべき処に非ずや、試みに一例を以て之を云はんに茲に徒手一代にして数百万の身代を作れる人ありと仮定せよ、彼若しその貧賤に生立ちしを恥じ其子女をして華奢の生活に慣れしめば一朝不諱《ふき》の事あらんには果して其不肖児の代に至り其家依然として繁昌するを得べきか、今代の我邦人は之を維新前後の日本人に比較して果して不肖児に非ずと云ふことを得べきや否や、而して今に於て速に自反覚醒することなしとせば遂に能く維新の大業を継承進展し得べきや否や深く関心憂惧せざるを得ざるなり。

今や我文部当局は学制問題の解決に没頭するもの丶如く吾人は其労を多しとせざるに非ずと雖も、学制の改革は必ずしも今の教育界を刷新すべき根本的手段に非ず、学制の改革素より必要なり、然れども教育方針の改革、学風の一新は寧ろ学制問題以上に重要なりと云はざる可らず、従来の注入教育に代ゆるに啓発教育を以てし、良民教育に代ゆるに偉大国民教育を以てし、自由雄渾の思想を鼓吹して以て下劣俗悪なる利己的感念により糜爛せる我国民の心腸を一洗するは実に今日焦眉の急ならずや、然れども凡庸なる当局に対して吾人は望を嘱するの愚を演ぜざる可し、天もし我邦に幸せば必ず近き将来に於て第二の森子を出だし巨人の手腕を借りて我学界の宿弊を一掃せしむることあらん。

転じて我宗教界を観るに名僧名識と称せらるるもの少なからずと雖も教界の寂寞未だ曾て今日の如きはあらず、今の俗化し腐敗せる人心に向ひ一人の新鮮なる福音恵報を伝ふるを聞かざるは何故ぞ、我邦幾万の教師僧侶中豈《あ》に一人自己の使命を自覚するものなきか、前古未曾有なる世界の大乱は彼等の道念に何等の刺激を与ふることなきか、我国民の危機は未だ彼等の魔〔麻〕酔せる眼瞼を開かしむるに足らざるか、近頃宗教的有志の会合なる帰一会に於て目下の我国民の精神状態に対し之を指導すべき宣言を発するの議ありと聞けるは聊か空谷の跫音たるの感あり、帰一会員諸氏は流石《さすが》に今の時勢を以て太平無事憂慮を要せずとは思惟せざるものに似たり、然れども果して幾許の徹底したる考を以て世間を観察し居れるやは吾人夫の宣言に接して之を推測せんとする興味ある問題なり、但《た》だし天下の革新は委員会の決議を以て成遂げ得べきものに非ずとはカーデナル・ニウマンの名言として世に伝へらる丶処、帰一会の宣言可ならざるに非ずと雖も之に多くを依頼せば恐らく失望に終らん、大凡《おおよそ》革新運動は徹底せる見識に基づき確実ある一大人物の心腸より湧出する唱説に由ることを要す、我邦に於ても法然あり親鸞ありて真宗の運動起り、日蓮出で丶法華の宣伝となり、仁斎東涯ありて儒教の徳育起り、又た海外に於てもルウテル、カルウインありて新教的革新は開始せられ、朱晦庵王陽明ありて死せる儒教に両派の新生面を開きしが如し、吾人は帰一会の宣言以上精神界の刷新運動を期待するの情に堪へず、想ふに天下蒼生亦た大旱の雲霓《うんげい》を望むが如きものあらん。

我政治界に対する大正維新の運動、即ち憲政擁護運動は、吾人が曾て屢々論じたるが如く全然失敗に帰したり、而して政界は全く中心力を失ひ混沌として其紛擾日に益々甚しからんとす、故に政界の刷新は有識者の最も心を労すべき問題たるは論を待たずして、吾人亦た機に触れ折に接して論説を怠らざるべし、然れども政界根本の刷新は国民の精神状態を一新するより起らざる可らずして、一種新清にして偉大なる理想の発現して我精神界を刷新するに至らば政界の事蓋し亦た見るに足るものあるに至らん、殊に多年独逸流の国家主義を実施したる結果、国民を軍隊視するの傾ありて、個人の自然的発育を害する少なからず、想ふに或る意味に於て独逸流の応用は富国強兵の政策を行ふに頗る便利なることあるは否定す可らず、現に独逸の今日ある又我邦が近年長足の進歩を成せる、組織的国家主義に負ふ所甚だ多きは睹《み》易き道理なり、然れども現在の国難に際し英仏両国民が能く発憤興起し克《よ》く其智力を尽して倦《う》まざる状態を見れば個人主義亦た実に侮る可らざるを知らん、而して戦後の国情を予想せば吾人は勝敗の如何に関はらず英仏の状態が必ず大に独逸に優るものあるべきを信じて疑はず、真の偉大なる国家は個人の上に於ても亦た偉大なる国民たらざる可らず、是れ吾人が国家として偉大にして国民として縮小せる我国の現状に対し一大革新の必要を唱説する所以なり。

〔『中央公論』一九一六年一月〕

国家中心主義個人中心主義 二思潮の対立・衝突・調和

はしがき

その最も精錬された純白の形に於て、国家中心主義と個人中心主義とは、議論として本来何等乖離《かいり》矛盾すべきものでないに相違ない。然れども「真理」はもと多くの場合に於て赤裸々に出現せずして、伝説や風習や又は時代思潮や、果ては誤解、偏見等の衣《ころも》を着て吾人の眼前に展開するものなるが如く、以上の二主義も亦実際に主張せらるゝ場合には、いろ〳〵の附随の思想に附き纏はれ、従つて其儘の態に於ては、文句なしに正反対の学説として取扱はるゝを常とする。況《ま》して之等の主義が実際政治の上に適用せらるゝに当つては、其主義の本来当然の結論たる可《べか》らざるものまでが、得たり賢しと跳り出づるので、両者の対立反目の外観は一層著しきものとなる。然らざるも此両主義は、実際政界に現はるゝ効果の点より観れば、本来常に必しも相調和するものでもない。従つて政治家は時の宜しきに従ひ、常に此両主義の適用を然るべく按排するを心掛くる必要がある。

然し乍《なが》ら、此両主義が両々過不足なく理想的に併用せらるゝと云ふ事は、多くの国に於て実際上望み難い。そこで或る特定の国に於て、此両主義の孰《いず》れが果して余計に主張せらるゝを必要とするやといふ実際問題が起り得る。而して差し詰め我国に於て斯の問題が起り得るのであるが、予輩は之に対して、特に今日の場合我国に在ては、個人本位の政治的施設の急を高調力説するの必要ありと認むるものである。然るに此論に対して世上案外に反対の考を有する人の少くないのは、予の大に怪訝《けげん》に堪へぬ所である。而して其反対の論拠を検するに、或は個人中心主義を説くに因りて国家的観念を弱むると杞憂するものあり、或は個人中心主義に伴ふ多少の弊害を怖るゝに由るものあり、又或は西洋に於ける極端なる個人的思想に対する非難を聞いて之に絶対的価値を附するの誤に出づるものあり、甚しきは欧洲大戦当初の一時的現象に観て早くも個人中心主義の末路を断ずるものなどもありて、孰れも国家中心主義と個人中心主義との利弊並に其相互的関係を精細に研究しての上の立論ではない。専ら個人中心主義の弊のみを見ての議論である。個人中心主義が偶々《たまたま》若干のボロを出したからとて全然之を排斥するのは、甲といふ優等生が過度の勉強の結果死んだからとて、余り頭のよくない而かも身体の相当に健全な乙までが、一切勉強を廃《や》める様なものである。西洋で個人中心主義が種々の弊害を生じたからとて、故なく之を嫌悪するは羹《あつもの》に懲りて鱠《なます》を吹くの類ではあるまいか。

予は偏狭なる国家中心主義の跋扈《ばつこ》する時弊に憤慨して、聊《いささ》か個人中心主義の一端を鼓吹せんと欲し、先きに本年一月の本誌に於て、我国憲政の現状及其発展策を述ぶる所があつた〔「憲政の本義を説いて其有終の美を済すの途を論ず」本選集第二巻所収〕。而して之に対して加へられた批難の多くを見るに、概《おおむ》ね公平にして精細なる比較研究に根拠せざる国家主義の立場に出づるものであつた。以て如何に偏狭なる国家主義の人を誤つて居るかを想ふべきである。而して欧洲戦争の成績の皮相なる観察に伴ふ独逸《ドイツ》讃歎の風潮は、益々此傾向を甚しからしむる様に見ゆる。

予は決して国家本位の政論政策に反対なのではない。只我国今日に流行する国家中心主義には一大陰翳の附き纏ふものあるを認め、個人中心主義の高調に依りて国家中心主義を正路に導かんことを冀《こいねが》ふものである。然らば個人中心主義と国家中心主義とに予輩は如何なる価値を附して居るのか、又此二主義と我国今日の政界との関係を如何に観るか。是れ予の本篇に於て解説を試みんとする要点である。早卒になせる一席の談話、構想の疎雑と

用語の不適当とが思ふ所を十分に表さしめなかつた事を遺憾とする。（八月十日）

国家は特定の個人――某々の国民といふ団体に一纏めに彙類《いるい》せらるべき特別の共同標識を有する人々――の相集合によつて成るところの有機的団体であることは言ふを俟《ま》たない。こゝに「国家」の完全なる学理的定義を試むるのは、本論の目的ではない。只上に述べたところに依つて国家といふ団体の最も著しい特色の一つを明かにするを得ば足りるのである。

一　団体と分子

凡そ有機的の集合団体にあつては、全部と一部との相関といふことが最も著しい特色をなして居る。全体の運命は即ち一部の運命、又分子の盛衰は即ち全体の消長で、一方に起る一定の変化は必らず他方に一定の影響を及ぼすといふ関係がある。此全体と分子との相関の関係は、総ての有機体を通じて皆同様であるが、然し其相関の程度は、総ての有機体に於て同一様に密接なのではない。換言すれば、物によつて其相関の関係に粗密の差別がある。粗密の差別があるといふ意味は、甲に於ける変化の影響の他方にあらはるゝのが、或は著しいと著しからざるとの差があるといふ方面にあらはれ、又は甲に於ける変化の影響の乙にあらはるゝ時間に、遅速の別があるといふ方面にあらはるゝ等の場合を云ふのである。而して此第二の場合に於ては、単に短き時間を限つて見れば、何の変化も起らないやうに見えることがあり、又場合によつては、甲といふ原因の当然の結果として起るべき事実が急に起らずして、一時は却《かえ》つて其反対の結果があらはるゝやうなこともある。斯くの如く考へて見ると、有機的団体は其全部一部の相関の関係の粗密の度に従つて、色々の階段に之を分つことが出来るものと言はなければならない。

全部一部相関関係の疎密の別は、大体に於て有機体其物の単複の別と伴ひ、又有機体の組織の発達の程度に伴ふやうに思はるる。単純なる有機体に於て全部と一部との相関の関係が密接なることは、例へば之を人間の身体に観ても解かる。健全なる身体に於ては、全体の強健は即ち部分の強健で、部分の発達は即ち全体の発達である。やゝ複雑なる家族的団体などになると、此関係は余程薄くなる。更に進んで極めて複雑なる国家といふ団体になれば、全部一部の関係は、固より結局に於ては相当に密接なる相関の関係にあると云はなければならぬけれども、其あらはるゝ具合を其儘に見れば、元より個人の身体に於けるが如く適確迅速なものではない。是れ単純なる有機体にあつては、其の起るところの変化は概して自然的又は準自然的行動に起因するのに、複雑なる有機体にあつては、概して意識行動又は目的行動が其変化の主たる原因であるからであらう。尤も発達したる有機体に於ては、此有機体内に起るところの各種の意識的活動といふものも、自ら合理的に秩序づけられて、自然的行動に於けると同じやうな効果を全体の上に奏する様になるものであるけれども、未だ完全に発達しない団体に於ては、斯の如くすることを得ない(有機体の発達といふ事に関しては、丘理学博士の著書に有益な研究があるといふことを聞いたけれども、旅先の事とて参照することが出来ない。篤志の方は就て参照せられんことを希望する)。殊に国家なる団体に在ては、各種の意識的行動の結果は猶更著しくあらはれないのを常とする(無論著しくあらはるゝ事もあるが)。のみならず、時としては相反撥する効果を現出し、一方の発達は他方の発達を犠牲に供するといふ風に見ゆることもないではない。固より結局に於ては矢張り全部の発達は分子に益し、又分子の発達は全体に利すること疑なきも、一時的の短い着眼点から観ると、全体の発達の為めに分子が犠牲に供せられ、分子の充実の為めに全体が傷けらるゝといふ現象がないではない。

一体意識的活動の盛に行はるゝ有機的団体にあつては、多少の差はあるも、全体分子両者間の右の如き一時的不調和といふものは、概して免れぬものゝやうに思はるゝのであるが、此関係は国家といふ団体に於ては殊に最も著しいやうに思はるゝ。詳しく言へば、「国家」の為めになすところの一切の施設は必ず「個人」の為めになり、又「個人」の為めに為すところの一切の施設は必ず「国家」の為めになるのであるけれども、一時的に観れば、両者は常に必しも調和するものではなくして、多少の犠牲を一方に求むることなくして、他方の発展拡張を計るといふことは、多くの場合に於て甚だ困難である。是に於て国家の名に於てなさるゝところの一切の政策、一切の施設は、其直接に「国家」の為めにするものと「個人」の為めにするものとを問はず、現在当面の問題としては、常に必ず多少の禍を何れかの方面に残して行くものである。早い話が、国家の力を張る為めに軍備を拡張すれば、国家の分子は租税の重き負担に困《くる》しみ、又個人の発達の為めに言論の自由を無限に許せば、他方必ず国家の統一を弱むる結果を来たすではないか。故に理論としては、両者の調和、国家個人双方の円満なる併進的開発といふことは、之を言ふに易いけれども、実際の問題としては、実に両者の調和は相当に六ケ《むずか》しい。そこで之に処する実際上の主義としては、其国其時の事情に従つて「国家」なり「個人」なり孰れか一方に主たる着眼点を置くを要すべく、而して他の半面に於ては之によつて起る禍を修補するを力むべく、斯くして出来る丈け両者を調和して行くといふ外はあるまい。聡明なる政治家のなした跡を観ると、多くは此流儀で遣つて居る。近代に於ける国家中心主義のチヤムピオンなるビスマルクも、軍備の拡張などに莫大な金を使つた傍ら、他方に又大に社会政策を実行して、一般国民殊に労働者階級の個人的幸福を図ることを怠らなかつた。然しながら世の多くの凡庸なる政治家は、其見識概ね斯くの如くなるを得ず、其好むところに偏して、識らずして国家運営の正路を踏み外づす者が多い。是れ近来の政界に国家中心主義と個人中心主義との争の常に絶えざる所以《ゆえん》である。

二　国家中心主義と個人中心主義

前述の如く、国家の政策の根本的決定に方《あた》つては、国家中心主義と個人中心主義との二つの主張が兎《と》に角《かく》事実上対立して居ることは疑ない。蓋《けだ》し全体を重んずる思想と分子を重んずる思想との対立が、複雑なる有機体に於て免るべからざるものなる以上、我々は国家的団体に亦此事あるを怪まない。従つて歴史に遡つて研究すれば、両者対立の観念は余程昔からあつた事を認むるものである。少くとも哲学者等の間には、彼の希臘《ギリシア》の時代に於て既に、「全体は其発達を図るに当つて分子を犠牲にするの権利ありや」とか、又は「全体が分子に対して犠牲を要求し得るの学理的基礎如何」といふやうな問題が、頻《しき》りに研究されて居つた。但だ然しながら大体に於て、昔は国政運用の衝に当るものは少数の特権階級で、所謂《いわゆる》「国家の為めの政治」によつて犠牲を要求せらるゝ多数者は絶対的服従に甘んじて居つたから、分子の利益の為めの代弁は、実際に於ては何等の勢力もなかつた。従つて個人中心主義と国家中心主義との対立の観念が昔からあつたといふのは、一個の議論として少数の哲人の間に存在したといふに過ぎぬので、一般の国民の意識の中に考へられて居つたのではない。況して之が国民的活動の意識的基礎となるといふやうなことは、全然なかつたのである。

国家中心主義、個人中心主義二思潮の対立の観念が、国民的意義に於て明白になつたのは、言ふ迄もなく第十九世紀以後のことである。即ち国政の運用が少くとも主義として、国民の意識的活動の基礎の上に置かれてから後の事である。茲に「主義として」といふ意味は、国政の運用が完全に国民一般の意識的活動の基礎の上に置かるゝといふ事は、長き進歩の過程を経て初めて実現することであつて、第十八世紀が第十九世紀となつた為めに、一躍して之が完成したのではない。けれども其論拠は世紀の代ると共に開かれた。即ち国民全体の運命に関する政治上の問題は、従来は少数者のみの左右するところであつたのが、今度は改めて国民全体の関心すべき筈のものである、少数者の壟断《ろうだん》すべき事柄ではないといふ原則が、第十九世紀の初めに於て明白に定められた。一旦此原則が定まると、それが段々に発展進化して其勢を停めない。当初此原則が定められた時は、原則の示す通りに国民の全体が悉く政治問題に関心するといふ程度に其智見が発達して居なかつたから、そこで事実上は、国民全体の名に於て国民中の開明したる一部分が、従来の伝説的少数階級から政権の譲与を受けたのである。此一部が政権を譲受けたのも、畢竟《ひつきよう》政治は即ち全体の関心すべきものなりといふ主義に基いたのである。是れ予の特に「主義として」と断つた所以である。而して根本の主義が此処にあるのだから、世の進むと共に智見が一般の下層の人々にも拡がれば、自然に当初の原則が段々に其本来の面目を発揮して、政治に関心する国民の範囲が拡まらざるを得ない。尤《もつと》も、当初国民の名に於て政権に関係した一部の者は、一旦政権を掌握すると、長く之を自分等の手に壟断したいといふ不当なる欲望を起すを常とし、之を更に多数人の間に拡げるといふことを欲しない傾向がある。その結果として、国政の運用を一般国民の意識的活動の基礎の上に置くといふ原則の実現は、其都度《つど》多少の困難に遭遇しないではない。此事は最も明白に各国の選挙権拡張運動にあらはれて居る。が、然し、大勢を観れば、第十九世紀の初めに定まつた所謂デモクラチック・プリンシプルといふものは、今日に至つて益々其勢を張つて止まない。斯くして分子を重んずるの主義、個人〳〵を主として着眼するの政治主義は、現代に於ては哲学的思索の領分を超えて、今や動かす可らざる実際上の一政治主義となるに至つた。従つて又個人中心主義は、国家中心主義に対抗して有力に主張せられ得る丈《だ》けの力を備ふるに至つたのである。

加之《しかのみならず》、従来の伝統的支配階級が、其階級擁護の無意識衝動よりして、国家中心主義の名に隠れて個人中心主義の要求を排斥するの態度をとつたといふ事が、自ら個人中心主義の国家中心主義に対抗する立場を一層鮮明にした。尚又、一切の国家政策の影響を、よかれあしかれ、最も適切に受くべきものは、一般国民なるが故に、彼等が国政の運用に実質的に干与し得るの望みを有するに至れば、従来圧迫されて居つた彼等としては、先づ以て自家の利害を最先《まつさき》に主張すべきは自然の勢である。此等の点もまた右の二つの主張の対立して争はるゝ関係を一層強めたものであらうと思ふ。斯くの如くにして、今日では、国家中心主義と個人中心主義とは、実際の政治上に於て、同等の立場に於て論争さるゝことゝなつたのである。

抑《そもそ》も此二つの主義は、其理想的意義に於ては、両者決して相排斥すべきものではない。けれども実際上の主義としては、両者往々正反対の関係に立ち易い。是れ恰《あたか》も其極致に於て一致すべき利己主義と利他主義とが、実際上の主義としては全然相容れざると同様である。蓋し国家中心主義によれば、真に国家の発達を図るには個人の完全なる発達を図らねばならぬといふ根本の点よりも、先づ以て国家の有機的統一並びに其外部的発展といふ事を念とするに急にして、其為めに多少の犠牲を分子に課することを顧みないといふ傾向がある。殊に国際競争の激烈なる今日の時勢にあつては、国家の競争力の強盛を図るといふ必要に忙殺され、自ら専ら国家の物質力の拡張と云ふ方面に力を注ぐといふことになり易い。之と同じく個人中心主義によるも亦、個人の十分なる発達は鞏《きよう》固《こ》なる国家の庇護の下に於てのみ之を期し得るといふ根本の関係を見るに先んじて、個人の生存発達の最大要件たる自由を尊重するの余り、動《やや》もすれば統一の為めにする国家的桎梏《しつこく》を厭《いと》ふの傾向がある。其弊は犠牲奉公の精神を消磨し、国内に於ける精神的統一の緩弛を来たし、以て国際場裡に於ける敏活有効なる行動に、事欠かしむることゝなる。斯くの如く、実際の主義として観れば、此二つの主義は両々相排斥するやうな形になる。是れ残念ながら亦止むを得ない。而して此両者を併用してうまく調和を取るといふことは六ツかしいから、政治の実際に当つては前にも述べた通り、時と場合によつて其何れの主義に主として拠るべきかを定むるの外はない。又実際の政治家にあつても、各々其好むところによつて拠る所を同じうせざるを常とする。けれども甲に拠れば必ず乙の難あり、乙によれば又必ず甲の難あることを免れないので、どの道円満なる結果を見るを得ない所から、政治上の主義の論として此二者の何れを主とすべきかは、何れの国に於ても議論紛々である。

さて此の議論紛々として定らないといふ事は、もと両主義本来の関係より来る当然の結果であるが、之は政治上常に憂ふべき事かと云ふに必しもさうではない。何となれば之が又一面に於て、実際当局の政治家を牽制して国政運用の方針を誤らしめざるを得るの利益もあるからである。蓋し実際の政治家は、前にも述べた通り、自然其好むところに誘はれて一方の主義に偏し勝ちのものである。之は決して国家の為めによろしくない。そこで我々は常に政治家を牽制して彼等をして主として甲の主義を取りつゝ又乙の主義をも顧みるを怠らざらしむるを要するが、斯くあらしむるには是非とも言論の力に依るの外はない。故に両主義争論の紛々たるは或る点に於ては之を放任した方がよいのである。言論の自由はもと文明国の通義であるが、其尊重の必要はまた此方面からも立論することが出来る。短見なる政治家は動もすると政論の紛雑帰する所なきに怖れて自由なる言論の圧迫を試みんとするが、之は却つて如上の妙用を阻止するの結果を来たし、寧ろ国家の進路を誤らしむることが多い。

三　欧洲に於ける両主義の争

国家中心主義と個人中心主義との争は、近来殊に欧洲に於て最も激しきを見る。是れ蓋し欧洲に於て此二主義の弊害が最も切実に感ぜられ、従つて一方に対する他方の反抗が、最も著しく主張せられるからであらう。抑々《そもそも》第十九世紀の初頭に於て、個人中心的の自由論が起つたのも、之れ前代に於ける極端なる国家中心主義の弊害の結果——之が唯一の原因ではないとしても——である。然るに此個人中心主義の極端に主張せられたることの弊害も、亦第十九世紀の後半に至つて切実に感ぜられ——国によりて遅速の差はあれども——玆に漸く国家中心主義が再び勢を盛り返さんとして居る。そこで大体から観察すれば、第十九世紀の初めから半ば過ぎまでにかけての欧洲は、個人中心主義の旺盛時代といふことが出来、第十九世紀の末頃から最近までのところは、国家中心主義復興の時代と言ふことが出来よう。尤も前の時代に於ても、国家中心主義が全然鋒鋩を蔵《おさ》めたのではなく、又後の時代に於ても、固より個人中心主義は仍然《じょうぜん》として旺盛を極めて居る。只或る一定の観察点を基礎とすれば第十九世紀の初めから今日までの政界をば大体右の如く分つても差支なからう。要するに現今の形勢は、将《まさ》に両主義が之より大に調和せんとして大に争ひつゝある時代と見て可なりと思ふのである。

更らに之を近代の歴史に照らして論ずるならば、先づ第十八世紀の末から第十九世紀の初めにかけて最も著しく世界を騒がしたものは、言ふまでもなく夫《か》の仏蘭西《フランス》革命である。之の直接間接の影響を受けて、欧洲の全土は皆自由思想の一大洗礼を受けた。若し此大勢の外に超然として居つたものを強いて探がせとあらば、それは露西亜《ロシア》位なものであらう。然し露西亜といへども、実は全然此影響を受けずに居つたのではない。只露西亜では、其社会事情が著しく他の欧洲諸国と面目を異にして居つたから、自由運動も同じやうな形を取り得なかつたまでゝある。特権階級の圧迫が余りに強かつた為めに、公然たる運動として発達するを得ずして、虚無党などの如き革命的危険運動として発達したのを観ても、兎に角露西亜も亦自由思想の見舞ふ処となつたことは明かである。要するに仏蘭西革命を起点として、欧洲諸国の間には、個人的自由の思想に根柢を有する諸々の運動が、燎原の火の勢を以て振ひ起つた。之より数十年間の欧洲の歴史は、主として特権階級の独占的支配より国家社会を解放せんとする運動の歴史である。此大勢は、夫の神聖同盟等の力を以てするも、到底阻止することが出来なかつた。只特権階級が其階級の擁護の為めに生死を賭して藻掻《もが》き争うたから其結果個人中心主義は意の如く開展することを得なかつた。否、中には其開展の進捗の大に邪魔された処もある。けれども個人的自由を目標として進むといふ大勢丈けは、何処の国に於ても、全然妨げられて仕舞はなかつた。此事は、各国に於てそれ〴〵民本主義に基く憲法が与へられたといふ沿革に徴しても明かである。斯くの如く第十九世紀の初め以来の欧洲の歴史は、明白に個人中心主義の発展を語るものと言はなければならぬ。然しながら一歩を進めて、此主義が、其反対の国家中心主義――或は一層適切な言葉を以て言へば国家中心主義の名に隠れて個人中心主義の進歩に反抗するところの伝統的特権階級の勢力を、一挙に全然圧伏して了《しま》つたものと考ふるならば、大なる誤りである。事実を明らさまに言へば、此後者の潜勢力は、仏蘭西革命の当時に於てこそ一時大いに屏息《へいそく》したけれども、千数百年養ひ来つた深い根柢がある丈け、案外に強いものがあつて、個人中心主義の猛烈なる急迫に遇ふや第一線の防守に於てこそ思はざる不覚を取つたけれど、第二線第三線に退いては可なり頑強なる抵抗を試みたのである。斯くして所謂「国家中心主義」は、個人中心主義の十分なる発展に取つては後漸く其の前途に横はる一大障礙《しょうがい》たることが明になり、従つて個人中心主義は其最後の勝利を確実にする為めには、尚幾多の困難なる事業を成し遂げねばならぬこととなつた。而して此等の事業の成功の困難は、特権階級の反抗努力に激せられて一層強く之を感じ、為めに近来、個人中心主義者の一部の者は段々極端の方向に進むやうな傾向を呈して居る。尤も此主義は、其唱道せられた当初に於ては、実は非常に極端なものであつた。何等の反省を経ざる破壊的色彩を帯び、盲目的に突進的に主張せられて居つた。けれども其後時勢の落ち付くと共に段々に其態度が着実になつて来たのであるが、近来に至り復《ま》た極端に奔《はし》るやうになつたのである。

　近来個人中心主義の徒《いたず》らに極端に奔れる事の一つのあらはれは先づ之を絶対的平等主義の流行に見ることが出来る。元来個人中心主義は、個人の価値の形式的平等を主張するけれども、社会を組織する個人の間に実質上優劣の別あることは之を認むるのみならず、其優劣二者をして各々其所を得しむるの必要をも拒むものではない。否、寧ろ、優者は其優越せる精神の能《ちから》を以て社会の高処に居り、以て一般の劣者を指導する事を社会の健全なる発達の為めに必要なりと認むるものである。故に実質的若しくは精神的の関係に於ては、少数の優者が精神的指導といふ方面に於て大に跋扈する事を決して厭はない。只社会の政治的組織の形式上に於ては、優者なるが故に政権を壟断するといふ特例を認めざらんとするので、此点に於ては何等〔処〕までも平等を主張する。故に彼等の本来の趣意は、只優者をして実質上其処を得しむるといふ承認の下に、各個人間の合理的平等を主張するに在る。然るに極端なる個人中心論者は、此事を悟らず、絶対的の平等を唱へて、優者に対してその優者として社会に尽すべき実質的の本分をも否認せんと擬するの誤に陥る。尤も斯くまで極端に個人論者を奔らしめたについては、所謂特権階級にも責任があると思ふ。けれども兎に角最近の極端なる個人中心主義が、偉人傑士の国家社会に対する精神的使命を認めず、我々の国家的生活を極めて平凡化せんとする傾向あるに対しては、心あるものは孰れも皆多少の不平を有《も》つて居る。此不平を最も露骨に而かも多少誇張して之を表したものは蓋し独逸のニーチエであらう。独逸並びに我国に多く見る所の偏狭なる国家主義者も亦此型の外に出でない。

個人中心主義の極端に奔つたといふ事の第二のあらはれは、国家的拘束の価値を無視し、犠牲献身の徳を軽んじ、通俗に所謂「個人主義」なる名の下に理解せらるゝ放逸無羈を喜ぶの傾向に之を見る。国家的拘束の価値を否認する思想は、学問上の説明としては、前にも述べた如く昔からあつたし、又近世に至つても余程古くから唱へられて居つた。殊に自由思想の最も深き発達を見た英吉利《イギリス》などに於ては、第十九世紀の初めより此種の考が殆んど当時学界の定説の如くになつて居つた。只然しながら、此等の考は学理的論究の題目となつた丈けであつて、流石に実際的なる英吉利国民は、理論一点張りで押し通して飽くまで国家の束縛に反抗するといふ態度には出で得なかつた。国家の拘束を解して「必要なる禍悪《ネセッサリー・イヴィル》」なりとせし当時の英国の通説の如きも、実際上束縛の必要なるを感じつゝも理論上其根拠を説明し得なかつたことを示すものである。斯くして当初は、国家の束縛を事実上排斥するといふ運動は一般に起らなかつた。露西亜に起つた虚無主義無政府主義の如きは、畢竟官憲の不当なる圧迫に起因するの特別の現象である。然るに最近に至つては、国家の拘束を否認するところの思想は、段々に比較的健全に開明した国民の間に浸潤し、遂に此等の人の確信と化《な》つて、彼等の実際の行動にあらはるゝに至つた。仏・伊・英等の下層階級に、近来比較的根柢のある発達を見つゝある所のサンヂカリズムの運動の如きは其最も著しき例である。斯くの如く近来個人中心主義の極端に唱道せらるゝより来る実際上の弊害は、段々顕著になりつゝある。之は理論上直接に個人中心主義其ものの責任に帰すべきものではないといふやうな説は、議論としては成り立つかも知れない。然し実際論としては、此等の弊害は、個人中心主義に対して従来何等格段の拘束を加へず自由奔放に其主張に耽《ふ》けらしめた結果に相違ない。斯くして段々国家の健全なる進歩に実害を及ぼすやうになつたので、識者は漸く反省するやうになつた。是れ近来国家中心主義の傾向が著しく復活しかけた所以であらう。

個人中心主義の弊害に関する反省は、特に近来に及んで、国際競争の激烈と云ふ事実によつて強められた。国際競争が激烈になれば、小国は強国の圧迫を感じて益々国力の統一を計る必要に迫られ、大国と雖《いえど》も各々覇を争うて、各自将来の地歩を占めるが為めに益々国力を統一し国勢の鞏固を計るの必要を感ぜざるを得ない。元来国際競争といふことは、国と国とが境を接して居る以上は免れないのであつて、従つて之は今日に初まつた事ではないが、併し今日は、産業の発達の為め、更に又交通機関の発達の結果、一方には海外発展といふ内部的必要もあり、他方には国家的活動の舞台が世界的になつたので、一層激烈に銘々の競争心を鋭敏ならしめて居る。故に今日の国際競争といふ言葉は、云はゞ之を昔とは全く別の意味に解せねばならぬ程のものである。加之《しかのみならず》、欧洲では、第十九世紀の前半に於ては所謂権力均衡といふことが国際上の主義であつて、五大強国連合の力を以て全局の平和を維持せんとするの考が一般に行はれて居つたが、独逸帝国の統一成つてから以来は、ビスマルクが新興帝国保安の為めに強いて仏蘭西を孤立せしむるの必要上、夫の同盟政策を執る事となり、而して彼の作りしところの三国同盟が漸く欧羅巴《ヨーロッパ》の平和を威嚇するの形勢を馴致するや、やがて又反対同盟の成立を促がしたので、遂に今日では欧洲の強国は相対立する二大同盟に分れて相争ふといふ形勢を見ることとなつた。要するに今日では激烈なる国際競争といふことは欧洲諸国民の最も切実なる当面の大問題となつて居る。従つて又国家内部のあらゆる要素の組織乃至《ないし》統一といふことが、政治家の最も意を注がねばならぬ問題となつたのである。

此点について最も早く覚醒したものは、云ふ迄もなく斯かる形勢を作つた本源であり、又国勢上斯くあるべき本来の素質を有つて居つた独逸帝国である。独逸に於て個人中心主義の思想が必ずしも無勢力であると言ふのではない。けれどもビスマルクを先達とし、カイゼルを指揮官とする独逸のあらゆる方面に於ける国家的活動は、国家中心主義のチヤンピオンとして最も著しい。之に比較すると、仏蘭西や英吉利などは、従来余りに個人中心主義に深入りした傾向があるので、仮令《たとい》近来均しく時勢に覚醒するところあつても、国家中心主義の実際に於ける復興は決して容易なことではない。而して独逸の強大なる国家組織の圧迫は日に日に感ぜらるゝので、国家中心主義者にはこゝに好個の辞柄を捉へて極力其説を主張する。是れ最近に於て、独り独逸に於てのみならず、英吉利、仏蘭西等の本場に於てすら、或は個人中心主義の政治思想を難じ、或は代議政治、立憲政治の弊害を極論して国家中心主義の鼓吹に努むるもの多き所以である。

斯く言へば欧洲諸国の人々は今や皆個人中心主義の弊害より覚めて、国家中心主義の方向に其進路を一転したといふやうに聞える。が、然し、事実はさうではない。国家中心主義が復活しても、個人中心主義は亦依然として其勢力を蹙〔潜〕めない。恰度《ちようど》第十九世紀の初め、自由思想が勃興しても保守的潜勢力が依然として強大であつたと同じやうな形勢になる。只偶々《たまたま》時弊に適中するものあるが為に、国家中心主義の唱道が聊かヨリ声高く響くまでのことである。之を以て欧洲政論界の大勢已に一に帰せりと見るならば、蓋し浅見の譏《そしり》を免れない。事実は、国家中心主義の主張も時勢に乗り出して大なる勢力を占めたが、個人中心主義も亦深き根柢の上に立つて決して其主張を譲らないといふに在る。両者互に争ふて下らず、欧洲の政論界は正に此両主義の争闘の為めに混沌として居る有様である。

四　欧洲政論界の形勢

予は前段に於て欧洲の政論界は個人中心主義と国家中心主義との主張相錯綜して混沌を極めて居ると説いた。而してこの両主義相争うて形勢定まらずといふことについても、静かに考へて観ればまた実は斯くならねばならぬ相当の理由があるやうに思ふ。

予は元来、第十九世紀の初め欧洲に個人自由の思想の起つたについても、又最近に至り国家統一の思想が起るに至つたについても、皆それ〴〵斯くなるべき当然の理由があつて然るものと考ふるものである。一言にして言へば、それ〴〵異つた時勢の要求が、それ〴〵異つた形勢を呼び起したのである。之を個人に譬ふるに、過度の勉強によつて疲れたものには、身体の休養を説くを要し、休養によつて元気を恢復《かいふく》したものには、再び精神的修養をやれと勧むべき必要がある。身体と精神との健全なる開発を同時に完全に進むることの常人に於て困難なるが如く、国家に於ても亦全体と分子との円満なる発展を同時に計ることは事実上甚だ六づかしい。是れ甲乙の政治主義時に依つて相交代するを必要とする所以である。然しながら、若し国家といふ有機体が、普通健全なる人体の如く、十分に精神的活動をなす前に十分なる肉体の休養をなすことが出来るといふ単純な関係になるものならば、国家中心主義と個人中心主義とを、適当に交代せしむれば――適当に交代せしむるといふ事それ自身が又一つの六つかしい事業ではあるけれども――よいので、従つて此の両主義の関係は極めて単純で、彼此恒久の争論を戦はして政論界を混沌たらしむる恐は決してない筈である。然るに実際上、個人中心主義によるべきか、国家中心主義によるべきかの帰趨定らずして恒に所謂混沌たる形勢を呈する所以は何故なりやと言ふに、是れ国家にあつては、自由思想の要求未だ国政の上に完成せざるに――極端な場合に於ては、漸く其端緒についた許《ばか》りだのに、早く已に国家統一の要求が起るからである。之を個人に譬ふるに、未だ十分に肉体の休養を終らないのに、早く已に精神的活動に従はねばならぬ必要に迫らるゝやうなものである。もつと適切な例を言へば、胃病と脳病に共に苦しむ患者の如きもので、脳が悪いと言うて頻りに其服薬をしてゐる中に、段々に胃が悪くなつて今度は治療の手を胃の方に向けねばならぬ。やがて又胃の方が十分快復しない中に、脳の方が打捨てゝは置けぬ状態になるといふやうに、畢竟何れを先にしてよいか解らなくなるといふやうな類である。即ち最近の国家統一の必要は、一方に於ては多少個人の発達を犠牲にしても其統一の実を挙げざるべからざるを感ぜしめ、否、其統一に熱中するの余り個人の幸福などは之を省みるに遑《いとま》なからしむる程までに押し詰つて居るのに、翻つて個人的の方面を観れば、所謂個人の充実、個人自由の発達は、未だ更に完成してゐない。従つて之より益々其発達を計るべき必要があるのに、一方国家統一の必要といふ理由の下にムザムザ其発達の芽をもぎ取られるは、個人中心主義者の最も苦痛とするところである。玆に於て一方には国家中心主義を説くものあるに対して又他方には個人中心主義を説くものも少からずして、玆に両々相譲らずして今日の混沌たる形勢を致したものであらう。

之を実際の事実に徴せんか、個人中心主義は先づ立憲政治の創設といふ形を取つてあらはれた。立憲政治の、民本主義の原則に基いて起つたものであることは、今更ら言ふを俟《ま》たない。而して民本主義は、当初其主張を貫徹していよ〳〵理想的制度を立てんとするに方《あた》つて、図らず特権階級の強大なる潜勢力を以てする反抗に遭遇し、以て十分に其目的を達することが出来なかつた。彼等と特権階級との争議は、何時《いつ》でも妥協で結末がつき、その妥協の結果としてあらはれたものは即ち各国の憲法である。然し之では憲政の根本精神たる民本主義は十分に徹底し得ないので、其十分に徹底しない部分は即ち爾後の発展に俟たなければならぬ事になつた。此点に於て、憲政創立の当初の精神は、爾後或は議会制度の改造とか、議会と政府との関係の改善とか、其他各般の方面に於ける改革の要求として現はれ、従つて所謂憲政有終の美を済すが為めに、現に未だ多くの困難なる問題が解決せられずして残つて居る。之等の点に付て個人中心主義が如何に多くの努力奮励を、吾人に要求して居るかは、予輩曾《かつ》て一度之を本誌に於て論じた事がある（本年一月号所載拙論参照）。故に憲政の樹立といふ点のみから観ても、個人中心主義の主張要求は、決して未だ十分に完成してゐない。国によりては僅かに其端緒についたばかりのところもある。今後更らに大に「自由」の開展の為めに努力するところなければならぬのである。

然し之ればかりではない。個人中心主義の要求は、独り政治的自由の開展の方面ばかりでなく、更に人類の社会生活の各般の方面にも、其開展を要求して止まない。蓋し自由は個人の生存発達に欠ぐべからざる要件である。個人が其生存発達の為めに、各種の方面に向つて「自由」を主張するのは当然でもあり又必要でもある。只如何なる方面に向つて、其の要求の鋒先を向くるやは、自ら時勢の変遷に伴ふものであつて、第十九世紀の初め以来長らくの間は、専ら政治的方面に於てのみ之が主張されたのであるが、最近では更らに経済的方面に向つても其主張を見る事となつて居る。尤も経済的方面に於て個人の自由なる発達を促進する為めには、他働的に政府の方面からもいろ〳〵の方策が講ぜられないではない。近代政治の一つの特徴たる所謂国家社会政策の如きは、主として此目的の為めの施設と見てよからう。けれども最近に至つては、経済上不当の拘束を受けて居ると感じて居る所の下層階級自身が、自己の社会的地位の自覚の基礎の上に、自働的に進んでいろ〳〵の努力要請をなすに至つた。之には彼等自ら計画運営するところの社会政策的施設もあるが、最も著しいのは所謂社会主義の主張である。社会主義の主張の中には、之に附随していろ〳〵の思想が附き纏ふので、一二の人の間よりは危険思想視されて居るけれども、根本の点は経済上に於ける自由の要求に外ならない。只彼等が経済的自由の主張をなすに方つては、彼等は自ら彼等と利害を異にする資本家企業家の階級と戦はねばならぬ。それが為めに又、資本家階級が動もすれば拠つて以て自己の後援者と為すところの国権と衝突するの機会に富む。而してこの国権に反抗するといふ態度はまた、一面に於て社会のあらゆる「権威」を軽んずるといふ思想をも惹《よ》び起すの傾がある。是れ保守的傾向の人々が推しなべて頻りに社会主義を危険視する所以である。概して之をいふ。社会主義の主張には、全然危険なる分子を存しないといふ訳には行かぬが、然し其根本の要求には確かに一面の真理のあることを認めねばならぬ。而してそれは単に下層階級の当然の要求として是認すべき理由ある外に、国家的見地から見ても、其要求を相当に聴容するを得策とすべき理由もある。従つて此方面に於ても亦、自由の完成の為めに将来に為さるべき仕事が非常に多いと言はなければならない。

　其外、日本には割合に此方面の問題は起らないけれども、西洋には同一国家内に於ける人種と宗教とが統一されてゐない結果として、或は其統一されてゐないといふ点が余りに強く感ぜられて居ることの結果として、其間に激しい争のある事、例へば独逸に於ける旧教新教の反目、墺太利《オーストリア》に於ける各種民族の嫉視の如きがあつて、為めに国家の統一を著しく妨げて居る。而して斯かる場合に若し一国内の或特定の宗教、或特定の人種が、特に政治的に又は社会的に特別に厚い保護を受けて居るといふ事であれば、か丶る保護に浴せざる結果として不当に不利益の地位に置かれて居る宗教なり人種なりは、またそれ〴〵其方面に於て其自由平等を要求するといふ事になつて来て居る。露西亜に於ては、純粋の露西亜民族並びに露西亜旧教の堅き特権に対して、不平の声は相当に強いけれども、特権の後援者たる国家の圧力が余りに強いので其不平の声は未だ有力なる運動とはなつてゐない。けれども仏蘭西などに於ては、既に宗教自由の主張は少くとも法律上に於ては解決せられ、英国ウエールスの地方に於ては、今現に非国教徒の自由の要求が有力なる政治上の問題となつて居る。人種の点から言へば、露西亜に於けるフインランド問題、独逸に於けるポーランド問題の如きは、それ〴〵民族的自由の主張によつて国家の統一政策を煩はして居る例であり、英国に於ける愛蘭《アイルランド》の自治の要求の如きは、已に半ば其目的を達した。宗教の問題は暫らく之を措き、人種関係に於ける自由の要求の如きは、近来一般に此関係の複雑なる国家を悩まして居る。而して之れ亦時勢当然の要求に出で、如何に国家統一の妨げになればとて到底之を抑ふることは出来ない。従つて之に処するの途も亦頗る六つかしい問題で、余程聡明遠慮なる政治家にあらずんば、之を適当に解決することは出来なからうと思ふ。同じやうな問題は近く日本に於ても朝鮮との間に起ると思ふのであるが、我々は日本帝国の立場から、朝鮮によつて統一的結束の累せらる丶ことを欲せざると共に、又朝鮮人の自由開発の要求に向つても、大に之を聴容するの寛量を示さなければならぬと信ずるものである。

更に進んで個人的自由思想の要求は、最近に於ては更に進んで男女両性の間にも主張せらる丶やうになつた。即ち「婦人の解放」といふ要求は、即ち人類としての婦人の自由を叫ぶの声である。此問題の如き、我国に於ては多少嘲笑の態度を以て迎へられて居るけれども、実際に於ては極めて真面目なる問題である。中には英国の一部の婦人参政権運動者の如く、狂暴なる態度に出で、為めに社会の顰蹙《ひんしゆく》を買ふて居るものもあるけれども、大体に於て聡明なる欧洲諸国の識者は、此方面に於て尚幾多の努力すべき事業があるといふことを認めて居る。

斯く論じて見れば、個人中心主義の開展は、憲政の創設を以て端緒を開かれ、而して憲政其物が未だ十分に完成しないのに、経済的自由、宗教的自由、人種問題、婦人問題と、それからそれと、新らしい問題が継起して、今後尚一層の努力を以て之を解釈せんことを我々に迫つて居る。さういふ訳であるから、多少心あるものは、今や時勢が更に進んで国家統一の必要をも同様の強味を以て主張せられねばならぬ世の中となつても、専ら力を之等の新要求に注がんが為めに、従来の方針を一変して個人的開発の事業をば打切るといふ様な無暴の挙には出で得ない。況《いわ》んや従来此方面に特別の興味を有せし人、又は直接に此方面の事業に当りし人に於てをや。

単にそれ許りではない。平素精神的問題に多く頭を使ふ思想家は概して、国家中心主義の特に鼓吹せらるる時代の新傾向に惑はされて個人中心主義の確信を動かすといふやうなことは決してない。何故なれば彼等は、徒らに国家の名に於て少しでも個人を無視するの態度に出づるのは、結局に於て国家其物の為ではない、個人の開発充実を計ることは、永遠の着眼点から見れば畢竟国家其物の為めになることを疑はないからである。「現在」に活くる政治家には動もすれば此遠大なる見識を欠くも、「永遠」に生くる思想家の立場としては、右の如き態度を取るは、固より当然である。加之《しかのみならず》現代欧洲の多数の思想家は、国家の本質を解して畢竟個人の為めに存在するものと観るやうである。元来国家の本質論としては、団体其物が絶対的の実在か又は団体を組織する個々の分子が実在か、他の言葉を以て言へば、国家あつて初めて個人ありと観るべきか、又は個人あつて初めて国家ありと観るべきかの二様の解説が立ち得る。我国の学者の間には、西洋のプラトーなどの如く、国家の本質を超個人的に解釈し、国家に認むるに個人を超越した意義と目的とを以てするものが頗る多い。然し斯くの如き説明は、西洋の学者の間には由来極めて少い。ヘーゲルは国家を立て、之を個人の目的と認めたけれども、併し彼の説は我国の所謂国家主義者の説とは余程違ふ。然らば西洋に於ける大体の通説は、つまり国家は理論上個人の為めに存するものと解するに在るやうだ。固より国家は個人の集合に成る有機的団体なるが故に、個人と国家とを分離して、其間に手段目的の別を時間的に又空間的に立つるのは或る意味に於ては無意義であらう。併しながら一個の思想上の問題としては、其間に主客の別を立つることは妨げあるまい。斯くの如き見地よりして、多くの思想家は、国家を以て個人の為めに存すと解するのである。固より国家なくしては、個人の生存発達は不可能である。ヘーゲルの言つたやうに、個人は国家の中に初めて真の人として存在し、国家の一分子として初めて、真の意義に於ける個人は存在するのである。然し此れ丈けの説明では、国家は個人の生存発達に到底欠くことを得ざる必須の条件《ベジングング》たることは明かであるけれども、直に個人の生存発達の終局目的《エントツィール》なりといふ証明にはならぬ。現にヘーゲルも、個人に対してこそ国家を目的と立てたけれども、国家夫れ自身は決して最終の絶対的目的とは論じない。美術・哲学・宗教に対しては、国家はまた一つの方便に過ぎないと説いた。故に個人の完成は基礎鞏固なる国家の庇護の下に於てのみ最もよく到達せられ得るといふは可なれども、個人の生活は其「国家の一分子としての生活」を以て全然終つたものといふことは許されない。尤も此派の多数学者は、一部の功利主義者の如く、国家は個人の幸福（狭き意味に於ての）為めに存するものとの解釈には反対する。然しフイヒテすら国家を以て個人の三大天賦権（身体の自由、財産の所有、肉体の保存）を擁護せんが為めの機関だと言つた程だから、以て如何に個人本位の思想が根柢深きかを想ふべきである。文学芸術の士が、動もすれば国家的桎梏が彼等の精神生活の向上発展を妨ぐるを厭ふの余り、国家其物までを嫌悪軽蔑するに至るが如きは、固より非常なる誤解には相違ないが、人類の精神生活が其の国家生活を以て全然終了するものと観るのは、彼等の断じて承認する所ではない。文学芸術の士の生活も亦国家を予想して初めて成立するものであつて、従つて国家はそれ程個人の発達に必要欠くべからざるものであり、従つて国家を以て個人の目的なりと観ても可なる程に密接の関係あるものではあるけれども、然し理論上に於ては、国家は畢竟個人の為めに存するものである。かくて西洋には、「国家は個人の為めに存するものなり」といふ考が、一面に於て中々根柢深きと共に、他の一面に於て多少誇張された形に於て信仰せられ主張せられたことは亦免れない(此点は朝永文学博士の『近世に於ける我の自覚史』及『独逸思想と其背景』に負ふ所あり。記して以て謝意を表す)。

右の如く西洋には幾分不当に個人の価値を尊重するといふ風潮があるから、仮令《たとい》国家の為めだからと言つて漫《みだ》りに「個人の尊厳」を蹂躙するといふことに対しては、多くの場合に於て激しき反対の態度をとつて居る。其最も明白なる例は、間諜の取扱であらう。玆に間諜といふのは、法律上厳格な意味に於て言ふのではない。又間諜に対して法律が如何なる取扱をして居るかといふことも、こゝでは問題外に置く。只一般世人の常識は、若し間諜が其秘密探偵の使命を全うするが為めに、其執るところの手段の如何を択ばず、時としては人を陥れ、甚だしきは処女若くは人の妻をまで陥れて、之によつて偵察の端緒を得るなどゝいふ悪徳を働くに至るならば、仮令国家の為めにする惨澹たる苦心に出づるものと雖も、断じて之を許さないのである。国家は斯くまで個人の尊厳を蹂躙して、所謂「国家」の目的の為めに個人を使役すべきではないといふのが、西洋の常識である。戦争の場合に、イザといはゞ潔く死ぬといふのが東洋道徳の誇りであるのに、彼等が寧ろ捕虜となるを以て其本分を全うする所以と考ふるのも、一つには又此点からも来て居る。英吉利などになれば、個人の自由を重んずるの余り、国難に方つても出征を強制しないといふ主義を最近まで執つて居つた。以て西洋に於ける自由思想の根柢深く、且つ今日尚極めて盛なるを想ふべきである。

尤も毎々《つねづね》言ふが如く、西洋では此点の幾らか極端に主張せらるゝを常とするので、其の弊害も亦近頃は漸く識者の注目するところとなつた。其反動として最近独逸などに於て盛に極端なる国家主義が唱へらるゝことになつたのであるが、然らざるも例へば最近仏蘭西に於て段々勢力を得つゝあるところの所謂社会連帯論の如く、厭《あ》くまで個人本位の根柢の上に立ちつゝ、団体的結束の価値を力説するの説も起つてゐる。所謂社会連帯論は、自由を以て個人の生存発達の要件なりと認めつゝ、而かも其個人の生存は他の一面に於て空間的には他の個人、時間的には過去の個人に負ふ所大なるものあるを承認し、以て一面に於て社会団結の要件たる個人的連帯義務の方面を高調するの説である(此の点は牧野法学博士著『刑法と社会思潮』に負ふ所あり。記して以て謝意を表す)。斯く観察すれば現代の欧洲に於ては個人本位の論も現に盛であり又之からも益々盛になると思ふのであるが、他の一面に於て団体的生活の価値を主張するの議論も亦、次第に識者の真面目なる注意を惹いて居ると云はねばならぬ。

但だ団体生活の価値を高調するの説も亦、個人本位論が極端に主張せらるゝと同じく、反動的に極端まで説き詰めらるゝ傾のあるのは、是亦止むことを得ない。此種の傾向は特に独逸に於て起り、其思想的方面の代表者がニーチヱであることは、先にも述べた。而して其実際的方面を大体独逸政府最近の政策が、之を代表して居ることは言を俟たない。独逸が其物質的国力を張るに熱中してマキアヴエリズムを外交上に弄したのは、明かにニーチヱの所謂「人は他の上に生き、他を犠牲にして栄える」といふ説を其儘実行したものとも言へる。独逸が海外貿易の発展を英国と競争した遣り方の如きは、最も露骨に個人を犠牲にして所謂国力の伸張を企てたものゝ適例である。例へば関税の障壁の下に、国内では自国製品を高く売り、而して海外には政府から補助金を与へて安く売らしむるといふが如きは、自国の民に物を高く売つて、而かも其上余計な租税を課するといふ遣り方である。又彼は英吉利の海外に於ける得意を奪はんが為めに、商売人をしてドンドン品物を貸売りさする。貸売りをするから、容易に得意を奪ふことが出来るが、其結果偶々貸倒れになつて、本国の会社が非常の窮境に陥る事となる。すると此会社が破産しては国家の輸出入の関係を紊乱して財政上由々しき大事を惹き起すといふ理由の下に、何等かの名義で政府が之を救済する。さすれば結局其欠陥の負担に任ずるものは国民である。尤も予は独逸の斯くの如き政策を、必ずしも悪るいと言ふのではない。殊に独逸ではビスマルク以来、一方に斯くの如き国家本位に偏した政策を採りながら、他の一方に各種の社会政策を実行するなど、個人本位の政策をも怠らなかつたから、大なる破綻を来たさずして、国運は益々栄えて来たのである。けれども、考へて見れば随分険呑《けんのん》な途を通つて来たものと、他人事《よそ》ながら密かに戦慄を禁じ得ざるものがある。遮莫《さもあらばあれ》独逸国運の隆盛を見て、単に之を其所謂国家本位の施設のみに帰せんとするは、決して本当に独逸を解するものではない。而して独逸に於ては、実際の施設としては今日尚個人本位の基礎に基くものも中々盛に行はれて居るのである。が、全体の思想としては、段々に一方の国家本位論に偏するの傾向あるは、心あるもの丶等しく独逸の為めに憂ふるところである。

之を要するに、現代の欧洲に於て個人中心主義、国家中心主義の二思潮の理論上実際上盛に相争はれて居ることは一点の疑を容れない。或者は甲を是とし、或者は乙を是とするのであるが、之を達観すれば、二者混沌として争はれて居るは是れ畢竟二者共に国家国民の生存発達に必要であるからである。時と処との必要に応じて二つの説の間に主従軽重の別を作るのは、固より勝手であるけれども、苟《いやしく》も国政指導の任を以て居るものは、西洋の学説実例を皮相に見て、一を採つて他を排するが如き偏狭な態度に出でてはならぬ。

五　我国政論界の傾向

翻つて我国の政論界を見るに、国家中心主義個人中心主義の二説の相争ひ、混沌として殆んど帰嚮《ききよう》する所を見ざること、恰度西洋と同じやうである。唯我国では自由思想の開けたのが比較的に遅いのと、一般東洋の思想が本来服従的であるのと、更に之に加へて西洋思想の圧迫も国が遠い丈け強いやうでも実は案外に薄いといふやうな関係から、何れかと云へば国家中心主義の方が比較的に遥かに優勢である。個人中心主義は常に一般には甚だ不人望な説で、時には種々に誤解され又曲解されて迫害を蒙つたこともある。加之《しかのみならず》日露戦争以来《このかた》は国家中心主義は尚一層盛になつて着々個人中心主義を押し縮めて居る。蓋し日露戦争は我々国民に与ふるに従来畏敬して居つた西洋に勝つたと云ふ自負心を以てした。斯くして我々はこゝに大胆に且つ公然に西洋の文物を批評的に観ると云ふ独立の態度を執るに至つた。此態度を執つて先づ眼に着いたものは、西洋自身が西洋の特色たる個人中心主義に加へつゝある所の批難であつた。而して此方面の弊害は又現に日本の憲政運用の上にもあらはれて居つた。のみならず夫の幸徳事件の起つてよりは、更に急激に国民の思想を駆つて個人本位論に面を背けしむるに至つた。而して日露戦争後の日本の政界は今日に至るまで大体軍閥の跋扈に委《まか》して居つたので、国家中心主義が更に幾分誇張された形に於て唱へらるゝ事となつた。加之日本の勝利は新たに他の東洋諸国民の種族的敵愾心《てきがいしん》を刺戟し、其半面に於て彼等は盛に日本を煽《おだ》てたので、我々国民は自ら益々其国家的観念を偏狭ならしめざるを得なかつた。斯うなると個人中心主義者も黙つては居られない。彼等は起つて「自由」のために大に争つた。国民は段々に偏狭なる国家主義に浸潤して留らなかつた有様であるから、個人中心主義者のこの叫びは案外に反響がなかつたやうにも見える。けれども彼等の大に戦はんとするの態度には、従来に比して更に一段の熱烈が加はつたやうに見える。

然るに今度の戦争は、更に又一層国家本位主義的傾向の極端なる主張を見るに至らしめた。此思想は今や殆んど凡ゆる有力なる階級を風靡して、個人中心主義に対しては殆んど圧迫的態度を以て臨んで居る。何故かと言ふに、従来個人中心主義者の主張して来たやうな議論は今度の戦争で殆んど一つも実現して居ないからである。先づ第一に個人中心主義者の動ともすれば唱へて居つた所の国際的正義とか或は国際法とかいふものは、今度の戦争で全然蹂躙されて居る。蹂躙するのが善いか悪るいかは是れ所謂学者仁人の机上の空論であつて、正義も国際法も武力の前には全然無能力であるといふこと丈けは目前に示された間違のない事実である。イザと云ふ時に物を言ふのは即ち「力」の外にはない。而して独逸は此「力」に最も重きを置いたが為めにあれ程見事な成功を博した。独逸の奮闘は敵ながらも天晴《あつぱ》れである。然らば将来の国家経営の方針としては、此独逸の遣り方に真似るの外にはないではないか。斯ういふ議論からして我国の有力なる識者の間には近来著しくニーチヱ流の思想が流行するやうになつた。独逸を以て最後までの勝利者と見るのが正しいか如何か、或は正義並びに国際法の蹂躙が戦後に於ても何等の制裁を蒙ることなしに継続されて行くものか如何か(現に米国が独逸の態度に憤慨して盛に聯合諸国を輔《たす》くるのは、独逸に対する一種の制裁ではあるまいか)。一時の成敗を見て軽々に之を判断するは誤なりと思ふけれども、兎に角独逸が国家内部の複雑なる諸勢力を組織統一して、最も敏活に最も有効に之れを運用せるの手腕には、固より敬服に堪へないものがある。けれども之より一歩を進めて、唯物的の実際主義を謳歌し、国民の盲目的統一を讃美するに至つては、個人主義者の到底同感を表し得る所ではない。故に少数の真面目なる思想家の中には、戦後に於ける偏狭なる国家主義の横行を怖れて、密かに聯合軍側の勝利を冀《ねが》ふ者が少く無かつた。又其中の極めて少数なる部分には、聯合軍側の最後の勝利を事実確信して疑はないものもないではなかつた。けれども我国の大多数の識者は概してみな独逸崇拝主義者で、甚だしきは敵国独逸の勝利を願ひ、又は敵国独逸との同盟を説くものさへあつた。是れ必ずしも英・仏を憎んで独逸を喜ぶの意に出づるに非ず、畢竟個人中心主義の流行を厭ふて国家中心主義を極端まで主張せんとするの精神に基くものである。

斯かる風潮は我国の本当の発達の為めに果して喜ぶべきことであらうか。少くとも看過すべきことであらうか。国家中心主義も適度に主張せらるゝ場合には先づ何の弊害もない。けれども其極端に主張せらる、こと、なると、為めに個人の発達を直接の目的とする各種の努力が自然軽んぜらるゝの傾向を見ることがあるまいか。物によつては差当《さしあた》りの国家統一の邪魔になると言ふて排斥せらるるといふ如きことは起るまいか。最近或新聞の報道する所に拠ると、学士院恩賜賞授与式参列の所感を叩かれたるに対して、大隈侯は、哲学や宗教の研究も可《い》いが然し之れで国家は強くならぬ、今後の日本は無線電信とか、飛行機とかの理化学の方面に大に発展しなければならぬと言はれたとある。侯の真意は唯我国に於て理化学の研究の比較的に進まざるを警告されたものであらう。けれども伝ふるものは、哲学宗教を不急無用の研究と為し、国家の為めに有要なるは専ら科学に在りといふ風に紹介した。之を以て観ても、一部の識者が近来如何に余裕のない実際主義に感染しつゝあるかが察せられる。斯くして我国近来の政論界の傾向は、段々一方に偏して深入りし、殆んど個人中心主義は其存在の余地をすら与へられざらんとして居る。偏狭なる国家主義者の中には、国家中心主義の跋扈する時勢に乗じて、個人中心主義的傾向の所説に対して直接間接の圧迫を試みんとしてゐるものもある。斯る傾向は決して我国の本当の発達の為めに喜ぶべき現象ではない。

斯る傾向を見て憂ふべしとする所以の根拠は、之によつて個人中心主義の真価を掩《おお》ふという事の外に、抽象的に言論の自由を圧迫するが故に之を不可なりとする点もある。前にも述べた如く、言論の自由は即ち動もすれば一方に偏する所の国家の施設に対して反省の機会を与へ、結局に於て国政の運用を誤なからしむる所以のものである。故に国家主義的の傾向の議論が盛なればなる程、個人主義的の議論が盛であつて欲しいのである(日本の政治家がとかく自分の意見に反対の輿論の起るのを厭ふのは、憂ふべきことである)。政府が法律を以て或は警察の取締として濫りに言論を圧迫するは勿論、社会が聡明を欠く輿論の形を以て之を圧迫するのも甚だよろしくない。尤も予は必ずしも言論の圧迫を絶対に不可なりとするものではない。大体に於て之を不可とするも、場合によりては其圧迫に対して多少恕すべき事情あることを認むるを辞せざるものである。何故なれば所謂文学の士の間などには随分過激狂暴の説を吐くものも散見するからである。文学の士は政治法律に直接の交渉がない丈け、概して彼等の精神生活が本来直接に安固なる国家的生活と共に消長するものなるの意識が薄弱である。偏狭なる国家主義者が動もすれば個人の充実発展の国家隆盛の根本的原因たる事を看過するが如く、文学の士も亦動もすると安固なる国家的生活と文芸の消長との根本的関係を忘るゝの傾がある。中にも頻繁に文芸に干渉するを好む国家にあつては、彼等は終に此処置に激して進んで国家を呪はんとするに至る事さへある。故に濫りに圧迫するも可けないが、併し圧迫さるゝ方にも全く罪がないとは云へない。何故なれば我国の文学の士の間には随分頽廃したる西洋文学の思想に惑溺して居るものが多いからである。之も亦考へて見れば無理ならぬ事情もある。その故は我が明治の教育は、西洋文物の外形を輸入するに急にして、精神の道義的訓練を軽んじた結果、其養成する所の子弟は概して高尚なる方面に興味を有つことが出来なかつたからである。蓋し維新後当面の急務は、西洋と同等に国家としての組織体面を整ふる事であつた。従つて法律政治の運用とか軍隊の組織とか化学工芸の研究とかの方面に、それ〴〵急に間に合ふ人格の養成に骨折つた割に、倫理道徳の如きは殆んど之を顧みなかつたと言つて可い。尤も表向きは学校の科目の振り当てなどに於ても、倫理を一番大切なものとして劈頭に掲げては居る。けれども実際上教育当局者も子弟も共に一番軽視して居るのは倫理と体操とではないか。独逸の小中学校辺では、外の課目の出来が悪くとも、我国の修身に当るべき「宗教」の点数が良ければ父兄は満足する。我国では倫理や体操が合格点に入らなくとも、英語か数学か理化学が良ければ父兄も本人も又教師も皆満足する。之れほど子弟の精神的訓練を忽《ゆる》がせにする国は、世界の文明国に殆んど其の例を見ない。而して社会一般も亦品性の価値を軽んずること実に夥《おびただ》しいものがある。曾て、今は故人となつた、九重雲深き辺りに奉仕して謹厳の聞え高かつた某公爵が、一定の基金を寄附して有望なる学生の学費を支給する事を企てられた事がある。其選に当るの条件としては第一に品行方正、第二に身体健康、第三に学業優等の三条件を掲げられたが、最後に但書として「第一の点は深く之を問はざるも可なり、何んとなれば為めに人才を逸するの惧あればなり」と書いてあつた。是れ亦如何に明治の先輩が道義を重んぜなかつたかと云ふの証拠になる。斯う云ふ風潮に養はるゝのであるから、一般の子弟にも人格を磨くと云ふ観念がない。少くとも其為めに努力すると云ふ熱心が乏しい。学業にさへ成功すれば可いと思ふてゐる。故に一度学業に蹉跌せん乎、彼等は之を以て全人格の失敗と感ずる。父兄も社会もまた例へば高等学校の入学試験などに二三度も落第すれば、人間として丸で価値のないもの、やうに思ふ。之れ近来青年の意気揚らず煩瑣なる記憶に齷齪《あくせく》として、而かも二三度目的を取外づせば忽ち噴火口に身を投じたりなどするものある所以である。斯う云ふ雰囲気に養成された子弟が、何等積極的根柢なくして身を文学界に投ずれば、其多くの人が所謂頽廃文学以外に興味を感じ得ざるは当然である。然し之は文学者に限つた事ではない。国家主義を売物にする官吏に就ても軍人に就ても、同様の事が云へる。彼等は其職にある間は、衣食も足り又功名の望もあるので、其為めに一所懸命努力奮闘するけれども、一度其職を去つて浪人となると、本来精神的操守の訓練を与へられざりし彼等の事とて実に醜態を極めて居る。是れ皆高尚なる方面に興味を感ずるやうに訓練されて居ない結果である。而して之れ専ら明治教育の当然の産物であつて、而して其責任は之を西洋文物の外観に眩惑して偏狭なる国家本位主義に奔つた明治先輩の失態に帰すべきものである。然し責任は何れにあるにもせよ、頽廃思想を紹介して益々国民の精神的標準を低下するといふ事は、また心あるもの、堪ふる所ではない。故に一部の極端なる文学の士の著作言論に対しては、打捨て難き点もあるから、之を苦慮する所の当局の態度にも相当の理由あることは、我々深く之を諒とする。之を諒とはするが、然し、彼等が執る所の手段には固より全然賛成しない。殊に彼等の慣用手段たる発売禁止は、却《かえつ》て之を社会に広告し、弘く天下の耳目を之に集むると云ふ反対の結果を生ずるに止るのである。而して之等頽廃危険の思想と戦ふ唯一の根本的方法は、言論の自由を許し、反対の健全なる思想をして勇敢に戦はしむるの外にはない。

適当の程度を超えて誇張せらるゝの結果禍を流して居るのは、個人中心主義許りではない。国家中心主義に就ても亦同様の事が言へる。即ち此派の極端なる論者は、国家を以て最高の道徳などと言ひ、全然人道主義を軽蔑する。斯かる思想の実際の適用が如何に社会を毒するかは、一々之を弁ずるの必要はないが、我等の最も之が為めに憂ふる所は、国家中心主義が斯くの如き誤つた衣物を着て現はさるゝの結果として、一部の人より嘲笑の態度を以て迎へられ、終に真正なる国家中心主義までが誤解せらるゝ恐ある事である。国家中心主義が極端なる国家主義者によつて累せらるゝは、個人中心主義が極端なる個人主義の為めに迷惑を感じて居ると異る所はない。

要するに国家中心主義及び個人中心主義については、西洋に於けると同様に我国に於ても争論は絶えないが、両方共に動もすれば誇張して説かるゝ事と、又両方共に一層真面目に根本的に研究せらるゝの必要ある事とは、亦我に於て彼と異なる所はない。唯茲に暫く我国の現状を基礎として、特に我国に適切なる議論を立てると云ふことになれば、予輩は特に今日の場合個人中心主義の方面の研究と主張とが一層盛になることを必要と認むるものである。何故かと云ふに、前にも述べた如く、我国民一般は今日余りに国家中心主義の説に酔ひ過ぎて居り、中にも実際直接間接に国政運用の衝に当る一般政治家の頭が特に著しく偏狭なる国家主義に感染《かぶ》れて居ると思はるゝからである。尤も段々と精密に考へて見れば、今日の政治家が斯くの如き態度を採るに至つたに就ても然るべき事情があると思ふ。そは前に述べた通り明治政府の永い間の事業と云ふものは、主として国家としての組織を外面的に整ふる事にあつたからである。維新後草創の際は、中央政府の威力を立て、国家の統一を完成することが何よりの急務であつた。やがては法律制度を文明式に改造して欧羅巴諸国に対して対等の態度を主張するの準備をなさねばならなかつた。軍隊も入用である。軍艦も必要だ。斯くして当時の政治家は、社会政策的の方面には殆んど頭を費し力を用ゆるの余裕がなかつたのである。又一般国民としても、日清戦争に依つて自国の「力」を実際に試すまでは常に外勢の圧迫を感じ、只管《ひたすら》国力の強盛を計るを念として居つたのである。されば我々の小学校時代――明治二十四五年頃迄の国民教育は、今から見ると滑稽な程排外的敵愾心を児童に鼓吹したものだ。学校の唱歌は多くは勇壮なる軍歌で、其外には「三千余万の同胞《あにおと》共に、守れよ守れ我が日の本を……」とか、万国公法ありとても、弱肉強食の世の中には空論に畢《おわ》ると云つたやうな六つかしい思想を歌はしたものだ。露国皇太子遭難事件当時の廟堂の狼狽の醜態をみても、如何に外国の圧迫に怖れて居たかゞ解る。斯う云ふ時代には、労働者が困るの、物価が高くて貧民が困るのと云つたやうな問題に、頓《とん》と頭を使ふの余裕がない。今日の政治家は皆斯の時代を通つて夫れ〴〵成功して来た人であるから、今尚ほ自分の通つて来た途に執着し、自分の成功して来た方法に執着するといふのは免かれない。然しながら今日の日本は已に二三十年前の日本ではない。今日は小学校の児童にも花が咲いたとか月が円いといふやうな呑気《のんき》なことを歌はして居る時代である。外勢の圧迫は全く之を感じないではないが、已に自己の「力」の自覚が出来た。故に翻つて国家を構成する分子即ち個人の充実発達をも顧みて、国家の根本的隆盛を根柢から作り上ぐべき時代になつて居る。けれども一般の政治家の頭脳は、仍《な》ほ過去の制度、過去の経験、過去の事業に捉へられて、十分に其新らしき方面を見透して居ない。全く見て居ないとは云はないが、少くとも十分に徹底してゐないと認めざるを得ない。殊に今日直接行政の衝に当つて居る者に至つては、動もすると官庁の便宜を先にして国民の開発といふ問題を後にするの傾がある。学校などでも常に先きに立つものが管理の問題で各児童の個性の教育といふが如きは後廻しになる。役所でも事務取扱ひの便宜の為めに種々の規則を拵《こし》らへるが、之が却つて人民の為めに繁文縟礼《じよくれい》の煩累となつて居ることが珍らしくない。其外官庁の方では、少しでも面倒な事或は後で面倒になりさうな事は、善かれ悪かれ、之を抑へると云ふ方針をとる。労働者の団体的行動を禁止する警察規則の如きは最も其著しきものであらう。労働者が団結をすると警察の仕事が多くなるに相違ない。けれども労働者を今日のやうな状態に置くことの国家永遠の為めに甚だよろしくない事、又大勢は到底斯くの如くして行けるものでない事は、今日極めて明白な定説である。官庁の便宜を先に考ふる政治家は、斯くても未だ之を許さうとしない。それでも日本内地に於ては、段々大勢に推されて個々の国民の便宜も余程考へられるやうになつたが、植民地になると此弊害は今日尚甚だ著るしい。植民地に於ける土民は、純粋の内地人程面倒を見なくとも可いといふ事情もあり、又彼等の間から有力なる不平も起らないと云ふ点もあるのであらうが、我国の植民地統治の方針は、殆んど全く統治官憲の都合の好いやうに組み立てられて居る。根本の精神が其処にあるから、末節に於ていろ〳〵世話をしても、結局土人に統治者の親切が徹底しない。是れ一部の心あるものが我国の植民地統治方針に対して不満を感じて居る所以である。

啻《ただ》に之のみではない。我国の政治家の間には直接に国民個々の開発を目的とする政策、殊に社会政策的施設の本当の意味を解してゐないものがある。最近新聞の報ずる所に拠れば、小坂鉱山附近の鉛毒被害民三千余は鉱山事務所に押しかけて救済を求めたと云ふ事である。同じやうな問題は曾て足尾銅山にも起つた。無論其外の到る処にも亦起つて居ることであらう。此種の問題に就ての当局者の従来の態度若しくは説明を聞くに、被害民の惨状も実に同情に値するが、之が為めに鉱山事業に拘束を命ずるといふやうなことをすれば、日本の輸出貿易の上に茲に一大蹉跌を生ずる、為めに輸出入の従来の均衡を破り、日本の財政の上に由々しき影響を生ずる、被害民も気の毒だが、此の国家的重要には換へ難いと。然らば之に対して鉱毒被害民に十分の賠償を与へよとか、又は鉱毒が流下せざる様完全なる設備を為さしめよと言ふと、夫れには莫大な費用がかゝる、斯くては到底事業が立ち行くものではないといふ。斯くて輸出貿易の国家的重要といふ名義の下に、被害民の窮状は口で同情されて実際に於ては殆んど顧みられずして泣寐入になる。予は固より是等の問題を未だ正確に研究して居ないけれども、然し曾て小坂鉱山の経営に任じた藤田組、足尾銅山の持主たる古河家が、之れに由つて鉅万《きよまん》の富を積んで居るの事実ある以上、国家が真に社会政策の国家的意義を認むるならば、も少し其間に干渉する余地はあつたらうと思ふ。当今の政治家が国家の名を盾として富豪を保護するに厚過ぎるといふ批難は、必ずしも田中正造氏一流の狂熱的志士の言分のみではあるまい。今度の工場法の施行に於ても、雇主側の保護に不当に厚くして、労働者の保護の殆んど言ふに足らざるは、識者の間に已に定論がある。而して之れ必ずしも政府が富豪雇主側の強要に屈したと云ふ許りではない。彼等の頭脳が常に、雇主に急激なる拘束を加ふることによつて生ずる所の国家産業の一時的影響のみを専ら眼中に置いた結果であらう。而して労働者の保護を等閑に附する事の結果、国家が如何に見えざる大損害を蒙りつゝあるやは、彼等の深く考ふる所となつて居ないやうだ。予は先頃内閣統計局の二階堂保則氏の講演を聴いて、図らず我国の前途に対して実に多大の憂患を起さしめられた。同君の説に拠れば、人間の死亡を男女によつて分つと、何処の国でも其率は男に多いのを常とするのに、日本は独り之に反対である。尤も日本も三十六七年頃迄は常態に在つたが、近年女の死亡率が多くなつた。何故女の死亡率が多くなつたかと言ふに、統計の示す所に拠れば、近年著しく青年中年の婦人の死亡が多くなつたからである。同じ婦人の中で青年中年の者に死亡率が高いといふ此点も亦、日本の現状は西洋と正反対である。而して日本の青年中年の婦人が如何なる原因で死亡するかと云ふに、主として結核性の疾患によつてゞある。其原因を更に遡つて考ふると、青年中年の婦人の工場に働いて居るものが此病を得て遂に死亡するのであると云ふ事が想像さるゝ。して見れば我国の工場生活が最も盛に子供を産むべき青年中年の婦人を殺しつゝあると云ふことが分る。若し工場生活といふものが一般に青年中年の婦人の生命を累するものであるならば、西洋でも同じやうな現象を呈すべき筈であるのに、西洋では女よりも男に死亡率が高く、又同じ女の中でも青年中年者に却つて其率が低いと言ふ事実に照らせば、我々の第一に下さねばならぬ推定は、日本の工場の設備其物が悪いと云ふ事に帰せなければならぬ。一体日本では毎年人口が五十万増殖するといひ、之を西洋に於ける出産率の逓減と対照して誇つて居るが、実を云ふと之の方面でも余り誇るべきものがない。そは日本の出産率は本来が極めて低いからである。之も二階堂氏の説であるが、今日年々増加しつゝある所の日本の出産率は、千人中僅かに二十二人である。独逸は最近年々減じつゝあるに拘らず、尚千人中二十五人である。而して出産率が一定の所まで高くなつてやがて逓減するといふのは、免かるべからざる各国の大勢で、日本も亦早晩逓減の時期が来るであらう。二階堂氏は三四十年の後には此時期が来ると説明されたやうに記憶する。故に我国は決して人口の増加を誇つて安心して居る事は出来ない。而して出産率の逓減する国に於ては、死亡率減少の方策を講じて、辛うじて其均衡を保たんとして居るのであるが、西洋では概して出産率逓減といふ自然的傾向に対して死亡率減少と云ふ人間の努力が旺《さか》んに行はれて居るのに、我国に於ては自然的傾向近く将に来らんとするのに、之に対抗すべき国家社会の人工的努力が殆んど講ぜられてゐない。之れ実に国家の将来を思ふ者の、大に寒心すべき点ではないか。而して政治家はいろ〳〵国家の外面を飾る方面にのみ力を注いで、直接に人民の幸福利益を計る方面に真実頭を費さない。之によつて我国が如何に大なる禍を蒙らんとして居るかは、今や已に統計の上にもあらはれかけつゝあるではないか。

更にもう一つ考へねばならぬことは、個人中心主義を軽蔑するが如き態度を以て極端に主張せらるゝ国家中心主義の効果は、一見其目的に適《かな》ふが如くにして、実は本来其達せんとする目的を結果に於て貫徹し得ざるに了るものであるといふことである。此事はいろ〳〵の方面から、之を証明することが出来ると思ふのであるが、国家中心主義者の最も熱心に主張する軍国的施設の方面から之を説いたなら、予輩の説は最も明かにならう。国家として鞏固なる軍隊を有せざるべからざることは、如何なる個人中心主義も皆之を認める。然し鞏固なる軍隊は如何にして之を作るを得るか。世人動もすれば、軍隊の強盛は日本の特色であると言ふ。従来の経歴によれば、成程我国の軍隊は世界列強の軍隊であるらしい。斯くあらんことは亦我々の希望で、又事実斯くあるならば、我々も亦之を誇りとするを躊躇しない。然しながら他国の軍隊と比較することを止めて、暫らく我国の軍隊のみを取つて之を見るに、果して我々は之に満足するを得るや否や。第一に軍隊の組織に入る個々の国民は今日軍隊を如何なるものと観て居るか。斯ういふ問題になると、予輩は遺憾ながら其観るところを正直に告白しなければならない。即ち多くの教育低き一般人民は——而して之れ軍隊を組織する淵源である——軍隊の服役を肉体上、並びに精神上、非常に苦痛なるものと看做して居る。中には体裁のいゝ監獄だなど、罵る者もあるではないか。予は今幽かに幼時郷里にあつて或夜母の懐に抱かれ、近処の腰掛茶屋の囲炉裏の縁で、折から通りがゝりの除隊兵士の帰郷する者より、いろ〳〵軍隊生活の苦痛を訴ふるのを聞いて、恐怖と戦慄とを感じた事を記憶して居る。昔は随分乱暴なこともあつたと聞くが、然し之と同じやうなことを、今日でも全く聞かないではない。是れ一つには訴ふる者の誤解誇張もあらう。然しながら国民皆兵の主義を採つた国に於て斯くの如き観念を多数の者に抱かしむることは、果して強盛なる軍国を作る所以であらうか。独り教育の低い者ばかりではない。驚くべきことは、高等の教育を受くる者の間にも、軍隊に服役することを厭ふ者の非常に多いことは之を争ふことが出来ない。一方には、兵役は即ち国民の光栄ある義務であるなど丶教へながら、他方高等なる学校の学生、並びに其出身の紳士等の間には、如何にかして服役の義務を免れんことを冀ひ、又は企図し、而して之を免れたるを以て、公然之を喜ぶ者は非常に多い。之れ一つには、今日の服役の制度が、余りに社会の実際生活とかけ離れ、学業の妨げ、就職の途を禍するといふ事情もあるからであらうが、然し主なる原因は、軍隊が其躾《しつ》けを為すに必要ありとて極端に個人々々の便益や、感情を無視するからである。一体兵役に服するといふことは、表向きは国民の本分だの、光栄ある義務など丶いふても、個人的感情から言へば、極めて迷惑な勤めである。何処の国でも、短艇競争や野球仕合に行くやうな気分で、喜び勇んで服務に赴く者はない。只西洋では、一方国民の義務といふ意識的観念が相当に強く、他方国家の方でも精神上並びに物質上出来る丈けの便益を提供して、兵士となるべき個々の人々の感情を尊重することを怠らない。然るに此第二の点は、我国に於て甚だ欠けて居る。然らば独り第一の点を国民に強要しても、実効の思はしく挙らないのは怪むに足らない。そこで我国では何を以て軍隊統率の業を実際に行ふやといふに曰く威圧である。是れ軍隊を以て一般下級の人が恰かも監獄のやうな所と推定するに至る所以である。然し全然個々の自由なる発言主張を許さず、上よりするの何等の横暴に対しても、全然之を訴ふるの途なきは、或点に於ては監獄以上と言つても差支ない。斯くして強盛なる軍隊は永久に之を作るといふことが出来やうか。単にそれ許《ばか》りではない。個人の便益と感情とを無視する所謂軍隊的威圧主義は、軍隊内部だけならまだしも、時に軍隊外にまで及ぼして演ぜらる丶ことがある。其最も著しき例は、徴兵検査の際に於ける二三検査官の横暴である。先達ての新聞でも、或検査官が徴兵忌避の疑ひありといふので、壮丁を擲《なぐ》り飛して重傷を負はしたといふ記事があつた。又予の間接に知る所の最も尊敬すべき品性を有する某大学生は、検査官の全然誤解に基く嫌疑を蒙つて散々打擲《ちようちやく》され、之に附随して更に非常な窮境に陥らしめられた。検査官が田舎の郡役所や役場に来て、自分のみが国家の命令権の執行者であるといふが如き態度で、人も無げなる振舞をすることは決して珍らしい現象ではない。彼等のかゝる心なき態度の如何に無辜《むこ》の青年子弟をして「軍隊のお役人といふものは非常に怖ろしいものだ」といふ偏見を抱かしむるか分らない。一体、仮令壮丁に忌避の嫌疑があつても、之を罰するのは相当の官憲がある。検査官に糾問処罰の権限は絶対にない筈だ。警察官などに対して、動もすれば人権蹂躙を責むるところの我が法曹社会が、毎年起るところの徴兵検査官不法の暴行に対してまた人権蹂躙を責めないのは、誠に不思議にたへない。予は検査官其者を憎むのではないが、検査官の如斯《かくのごとき》態度を黙認する軍政当局の心掛を、甚だ心得ずと思ふ者である。之を看過する社会の態度も、亦大いに責むる必要がある。要するに今日までの軍政当局者の兵士並びに壮丁に対する態度は、根本的に間違つて居る。彼等は絶対的服従を以て、軍隊精神の第一要素と考へて居るやうだが、斯くの如くにしていかでか一般国民をして兵役に就くを喜ばしむることが出来ようか。幸にして我国では明治初年以来屢々《しばしば》対外の戦乱があつた。少くとも近来は十年毎に一回、外戦に従事して居る。故に国民一般は、常に耳目を外方に晒《さ》らすやうに馴らされて居つたから、軍隊に謳歌こそすれ、敢て不平は言はなかつた。けれども斯くの如き国民の態度が永遠に継続するものと思ふならば、是れ少くとも先見の明かなる政治家の立場ではない。軍国主義者は近頃頻りに空疎なる義勇奉公の形式道徳を説くに特別の努力をなして居るけれども、之れ丈けで之れからの国民精神を左右せんとならば、大に誤りである。真に軍国の組織と設備とを鞏固にし、且保持せんとするならば、結局事実の上に民心を得なければならない。此点に於て独逸には流石に感心なものがある。日本は独逸の軍国的経営の外形を学んで、其内部に潜んで居る苦心を見損つた。

尤も軍隊に対する民心の帰嚮を得んが為めの施設の一端は、日本に全くないではない。例へば軍人には普通の文官よりも高き位階を与へ、又高き特種の勲章を与ふるが如き、又普通よりは割のよい恩給を与ふるが如き、之れである。畏《おそ》れ多くも皇室に於ても亦、いろ〳〵の場合に特に軍人を優待するの意を示し給うて居る。例へば、其卒業式に陛下御臨幸の光栄を有するは、一般の学校中では目下のところ帝国大学に限るのに、陸海軍の学校は余程下の方まで此光栄に浴することが出来る。優等生に賜はる恩賜品の如きも、陸海軍の学校の分は余程潤沢である。社会も亦軍人に対して特に優待の意を示すこと已にいろ〳〵の場合にあらはれて来る。是れ皆軍隊に対して民心を惹きつけんとするの苦心に出づるものにして、即ち軍隊と民心との関係を密接ならしむるの必要を、軍政創立者が念頭に置きし明白なる証拠である。然しながら我国では、此精神は只其一端を模倣したのみで、全体としては甚だ徹底して居ない。何故なれば此精神を十分に貫徹せんとするならば、もつと軍隊と社会とを接触せしむる工夫あつて然るべき訳であるからである。我国に於ては、軍隊の服役と我々国民の社会生活と、利害の調和の取れてゐないことが非常に夥しい。一つの例を言へば、一年志願の制度である。之は専ら高等の学校教育を受けた者に与へらるゝ特典であるが、中には在学中に此特権を利用する者も少くない。此頃の様に一学校を了へて他校に入るに入学試験の難関あることゝなりては、学業の途中已を得ずして一年志願をやるものが頗る多くなつた。然らば此制は須《すべか》らく学校生活の便宜と調和するやうに組立てられることを必要とする。然るに其服役は学校生活の途中たる十二月に初るのであるから、事実に於ては、一年の服役の為めに二年棒に振らなければならない。尤も軍隊の方から言へば、一般の兵士が十二月の入営であるから、学生の便宜を計りて四月とか九月とかに入営する者をも認めては、其者丈け特別に訓練しなければならぬといふ不便があるといふだらう。之も軍隊に於ける訓練の便宜といふことから見れば尤もの議論である。けれども、之が為めに壮丁が服役を厭ひ、如何にかして之を逃れんと企つる者あるの不祥なる精神的効果に比較するならば、如何であらうか。又之は一年志願に限つたことではないが、軍隊の服従〔役〕は今日我国で教育ある青年の就職を非常に妨げて居る事実を呈して居る。第一職業を探すに当つても、軍隊の方に引つ掛ゝりのある者は、役所でも会社でも、之が採用を好まない。服役の義務を旨く免れた者が、職業を得るに最も都合がよいのである。偶々職業を得ても、其人が軍隊に入ると、多くの場合に於て、其職を止めねばならぬ。服役の為めに、やつとありついた職業を失ふ人が今日実際に非常に多い。否《しか》らざるも、其間丈け立身が停滞し、其後も度々召集さるゝので、会社などでは、斯ういふ人を段々嫌ふといふ事になる。斯《かく》の如く軍隊の服役が其人の生活の途《みち》に累するやうでは、之を忌避せんとする者あるに至るのは、寧ろ当然と言つてもよい位である。現に実際のところ、忌避は非常に多い。当局者は近頃此事を矢釜《やかま》しく取締らんとして居るけれども、それでも現に高等の教育を受けた者の間には、何とかして服役を免れんと試みる者非常に多い耳《のみ》ならず、又現に不当に之を免れて居る者も事実上決して少くはない。若し当局者に真に真面目に此問題を解決するに意あるならば、独逸などで行はれて居るやうに、服役の理由の為めに職業を失つたり、立身出世が妨げられたりするやうな事が絶対にないやうに、須らく実業社会と協定すべき筈である。服役の為めに職業を失はしむるといふ会社が悪るいなどゝ呑気に構へて居るべき問題ではない。況んや同じ国家の政府が、一方に兵役を以て国民当然の義務なりと唱しつゝ、他方に於て兵役の関係に累せらるゝ者は努めて之が採用を避け、其関係のない者のみに仕官の便宜を与へ、以て自ら徴兵忌避を奨励するが如き現象を呈するのは、一つの大なる矛盾ではないか。独逸などでは、更に進んで特に或種類の官吏を限り、之には兵役を畢つたものでなければ全然採用しないと定めてある。仏蘭西では兵役の義務を畢つた者でなければ国会議員の被選権がない。之れでこそ、本当の軍国主義の行はれ得る基礎があると言ひ得べきである。

更に我国に於て矛盾の最も甚しいのは、法律制度の上に貴族富豪の事実上の徴兵忌避を黙認して居ることである。三十二歳まで海外に留る者は服役を命じないといふ規則が即ち之れである。貴族富豪の子弟にして、進んで陸海軍の将校となる者を除いては、殆んど総て此規定の恩恵に浴して所謂光栄ある義務を全く果たしてゐない。国民の先達たるべき上流の階級の態度を、斯く不埒千万《ふらちせんばん》の状態に放任して置いて、以て強大なる軍国的経営を完成せんとするのは、矛盾も亦甚しいと言はざるを得ない。尚序《なおつい》でに言ふが、貴族富豪に斯くの如き特典を与ふることは、他の方面から観ても、国家の為めに不得策である。何故なれば、一体将校などには貴族出身の者が多ければよいのに、此特典は貴族をして自然軍人たらんとするの志望を懐《いだ》かしめざるに至るからである。斯くいふ故は、元来政治家とか、軍人とかいふやうな職業は、労力に対する報酬の少い商売であり、且つ政治家には何時《いつ》止めねばならぬといふ地位の不安定があり、軍人には何時戦死せねばならぬといふ運命の不安定があるから、家に相当の産を有して、万一の場合に臨んでも更に後顧の虞《おそれ》がないといふ類の人でなければ安心して取れぬ職業である。後顧の虞ある者が斯かる職業に就けば兎角《とかく》其地位に恋々としたり、又徒《いたず》らに生命を惜しがつたりして、結局動もすれば堕落腐敗する者を生ずる。且つ又政治家や軍人などゝいふものは、人を支配し人を命令する地位に立つものであるから、出来得べくんば、普通平民の出身よりも、それ自身生れながらにして社会の尊敬を博する家柄の出の人の方がよい。此点に於て政治家と軍人とは、貴族富豪に最も適当なる職業である。殊に今日の如く強大なる軍備を必要とする時勢に当つては、財政上現役として斯かる多数を養ふを許さゞるの結果として、予備役を多数作るといふ訳になつて居るが、之にはまた在郷将校の多数を必要とする。此在郷将校の如きも、貴族富豪の出身でないと、兎角衣食名利に追はれて腐敗堕落し易い。其為めに一年志願の制を設けて貴族富豪に優遇の途を開いて居るのであるが、我国の政治家は態々《わざわざ》他に別法を設けて貴族富豪を軍職以外に逸して仕舞つた、その結果は今日在郷将校に其人を得ざるといふ弱点があらはれて来たではないか。尤も貴族富豪を将校たらしめやうと言ふても、根本に於ては、貴族富豪の心掛乃至教育の問題である。けれども彼等に容易に兵役の義務を免れ得るの道路を開いて居るのは、之れ亦著しき矛盾の一つと言はなければならない。

之を要するに、個人中心主義を深く顧慮することなくして独逸辺の制度を皮相的に模倣した軍国主義は、結局に於て到底失敗に終らざるを得ない。尤も目前の急務のみを眼中に置く人は、盲目的に威圧的に、服従せしむるでなければ、軍隊は用をなすものではない、一々世間の批評を聞いて居つては、立派な軍隊を作ることが出来ないと言ふだらう。目前の事のみを念とする人の言としては、之れ亦一応尤もではあるが、国家の永遠の生命に着眼する我々の立場としては、到底其説に無条件で賛成することは出来ない。

斯くいへば、人或は我国の目下の形勢は周囲の有形無形の圧迫が強烈にして一刻も油断が出来ない、個人中心主義の要求も一応尤もではあるが、余り之を顧慮して国家の統一的生命を少しでも傷けては大変であると云ふだらう。此種の人は、動もすれば近世欧米に盛になりつゝある人種競争の説――白禍論――を挙げ、又は戦後に於ける軍国主義の流行を説いて、日本今後の困難なる地位を説かんとするのである。然し日本一国のみを取つて絶対的に其形勢を説くならば、我国今後の地位は論者の云ふが如く極めて困難なものであるに相違ない。然しながら他の強国に比較し又我国の従来の形勢に比較して、我国の将来は個人の充実と云ふやうな問題を考へて居られぬ程切迫したものであらうか。此等の点は固より将来の事に属し、人によつて各々其観る所を異にするだらうけれども、予一個の考へとしては、人種的観念の如きは寧ろ年と共に段々減退すべき筈のものであると考へる。一体見知らぬ人に取敢へず敵意を示すと云ふのは、野蛮人の常で、開明に進んだ人程皮膚の色や眼《め》鼻立《はなだち》の差によつて彼と此れを区別しなくなる。白人の黄色人種に対する観念は、純粋な人種的観念としては、決して黄色人種自身の想像して居るが如き危険なものではないと確信する。尤も欧羅巴の一部の人の思想の根柢には昔の蒙古人種やサラセン人の侵掠と云ふ伝説が基となつて、東方に勃興した民族に対しては本能的に一種の畏怖を感ずると云ふ傾向が幾分ないではない。是等の点は愚にもつかぬ黄禍論の説がともすれば不思議に欧人の間に多少の真面目を以て耳傾けらるゝ所以を説明するものである。然し彼等の有する東洋民族に関する諸般の知識は、今や漸く是等の迷信的伝説の基礎を弱めつゝあることは云ふを俟たない。故に予輩の考では、我々日本国民の態度其物が徒らに彼等の猜疑を挑発せない以上、単に黄色人種なるが故に彼等の理由なき圧迫を蒙るといふことは、将来段々薄くなると思ふ。猜疑を招ぐ丈けの因を作れば、例へば今日の独逸の如く同じ白人の間でも圧迫を蒙るのである。之れ迄の日本に対する欧米の批評の中には、其根柢を人種の差に置いたものもあつたけれども、之れは実は我等の態度が彼等の十分なる諒解を得ざるに方《あた》り、彼等が其次第を説いて軽卒に之を人種を異にするの結果たる思想感情の根本的差異に帰したのであつて、我等の態度さへ其宜しきを得たりしならば、かゝる誤解に基ける人種的偏見を見ずして済んだものであつたらう。人種の差と云ふ事が問題になるのは表向《おもてむき》の口実で、根本の原因は常に他にある。人種が違ふと云ふ丈けで、我々は特に欧米の圧迫を蒙るとは思はない。成程従来白皙人種は自ら最優等人種なりと云ふ自負心は有つて居つた。かくて白人は本来有色人種を支配するの道徳的権能ありと考へたものもあるが、之と共に又他方には、有色人種も我々と同等の人種なりと云ふ人道主義の立場を主張した人も少なく無かつた。況んや今日は、有色人種中に大に其能力を発揮して白色人種を瞠若《どうじやく》たらしめ、彼等の独り自ら優秀なりと誇るの確信を事実に於て動揺せしめて居るに於てをや。又戦後に於て益々武力一点張りの軍国主義のみが流行すると観る説もまた、蓋し一面の真理たるに止るものであらう。戦争の結末の模様によつては、軍国主義は無論盛になるだらうが、他の一面に於て人道主義も亦必ずや従来無比の勢を以て起つて来るに相違ないと思はるゝ。暫く一歩を譲つて所謂実力主義が盛になつたとしても、今度の戦争の与ふる教訓は、本当の底力の涵養が第一の急務だといふ事であらう。今度の戦争で我国の多くの人は、独逸の勇敢なる戦闘振りに敬嘆するものが多いのであるが、西洋の多くの識者は、寧ろ軍国的設備の欠けて居つた英吉利などがあれ迄に持ち耐へあれ迄に盛り返した事を、何よりも余計に敬嘆して居る様である。我国の立場としては将来固より相当なる軍事的経営は之を怠るべきではない。けれども遠く離れた孤立の地位にある丈け、欧羅巴の諸国が互に感ずる程我々は外勢の圧迫を激烈に且現実に感ずるのではない。故に日本としては、仮令如何に外勢の圧迫があると云つても、相当に個人中心主義を主張するの余地は確かにあると思ふ。況んや此方面に於ては、従来とても我国は最も後れて居りしに於ておや。無論之に伴つて来る所の弊害は極力之を警戒せねばならず、又防禦せねばならぬが、たゞ外勢の圧迫と云ふ影法師に怖れて、一に国家組織の外面的粉飾に専念し以て個人本位の政策を等閑に附するのは、余輩の最も反対する所である。

〔『中央公論』一九一六年九月〕

デモクラシーと基督教

デモクラシーと云ふ文字は此頃種々の方面に用ひられる。此言葉の本来の用ひ方は政治の方面に限られて居たことは云ふまでもない。遠くギリシヤの昔に溯《さかのぼ》りて其語源を穿鑿《せんさく》するまでもなく、十九世紀の百年間の歴史に現はれた処だけを見ても、デモクラシーと云へば、先づ人必ず之れを政治的意義に解して居たのである。尤《もつと》も之れが政治上に用ひられる場合に於ても、其意味する処は必ずしも一様ではなかつた。或は人民主権の意味に用ひられたこともある、或は人民政治の意味に用ひられた事もある。何れにしても政治の圏外に出るものではなかつたが、最近に至り此言葉は遽《にわ》かに其使用せらるる範囲を拡張して、或は倫理の方面に、或は教育の方面に、或は文芸の方面にデモクラシーと云ひ又デモクラチツクと云ふ様な文字が盛に用ひられる。甚しきは吾人日常の家庭生活にも此語は用ひられて亭主が余り我儘を振舞ひ、妻君や女中を困らす様な事があると、デモクラチツクでないと云ふ。言葉の乱用と云へば乱用と云へぬこともないが、然し又かく云ひ表はして吾々は等しく或一定の意味を完全に諒得し、加之《しかのみならず》かくの如き云ひ表はし方を吾々自ら甚便利とするが故に、今更乱用と云ふて之れを退ける訳にはゆかぬ。かくして吾々は今日漠然デモクラシーと云ふ時は単純に之れを政治上の意味にのみ限る事は出来ぬ様になつた。

政治上の意味に之れを限ると、実は此言葉は専ら内政上の問題に関する一の主義であつた。然るに最近では国際民主々義などと云つて、外交上の主義にまでも其範囲を拡ろげて居るから云はば其政治の方面からばかり見ても、今日のデモクラシーは以前よりは余程其範囲を拡ろめた者と云はねばならぬ。而て今日では政治以外の殆んどあらゆる方面に於て此言葉の盛に使用されて居ることは前にも述べた通りである。

私は往々世間からデモクラシーの首唱者なるかの如く誤解されて居る。少くとも此文字を訳して民本主義と云ひ出したのが私であるかの如く見て居る人が世間には多い。然し嘗《かつ》て上杉博士は民本主義なる訳字の最初の使用者は自分だと云つて居られるし、又茅原華山君が此文字の作り主は黒岩涙香氏で、盛に之れを世間に拡ろめたのが自分だと云つて居られる。何れが先かは私の深く問ふを要せざる処であるけれども、只、私が大正二年夏外国の留学から帰つた時に、民本主義なる文字が、ちよい〳〵新聞、雑誌等に散見するのを見て、兼ね兼ねデモクラシーなる文字を日本語に訳す場合には西洋にて見る此文字に附せられて居る、二つの異つた意味を明にする為めに、二様の訳字があつて欲しいと云ふ考に、丁度合致する様に考へたので、深く考ふる処もなく「民本主義」と云ふ文字を使つたまでのことである。デモクラシーは従来或は「平民主義」或は「衆民主義」或は「民政主義」等と訳されて居たが、其中最も普通なるは「民主主義」である。而して人民主権の意味として「民主主義」の訳字を適当とすれば、デモクラシーの他の意味、即ち、人民政治の意味を「民本主義」と云ふ文字で表はすのが適当かと考へたのであつた。兎に角、夫れ以来「民本主義」と云ふ文字が非常に流行する様になり、社会の各方面に於て「民本的」と云ふ言葉の流行を見るに至つたのである。

それでも私はデモクラシー、或は民本主義の本来の意味は政治上のことであるから、之れは断じて、政治上の仁政なる意味と解すべきであると主張して来た。時には民本主義は専ら内政上の主義で、国際民主主義と云ふのは言葉の乱用に過ないと頑張つて来たこともある。それにも係らず、或はデモクラチツクと云ひ、或は民本的と云ふ言葉は遠慮会釈なく社会の各方面に使はれて其勢は滔々《とうとう》として止まる処を知らぬ。元より之等の使ひ方は政治上の主義としてのデモクラシーの意味を、機械的に拡充したものに過ぎないのではあつたが、然し漸次昨今の形勢を見ると余りに広く流行するので、今日では、かく広く使はるるデモクラシーの意味を、政治的民本主義の意味から類推すると云ふことは、不適当ではあるまいかと云ふ程になつた。であるから世間ではデモクラシーを只政治上に於ける或種の要求と見るのは誤りである、少くとも狭いデモクラシーは、寧《むし》ろ之れを一の精神的態度と見るべきであると云ふ様な説も起つてくる。同じく、民本主義の研究者として知られて居る室伏高信君の如きは、嘗てデモクラシーを一のスピリットであると云はれたと記憶する。スピリットと云ふ名が正しいか否かは暫《しばら》く別問題として、政治現象や倫理現象やを超越した、もつと深い奥の処にデモクラシーの本質的意味を認め様としたのは正に最近の風潮をよく見た考と云はねばならない。

そうして見れば今日ではデモクラシーの本質を他の奥深い処に求め、之れが政治に現はれては世の所謂《いわゆる》政治的民本主義となり、倫理に現はれてはこう、教育に現はれてはこう、と見る事が必要であると思ふ。

然らば何が此意味に於けるデモクラシーの本質であるか。之れを定むるに一番確実な研究の方法は、政治上でデモクラシーと云ふ場合、倫理や教育でデモクラシーと云ふ場合、之等を洽《あまね》く集め、整密に比較対照し、其間から共通の要素を摘出すると云ふことである。かくして本質が定まれば復《また》、本質を標準として政治なり、倫理なり、教育なりに於て称へらるる各デモクラシーの純、不純を明らかにする事も出来る。但し、之れには其本質を見誤らなかつた場合を仮定して云ふので、若《も》し其本質の鑑識が誤れば個々の場合の純、不純の判断を誤り、思はざる結果に陥る事は云ふまでもない。各場合に於けるデモクラシーの意味を明にし、且つ之れを向上発展せしむるためには、如何しても之を其本質から見ると云ふ事を怠つてはならぬ。それだけ本質の研究は必要欠ぐべからざるものであるが、又之れを見誤ると恐るべき結果を生ずると云ふことも忘れてはならぬ。学者の最も深重なる考察を要する処である。

右述ぶる様な広い範囲に使はるゝデモクラシーなるものの根底に横はる本質的要素は何であるか。之れに就いては最近哲学者、教育学者、倫理学者等より提供せられたる答案にして私の目に触れたものに三つある。

第一は階級的反抗と見る説である。即ち政治に於ては下層階級が特殊階級に対する抗争、経済界に於ては労働者階級が資本家階級に対する抗争、又家庭生活に於ては妻をして夫の権威に反抗せしむるの主義、之れがデモクラシーの本旨だと云ふのである。此説明の余りにデモクラシーを誣《しい》る者なるは云ふまでもない。又かゝる故意にデモクラシーを傷くる様な馬鹿々々しい説明を与へた人の姓名も暫く秘して置かう。

第二に私の目に触れたのは京都文科大学の藤井健治郎博士の説明である。二月半《なかば》の大阪毎日新聞に載つて居たが、之れに依れば博士はデモクラシーの本質を自由平等の観念であると説いて居られる。私は博士の論文を全部通読するの機会を得なかつたけれども、多分誤解はせない積りで居る。他日完全に通読して誤あらば訂正する積りではあるが——兎に角博士は自由と平等とがデモクラシーの本質であると説いて居られる。自由即ち専制の排斥である。平等は取りも直さず特権の排斥である。人為的の障壁を設けて、甲の階級に特別の権利を認め乙の階級をして之れが専制に服従せしむるは、只、政治上ばかりではなく各方面に於ける所謂デモクラシーの共通の要素に相違ない。此意味に於て藤井博士の説明はほゞ其当を得て居ると思ふ。只、私の之に附け加へて考へねばならぬことは、自由を称へて専制に反抗し、平等を提げて特権に反抗するのは、必ずしも絶対の自由、絶対の平等を求むるが為めではない。専制には反対するけれども、吾々は又自ら制する所以《ゆえん》を知らなければならぬ。人為的の特権制度には反対するけれども吾々は其人の品格に備はる精神的権威には敢て服従するを厭《いと》はざるものである。

故に自由平等の要求は例《たと》ば《え》階級門地の如き人為的設備が、ものを云ふことに反対するのではあるけれども、精神的品格にものを云はしむる事には何等反対するものではない。換言すれば、人為的権威を退けて精神的権威を社会秩序の新根底たらしめんとするものである。此意味に於てデモクラシーは自由平等を称へるけれども放慢と悪平等とには絶対に反対する。故に若し単に自由平等と云つて多少誤解を招くの懼《おそれ》ありとすれば、或は「人格主義」と云ふ言葉を用ふるが適当ではあるまいか。と云ふて私は敢へて藤井博士の説明に違議を挟むものではない。

第三に私の目に触れたのは教育学者として知られたる高島平三郎氏の説である。氏は二月号婦人公論に於てデモクラシーの本質を「公正」の観念なりとして、之れを訳するに「公正主義」の文字を以てした。公正主義の要求が政治に現はるれば民本主義となる。家庭生活に於けるデモクラシーの要求も亦夫婦間に公正主義の行はれんことを欲するに外ならぬ。此説明も亦大体に於て其当を得て居ると思ふ。然し乍《なが》ら何が公正であるか、又夫が妻を左右するは何故に不公正なるか、人民が参政権を要求するは何故に公正であるかを反問してくると、やはりもう一つ先きの根底は人格主義と云ふことに決するのではあるまいか。

かくして私一個としては、デモクラシーの本質は人格主義であると云ひたい。人格主義の何たるかはカントの云つた様うな意味に解すべきは云ふを俟《ま》たない。之等の点は多くの読者の既に知悉《ちしつ》せられる処なりと信ずるが故に詳しくは述べない。

デモクラシーの本質が人格主義であると云へば、吾々は直にデモクラシーと基督教《キリスト》の密接なる関係を連想せざるを得ない。デモクラシーの依つて立つ処の理論的根拠は何かと云へば人格主義である。従てデモクラシーを徹底的に実現せしめんが為には、人格主義の理論に密接なる根底を置かなければならぬ。然し乍ら理論の徹底は直に実現の活動力とはならぬ。デモクラシーが徹底的に社会の各方面に実現するが為めには、人格主義が人類の間に生きた信念として働て居ることを必要とする。理論は之よりか丶る信念の活動力を助けるには相違ない。然し活動力の本源は何処までも之を宗教的信仰に求めねばならない。而して人格主義が其信仰の内容として一層著しく活躍して居るものは吾が基督教ではないか。吾々は総ての人類を神の子として総ての人類に一個の神聖を認め、固く基督に結んで居る。之れ程確実な人格主義の信念がまたと世にあらうか。故に基督教の信仰は夫れ自身、社会の各方面に現はれて直にデモクラシーとならざるを得ない訳である。

はたせるかな、デモクラシーは基督教国に起つた。皆基督教に促されて起つた。否々基督教と共に昔からあつたと云つてもよく、今日に於てもデモクラシーの比較的最もよく行はれて居るのは基督教の信仰の最も強き国に於てである。而して基督教的信仰が夫れ自身デモクラチック・スピリットとして、社会各方面のデモクラシーの徹底的実現を助長促進しつ丶あることは疑を入れない。

尤もデモクラシーが基督教国に於て一番よく行はれると云ふ意味は、必ずしも基督教国に非ればデモクラシーは実現し得ないと云ふのではない。基督教国に非るも四海同胞、相愛の義は人類の普遍的情緒の糸でなくてはならないから、何処の人類にも、其間に程度の差こそあれ、デモクラシーの行はれ得べき根底は備つて居る。之れ基督教以外に於ても、尚《なお》デモクラシーに根底する各種の制度が行はれ、又益々流行しつつある所以である。けれども之等の国に於ては全然、相愛、相敬の念が基督教国ほど深くない。従つて人格主義に根底するデモクラシーの実行には多少の精神的努力がいる。而して基督教的人格主義の信念が強ければ強い程此努力の必要は減ずる。若し分り易く之れを云ふならば、多くの国に於てデモクラシーの実現は多少の精神的努力を要し、基督教国に於てはデモクラシーの実現は寧ろ自然であると云つてよい。

かくして吾々はデモクラシーと基督教との密接なる実質的関係に鑑《かんが》み、益々デモクラチックならんとするの現時代に於て、益々基督教的精神の拡張に努力せねばならない。デモクラシーの発達は、又、元より基督教の発達を促すものであるには相違ないが。基督教的精神の発達と伴はざるデモクラシーの進歩は云はゞ砂上に楼閣を画くものに外ならぬ。今我国民が世界の大勢に促され大にデモクラシーを高調するの時に当り、吾々は秘かに退いて、努力奮進の責、一層の重きを加へたるを感ぜねばならない。

〔『新人』一九一九年三月〕

戦争の基督教に及ぼせる影響

――米国教会同盟の質問に答ふ――

一

此の間米国の教会同盟より我が基督教《キリスト》青年会同党〔朋〕を通じて、次の七ケ条の質問に対し我々の解答を求めて来つた。(1)日本国民は今度の戦争の真の意味を、どう考へて居るか。又基督教との関係を、どう結付けて居るか。(2)基督教の有力性《ヴァリディティ》、必要《ニード》、若《も》くは実行性《プラックティカビリティ》に関し今度の戦争は日本国民の思想に何等かの影響を与へたか、(3)今度の戦争は基督教に対する求道者を得る事を容易ならしむるの結果を生ずるか、又はその反対なるか、(4)今度の戦争は所謂基督教文明に対する国民の考に如何なる影響を与へたか、(5)今度の戦争は基督教以外の他の宗教の活力《ヴァイタリティ》に関する国民の確信を強めたか、又は弱めたか、(6)今度の戦争は国際主義を強めたか。若し然りとせば国際主義に対する福音として基督教を持ち出すの新なる機会有りとすべきや、(7)戦争は社会的不安、又は向上心《アスピレーション》を促進せるや。若し然りとせば、福音の闡明《せんめい》に就き我々の力を注ぐべき方面に何等の変更を加ふるの必要なきや。余は之に対して次の様な簡単な答解を作らう。

二

先づ第一の問題に就いて答へん。

今度の戦争は民主々義自由主義平和主義国際主義に対する専制主義保守主義軍国主義帝国主義の戦であるとは西洋に於けると同じく我国に於ても又多くの人より唱へられた。尤も戦争勃発の発初は、或はチユートン人とスラブ人との衝突と云ひ、或は英吉利《イギリス》と独逸《ドイツ》との覇戦なりと云ひ、或は独仏両国民の多年の反感の結果なりと云ひ、又は最近に於ける険悪なる国際関係の大波状であると云ひ、色々の解釈があつた。之等の解釈は一つ一つ皆今度の戦争の一部の意味を説明して居るものに相違ない。戦乱勃発の表面の歴史上の原因を述べよと云ふならば之等の点は何れも等閑に附する事を得ない。然し乍《なが》ら今度の戦には、尚其の根蔕《こんたい》に今少し深い意味があつた事は始から識者の疑はざる所であつた。唯だ之は始めあまり表面に著しく出て来なかつた。然し表面に現れなくとも、こう云ふもののあつた事は世界の多くの国が此の同じ戦争に共働したと云ふ事実に見てもわかる。世界の多くの国が共働したと云ふ事は此の戦争に対して皆共通の或る重大なる意味を感じて居たからであるが、此の事は又更に原因となつて、始めボンヤリして居た此の共通の観念を、だんだん著しくした。之を我々は戦争の目的又は意味の普遍化又は道義化と云ふ。而して其の結果として極めて明白になつたのは前に述べた通り、民主主義自由主義平和主義国際主義に対する専制主義保守主義軍国主義帝国主義の戦であると云ふ事である。西洋諸国にても識者の多数が斯く見て居らるゝと信ずるが、我国にても今日にては国民の多数が此の見解に一致して居る事は疑を容れない。

但し我国の一部には、此の見解に不服な者のある事は又見逃す事は出来ない。之にも二色ある。一つは戦争の真義をかく観察する事を承諾した上で、扨《さ》て民主々義自由主義等の勝つたのが気に入らない。矢張り国家は専制保守の軍国的帝国主義で行かなければいけない。此の主義を代表する独逸の負けたのはどうでもよいが、其の結果日本にも之と反対の自由平和の思想が盛になるが、これ誠に国家の為めに憂ふべしと云ふ考である。かういふ考は、国民多数、殊に若い青年の間には殆ど認められて居ないけれども、不幸にして現に社会各方面に有力の地歩を占めて居る年寄りの連中に多い。国民の考はと問はるれば、こんな馬鹿な考を持つて居るものはないと答へるに躊躇《ちゅうちょ》しないけれども、実際政治に及ぼす勢力と云ふ点から見れば此の愚説、中々侮り難い事を自白せざるを得ない。是れ我々が欧洲戦争と同じ意味の思想的戦争を我が国内に於て奮闘しつつある所以《ゆえん》である。

もう一つの反対論は、平和自由に対し侵略保守の戦争と見る、其の見解に異議を唱ふる考である。其の中にも細かに分くると色々の種類がある。例へば、英米は民主々義を代表すると云ふけれども、英米の民主々義は偽《いつわり》の民主々義、即ブールジヨアジーの民主々義にして、本当の民主々義ではないと云ふものがある。更に一歩進めて、英国などは偽の民主々義を通り越して、ネーヴアリズム（海賊主義）を取つて居るではないか。英のネーヴアリズムは独のミリタリズムと其の罪毒を同じうするものであると云ふ者もある。又他方には少くとも今度の戦争になつてから英も米も、又仏は云ふ迄もなく、皆独逸を真似《まね》て軍国主義を取つたではないか。軍国主義を取つたればこそ戦争にも勝つたのだ。故に負けたのは独逸の保守専制の軍国主義だけれども、勝つたのは自由平和の民主々義には非《あらず》して、之を捨てて新に取つた英米の軍国主義であると云ふ者がある。之より推して更に或る者は、英米の勝利に依る此の戦争の結果は決して自由平和の新天地を開くものではない。戦後に於て我々は独逸の軍国主義の様な形でないにしても、何等かの形に於て英米の侵略主義に苦しめらるゝだらうと云ふものがある。英米のデモクラシーを、本当のデモクラシーでないと敢て云ふのは必しも正当の見解ではない。英国のネーヴアリズムを独逸のミリタリズムと同列に置くのは少くとも最近の歴史に現れたる限に於ては、之等を活用する精神上の主義に眼を蓋《おお》ひ、唯だ兵数や、噸《トン》数等の外形のみに捕へられた見解である。戦になつてから各国が皆軍国主義を取つたと云ふのも兵隊を作る事が即軍国主義だと見る、あまりに皮相的の見解である。若し夫れ英米が勝つても独逸が跋扈《ばっこ》した昔の如く、世界は矢張り侵略主義の為めに苦しめらる、だらうと云ふのは、これ又あまりにひねくれた考である。従つて我国の識者階級は之等の諸説に対して、それ程の重きを置かない様だけれども、然し之には又一面に於て多少の真理がある。少くとも最近の歴史殊に媾和会議等に現れた幾多の欠陥を指摘し、之に対して吾人を警戒すると云ふ点に於て大なる暗示を与ふるものたるは疑を容れぬ。換言すれば我国の識者階級の多数は、今度の戦争が自由平和対保守専制の争なりと云ふ事には疑を容れないけれども、前者の勝利が徹底的に戦後の世界に現はれ来るかどうかに就《つ》いて可なりの不安を抱いて居ると云ふ事を意味するのである。

然し我々は又他方に於て、凡そ真理は一足飛びに実現完成さるるものでないと云ふ事を知つて居る。神の支配する世の中にも罪悪はある。罪悪と奮闘する処に人類の進化発達があると云ふ所に又神の摂理を見る事が出来る。多少の遺憾として主観的に見れば惨忍であるけれども、斯くして我々は根本真理の結局の完成の為めに、今後奮闘努力するの余地を与へられたと云ふ事を感謝を以て受けなければならないと思ふ。かくして我々は前途に幾多の不安を抱き現在幾多の不満を有するに拘《かか》はらず今度の戦争を民主主義自由主義等の勝利と断定するに躊躇しない。

民主々義とは何か。これ吾人人類の性能の無限の発達、云はば神になり得る可能性を信ずる所から、凡ての人類に能力発展の均等の機会を与へんが為めに平等を主張し又能力発展の障害たる人為的階級より凡べての人類を解放すべしと云ふ立場から自由を主張するものではないか。久しく抑へられた此の自由平等の大義は十九世紀に到りて始めて我々に与へられた。唯だ然し乍ら十九世紀は人と人との間に此の関係の発展を進めたけれども、民族と民族、国と国、又は違つた人種の間には充分に発展し得なかつた。此処に十九世紀文明の一大矛盾があり、一大煩悶がある。今度の戦争は即ち此の矛盾を解かんが為めに起つたものと云ふべく、即、国と国、民族と民族との間にも自由平等の原因を立て、殺伐なる圧迫や暴行を杜絶し又国内に於ける自由主義をも一層完成して、出来る丈《だ》け国際紛争の原因を取り除こう、一言にして云へば武力の支配に終を告げしめて国際関係も亦国内の個人関係と同様に、等しく皆完全に法律と道徳との支配する所たらしめんとするのが今度の戦争の意味ではないか。而してかういふ新しい世界を作り出そうとする世界的努力の思想上の根蔕を為すものは世界同胞〔の〕基督教的人道主義なる事は云ふを待たない。

基督教主義より行けば今度の戦争に依つて世界の人が達せんとし又現に今日我々が目標として居る所の計画は当然の話なのである。唯だ之を妨ぐるものは物質であつた。十九世紀は一方に於て、デモクラシーの精神が非常に盛なりしと共に、他の一方に於ては自然科学の発達とした〔ママ〕物質主義の挑戦も亦頗《すこぶ》る猛炳《もうへい》なものがあつた。つまり之が為めに世界の人は百年間苦しんだのである。而して今度の戦争は此の物質主義に対する世界同胞の精神主義が一先づ勝利を占めた事を意味するものに他ならない。唯だ此の人道主義が一挙に完全な実現を遂げ難い事は云ふ迄もない。されば講和会議に於ては動《やや》もすれば物質主義が飛び出して各種の問題の人道主義的決定を妨げる。これも、ものの進化の順序として已《や》むを得ない点であらうが、然し我々一個人としては誠に残念に堪へない。それでも我々は、たとひ表面には色々の波瀾曲折があつても、底を流るる大潮流は厳として動かない、即争ふ可からざる基督教的人道主義なる事は疑はざるものである。我が国民の多数は未だ基督教に対する充分の理解が無いから或は今度の戦争は基督教の勝利だと云つたら納得しないかも知れない。けれども四海同胞の人道主義の勝利であると云ふ事を疑ふものはあまり沢山は無い。故に我々から之を見れば、日本国民の見て以て勝利を占めた主義とするものは、即基督教である。従つて又戦後の世界を指導する所の大原則は同じく此の基督教的人道主義でなければならないと考へるものである。

要するに今度の戦争は現代の科学を武器として百年間世界を馳け廻した悪魔を、やつとの事で基督教が抑《おさ》へつけたものと見る可きである。

三

次に第二問に対して答へよう。

日本に於ける基督教の最近の発達は、可なり著しいものがある。殊に基督教的の精神は頗る広く且つ深く行き渡つて居るけれども、然し全体としては、我が国は基督教国ではない。従つて国民の大多数は基督教に就いて充分の理解を持つて居ない。故に問題に示された様な点に就いての国民の思想の変化と云へば大体に於て何にも無いと云ふの他はない。けれども基督教其者は知らないにしても国民の思想が基督教で云ふ様な人道主義に同情共鳴して居る点に於ては頗る著しいものがある。日本は由来愛国心に富む。而も封建時代を距《へだた》る事あまり遠くないので、其の愛国心たるや頗る偏狭なものであつて、それに明治初年以来随分外国の勢力に威嚇されて居たので幾分排外的色彩を帯びたのも已むを得ない。之が稍《やや》実力を蓄へて来ると侵略的になるのは又已むを得ないが、従つて日露戦争迄の国民一般の思想に軍国的の色彩の濃厚なりし事を隠す事は出来ない。けれども最近に於ては、此の方面は著しく変つて来、殊に今度の戦争の始より我国民の思想の人道的覚醒には頗る顕著なるものがあつた。今日の内政の問題に就いても其他、対朝鮮対支那の政策に就いても又色々の外交問題に就いても、専制的軍国主義的の見識は常に反感を以て迎へらるるに反し、人道的見識に基く言論が多数青年の同感共鳴を得るに過《あやま》たざるは我々の最も愉快となる処である。唯だ彼等自身は之を基督教主義だとは知らないけれども、事実上今日世界の各方面に於て多数青年の思想を指導して居るものは大部分基督教的修養を積んだ人々である事は疑はない。一部の頑迷者流は昨今稍《やや》此の現象に注目し、之を以て国家の一大事と為して、基督教を猛烈に攻撃する者を生じた。朝鮮の騒動も宣教師が煽動したとか、西比利亜《シベリア》には基督教青年会が過激派と結托したとか、色々の流説を放つて居る。それでも国民の多数は少しも基督教に対して反感を抱かない。かういふ形勢を作つたのも我々は戦争の与へた影響の主なる一つと見て居る。唯だ我々は一歩進めて、之が基督教の勝利だと国民の考を露骨に基督教に惹《ひ》き付ける事を必要と思ふけれども、之には教会並に基督教信徒の更に一段と奮闘する事を必要とする。

第三の質問に答へる。

前述の如く昨今民衆は著しく人道主義に動いて居る。且又我々の同胞は或は西洋程では無いかも知れぬが、兎も角今度の戦争の結果として内面的に非常に緊張した気分となつて居る。今迄の様に、ぼんやりして居られぬと云ふ風に精神的に渇望し煩悶し焦慮して居る気分が見へる。其の結果思想の自由を求めて従来の旧慣に慊《あ》き足らない。否多くの場合に於ては之に反対する。そこで頑迷者流は大いに驚いて反抗の声を高めて居るが、此の保守派の反抗の声の高いと云ふ事が、取りも直さず精神的動揺の盛なるを語るものである。且又今日の多数の青年の精神的に求むる処は、智識に非ず、思想の整理でない。直接に或生命に触れ度いのである。直感的に真理を獲得し度いのである。彼等は之が為めに全身を挙げて踠《もが》いて居る。唯だ彼等は基督教に於て其の渇望を満たされるかどうかを知らない。又今日の基督教会が彼や此やの欲求に応ずべきの正しき準備があるかどうかも多少の疑問であるが、正しく斯かる状態は求道者を得るに最も便利なる状態たる事は疑を容れない。唯だ、其の割に教会が之等青年の喜んで出入する所となつて居ないのには、多少反省するの余地はあらう。

第四の問題に答へる。

第二問第三問に答へた所は又幾分第四問に対する答弁にもなる。概して日本人は基督教に対する理解に乏しきが故に、従つて基督教的文明なるものに対する正当なる理解にも欠げて居る。されば戦乱勃発の当初、文科大学の有名なる一教授にして、此の忌むべき戦乱勃発を止め得なかつたのは基督教の為す無きの証拠であると高言した者があつた。然し日本の識者の間には、斯かる説を一笑に附する丈けの聡明はある。然し一般に云へば、基督教と云ふと多少の反感を持つものなれど、基督教文明其者に就いては多く、好意と敬服とを傾けて居るのである。今度の戦乱の影響として国民は、どれ丈け基督教文明の評価に就いての考が変つたかはわからないが、基督教文明の根柢の固い事、又基督教文明の成果たる各般の制度文物は大いに之を採用すべきものと云ふ考の強められた事は疑ない。

第五の問題に答へる。

基督教以外の宗教と云へば、儒教神道仏教などがある。神道は宗教であるかどうかがわからないのみならず、此の頃反動的に之を担ぎ廻る者があるが、国民の精神並に生活の上に何等現実の勢力を持つて居ない事は疑を容れない。儒教と仏教、特に仏教は特色ある東洋的宗教として相当に民心を支配して居るとは思ふけれども、然し乍ら単独に之のみで今日の世界に立つ国民の精神的根柢を造り得るかどうかの見定めは、未だ全体の国民について居ない。それが出来ないと云ふのではないが、国民の全体が夫れ程の信頼を未だ仏教に与へて居ないと思ふ。尤も今度の戦に動かされて今迄眠つて居た仏教は大いに奮起せんとするの趣を呈して居る。それとても従来基督教会がやつて居る事を真似る位の程度であるが、之が基督教程の実際的影響を与へ得るや否やは、是からの問題である。要するに今度の戦争は、之等の宗教に対する国民の観念には殆ど何等の影響を与へなかつた。之に対する信頼の念を別に弱めたとも思はないが、決して強めたとは云へない。若し今度の戦争が何等かの影響を仏教などに与へたとすれば、それは仏教に対する国民の信頼心に向つてでは無くして、仏教信者の眠を覚ましたと云ふ事である。然し眠を醒ましたのは実は仏教界の故老先輩に非《あらず》して、殆ど青年に限られて居る。之は大いに祝すべき現象であるが、唯だ之がどれ丈け今後の国民を動かすかは是からの問題である。

第六の問題に答へる。

今度の戦争が国際主義の精神を強めた事は既に第一問に対する答弁に於て詳しく述べた通りである。此の戦争は或る意味に於ては、十九世紀の帝国主義の時代を送つて、二十世紀の国際協調主義の序幕を開いた転機を為すものと云ふべきである。其の昔十九世紀の始めにした様に、「他人を見たら泥棒と思へ」と云ふ封建的武士道より「旅は道連れ世は情け」の立憲政治に移つた様に、今度の戦争は、国と国との間には道徳無しと云ふ時代より友愛信義を以て国際関係を規律すべしと云ふ新時代を迎へんとするものである。帝国主義的文明の波状たる今度の戦争は軍事行動を共にすると云ふ其の事自身に於て大いに共働の精神を発揮し、之が戦前に於ける世界人類の良心の煩悶に適応して此処に戦の結果としては、どうしても国際主義が現はれざるを得ざる事になつた。一体基督教が欧洲の根柢である以上は、国際主義の起るのは当然である。之を長く妨げて居たのが十九世紀の初頭の急激なる産業の革命に伴ふ国際競争の結果であつたが、然し乍ら此の経済の発達は又自から国と国、並に一国民と他国民との経済的並に社会的関係を複雑にし、斯くして少くとも欧米の如きは、法律的には多数国家の集合なるも、社会的には単一なる共働の団体たるが如き観を呈するに至つた。これ豈《あ》に国際主義の大いに発達せざるを得ざる物質的基礎が漸を以て作られた事を示すものではないか。而も基督教的人道主義がある。然らば国際主義は其の実現完成に必要なる精神的並に物質的条件が備はつたのに、十九世紀の初め以来伝統的に各国政府の取つた軍国的帝国主義が有るが為めに其れを妨げられて居る。而して之が今度の戦争の原因であり、又今度の戦争は此の軍国的帝国主義を排斥せんが為めに起つたものであるから、戦勝と共に国際主義の勃然として起るべきはもとより当然の話である。而して国際主義が大いに勃興するとすれば、〔之を〕共に指導し、之を支配する精神の基督教たるべきは云ふを待たない。十九世紀文明の煩悶は又同時に基督教の煩悶であつた。十九世紀に於けるデモクラシーの不徹底は基督教其者の不徹底であつた。今は煩悶は除かれ不徹底も除かれた。基督教の為めには更に自由に活動すべき一新天地が此処に開かれたものと云はざるを得ない。

終りに第七問に答へる。

此の今度の戦争が国際関係を種々の方面に於て、著しく世界の民心を啓発したと云ふ事には疑がない。国内の方面に於ても亦同様な影響を与へて居る。中にも其の最も大なるものは、デモクラシーの精神の盛になつた事である。国内関係に於けるデモクラシーは十九世紀の始めより現はれた事は前にも述べたけれども、十九世紀に於ては自由平等の精神が充分に徹底しなかつた為めに、国内に於ては対異民族の紛擾《ふんじょう》があり、国外に於ては殺伐を極むる競争がある。うつかり之に対して正義公道を説けば、所謂宋襄の仁に陥るを免かれないので各国は一面に於て幾分専制主義を採用せざる〔を〕得なかつた。即専制主義と保守主義と帝国主義とは、こう云ふ時世の必要に応じて各国共に幾分之を行つて、デモクラシーの徹底を妨げたのである。唯だ不本意乍ら之を行つた〔も〕のと、之で行くのが本当だと自負するものとの差別はあつた。然し何れにしても、今日は先づ大体に於て専制を加味せねばならぬ実際の必要は取り除かれた。専制で行くのが善いと自負して居た独逸側は充分屈服させられた。然し又独逸自身大いに覚醒した様でもあるから、今や各国は特に大いなる不安を感ずる事なしにデモクラシーを徹底せしむる事が出来る時代となつた。斯くして今度の戦争は国内の関係に於ても大いに民心を向上せしむるの効果を挙げて居る。

デモクラシーの徹底は他の一面に於て現在の支配階級に対する不平と不満とを持ち来たすにより、皮相的に見れば社会的不安と云ふ現象を伴ふ事は免かれない。然るに、昨今は戦争に伴ふ物価騰貴其他各種の理由より世界各国を通じて人民の生活が著しく威嚇されて居る。此の生活の問題が又一つの原因となつて、所謂社会的不安は昨今頗る激しくなつて居る。唯だ我々は何処迄も之等の不安動揺を促した根本の考は、此の国家社会を少数の人の手に任せず全人民の経営する所たらしめんとする理想である事を見逃してはならない。唯だ之が実際の運動となつて現れると、此の根本の考から離れて単なる破壊的運動に終らんとする懼《おそれ》も無いでは無いから、之をして誤る所なからしむるには、凡べての人民に社会に対する充分の責任を感ぜしむる必要がある。之を他の言葉を以て云ふならば、社会的不安とか或は社会改造の運動に於て我等の期する処は、神の子として同等の地位にある其の凡べての人の社会たらしめん事である。而して之と同時に是の如き要求を為す他の一面に於ては、凡ての人が又同じく神の子としての充分なる人格を備へ責任を感ぜなければならぬと云ふ事である。全人民の社会を造ると云ふ事が社会改造の目標である以上は凡ての人民に其の全体の社会に対する権利と義務、要請と責任とを充分に教へ込む必要がある。これ又基督教にして始めて成し遂げ得る処ではないか。基督教の責任も亦甚だ大なりとすべきである。

唯だ今日の基督教会は是の如き重大なる任務を尽くすに果して適当であるかどうかは一の疑問である。前にも述べた様に、基督教精神の勃興の今日の如く著しくして、而かも教会はあまり多く青年の集る所となつて居ない。是れ何の為めであらうか。我々は今日の基督教会に向つて、時世の要求し又青年の要求するものは唯だ一に基督教的生命にある。教会の教ふる所の色々煩雑なる形式が此の真生命の把握を妨ぐる処無きや否やに反省して貰いたいと思ふ。

〔『新人』一九一九年七月〕

国家と教会

一

本誌前号の「新人の一群より」欄内に、前々号所載の僕の論文〔本巻所収前掲〕に関する山本君の感想が載つて居る。其中に国家と教会との関係に就いて、同君の忌憚なき意見の発表もあるが、これから暗示を得て、僕は又国家と教会との関係、他の言葉を以てすれば我々の宗教生活と政治生活との関係に就いて、少し許《ばか》り考へさせられた。我々は国家の一員として生活して居ると共に、又教会の一員として、或は広く神の国の一員として生活して居る。此の両方の生活は、何れも我々に取つて非常に大事なもので、一方の為めに他方を犠牲にするといふことは出来ない。が、又其の間に時々矛盾衝突もあつて大に悩まされる。これは我々一人許りでなく、多くの兄弟姉妹方の共に常に経験せられる所であると思ふ。随つて又此の問題に関して、我々が動かない確信を攫《つか》むといふことは、極めて必要のことゝ思ふ。山本君に対しては勿論の事、外の多くの友人に向つても、此の問題に関しては十分の講究を重ねられたく、而して其の腹蔵無き意見の発表を試みられんことを希望する。此等の問題に関する真面目《まじめ》なる意見の発表の為めには、本誌は喜んで余白を割愛するであらう。

二

人類の目的或は其の活動の目標が何であるかは、人々の間に議論のある所であるから、これが姑《しばら》く分らないとしても、兎に角我々は何かを追ふて努力奮闘して居ることは疑ひない。而して其の努力奮闘によつて何等かの目的を達せんとする其の我々の生活の過程が、我々の団体生活と密接に結んで居ることも亦疑ひを容れない、即ち我々の生活は、或る一面に於ては団体の生活である。団体を離れて我々の生活を想像することが出来ない。それ程団体生活は我々に取つて大事なのである。尤《もつと》も理窟をいへば、其の団体生活といふのも、実は一個人〳〵の目的を達する為めの必要なる手段であつて、絶対的意義を有するものは、何処までも個人の生活であると観る所謂《いわゆる》個人主義的見解もある。又之に反して、個人は大きな団体の為めにあるものであつて、団体其のものが絶対的実在だと観る団体主義、或は之を今日の世の中に宛て嵌《は》めて見れば、国家主義ともいへるが、さういふ見方もある。これもどの見方が正しいかといふことを争ふならば、色々の意見はあるだらうが、これも姑く別問題として、我々は只だ何れにしても、相互の間に密接なる有機的関係があるといふことを承認すれば宜《よ》い。そこで深い根本の議論は之を哲学者に任すとして、我々の常識では、一方に於ては個人としての我々の生活の完成を図り、又他の一方に於ては、団体の一員として我々の団体生活の完成を図り、而して団体其のものを向上発展せしむれば宜い。之を我々の義務といふ点から見れば、我々の独立の一人格としての為すべき義務がある、又社会の一員として為すべき義務がある。

斯ういへば、事は甚だ簡単であるけれども、併しながら我々の実際生活に於ては、独立の一人格としての為すべきこと、団体の一員殊に国家の一員として為すべきこと、の間に、時々矛盾衝突がある。個人といふ立場から観ると、我々は何処までも自由を主張する。国家といふ立場から我々の常に感ずる所は、幾多の拘束である。自由と拘束とは、本来相一致すべきものでない。けれども又他の一面から観ると、我々の自由は我々の国家生活を離れて存し得ない。そこで我々は一方には、色々不便なる拘束や束縛を受けつゝ、自分の自由の開発を図つて居る矛盾の状態にあるやうに見える。併しながら何故我々は国家生活に於て、色々の拘束を受けねばならないかは、尚ほ後になつて説明するが、唯だ此の問題となるのは、一方に我々は個人の生活に於ける自由を拡張し、他の一方には国家生活に於ける色々の拘束組織を完成する、此の互ひに相容れない矛盾した方面に我々の努力を向けることによつて、我々の人格の完成を図ると云ふことは、一見両立し得ない矛盾した話ではないかといふ問題である。是れ即ち嘗《かつ》ては国家の強大は個人の自由とは相容れず、随つて国家は必要なる禍害だなど、云はれた所以《ゆえん》であつて、個人本位の政治主義と国家本位の政治主義とが、動《やや》もすれば相矛盾するが如く見られた所以である。宗教生活と国家生活との矛盾衝突といふことも、亦其の一種に外ならない。併しながらこれと同じやうなことは、我々の日常生活にも幾らもある。例へば胃が悪いといつて胃の薬を飲むと、脳が悪くなる。そこで脳の薬を飲むと胃を悪くする。丁度此の脳の薬は胃に悪く、胃の薬は必ず脳を害するといふ所から、一遍胃か脳かを害したものは、永久に健康の回復が出来ない訳だ。即ち胃が良くなれば脳が悪くなり、脳を良くすれば胃を害するからである。我々の生活に於ても、個人の自由を発展すれば国家の強制組織が弛《ゆる》み、国の力が張れば個人の力が蹂躙《じゅうりん》せられる。而して我々の生活全体としては、何れを抑へて何れを揚げるといふことは出来ない。丁度胃さへ良くなれば脳が悪くなつても宜い、脳さへ良くなれば胃が悪くなつても宜いといふ能《あた》はざると同一であるから、完全円満の我々の生活全体の発展は到底期せられないやうに見えるけれども、不思議に我々の身体は胃の薬を飲んだり脳の薬を飲んで居る間に、何時の間にやら健康を回復して、脳の薬を飲んでも胃が悪くならなくなり、胃の薬を飲んでも脳が格別悪くならないやうになる。理想的の健康状態に回復することは出来ないとしても、兎も角も段々〳〵に健康を回復して行くことだけは疑ひない。我々の国家生活も亦同様であつて、理窟をいへば、一方が良くなれば他方が悪くなり、円満完全の発達が出来ないやうであつて、実は一方が強くなれば他も亦強くなるといふ風に、段々〳〵よくなつてゆく。然らばこれはどういふ点に其の原因があるのかといへば、我々は一言にして之を此に答へて宜い、我々の生命の力が実に此の如くならしめるのである。若しも人間の身体が一個の機械であるならば、丁度天秤《てんびん》のやうなもので、右が下れば左が上がり、左が下がれば右が上がる、両方下つたり両方上つたりすることはない。けれども人間の身体は一個の生命力の宿る所であるから、右と左と上つたり下つたりして居る間に、自然と全体が高まつて相平均するといふ普通の算盤《そろばん》で説明の出来ない現象を惹《ひ》き起す。国家も亦同様で、我々の団体は一個の活物であるが故に、普通の道理を逸したる特別の作用がある。

三

従来の社会学や政治学は、兎角人間の作る所の団体を活物として取扱はなかつた。だから例へば国家の政策を極めるに際しても、斯うすればあゝいふ弊害があるだらう、あゝすれば斯ういふ弊害があるだらうといつて、議論紛々として極まらない。人間は社会を機械と見る以上は、どんな完全なる方法を持つて行つても、治まりのつくものでない。我々は我々の生活を見るに当つて、之を活物として観るといふことを忘れてはならない。生命の力が実に一切の矛盾衝突を解決して行くものであることを忘れてはならない。随つて又我々の生活に於ては、此の生命力の涵養を怠つてはならない。真に身体の健康を回復するものは胃病、脳病の薬ではなくして、溌溂たる生命其のものである。人生を救ふものは医学よりも寧ろ衛生学であると謂《い》はねばならない。

人間を一個の生命と観る時に、我々は当然に其の無限の活動無限の発達を予想しなければならない。生命は限りなく発展して止まざるものであるからである。随つて我々は人類の性能が無限に発達するの可能性を有するものであるといふことを疑はない。我々の生活の無限に発達した状態とは如何なるものであるかといふことは、今日之を見るが如く目の前に示すことは出来ない。けれども唯だ我々の団体的生活に関して言ひ得ることは、我々の性能の無限に発達したる時代に於ては、我々は完全に自由にして、而も何等の矛盾衝突を感じない状態であらねばならない。能《よ》く人はいふ、自分で自由を主張するならば、同時に他人の自由も尊重しなければいけない。是に於て他人の自由を尊重するの義務を生ずる。即ち一種の拘束を甘んじなければならない。併しながら自分の自由を尊重するが故に、他人の自由を尊重すべしといふのは分るけれども、他人の自由を尊重するが故に、自分の自由は之を制限しなければならないといふ理窟は分らない。他人の自由にして尊重すべくんば、亦自分の自由も同様に尊重すべきであるからである。けれども今日の我々の性能の発展の不完全なる状態に於ては、自分の自由と他人の自由との間には矛盾がある。けれども我々は理想として有《も》つて居る所の無限に発達を遂げた最高絶対の世界に於ては、我々は自由に活動して而して他人の自由と衝突しないやうになつて居なければならない。自分の自由の活動が他人の自由と相犯すやうであるならば、それは即ち完全の状態であるといふことは出来ない。即ち総ての人が自由勝手に振舞つて、而も社会の間には立派に秩序が立つて居るやうな状態でなければならない。即ち社会に一定の秩序を立てる為めに、換言すれば社会に一定の秩序を立て、以て我々の生活を適当に規律するが為めに、強ひて人の自由を束縛するやうな組織が必要でない。此の状態に於ては、総ての人が何等他から強制せらるゝことなくして、個人としての生活も又団体の一員としての生活も、完うし得るものでなければならない、即ち強制の必要の無い状態である、即ち政治組織の必要の無い状態である。此の意味に於て我々の社会的理想は、一種の無政府的状態であるといふことは云へる。但しこれは我々の無限に、努力して獲得し得べき境地である。他の方面からすれば、永久に到達することの出来ない遠い〳〵先きの理想的目標に外ならない。随つて現実に於て我々は不完全なる総ての人の自由勝手に任せては、社会的秩序が維持せられない。総ての人の自由に任せて置けば、彼等は自ら自由を得んとして自由を失ひつゝあるから、そこで社会的秩序を強制的に立てる必要がある。是れ即ち今日の不完全なる世の中に於ては、一種の強制組織を必要とする所以である。

現実の立場から観ると、我々の理想郷といふものは永久に達せられないのであるが、到底これは一片の空想に止まると諦めて可《い》いかといふに、さうではない。我々は此の理想郷に何処までも熱情を以て之を獲得せんが為めに努力しなければならない。併し到底実現せられないものに努力するのは、馬鹿気て居るではないかといふ人もあらうが、理窟を考へて見れば、成程馬鹿気て居る。けれどもどうしても之を目標として努力奮闘しなければならないといふ熱情が、我々人類の精神の奥底にある。而して是れ実に神の我々に先天的に与へ給ふ所にして、即ち人格建設の宗教的理想が是れである。一方から観れば、無駄のものに対する憧がれである。けれども此の無駄のものに対する憧がれが、どれだけ人生を高めるものであるか分らない。これが無いと、一時目前のものゝ色々社会に害を残すことがある。刑を維持せんが為めに、刑無きを以て刑の理想とするといふことがあるが、刑罰を行ふものが、結局世の中には刑罰に触れるものが一人も無くなれば宜いといふ考を以て之を取扱ふ場合に、大に意味があるけれども、之を忘れて刑罰の為めに刑罰を行ふといふことになれば、無益に人を刑して顧みないといふことになる。どうせ刑罰に触れるものは一人も無くなるといふやうな世の中になりやうが無いといつて、刑無からしめんが為めの努力を無駄といふのは、医者が一人も病人の多からんことを欲し、坊主が一人でも死者の多からんことを望むと同じやうに、余りに目前の利害に極限したる見解である。医者も匙《さじ》を投げて命旦夕に迫つて居る病人に対しても其の親たり子たるものが無駄と知りつゝ、余の目も触れず慰藉《いしや》と看護とに心を砕くやうな、一種の熱情を社会向上の理想に持つといふことは、我々に植ゑつけられた高尚なる性格として、之を何処までも尊重しなければならない。

之と反対に、又到底現実に出来もしない理想的状態を目前に出来ると妄信するのも、亦誤りである。人間が総て他から強制せられないで、而して立派な理想的社会を造り得るとするのは、永久に達することの出来ない而も我々の努力の直接の目標たる所の理想郷である。之を近き将来に実現が出来るやうに考へるのは、一種のユートピアンである。又之が今日でも実現の出来るものであるが、それが実現の出来ないのは、色々之を妨げて居る原因があり、此の原因を取り除きさへすれば何時でも実現が出来ると考へるのは一種の革命主義者又は彼の無政府主義者である。此等も亦我々は排斥しなければならない誤つた思想である。

要するに我々は、一種の無政府的状態といふものを健全に実現し得べきものとする考は理に於ては飽くまで排斥しなければならない。けれども情に於て之に一種の熱情を持ち、今日の強制組織今日の政治生活も、亦畢竟《ひつきよう》此の最後の目的に達する為めに必要の手段であるといふ見地を忘れてはならない。

四

無強制の儘では社会の秩序を維持せらるゝといふ理想的状態が永久に達せられない以上、而も社会には一定の秩序を律するの必要ある以上、今日進歩発展の途中に於て、我々には即ち未だ理想的状態にまで達しない不完全なる我々に取つては、社会の一員としては我々の生活を規律する為めに、此にどうしても国家的規範が要る。而して国家的規範の重もなるものは、道徳、風俗、習慣、其の他色々のものがあるが、其の外に我々の団体生活を外部的統制する一つの仕組みが必要である、即ち強制組織が必要である。此の我々の団体生活が強制組織に依つて統制せらるゝ方面を、即ち国家生活といふのである。政治とは畢竟此の統制の現象をいふに外ならない。

斯う考へて見れば、我々の団体生活の理想は即ち最後の理想は、無強制の状態である。けれども現実の団体生活に於ては、どうしても強制が必要である。そこで我々の国家生活又は政治生活は、無強制の状態に至らんが為めの我々の努力に無限に附き纏ふものであつて、言はゞ此の国家生活又は政治生活の無限の継続の上に、我々は無強制の状態を求めなければならない。故に理想的の意味に於ては、我々の国家生活は第二次的のものである。けれども現実の生活に於ては、我々の国家生活は第一次的のものと謂つて宜い。此の関係を適当に了解せずして、唯だ今日の強制組織が必要だといふ方面のみを取れば、即ち偏狭なる国家主義となる。国家が大事だ、統制組織が大事だ、否な統制組織其のものが総てだといふ処からして、其の統制組織其のもの丶為めに、一切万事を切り盛りする所から、丁度医者が病人の多からんことを望み、坊主が死人の多からんことを欲すると同一の状態を来たす。例へば軍隊は何の為めに要るか、畢竟社会の平和の為めに要る。之を忘れて軍隊が必要だといふことのみを考ふれば、軍隊の為めに社会の利益を犠牲に供し、時には軍隊精神の鼓舞作興と称して、無益に社会の平和を蹂躙せんとするに至ることもある。我々は現実に於て国家的強制組織の必要を此処まで高調されないけれども、それは我々の理想から云へば、畢竟第二次的のものであつて、さういふ統制組織とかいふものが、全然必要の無いやうになるのが我々の終局の理想であると謂はねばならない。此の点に於て所謂無政府主義者の説く所には、亦一面の真理あることを忘れてはならない。唯だ従来の所謂無政府主義は、此の畢竟理想を語る所のものをば、我々の生活の中に面《ま》のあたり実現が出来ると考へた点に重大な誤謬がある。

五

我々の宗教生活は、信仰に於て絶対と一になるものであるから、其の間に外部的強制を容るる余地が無い。我々は神に絶対に服従する。けれども我々は同時に自ら神となるのである。此の境地に於ける我々の団体生活は、又無強制の生活でなければならない。此の生活に於て我々は矢張り神を崇める。けれども神を我々の支配者として見るのではない。何故なれば、此の絶対的状態に於ては支配服従の関係を認めないからである。併しながら支配服従の関係を認めないといふことは、決して神を蔑《なみ》すといふことではない、神が我々の生活の中心であるといふことは固より言ふまでもない。

斯ういふ考は、耶蘇《ヤソ》教の発達に於ても昔は分らなかつた。即ち旧約の時代に於ては、神を正義の神となし、正義に依つて我々を支配し我々を命令する、所謂万軍の主である。即ち旧約時代に於ては、万軍を指揮する大将軍を想像して神を考へ、極端なる命令服従である、専制主義である。けれども基督《キリスト》出づるに及んで、神は即ち愛の神となつた、万軍の主でない、カイゼルでもない、即ち我等の人情の源である所の父となつた。新約時代に於ては最早エホバとは云はない、アバ父よと神を呼ぶ。即ち曩《さ》きの命令者は今や父として、之を愛慕するといふことに変つた。これが実に又我々の国家生活の理想を示すものではあるまいか。

外の国のことは且《しば》らく之を措く。少くとも我が日本帝国に就いて之を考ふるに、我が国に於ても無論現実の問題としては、飽くまで天皇の主権に依つて社会を統制するといふことは必要だ。最も鞏固《きようこ》なる強制組織を陛下の周囲に打立て、我々は絶対に之に服従するといふことは必要である。けれども帝国の永遠の理想としては、斯ういふ強制組織が無くなつても、即ち命令服従の関係が無くなつても、日本といふ国が立ち行くといふことに置かねばならない。即ち帝国の永遠なる理想に於ては、命令、服従の関係強制組織といふもの丶非認でなければならない。之を今日に非認するといふのなら、危険此の上もない思想であるけれども、これが無くても済むやうに国民を導くが為め命令、強制が必要だといふ見地は、何処までも取つて行きたい。そこで将来の遠い理想郷に於ては、命令服従の関係が無くなるとすれば、主権者たる天皇はどうなるかと疑ふ人もあるだらうが、それが即ち耶蘇教の歴史で示されてある通り、命令の君が一転して愛慕の君となることである。万軍の主が一転してアバ父よと呼ばるゝことに依つて、人類に対する神の関係が猶ほ一層深くなつた如く、命令者主権者としての天皇は、本当の意味に於て我々の愛慕の焦点となるならばこれ程国の為めに幸福のことはない。我々は我が国の皇室をして、将来命令者主権者として望むの必要なからしめんが為めに、主権者命令者として之を今日に尊崇したい。斯く考ふることに依つて、我々の国家生活と宗教生活との間に立派なる調和が成立ち得ると考へる。即ち我々の宗教生活は、或る意味に於ては我々の国家生活の理想の暗示であらねばならない。

〔『新人』一九一九年九月〕

国家生活の一新

（一）旧時代に於ける国家生活の理想

――国家の偉大――富国強兵――偉大観の変遷――維新後の国是――

国家が其一員たる国民に向つて何を要求するか、また何を要求したか、他の言葉を以てすれば国家の経営の為にする我々の生活――国家生活――に於て我々の達成せんとする目的は何か。云ふ迄もなく我々の生活には色々の方面がある。其中《そのうち》国民としての生活――国家生活に於て、我々は何を目的として活動して居つたか、又何を目的として活動すべきであるか。此問題に対して、一番包括的な、一番無難な答案は「国家の偉大」といふ事である。国家の我々に要求する所も之れであり、我々国民の活動の理想的目標も之れであるといふに於て何人も異論はあるまい。只《ただ》此問題を更に一歩進めて、如何にして国家の偉大を計る事が出来るか、又何うする事が国家の偉大を計る所以《ゆえん》になるかと問ふに及んでいろ〳〵説が分れ得る。

「国家の偉大」と云ふ抽象的名詞に具体的内容を盛らうとする段になると、各人各様の意見がある。或人は八八艦隊を一刻も早く完成することだと云ふだらう。或人は東洋の覇者たるの実を挙ぐるに足る丈《だ》けの十分の陸軍を有《も》つことだと云ふだらう。産業の一層大なる発達によつて経済的並びに財政的の基礎を確立することだと云ふ人もあらうし、学術技芸の進歩を計る事だと云ひ、又は宗教道徳の振興を計る事だと云ふ人もあらう。而して国家を代表し又直接に国家経営の任に当る当局者に向ひ、若くは自ら国家の為めに心身を労して居ると称する所謂《いわゆる》有識階級に向て、何を以て国家の偉大を計らんとするやと問ふならば、彼等は必ずや陸海軍、産業、学芸、宗教、道徳以上すべての方面に於て国民全体の能力を開展することによつて之を期すると答ふるであらう。口ではさう云ふても実際彼等は以上すべての方面に亙つて国民的能力の開展を忠実に計つて居つたかと云へば、何人も其然らざるを見るに苦しまない。官民の何れを問はず、今日までの国家経営の方針や国家の為めにする国民全体の努力は、決して以上各方面に亙る有機的関係を考察し其上に統一的の政策を施した形跡は更に無い。極端に云へば、さうしようと考へた事すら無いのではないかと疑はれる。之を他の半面から云へば今日までの我々の国家生活に於ては、疑もなく或何物かが或る他の何物かの為に犠牲にされて居つた。少くとも或る何物かが或る他の何物かの手段として辛うじて其維持を許られて居つたと見ねばならぬものがある。さういふ偏頗《へんぱ》の事をしたのかといへば当局者などは否と答ふに極つて居る。毎年の吉例として議会の開会の際に当局者の朗読する施政方針に明かなるが如く、政府では国民生活のすべての方面に亙つて遺憾なき総花を振り撒《ま》いた訳になつて居る。然し実際は決して此理想通りになつて居ない。一つの例を国民教育の制度に取つて云ふならば、制度の上では修身とか倫理とかいふものを一番大事な課目として居るに拘《かか》わらず、実際に於て此課目は之も制度上丈け重要視せらるゝ体操と共に、最も軽蔑せられて居るではないか。体操と修身の不成績は児童本人は勿論、父兄も更に之を苦としない。或学校などに於ては他の高等な学校の入学試験が迫ると、其上級生に向つて体操と倫理の時間を潰して数学や英語などをやらして居ると聞いて居る。此等は極めて小部分に於ける一つの例であるが、斯う云つたやうな例は他に幾許《いく》らもある。否、比々《ひひ》皆然りと云つてい丶。而して此事は何を意味するかと云へば、今日の国家が国民のすべての能力を要求して居るのではなくして、或一方のみを特に求めて居るといふ事実を語るものではないか。他の言葉を以て云へば、国民の能力を或偏つた方面に集中せしめ、又は其偏つた方面に国民的能力の主たる活動を期待し、更に進んで斯くの如き特殊の方面の活動に適するものを人材として特に要求すると云ふ風潮を語るものではないか。斯くして近代に於ける我国の国民個々の活動に期待する所のものは、之を国民の方から観れば、彼等の国家生活の理想とする所のものは、少くとも主たる目標とせられたものは、或偏つた一方であると云はなければならない。

然らば其偏つた一面、而して之が為に他の多くの方面が犠牲とせられ、又手段とせられたものは何かと云へば、一言に約して之を富国強兵の理想と云ふ事が出来ようと思ふ。金と力との充実を図る事である。国家の物質的勢力の振興を図る事である。此外には無いとは云はないが、兎《と》に角《かく》之が主たる目標であつて、之が為めに如何に他の多くの方面が犠牲に供せられたかは、深く問はずして読者の諒とせらるゝ所であらう。人によつては国富めば兵弱からざるを得ずといふ所から、貧国強兵の理想を取るべしと云ふものもあるが、併し故《ことさ》らに貧国を理想とするとまで極言したものはない。兎に角近代我国の国家経営の方針が、如何にすれば産業の振興を図り得るか、如何にすれば軍国的設備を完全ならしめ得るかと云ふ方面に殆んど其全力を注いだ事は疑を容れない。之が「国家の偉大」を図る所以であると信じて居る人の少からざるは云ふ迄もないが、よしんば意識的に其処まで考へて居なくとも、労働者が労資関係の革正を求むれば、一国産業の衰替を如何せんといひ、又軍備制限の声を聞いては、斯くては日本は三等国、四等国に落ちるの虞《おそれ》ありなど、説くものあるは、皆暗に富国強兵の理想に立つものなるを語るものである。

予輩が茲に国家生活の一新を説く所以は、右の富国強兵の理想を以て正に旧時代の遺物たらんとすと観るからである。戦争以前までは之でよかつたとは云はないが、兎も角も之れでやつて来た。又之を捨て、は世界の競争場裡に立つことも出来なかつた。けれども今度の戦争の結果として国家生活の此理想は遂に茲に一新せざるを得ざるに至つたと予輩は認むるのである。

斯う云ふと国家生活の理想はさう急に変るものではない。少くとも富国強兵の理想の如きは国家の生命の物質的条件であり、而して生存競争の絶滅せざる以上此点に努力することは永久に変るべき道理はないと云ふ。併し此説には其儘賛同することは出来ない。無論国家の永い生命と云ふ点から観れば、其物質的基礎を固むるの必要あるは素より云ふ迄もないけれども、之が意識的に国家政策の上に現はるゝのは、主として外国との交渉が開けた時に限るので、昔のやうに島国として世界と全然没交渉な孤立生活を営むで居つた時代には、国家内部の各階級の生存競争□争と云やうな事はあつたけれども、国家全体として富国強兵を理想とした事はない。而して我国の歴史を読むと、大体は孤立没交渉の生活であり、稀《まれ》に支那、朝鮮と交渉を開いた時代もあるが、此等外国交際の刺戟によつて促がされた当時の所謂国民的活動は、常に必ずしも富国強兵といふ方面に奔《はし》つたのではない。予輩の観る所にして誤らずんば、我日本民族は斯《かか》る場合に常に其当時の世界に於て国家偉大の要素として最も重んぜられたものを早く着眼して、何よりも先きに之を我物とせん事を努めたと考ふるのである。我国が古来高尚な固有な文明を有つてゐなかつた事は隠すことは出来ない。始めて朝鮮と交通し、初めて支那と交通した時に、我々の祖先は隣邦の偉大に対して常に多少の圧迫を感ぜずには居られなかつた。而して隣邦の偉大に眩惑して文化的奴隷の境遇に陥るのは弱少民族の常であるが、我々の祖先は毎《つね》に負けじ魂を振ひ起して、対手《あいて》の有つて居る丈けのものは我も亦之を具備して、対等の地位を確実に主張せんと努めた事は、我々の密かに誇る所であり、又感謝する所である。そこで我大和民族は金と力とを有つて国家の偉大を表徴する時代には之によつて一等国たらんと努めるが、又文物制度を以て国の大小を定めた時代には、即ち之によつて我も亦高級の国たらんと努めた。其努むる所の方面の何たるやは時代によつて同じくない、同じきは只各時代に於て其当時の世界が最も重きを置いた方面に専ら力を注いだと云ふ点である。支那と始めて交際した奈良朝平安朝時代に於て、大和民族の負けじ魂が専ら力を注いだ方面が支那の制度文物の摸倣であつた事は云ふ迄もない。支那は如何に大国でも武力を以て臨んだ所があの頃としては何にもならない。彼が傲然として我を眼下に見下したのは燦然《さんぜん》たる文物制度を以てゞある。支那に使するものが如何に彼の剛岸〔傲〕に憤慨したかは、明かに歴史の我々に教ふる所である。推古天皇が日出る所の天子日没する所の天子に書を送ると書いたのも、畢竟《ひつきよう》対等の地位を主張すると云ふ一種の敵愾心《てきがいしん》から起つたものと云はれて居る。当時の人は盛に支那文を習つた。支那の制度を摸倣し又支那に倣《なら》つて我国の過去を飾る為めに歴史を修めた。其努力の結果はやがて支那人に劣らざる立派な詩文を書き得るものも出来れば、又大宝令の如きものも出来た。態々《わざわざ》日本の二字を冠した日本書紀などは、実は我々にも斯う云ふ立派な過去があると云ふ事を支那人に見せる為めに書かれたと説く人もある。何れにしても当時の識者が新らしい国際関係に入つて国家の偉大を主張するが為めに如何に全力を挙げて文化開発の為めに尽したかと云ふ事が分る。之を以て観ても国際関係に於て努力する所のものは、如何なる時代でも富国強兵に限ると云ふべきでない事が明かであらう。

尤《もつと》も現代のやうな国と国との距離の極めて近くなつた時代、而かも生存競争の激烈になつた時代に於ては、富国強兵が主たる着眼点とならざるを得ない。而して今日のやうに時勢に執着するものは富国強兵以外に大事なものが無いやうに考へるけれども、併し我々は今日の時勢を以てすべてを律してはいけない。近代の日本は時勢に順応せんが為めに、富国強兵の為めに努力したといふのはいゝ。富国強兵が永久に国際交通に於ける国家的活動の目標でなければならないといふのが謬《あやま》りである。国家的活動の目標は時によつて変り得る。変らざるものは只国民の順応性のみである。而して此順応性が近代の日本をして富国強兵の理想に奔らしめた如く、更に新しい時代に進んでは自ら又他の方向を取らしめなければならない。そこで問題は此富国強兵の理想が戦後に於ても尚《なお》継続せらるべきものであるかどうかと云ふ事になる。

現代の日本を作つた先輩の政治家、即ち維新の元勲並びに其直接の門下生が、如何に富国強兵の理想に執着したかは、彼等が初めて見た当時の世界が、如何なる形勢にあつたかを考へれば直ぐ分る。明治元年は西洋の暦で一八六八年に当る。普墺戦争が過ぎて普仏戦争が準備されつゝあつた時ではないか。即ち外交界に権謀術数の最も盛んに行はれ、虎視眈々《たんたん》として隙あらば乗ぜんと各国皆爪牙《そうが》を磨いて居つた時代である。金なく力なきものは、よし他に如何なる文化の実を蓄へても、国際関係に於て殆んど何等の発言権を認められない。加之《しかのみならず》、やがて普仏戦争に於ける独逸《ドイツ》の勝利は益々富国強兵の福音を強め、軍国的帝国主義の流行を盛ならしめたから、之を第一印象として受け入れた我国先輩政治家の幼稚《ようち》なる頭脳が、国際関係と云ふものについてどう云ふ思想を作つたかは略《ほ》ぼ想像することが出来るであらう。

単に之ばかりではない。西洋諸国を貪婪《どんらん》飽くなき怖るべき侵略者と観る考は已《すで》に幕末の所謂識者間に通有の観念であつた。民衆の大部は勿論、武士階級に属する者と雖《いえど》も多数は西洋の事を知らなかつた。中には三尺の秋水以て夷狄《いてき》を攘《はら》ふに足ると信ずるものすらあつた。数艘の漁船に藁《わら》を山と積み、敵船に近き自ら火を放つて風上より押し寄せ、以て黒船を火責《ひぜめ》にし得べしと真面目に計画した時代である。けれども少数の識者は乏しき材料によつて西洋の文物に接し、殊に其物質的文明の偉大なる進歩に驚嘆して殆んど為す所を知らざる有様であつた。偶々《たまたま》露艦の北海に遊弋《ゆうよく》するの報に接し、又米艦の堂々と浦賀に来つて通商を求むるを聞くに及んで、彼等は其裏面の異図測るべからざるものあるを警告して止まなかつた。此考が余程維新当時の先輩の識者に影響して居る。表面対外硬を装うて内実案外な恐外病に囚《とら》へられて居るのは、恐らく一つには此辺に原因があると思はる丶。そして彼等が自ら眼《ま》の当り日本新政府の責任者として西洋諸国と折衝する段になると、当時の世界の形勢が前述べた通である所から、益々富国強兵の大事な事を痛感せざるを得ない。固より彼等は其他の方面に於てもいろ〳〵西洋文物の圧迫を感じたには相違ない。けれども何となく我々の軽んぜらる丶所以、而して若し之を備へれば優に重きをなし得たらうと云ふ点を専ら富国強兵に認めた事は争ふことを得ない。斯くして彼等は新日本の建設者として固より各方面に熱心な努力を注いだのではあるけれども、併し主として力を注いだ点が富国強兵であること、又此為めには多少他のものを犠牲にすることを厭はなかつた事も亦争ふことを得ない。若し新日本の政治的建設が富国強兵一点張りの極端な努力から少しでも免れた点がありとすれば、そは僅かに高明達識な故伊藤公あるが為めに過ぎない。

富国強兵を以て国家生活の主要の目標とし、而も此点に於て足らざるを感ずる国民の動《やや》もすれば陥る弊害は、強者に対する猜疑、嫉視である。更に進んで一種の排外思想である。斯う云ふ考が官民を通じて如何に強烈であつたかは、明治の初め廿余年間の歴史を回顧すれば分る。自信の無い政治家を集めた政府は外交問題については必要以上に軟弱である。而して彼等は自己の責任を外国の強圧に転嫁して国民を瞞着《まんちゃく》するを常とする。(斯くの如きは今日の支那に於て我々の観る所である。) さらぬだに外国の事といへば猜疑心に富む国民は、直ちに昂奮して徒《いたず》らに呪咀《じゅそ》の悪声を放ち、果ては常軌を逸して故なく外人に侮辱を与ふるやうなものも現はれる。古くは生麦事件、更に後れては大津事件の如きは皆此類である。此種の罪悪に対して、国民は心中密かに痛快を感じて居つたに観ても、当時の対外気分は分る。予自身の少年時代の記憶を回想しても、小学一二年の児童に「万国公法ありとても」弱肉強食の世の中で我々は一刻も油断が出来ないとか、「三千余万の兄弟共《あにおとども》よ」外国の侵略に対して大いに我国を護らなければならないと云ふやうな唱歌を盛んに教へたのみならず、時々県庁から派遣さるゝ巡回講演などで我々の聴かされた題目は、西洋人の怖るべきことや、元寇の乱の時のやうな勢で彼等を駆逐せねばならぬと云ふやうな事である。今から考へれば乱暴極る教育法であつたと思ふが、当時の先輩識者が之によつて初めて国運の勃興を期し得べしと善意に考へた事は疑を容れない。此点に於て当時の日本の国民思想は恰度《ちょうど》今日の支那に髣髴《ほうふつ》たるものがある。何れにせよ此等の現象は、外国文物の圧迫を専ら富国強兵の方面に於てのみ考へた事を語るものであつて、他の一面に於て又先輩の政治家をして専ら富国強兵を念とせしめた事を明かにするものである。

　今から観れば間違つた考ではあるけれども、兎に角此等の先輩の苦心は相当に成績を挙げた。彼等の苦心は日清、日露の両戦役に亙る十年間の活躍時代に於て遺憾なく酬《むく》いられた。初めて支那と戦争をした時、彼等はあれ程自分を強くなつたとは考へなかつたらしい。次いで北清事件に於て列国と並んで抜群の武勲を示した。やがて世界の恐怖たる露西亜《ロシア》と戦ふに及んで初めて力の自信が出来た。富国の点に於て未だしとする所ありとするも、強兵の点に於ては最早や世界有数の軍国と自負していゝ。斯うなると自然心に余裕も出来て昔のやうに徒らに外国を呪はない。徒らに外人を侮辱して得意とするやうな陋風《ろうふう》が無くなつた事は云ふ迄もないが、小学校の唱歌にした所が、花が咲いたとか月が出たとか、兎と亀が競走したとか極めてのんびりとした事に代へられて了《しま》つた。尤も一部の間には外国殊に特別の関係ある強国(例へば米国)に向つて廿年前のやうな一種猜疑嫉視の眼を放つ僻《へき》見《けん》者流もあるけれども、大体に於て今日の日本人は弱い者が強い者を呪ふと云ふ態度より免れた事丈けは疑が無い。併しそれ丈け又他の一面に於て我々には富国強兵の目的の達成に於て成功したと云ふ自信が出来た。見様によつては自惚《うぬぼ》れに過ぎる程の自信が出来た。此点に於て恰度ビスマルクの成功が益々独逸をして侵略的軍国主義に走らしめたやうに、又成金が其成功によつて悪辣《あくらつ》陰険な掛引を得意気に誇るやうに、富国強兵を以て益々国家政策の動かすべからざる根柢と信ずるやうになつた。此事は殊に日露戦争後我国に於て金持と軍人並びに彼等の偏見が如何に社会の上下を風靡《ふうび》して居るかを観れば深く問はずして明かであらう。

併し此風潮は独り日本ばかりではない。西洋諸国では今日日本を兎も角も一等国の斑に列せしめて居るが、一体日本が何を以て此待遇を受けて居るかを観るならば、蓋《けだ》し思ひ半ばに過ぎる者があらう。残念ながら我々は一般文化の発達に於て尚遥かに彼等に及ばない。而かも尚彼等が我を一等国として取扱ひ、我亦甘んじて此待遇を受くる所以のものは、所謂富国強兵と云ふ方面に於て多少恃《たの》む所あるが為めではないか。然らば即ち今日世界が国の等級を分つ標準として居る者は、一般文化ではなくして富国強兵の点であるといはなければならない。現に我国でも軍備縮少論に対して、之に手を着けては我国の一等国たる所以のものはなくなるからと云ふ丈けの理由で之に反対した将軍もあつた。

我々は強いて二等国三等国に落ちたくはない。一等国の地位を永く保つ為めに富国強兵が必要とあらば、此大勢に順応することに必ずしも異議は無い。けれどもよく考へて見ると此富国強兵の実すらが又他の一般文化の開発に根柢するものであり、従つて前者の為めに後者を犠牲にするの誤なるを思はざるを得ない。そこに富国強兵一点張りの方針に大いに異議を唱へざるを得ないのであるが、今や我々は今度の戦争の結果として富国強兵を唯一若くは主要の理想とした政治的観念が変りつゝあることを認むるものである。国際関係に於て何を一番大切とするかの目標の不変なるものにあらざる事は前述べた通りであるが、今や我々は戦後の新らしき世界に入らんとして永き悪夢より覚め、茲に国家生活の行程を全然一新せんとして居る。

（二）　戦争の影響としての道義的醒覚

――従来の戦争――戦争観の一変――戦争目的の普遍化
――労働者勢力の増進――戦争に対する道義的支配の発達

国際紛争の解決を戦争に俟《ま》つと云ふ事はどう考へても「道理の支配」と全然相容れないものであることは疑ひない。泥棒の仲間にも一種の道徳的規約が存する如く、戦争にも戦時公法の規定はあるが、之すらもいろ〱の口実の下に蹂躙せらるゝことが多い。我々は戦時公法の発達に於て道義的支配の要求が深く人心に根柢して居ることを認めずに居られないけれども、已に国際紛争の最後の解決が常に腕力に訴へらるゝの事実ある以上、残念ながら国際関係の無政府的状態を承認せざるを得ない。従つて国と国との争といへば要するに慾の衝突に過ぎない。慾の衝突の真中に立つて勝者たらんには、少くとも自滅せざらんが為めには、どうしても富国強兵の実を挙げなければならない。富国強兵は実に国家存立の第一義であつた。そして何か外国と争ふ事あれば即ち其蓄ふる所の富と、其養ふ所の力とを以て自己の意思を他国に強制せんとする。対手が聴かなければ即ち干戈《かんか》を執つて戦陣の間に見《まみ》えることになる。斯くして一旦戦争となれば最後まで奮闘してやめない。理が非でも押し通す。而かも一旦剣を抜いた以上は先に求めた所のものが承認された丈けでは戦争を罷《や》めないので、更に飽く迄突進して侵し得る丈け、掠め得る丈け敵に迫つて我に奪ふ。斯くすることが富国強兵を以て立つ無政府的国際関係に於て各国家の執るべき最善の策であるからである。従つて従来の戦争に於ては其戦争の原因となつた当初の目的の何であつたにしろ、兎に角一旦戦争となつた以上は、一方が他方を終局的に厭服《ようふく》する迄は止めない。死ぬまで戦ふと云ふ点に於て恰度軍鶏《しゃも》の喧嘩のやうなものだ。

一旦戦へばい丶加減な所では止めないと云ふ丈け、欧羅巴《ヨーロッパ》諸国の政治家には其結果の重大なるを顧慮して容易に戦争を開かないと云ふ用意もある。彼等が自ら緊急した且つ険悪な外交舞台を作りながら、尚戦争の勃発を怖れて如何に之を未然に防がんが為めに弥縫《びほう》に弥縫を重ねて苦心惨憺したかは、最近の外交史を繙《ひもと》くもの丶明かに知る所である。されば今度の戦争についても所謂外交通なるものは今度も開戦を見るには至るまいと予言したものは多かつた。予言は当らなかつたけれども、当らないのが寧ろ本当の外交通の見識であつたと見てもい丶。

加之、欧羅巴の人々一般の間には戦争に対しては我々と全く違つた考を有《も》つて居ることにも注意しなければならない。欧羅巴の人々は近代に於て幾度か戦争の惨禍を経験し、為めに出来るものならば成る丈之を避けたいと云ふ考を有つて居る。一体戦争と云ふものは之を屢々《しばしば》経験するものに対して之を避けたいと云ふ考を愈々《いよいよ》深からしむる者である。只此点について我々日本人は一種特別の立場にあるが故に、我々の考を以て一般欧羅巴人を忖《そん》度《たく》することは出来ない。最近代に於て最も屢々戦争の経験を積んだものは寧ろ我日本であるが、併し我々のやつた戦争は日本に於て戦はれたのではない。戦争は勝つても負けても兎に角戦争となつた箇所に於ては或は家屋田畑が荒され、或は少くとも一時他邦に流寓する憂目を見て随分苦い思をさせられるものであるが、最近日本の闘つた戦争はいはゞ他人の家へ行つて喧嘩したやうなものであつて、之が為めに障子、唐紙が倒れたとか、又、瓦《ガ》斯《ス》、電灯や茶碗や土瓶が壊れたとか云ふ惨憺たる光景の被害者は朝鮮人や支那人であつて、我々日本人は之を想像することすら怠つて独り戦争の勝利、国力の発展、総じて之を云へば徒らに前途の光明に酔ふばかりであつた。幸か不幸か、我々のやつた戦争は皆此種類のものであつたから、度重ねた割に戦争の惨禍に対する深刻な経験はない。否、兎もすれば戦争は面白いものと云ふやうな上つ調子の考に刺戟されて、西比利亜《シベリア》の出兵など丶云へば直ぐに「よからう」と云ふやうな気分になる。好戦国民と云ふ批評は誣妄《ふぼう》としても、少くとも戦争に一種の興味を有つと云はれては一寸弁解の辞に窮する。而して此気分から推して西洋の人も何かと云へば直ぐ兵を動かして国力の膨脹を計りたがると思ふならば之れ大なる誤りである。此点に呉々も読者の注意を喚起して置きたい。尚西洋には我々の想像以上に一種の非戦気分――何とかして戦争を未発に防止したいと云ふ気分に富んで居るかは、戦争の度毎に生れる所謂戦争文学等を見れば分ることを一言して置く。

であるから欧羅巴では大抵の事ならば戦争を避ける。殊に近代の様に欧洲の六大強国が二大団体に分れて相対峙して居ると云ふやうな形勢の下に於ては、其結果の容易に測るべからざる者あるを顧慮して、避けられる丈けは戦争を避けようといふ考に強く支配されてあつた。而してそれにも拘《かかわ》らず今度の戦争の勃発を見たとすれば、そはよく〳〵の事であると見なければならない。不断隠忍に隠忍を重ねて居つた時、一旦破裂すればもうい〻加減な所では止めない。それ丈け又戦争に大いなる熱を有つのも当然の道理であるから普段の非戦気分が一転して強烈なる戦争気分に変つたのも亦怪むに足らない。即ち彼等は開戦以前の外交的苦心と同じ程度の熱度を以て戦争の遂行に従事し、最後の血の一滴を流すまで飽くまで奮闘せんとするの志を固めたのである。

開戦の当初羅馬《ローマ》法王や亜米利加《アメリカ》の大統領は頻《しき》りに調停を試み、此両者が調停者として名乗りを挙ぐるは怪しむに足らないが、結局何の役にも立たないと云ふ事も亦明かであつた。何故なれば所謂公平なる第三者が相当の条件を以て「い〻加減に罷めないか」と云つてオイソレと之に応じ得らる〻位なら、彼等は初めから戦争をやらなかつた筈であるからである。避けられるものなら避けようと云ふので、あらゆる手段を講じて見た。にも拘はらず、遂に戦争の勃発を見るに至つたとする以上、最早や大抵の事で止める訳に行かない。法王の調停も大統領の仲介も実際上何等の効果を見なかつた所以である。

そこで最初世人は此戦争は双方共に最後まで戦う決心であると観た。尤も何れの一方がどの位の時期で全然他方を屈服するかについては観る人によつて説を同じうしなかつた。瞬く間に独逸《ドイツ》が勝つと云つたものもある。聯合軍の勝利を信ずるものは比較的に永い将来を期したが、それでも長くて三年位と見た。而して段々戦争の進むに従ひ、双方容易に屈するの色なく、漸次持久的形勢を現出するに及んで結局五年か十年の後に双方共倒れになるのではあるまいかと見る者さへあつた。「共疲れの戦争《ウオア・オブ・エキゾースチヨン》」と云ふ言葉は屢々新聞雑誌にあらはれて居る。要するに此戦争は慾の衝突である。一旦戦争となつた以上は道理の文句を云ふ余地は無い。第三者の調停に耳を傾けず、最後まで戦ふと云ふ運命に置かれてあるのだから、一方が他方を全然屈服するにあらずんば、双方共々精も根も尽き果てるまで平和関係の克復する見込は無い。斯う云ふのが在来の考に基く今度の戦争の一般の見方であつた。

扨《さて》、始めて見ると戦争はなか〳〵片附かない。遠からず勝つて見せると云ふ予想の誤りは間も無く悟つたけれども、戦局の限りなく拡大すること丶、戦闘方法の限りなく深刻を極むることは一々予想を裏切つて、何時終局を見ることやら丸で見当が附かなくなつた。之と共に民心も段々緊張して来るから意気は益々昂《あが》るけれども、生活の圧迫は日に〳〵募る。半年や一年は我慢も出来るが、二年三年となれば奈何《いかん》ともしようが無くなりさうになる。我々も交戦国の一つではあるが、戦争の本舞台の事は到底想像が附かない。敵国の独墺は云ふ迄もなく、味方の英仏にしても国の大半を挙げて戦争直接の仕事に当らしめて居ることを思はゞ、僅か数十万の貔貅《ひきゆう》を満洲の野に曝《さら》すこと一年にして内実非常の物質的窮境に陥つた我々としては少し深く反省すれば今度の戦争が如何に大いなる影響を欧洲の民心に与へたかは多少想像することが出来る筈だと考へるけれども、不幸にして我同胞は此点に於て、案外鈍感であつたことを惜む。故に我々がボンヤリして居る間に彼の地ではい丶方面にもわるい方面にも種々深刻なる変動が起りつゝある。之を知らずして漫然戦後世界の新形勢を語ることは出来ない。

今度の戦争によつて受けた深刻なる経験から欧洲の人々の熟《つ》く〴〵考へたことは、「斯う云ふ苦しみは二度と繰り返し度く無い」と云ふ事である。されぱと云つて彼等は決して戦争に厭きはしない。戦争気分も益々緊張して居るが、只之と同時に今度の戦争で国際紛争の種は本当の意味に於て根本的に解決して了ひたいと云ふ要求が油然として起つた。否《しか》らざれば他日復た此同じ苦しみを繰り返さねばならぬからである。而して今度の戦争の与ふる苦しみが深刻である丈け、それ丈け右の要求は熱烈を極めざるを得ない。

此要求の根柢をなす所の痛苦は、更に次のやうな事情によつて一層深められる。そは最近交通の発達に伴つて欧洲各国が物質的にも経済的にも殆んど単一の社会となつたといふ事である。昔は彼我交通の頻繁に行はれて居つたとはいへ、兎に角欧洲は数多き社会的個体の集合であつた。今日は僅かに政治的意義に於て斯くあるに止まり、社会的又経済的に観て欧洲は最早や個々の社会的単位の集合では無い。ノルマン・エンゼルは経済関係の錯綜より観て戦争の不可能を書いたが、更に雑婚其他の関係から精神的聯絡の国際的に密接なる状態を見れば、此間に戦争の勃発を予想するは親子兄弟の間に争闘を予想するが如く困難であつた。ノルマン・エンゼルの予言は見事に外れて遂に戦乱の勃発を見たので、一部の人は彼の立説の根拠を疑はんとするけれども、そは誤りである。戦争の勃発の為めに如何に欧洲の社会が苦悶懊悩したかは、偶々《たまたま》以て彼の説の誤らざりしを証明するものである。蓋《けだ》し今日の如く精神的にまた物質的に関係の密接になつた欧洲に於て、戦争の起るのはいはゞ内乱の如きものである。親子兄弟が敵味方に分れねばならぬと云ふやうな悲劇が珍らしくない。之も我々日本人の想像することが出来ない所であるが、兎に角此方面から来る非常な煩悶が戦争に伴つて起つた事を見逃してはならない。之が先に述べた戦争の圧迫と云ふ現象を通して直接に与ふる所の苦痛の感をどれ丈け強めたか分らない。

斯くして欧洲の交戦国民は敵味方共戦争は飽くまで遣る。けれども此苦しみを二度と繰り返したくはない。故に今度はどうあつても将来戦争の種となる様な問題は根本的に解決しなければならないと云ふ考を深くした。戦争に於て相当に流行した「戦争は人生の常態にして、永久の平和は一場の甘夢に過ぎず」と云ふ様な説を顧る余裕は無い。出来る出来ぬの論理上の判断は扠《さ》て措《お》いて永久平和に対する熱情は抑へ難き彼等の要求となつた。

斯くして茲に一つの新しい問題が起つた。それは戦争の根本的解決とは如何と云ふ問題である。他の言葉を以ていへば、従来の所謂根本的解決方法は果して本当の根本的解決なりや否やと云ふ問題である。

従来戦争の根本的解決と認め来つたものは何か。戦争は力争である。腕力の絶対的勝利は即ち其根本的解決である。双方共疲れの結果止むなく第三者の調停に聴いて、不得要領の講和を締結するは争端を他日に貽《のこ》すを常とし、従つて敵味方共に之を以て本当の平和克復を見たと考へないことは云ふ迄もない。然らば一方が全然他方を屈服し了《おわ》れば之で本当の解決を告げたのかと云ふに、成程目前の戦争は之で終つたと云ふに妨げなきも、今度の場合の如く二度と同じ苦しみを繰り返したくないと云ふ永久平和の熱烈なる要求から観れば、どうしても之を根本的解決として承認することは出来ない。何故なれば力尽きて已《や》むを得ず負けたものは所謂臥薪嘗胆《がしんしょうたん》の隠忍に内心満腹の憤激を躍らせ、機を見て他日の復讐を思ふべきを以てゞある。然らば従来の解決方法は之れ真の解決にあらずして、寧ろ第二の戦争を誘発するものに外ならない。斯くして欧洲の民心は其深刻なる経験の結果、従来の考へ方に疑を繫《か》け、戦争の根本的解決として従来とは全く違つた方法を求めねばならぬ必要を感じた。意識すると意識せざるとを問はず、力争の勝利のみによつて安んずべからずとするの考は、戦後一両年の頃から段々強くなつたやうに考へらるゝのである。

力を以て根本的解決の要素とすべからずとせば、之に代つて当然考へらるべきものは何か。云ふ迄もなく、そは「道義」で無ければならない。尤も斯く云ふと、道義でさばきが附かなかつたから腕力に訴へることになつたのではないかと云ふ人もあらう。成程其通りである。道義で最後のさばきを附けやうと云ふ要求は昔からあつたけれども、実際の場合になると、腕力にはかなはない。けれども腕力の横行を許しては我々の生活が立ち行かないから、そこで、段々我々は我々の力を組織立てゝ道義を後援とすることにした。今日我々の社会生活の如何に多くの方面に於て、道義が社会力を背景として一種犯すべからざる制裁力となつて居るかを観ば、思ひ半ばに過ぐるものがあらう。而して抽象的の道徳的原理を一種の社会的制裁力たらしむる所以のものは我々の熱烈なる共同的要求にある。而して此共同的要求が十九世紀百年間の歴史の上に人類の幸福に資すべき幾多のよき仕事を成し遂げたが、只国際関係の方面に於ては或る特別の理由によつて(此事は後に説く)十分なる制裁力を立て得なかつた。そこで国際関係は無政府状態に陥り、すべての紛争は腕力に最後の解決を求むることゝなつたけれども、併し之が国際関係の永久不変の姿では無い。人によつては国と国との関係は人と人との関係と其本質を異にし、法律と道徳とによつて支配さるべきものに非ずなど云ふものもあるけれども、之には何の学問上の根拠もない。而して斯くの如き状態が実に百年の長きに亙つて近代世界の人心を苦しめたのであつたが、殊に今度の戦争によつて遂に斯くあらしむべからずとするの熱烈なる要求が最高潮に達し、茲に国際関係を支配すべき一大制裁力としての国際的道義を確立せんとするの風潮が起つたのである。曲りなりにも国際聯盟なるものゝ出来たのも畢竟此結果ではないか。従つて道義でさばきの附かなかつた戦争の解決を更に腕力の争から取り上げやうとするのは再び無力無能なものに解決の役目を任かすといふのではない。改めて結束の力を後援として道義の貫徹に集中せんとする所に心情の一変を見なければならない。而して戦争の与へた経験の如何に深刻であつたかを考へる時に、我々は容易に此心情の一変を頷《うなず》くことが出来る。斯くして戦争未だ闌《たけなわ》ならずして交戦国双方の民心に於ける道徳的醒覚の第一幕は切り落された。

道徳的醒覚は戦争目的の普遍化と云ふ事からも来た。戦争目的の普遍化とは戦局の進展につれ参加国の殖えるに従つて各々特殊の目的を捨て丶共同の目的を立つるやうになつた事を云ふ。他の方面から云へば形は共同の敵に対する同じ戦争であつても、其戦争によつて達せんとする所の目的の実質が必ずしも同一でない所から、事実上は個々別々の戦争であつたのを、段々目的を一つにする所からして名実共に同一の戦争となつたことを意味する。戦争勃発の当時は、外交的形勢の当然の結果として英吉利《イギリス》も露西亜《ロシア》も仏蘭西《フランス》も一斉に起つた。けれども表面の口実は何であるにしろ、英吉利の此戦争によつて達せんとする目的は必ずしも露西亜と同一では無い。露西亜仏蘭西も亦然りである。只戦争遂行上共同動作を必要とするので単独不講和の条約など丶云ふものを結んだけれども、実質的に観れば少くとも当初は英独の戦争、仏独の戦争、露独の戦争と云つた風に個々別々の戦争の偶然の競合に過ぎなかつた。単独不講和条約の締結を必要とした事が、之れ取りも直さず個々別々の戦争であることの明白な証拠ではないか。何故ならば之れ無くんば我は戦争の目的を達したりと称して脱退するものがあるかも知れないからである。現に我国でも青島《チンタオ》の陥落した以上は速かに単独和議を講ずべしと主張したものもあつた。後亜米利加が戦争に参加した時も之を欧洲戦争に参加したと観るのは通俗の解釈であつて、米国当局者は我は全然独特の見地から独逸と戦争するものであると云ふ態度を固執し、而かも永く独逸以外の同盟国に対しては宣戦の布告をしなかつた。故に之を一つの戦争と観るのは全然便宜上の器械的観察に過ぎなかつたのである。けれども段々戦局の進むにつれて、戦争の這般《しやはん》の意味は何時とはなしに遂に一変せざるを得ない事になつた。

何が此一変を来たした原因かと云ふに主として聯合側が遠巻きに独逸を屈服するが為めに、出来る丈け多くの国を味方に引き入れんとした外交的努力である。力を以て敵を屈するの頗《すこぶ》る困難なるを見た英仏は、経済的に敵を孤立せしむる事によつて最後の屈服を見んとした。斯くして世界のあらゆる国を仲間に入れて独墺との一切の交通を遮断せんとした。而して此等の国々を仲間に入れる為めには俺が青島を取る為めの戦さに仲間入りして呉れとか、俺がアルサス・ローレンを取る為めの戦さを援《たす》けて呉れとか、又独領植民地を掠奪する為めの戦争に味方して呉れとはいへない。独墺側と利害関係の交渉ある国を誘ふのなら、勝つた場合に之れ〳〵の利益を保障すると云ふ密約で聯結するといふ方法もある。従つて戦争の初期に於ては共同策戦の聯絡を堅うする為めに此種の密約の締結せられた事は珍らしくない。日本の講和委員が巴里《パリ》に於て支那委員の攻撃に対する防禦用として頻りに振り廻した英仏諸国との密約の如きは、此戦争初期のいはゞ旧時代の遺物である。形式上有効なる条約であるから之を振り廻しても差支ないやうなもの丶、既に戦争に関する思想の一変した新らしい場面に於て、殆んど道徳的権威の認められなかつた事は怪むに足らない。兎に角初めは密約を以て聯絡を取つたが、後には之れでは追ひ附かなくなつた。何故ならば段々味方を多くするに従つて独逸に何等利益の求むべきもの無いものがあるからである。さうなるとどうしても茲に何人も納得し得る所の抽象的な道義的原則を掲げると云ふで無ければ第三国を誘ふことが出来ない。斯くして戦争の目的は各国特有のものであつたのが、段々に普遍的の道徳主義を立てると云ふ事になつた。否、英仏諸国と雖《いえど》も初めから国際的正義とか、小国の権利の保護とか云ふやうな原則を掲げないではなかつた。けれども彼等の現実に求めたものは物質的利益に相違ない。今や彼等は時勢の余儀ない変遷に迫られて当初の目的を露骨に主張することは出来なくなつた。それでも全然物質的利益を拋棄したのではないけれども、少くとも最初第二第三に置いた抽象的原則の方が最も重要視さる丶ことになり、其結果彼等の物質的利益の主張は著しく牽制さる丶結果を見ることになつた。即ち此現象を簡単な言葉で約言するならば、戦争の目的は普遍化した、又道義化したといへる。而して戦争目的の此変化はまた他の一面に於て個々の戦争であつたものを単一の戦争たらしめた。之を我々は今度の戦争は個別主義より共同主義に変つたと云ふ。自分は自分丈けの目的があるから其要求さへ聴かるれば何時戦争を罷めるかも分らないと云つて単独不講和条約加入の勧誘を断つた米国が、何時の間にやら全交戦国の先頭に起つて講和談判の衝に当り、而かも国際聯盟と云ふ味方の結束を以て講和談判の先決問題とするの態度を執つた事は最も鮮かに此変遷をあらはすものである。

戦争目的の普遍化は少しでも仲間を多くしようと云ふ英仏側の外交的努力より来る思はざる結果であるが、米国の戦争参加が此風潮を大いに助けた事はまた云ふ迄もない。何故なれば米国の戦争参加は全然道徳的にして、而して有力なる米国を最後までの味方としたいと云ふ要求は自ら英仏側の従来の目的をして進んで米国のそれに接近せしめたからである。一体米国は何の為めに戦争に参加したか。原因は独逸潜航艇の無警告撃沈にある。英国を食糧責《ぜめ》にする外最後の勝利を得る見込の無い困憊《こんぱい》の独逸に取つて、潜航艇政策は必要欠くべからざる者であつたらう。而し、此目的の為めに潜航艇を利用する以上、従来の国際法に従つて一々警告する訳には行かない。各交戦国は潜航艇の襲撃を怖れて商船にまで武装を加へて居る。ウツカリ警告をすると却つて敵の逆襲に自滅するの外はない。故に無警告撃沈を禁ずるのは取りも直さず潜航艇政策の抛棄を要求すると同じである。そこで独逸では国家の存亡には代へ難いと云つて此方法を罷めやうとしない。而して之に対する米国の言ひ分は、如何に危急存亡の必要ありといひながら、而も公海に於て故なく無害の第三者を攻撃してゐゝと云ふ理屈はないと云ふて争ふ。詰り独逸は必要の前には法律も道徳も顧るを得ずと称し、米国は渇しても盗泉の水を飲む勿《なか》れと要求する。独逸にとつて如何に苦痛であるにしろ、兎に角米国の独逸に求むる所は国際的正義の遵奉の外他に何物も無い。世上には之を口実に戦争して旨く勝てば何か独逸から取る積りだらうなど、疑つたものもあつたが、結局彼が物質的に極めて寡慾恬淡《てんたん》であつた事は講和会議に於ける態度に視ても最早や明白である。此米国の態度が前に述べた英仏側の外交的努力に基く自然の新状勢と共に如何に戦争目的の普遍化道義化を助けたか分らない。

戦争の目的が利益を離れて或は少くとも利益以上に道義的原則を重んずるやうになれば、其当然の結果として此戦争の結末も亦道義的原則によつて着けようとする考の起るは云ふを俟《ま》たない。講和会議の結果を観て随分物質的利益の主張も盛んであつたではないかと反問する人もあらう。過渡の時代に於ては之も致し方がないが戦争の遂行並びに其結果に於て、従来未だ嘗《かつ》て道義的原則の重要視せられなかつた過去を思へば、今度の戦争が如何に世界の人の良心を手酷《てきび》しく鞭撻《べんたつ》したかを思はずにゐられない。

道義的醒覚を促した第三の要素として労働者の勢力増進を見逃すことは出来ない。最近最も多く戦争の経験を積んだものが日本であることは前にも述べたが、其日本で戦争の度毎に著しく勢力を増すものは金持と軍人とであつた。従つて戦争は其度毎に富国強兵主義を強むるのである。けれども之は日本の戦争はまだ〱国を挙げての所謂乾坤一擲《けんこんいってき》の戦争でない証拠である。戦争も軍人と金持の力に之れ拠《よ》るの間は先づ楽なものだ。やがては金力と武力とでは間に合はなくなる。是に於て所謂国民総動員と云ふ現象が文字通りに仮借する所なく推し上つて来る。斯うなると戦争は最早や軍人の仕事でもなければ金持の仕事でもない。否少くとも此等の人の仕事たるよりはより多くの意味に於て一般国民の仕事である。もつと分り易くいへば下級労働者の仕事であるといはなければならない。是に於て当局者は先に軍人と金持とに頭を下げた如く、今度はまた労働者の前に膝を屈しなければならない。斯くして戦争の半ば頃より労働者の勢力は勃然として高まつた。

政権が少数者の手にあると戦争が起り易い。国家の運命を左右する最後の決定権が多数者に帰することが平和確保の一要件であるとは従来多くの学者の認むる所である。従つてデモクラシーは或意味に於て平和主義であるかの如く考へられて居つたが、併し今度の戦争では民衆も亦時に怒ることがある。怒れば即ち非常な勢を以て戦陣に突進する。デモクラシーは必ずしも平和主義でないと云ふ実例を示した。故に労働者の擡頭が直ちに平和的風潮の促進を意味すると云ふのは論理上正しくないかも知れない。けれども少くとも今度の戦争に於ては此両者の間に一種密接の関係あつた事は疑を容れない。

概して之を云へば一般労働者階級は上級の軍閥財閥の人のやうに戦争に興味を有たない。少くとも直接の物質的利害関係を有たない事は明かである。社会主義者の云ふやうに戦争は資本家の慾の為めの仕事であると論定するのは正しくないとしても、資本家の慾の為めに起さるゝ場合が実際に多い事も亦明かであるから、少しく開発した労働者なら召集の命を受けて戦場に赴く前に、一体此戦争は我々と何の関係があるかを考へて見るのは当然である。何れにしても彼等は戦争に対して軍人や資本家と同じやうな感激と昂奮とを覚え得ない事丈けは疑ない。

それにも一つ見逃してはならない事は労働者階級間に於ける社会主義的思想の浸潤である。云ふ勿れ、労働者の間に於ける社会主義者の数は案外多くないと。社会主義者と自ら名乗るものゝみが社会主義の説に感染《かぶ》れて居ると思ふならば大いなる誤りである。或意味に於て今日の世界は社会主義の思想の風靡する世界といへる。少くとも社会主義の所説に一面の真理あるを認めないものは殆んどあるまい。況《いわ》んや一般労働者階級おや。殊に況んや欧洲諸国の労働者階級に於ておや。故に少くとも欧洲に於ては労働者の擡頭は取りも直さず社会主義の擡頭といへる。然らば社会主義の国際主義的傾向は云ふ迄もなく其独得の戦争観が遂に目前の戦争に対して独得の批判――従来の支配階級のそれとは全然異なれる――を無遠慮に加ふるに至るは極めて見易き道理である。

然らば社会主義の戦争観は如何なるものか、一言にして云へば戦争は資本家の慾の為めに起る。従つて労働者には全然無意義なものである。全然自衛の為めにする場合の外、之を是認すべき理由は無い。故に我々は仮令《たとい》戦つても敵の領土を一寸も取らない、又敵の懐ろから一銭の賠償も奪はないと云ふ事にすれば、終局戦争は此世の中から跡を絶つに至るだらうといふのである。其動機が全然倫理的でないとしても、之れ亦戦争に対する一種の道義的解決主義に立つものと云つていゝ。斯くして労働者が段々頭を擡《もた》げるに従つて、此戦争は之を其儘遂行継続するにしても、財閥軍閥と同じやうな気分でやる訳には行かないと云ふやうな、又は財閥軍閥が先頭に立てば格別、我々労働者丈けで事を捌《さば》き得るものなら、案外容易《たやす》く戦争を始末することが出来ようと云ふやうな考が拡まるやうになつた。只政界の実権が尚未だ所謂上流の支配階級の手にあつたから此等の考が実際上十分重きをなさなかつたけれども、若し一朝何等かの機会あれば、此考が猛然と動いて反対の思潮を圧倒し得る丈けの一種の精神的準備丈けは出来上つて居つたと云ふ事は出来る。

斯く一種の精神的準備の出来上つて居つた所へ、労働者階級の思想に飛躍的活動の機会を与へたものは云ふ迄もなく露西亜の革命である。之によつて社会主義者の戦争観は確実に実際政界の動かすべからざる原則となつたのである。表面の政治的推移から云ふと、革命後の露西亜の政権は三度遷転した。最初は自由派を主とする聯立内閣で、次はケーレンスキー一派の穏和社会主義者に、次でレーニン一派の過激派に。けれども此等の変遷を通じて常に全体として露西亜を支配して居つたものは極端な社会主義の思想である。第一次の聯合内閣が僅か二ケ月にして倒れたのも、労兵会の意に悖《もと》つたからである。ケーレンスキーが一時あれ丈けの勢力を振ひながら半年足らずして没落の悲運を見たのも亦労兵会の主張に忠ならざりし為めである。而して比較的最も多く極端社会主義の主張を容れて居ると云ふ点がまた実にレーニン政府の永く勢力を保つ所以ではないか。極端社会主義の主張が露西亜の上下に弥蔓《びまん》して居る事の可否、露西亜の国民が斯くまで極端社会主義に感染《かぶ》れて居る事の得失、此等の問題は今玆に論ぜんとする所ではない。兎も角露西亜は革命によつて実権が全然労働者階級に帰し、而して彼等は徹底的に非妥協的に社会主義多年の主張を内外諸政の上に実現せんとして居る不屈不撓《ふとう》の努力を事実として承認すればいゝ。而して其中予輩の今玆に問題として居る点に関係のあるのは、目前の戦争に関して彼等が如何なる態度を取つたかといふ事である。即ち彼等は資本家の慾の為にする戦争を全然否認して、或時には戦争の目的如何など、皮肉な質問を放ち、又或時には戦線整理の絶対無用を唱へて政府を手古摺《てこず》らせたが、結局非併合主義、無賠償主義並びに民族自決主義の三大原則を掲げて現戦争を解決せんと主張した。換言すれば彼等は又其独得の立場から戦争の解決を資本家の貪慾より道理の法廷に移さんと努めたのである。

露西亜に於ける此新しい現象は二つの点に於て欧洲一般に於ける同じ思想の勃興を助けた。一つは前段に述べた他の別個の理由により起りかけて居つた道義的醒覚を更に著しく刺戟した事である。も一つには露国革命成功の結果として他諸国に於ける労働者の奮起躍進を促し、延《ひ》いて社会主義的思想の一層の勃興を進めたことである。斯くして欧洲一般は労働者たると否とを問はず何の為めに戦争するかの目的についても、如何にして戦争を終結するかの解決手段についても、従来とは全く違つた考を有つやうになつた。而して此考を徹底すれば此上戦争を継続するのは無用のやうにも考へらるゝが、さればと云うて途中でやめる訳にも行かない。只行掛り上止むを得ず干戈を執つて争ふと云ふやうな訳になる。卑俗な例を以ていへば醒めかけた夫婦喧嘩のやうなもので、擲《なぐ》り合ひながらそこに一種の煩悶と悔恨がある。かゝる状形は露西亜革命の前後に於て少しく内面的観察を努むるもの、決して見逃し能《あた》はざる所であつた。

以上予は三つの方面から戦争に伴ふ世界民心の道義的醒覚を論じた。然し之は心情の変遷に止つて社会事象の表面のみを浅薄に観察するものには時として見落さるゝ。けれども一旦起つた心情の激変は丸で表面にあらはれずしては止まらない。是に於て予輩は此心情の一変を背景として戦争に対する道義的支配の要求が政界の表面に如何に発現して来たかを説いて見ようと思ふ。

戦争に対する道義的支配の要求をあらはした第一の具体的事実はウイルソンの「勝利なき平和」の提議である。彼はいよ〳〵戦争参加を決した前年の暮れに最後の調停として勝利なき平和を各交戦国に提言した。彼は説明して云ふ、勝利によつて平和を復するは敗者をして他日の復讐を思はしめざるを得ざるが故に、これ真の平和克復にあらずと。斯くして彼は真の平和克復は力争を罷《や》めて、道理の裁断に一任するの外なしと云ふのであつた。当時各国の当局者は勝たう勝たうの一念に駆られて居つたから、迂儒《うじゆ》の空論に対するが如くに此提言を遇した。我国でも勝つことを目的とする戦争に、勝負無しでやめろと云ふは頓珍漢も亦甚しいと冷評を放つものが多かつた。結局政界の物笑ひとなつて有耶無耶《うやむや》の間に葬られたけれども、併しこれ実に一つにはウイルソンの達見であつて又一つには極めて適切に時勢の要求に応ずるものであつた。何故ならば前にも述べた如く、時勢は已に旧式の戦争解決方法に疑を有つて居つたからである。故に目前の事に齷齪《あくせく》する政治家は冷評を以て之を迎へたけれども、一般民衆が諸《もろ》ろの国に於てウイルソンの提議に共鳴するものゝ意外に多かつた事は当時の新聞雑誌などを読んでも分る。

ウイルソンの提議は時勢の要求に応ずるものであつたとはいへ、未だ機運が熟さない為めに夫自身は失敗に畢《おわ》つた。又提議の内容から云つても力争の解決はいけない、最後の決定を道理に任かすべしと云ふに止つて、扨《さ》て然らばどう云ふ原則を適用するかの内容を示さなかつたから、具体的問題となる丈けの形を具へてゐなかつたともいへる。尤もウイルソンの腹にはどうして戦争を片附けるかの具体的成案はあつたらう。それをいひ出すには順序がある。其第一の順序に於て失敗した訳であるが、併し之は本当の失敗ではなかつた。前にも述べたやうな民心の一変が已に何等かの代弁者を待つて居つたのであつたから、ウイルソンの提議は偶々眠れる獅子を鞭撻したやうなもので、之を機として次に第二の段楷即ち如何なる道義的原則を今度の戦争に適用すべきかの問題に移らしむるやうになつた。故にウイルソンの勝利なき平和の提議は政治的に死して社会的に活きたといつてい丶。

道義的支配の要求を具体的に表現する第二の段楷を作るに貢献するものは露西亜の革命政府である。革命後の露西亜の民衆が今度の戦争について非併合主義、無賠償主義、民族自決主義の三大原則を掲げた事は前にも述べた。此中民族自決主義丈けはや丶後れていひ出されたと云ふ特別の因縁もあるが茲に諄々《くどくど》しく説かない。兎に角此の三大原則の宣明はウイルソンの提議した道義的支配の抽象的要求に具体的の内容を与ふると云ふ意味に於て大いに重要視すべきものである。ウイルソンは只道理で支配しようと云つた丈であるが、然らば原則を如何に適用するかと云ふ段になつて之に明白な答弁を与へたのは露西亜なのである。併し露西亜革命政府の貢献は単に此事丈けに止らない。更に之を机上の空論から実際政界の活きた原則たらしめた点にある。蓋し彼の三大原則の如きは露西亜人の発明ではなくして一般社会主義者多年の主張であり、又社会主義者に限らず昔から同じやうな事を云つた人がいくらもある。単に戦争を如何にして防ぎ得るか、永久の平和を如何にして確保し得るかの原則を考へた人なら、外にいくらも数へ挙ぐることが出来る。けれども之を考へたと云ふ丈けでは所謂机上の空論に止つて実際社会とは何の交渉もない。従つて露西亜の革命政府が三大原則を唱へたと云ふ丈けならサンピエールの平和論や、カントの永久平和論の主張と並んで僅かに書斎の問題たるに止るものである。けれども露西亜の革命政府は彼の三大原則を書斎から街頭に持ち出して之を民衆に投げ与へた。一方に民衆の熱烈なる要求があつたからでもあるが、投げ与へたものがなければ、又之が活きた原則として実際を動かすことは出来ない。予輩は此点に露西亜の功績を認めんとするものである。

然らば露西亜は如何にして此役目を為し遂げたか、と云ふに予の観る所では意識的に之をやつたのではない。露西亜国民性の一本調子なる事、極端社会主義に対して深き執着を有つて居つた事、従来の専制政治に対する極度の反感が民衆をして頗る非妥協的たらしめた事等の原因が、不知不識《しらずしらず》の間に三大原則に実際的勢力を附与したのであると思ふ。今其来歴を簡単に説けば斯うなる。露西亜の民衆は革命後第一の政府に向つて戦争の目的如何と云ふ質問の形に於て三大原則の遵奉を迫つた。次で其国の内外に対する宣明を迫り、更に進んで其原則を遵奉する以上、即刻聯盟国と交渉して戦争を罷めよと迫つた。大勢に押されてイヤといへなかつた政府もコヽまでは跟《つ》いて行けない、斯くして第一の政府は退けられた。次でケーレンスキー内閣に至ると、民衆は三大原則遵奉の当然の結果として即刻戦争を罷むべきの交渉を外国と開けと迫つた。尤も形は密約改訂の要求と云ふに取つた。即ち共同策戦の便宜上いろ〳〵密約する所あつたものを全部破棄せよといふのである。斯うなると英仏側でも黙つては居れない。戦争を今罷める訳にも行かないが、さればというて露西亜を味方から失ふ事も惜しい。露西亜を依然として独逸に対する有力なる牽制力たらしむるは聯合国に取つて絶対に必要である。けれども露西亜は、俺が云ふ事を聴かねば単独に和を講ずると云ふ。聴いて戦争を罷める訳にも行かねば、聴かずして其去るに任かすことも出来ない。斯う云ふ場合に外交上巧妙なる活動を縦《ほしいま》まにするのが常に欧米政治家の得意とする壇場である。英や仏や白やは社会主義を奉ずる第一流の名士を送つて露国の民衆と直接折衝せしめた。国内に於ては頻りに吾人の戦争目的は露西亜の諸君のそれと異るものでないなどと世辞を振り撒《ま》いた。尤も全然露西亜の言分に賛成したのではない。例へば非併合主義はいゝ、けれどもアルサス・ローレンのやうに従来不当に奪はれて居つたものを奪還するのは併合ではないとか、無賠償主義はいゝ、けれども白耳義《ベルギー》、塞比亜《セルビア》のやうに不当に損害を与へられて居つたものに対して相当の賠償を払はしむるは戦時賠償と其性質を異にするから、必ずしも無賠償の原則に背くものではない、など丶云ふ遁路《にげみち》を作つて居つた。が露西亜は全然之を承認せず、厭《あ》くまで徹底的原状回復を主張して居つた。其厭くまで非妥協的な一本調子な所が即ち聯合国をして苦心惨憺せしめた所以で、此為に彼等は一方には出来る丈け露西亜の言分に撥《ばち》を合せながら、他方には又努めて対手方《あいてがた》を我に譲歩せしめんとした。其結果英仏側では国内に於ても盛んに我々は露西亜の言分と決して相反するものではないとか、彼の三大原則は我々も亦初めから之を承認するもの也など丶いふ事をいひ触らした。さうすると民間にも露西亜と同じ考のものがあるので得たり賢しと之に裏書する。斯くして遂に猫も杓子《しやくし》も三大原則を唱ふるやうになり、やがて今度の戦争は何れの勝利に帰するにせよ、兎に角其結末をつけるものは大体の原則として此三主義の外に出づるものにあらずといふやうな考が固まることになつた。他に観る所あつて此説を流布せしめた当局者から見れば、嘘から出た誠といはざるを得ない。が要するに戦争終結方法としての三大原則に対する信頼は露西亜は勿論、英・仏・米に於ても将《は》た亦敵国側に於ても動かすべからざる原則となつた。即ち机上の空論に非ずしてどうでもかうでも大体此原則に依らずしては戦争の結末は着かないと云ふやうな風潮を作つた事は疑を容れない。斯うなると、戦争の終結に適用すべき具体的原則は已に明白になつた。残る問題は之を戦争の種となつた、又戦争によつて新たに起つた個々の問題に適用して実行し得べき講和条件の体系を作ることだ。之も実際問題としては困難な仕事ではあるが、又達識明敏の士に取つては或意味に於て一挙手一投足の労ともいへる。此容易いやうな、六づかしいやうな第三の仕事を見事に為し遂げたものは即ちウイルソンの十四ケ条の宣言である。尤も之と相前後してロイド・ジヨーヂの講和条件の宣言もあつた。之を先にしてはグレー卿とかスマーツ将軍とかいろ〳〵の人の意見の発表もあつた。ウイルソンの最後の纏つた宣言が此等の人々の攻究に負ふ所頗る大なるものありしは想像し得る。けれども明白な区割《くぎ》りをなすものはウイルソンの宣言であるから、茲には姑《しば》らく彼一人の功を語るに止めて置かう。

要するに彼の宣言した十四ケ条の講和条件は先の「勝利なき平和」の提議の結論をなすものであつて、道義的支配に対する世界民心の熱烈なる要求を最も適切に最も有効に表現したものである。

此宣明が如何に時勢の要求に協《かな》つて居つたかは、講和会議は勿論、之と相伴へる世界改造の論議に於て終始一貫基本的準則となつた事によつても明かである。人によつてはウイルソンの折角の宣言も講和会議に於て丸で骨抜になつたではないかと云ふ。成程重要な原則にして成り立たなかつたものもある。出来上つた結果について遺憾を感ずる点も少くはない。然しながら世界歴史初つて以来、慾の為めの戦争が斯る道義的原則によつて始末せられたと云ふ事は曾《かつ》て有るか。講和会議に臨んだ多くの政治家が尚旧い思想に捉へられて、国家的利己心の衝動のまゝに虚々実々の陰謀を廻らしたにも拘らず、曲りなりにも条約成案の全体の上に、あれ丈けの道義的色彩を濃厚ならしめた事は我々の驚嘆して措かざる所である。此点に於て予輩は一つにはウイルソンの労を多とし、又一つにはウイルソンをして此態度を取らしめた世界民心の今日の醒覚を心強く思ふ。

よしんばウイルソンの宣言が講和会議の実際に於て如何に蹂躙せられたにせよ、戦争の真最中講和条件を宣明したと云ふ事夫自身が已に破天荒の慶事と云はなければならない。此位で和睦しないかと云ふ事は第三の調停者がよく言ふ。けれども当事者はてんで取り合はない。之に取合ふ位なら初めから戦争をしないと云ふ事は先にも述べた。敵方の独逸皇帝も一二度此位の所なら講和してもいゝと申し出た事がある。我々は敵情を探り、又敵の内部に困難を起さしむる為めの誠意なき、いはゞ政略的の提議としててんで之を顧みなかつた。干戈を取る前なら格別、一旦戦端を開いた以上はいゝ加減の所で戦争を罷められたものではない。従つて従来の戦争に於ては講和条件と云ふものは予《あらかじ》め予定の出来ぬものとなつて居つた。併し之は公平なる講和条件の発見の不可能なのではない。国際関係の実情が発見された条件の実行性を保障しないのである。何故なれば国際関係が腕力によつて支配されて居る以上、一旦戦争となれば厭くまで敵を窮迫しなければやまない。戦前に於て求むる所の何であつたにしろ、一旦戦争となれば出来る丈け敵を苦しめて、得られる丈けのものを得んとするからである。従つて講和条件なるものは最後の瞬間に於てどれ丈けのものを獲得し得るかによつて極まり、戦争最中に之を予定することの出来ぬものである。戦争商売には正札がない。骨董《こつとう》の売買のやうな者で、値段の高低は対手次第に極まる。これ〳〵の値段なら売つてもいゝと云つた所で最後の瞬間までは当てになるものでない。従つて又講和会議などには従来第一流の政治家を送つて巧に駈引《かけひき》せしめた所以である。然るに今度は不思議にも戦争闌《たけなわ》にして講和条件の宣明があり、而も敵味方を通じてすべての国の人々が之を来るべき平和克復の公平なる代価だと定めて了つた。而して今度の戦争は勝者の何方であるに拘らず、平和克復の条件は大略の所著しく此辺を外れまいと考へられた所に特色がある。之れ畢竟世界の人がおしなべて今度の戦争は公平な道理で捌《さば》きをつけよう。従つてウイルソンの示した程度の条件でどうでもかうでも片を附けようと云ふ熱烈な要求があつたが為めではあるまいか。何れにしても戦争商売に於て事前の正札があれ丈け重きを為したと云ふ事は、歴史初つて以来空前の出来事である。之によつて観ても我々は道義的支配の要求が如何に熱烈であつたかを考へずに居られない。

(二)　第十九世紀文明の概観

——第十九世紀初頭社会的激変の精神的根柢——第十九世紀文明の特徴

——第十九世紀文明の二大欠陥——

今度の戦争の進行につれて世界の人心が道義的に覚醒した直接の経緯は前段述ぶる通りである。けれども前段に述べたやうな戦争の直接の影響としてのみ現はれたものとすれば其根柢はまだ深しと云ふ事は出来ない。予輩の密かに考ふる所によれば最近の道義的醒覚は又実に十九世紀百年間の文明に深い又密な関係があると思ふ。他の言葉を以て云へば過去一世紀間の歴史は、其当然の結論として現代に於ける道義的醒覚を齎《もた》らさねばならなかつた。して見れば戦争に伴ふ個々の事情の発生は偶々《たまたま》醒醸せる機運に一大進展の機を与へたものに外ならない。それ丈《だ》け我々は今日の世界の新しい傾向に対して偶然的、突発的とするの見方を取つてはならない。今少しく其故を語らう。

第十九世紀の新文明は仏蘭西《フランス》革命を中心とする社会的一大激変を以て始まつた。仏蘭西革命並びに之を中心とする各種の激変を夫れ自身孤立して考へて見ると、不徹底でもあり乱暴でもあり、又誤つた点も少くない。けれども今日我々が丸で赤の他人のやうな態度であの運動を冷眼に批判するならば誤つて居る。現代の我々をして幾多の社会問題に改造を叫ばしむるのも、又百年前の仏蘭西人をして改革に狂奔せしめたのも、畢竟《ひつきよう》新たに眼覚めた同じ魂の動かす所に外ならない。そこで我々は姑《しばら》く今日の我々を動かし、百年前の彼等を動かした根柢の魂に遡《さかのぼ》つて其要求を探つて見なければならない。斯く考へて見ると、我々は十九世紀初頭の社会的激動の中に、極めて鮮かな輝きの中に或物を観る。何ぞや、曰く人格的自由の主張即ち之れ。

仏蘭西革命の表面の形は政治的階級の打破であつた。換言すれば自由平等の政治的確立であつた。専制的封建時代に於て階級門地の人為的幸福〔拘束〕が著しく人類の自由活動を妨げて居つたから、之を打破し、此桎梏《しつこく》から解放されんと云ふのが革命の根柢的精神であつた。之が為めに如何に多くの犠牲を払つたかは革命に伴ふ幾多惨禍の事実に見ても明かであらう。而して皮相なる観察者は革命を以てすべての悪しき物と共にすべてのよき物の破壊と見たけれども、之は必ずしもさうではない。固《もと》より革命は進化の理想を無視する点に於て重大なる誤をなしては居るが革命は何等建設的の努力を伴はないと見るならば大いなる誤りである。然らば仏蘭西を筆頭第一と称する十九世紀初頭の欧洲諸国の革命は何の新しきものを持ち来たしたか。それは社会的秩序の根柢として階級門地と云ふ人為的権威の代りに知能品性と云ふ道義的権威を打ち建てた事である。今までは大名だから頭を下げる、武士だから頭を下げると云ふのであつたが、此丈けの理由で人に頭を下げさす権利はないと云ふ事の明白になつた今日に於ては、自ら世人一般をして頭を下げしむるものは道義的権威の外にはない。無爵の宰相と云ふ新例を作るのはどうかと疑ふもの丶あつた我国でも、人間としての値打ちさへあれば豆腐屋の小僧から逓信大臣に上り得る世の中になつたではないか。人の上に立たうと思ふなら、金がある、生れが高いといつて来るな、知能と品格を磨いて来いと云ふ処に今日の立憲政治の道徳的意義がある。要するに十九世紀初頭の革命はあらゆる人為的拘束よりの人間その物の解放である。従つて又すべての人類に道義的開発の機会を十二分に提供せんとするものである。階級や門地によつて人格の自由が著しく傷けられて居つた旧い世界に対する反抗が即ち革命であつた。して見れば当時のあらゆる社会的激変の根柢は人格的自由活動の尊重と云ふ事に帰する。只《ただ》之が初め僅かに政治的方面に部分的発現をなしたに止り、未だ各種の方面に徹底的にあらはれなかつた嫌がある。けれども此思想が本となつて時の移るに従ひ、それからそれへと発展し実現すべきは当然予想し得べき事であり、又実際の歴史に現にあらはれて居る所でもある。

第十九世紀初頭の社会的激変の根柢的精神はまた同時に十九世紀文明全体の顕著なる特徴をなすものである。只初めは此根柢の精神が特に専ら政治の方面に而かも部分的に発現したのであるけれども、単に此に止るべきものではない。第一の関門を突破して第二の関門に進み、更に第三第四と段楷を踏み進んで遂に完全なる理想の実現を見ずんば已《や》まざらんとする。デモクラシーと云ふ言葉を単に政治上の事に限つた従来の狭い用法を固執しないなら、十九世紀文明の特徴はデモクラシーの精神の人事各般に渉る徹底的実現にあると云つてもいゝ。十九世紀初頭の政治的デモクラシーが一部に偏局した故を以て之を真正なるデモクラシーにあらずと云ふのは、余りに社会現象の時間的聯絡を無視した議論である。我々は寧ろ先づ政治的自由を叫ばしめた其根本の精神が今日更に如何なる方面に其発現を主張して居るかを懇切に考へて見たいと思ふ。

十九世紀文明の顕著なる特徴をなすデモクラシーの精神が人格的自由の完全なる実現を期するが為めに取る所の方策中論理上第一に急務とする所は、各個人の精神生活の自由を保障すると云ふ事でなければならない。茲に言論の自由、思想の自由を如何にすべきやの問題、教育、学芸、宗教等を如何に取扱ふべきやの問題がある。広き意味に於て所謂文化政策は現代デモクラシーの政治に於て最も力を注がれねばならぬ所である。何故なれば本当の人格、本当の文化は、独り此所からのみ回転〔開展〕するからである。けれども精神生活の自由は独り文化政策によつてのみ保障され得ない。事実上物質生活の不安が、精神生活の自由を妨ぐること稀でない。精神生活の自由が如何に経済生活の影響を受くるやは唯物史観の明白に我々に教へた所である。斯くして経済生活の自由を保障することの必要がまた感ぜらるゝ。一部の人は此事を重んずるの余り此問題さへ解決すればいゝと云ふ風に見るが、之には我々賛成が出来ない。何故なれば我々は人格と文化とは我々の生活の客観的基礎からは断じて出て来ないと信ずるからである。けれども物質的条件は精神的自由の活躍を妨げる消極的勢力としては実に偉大なる者がある。昔は此事を案外重く観なかつた。マルクスなどのお蔭で我々は先づ此問題を決せずんば精神的文化の回転を見る望みはないと云ふ事を明かに示された。従つて此方面を専ら取扱ふ広義の所謂社会政策が少くとも実際政策上の順序として文化政策に先立つ研究問題たるを認める。事実上並びに論理上の緩急の順序は姑く別問題として、所謂人格的自由は文化政策並びに社会政策の両面から実質的に打ち建てられなければならない事は云ふ迄もない。

人格の自由を打ち建てる為の各般の政策の、国家の機関を通して発現すると云ふ段になると各個人に対しては差当り制限拘束の形を取る。そこで制限拘束の形を取る規範的命令を誰が作るかの問題が起る。主権者が之を作るのだと云ふやうな形式論は姑く別問題として、我々は此場合にも矢張り一種の思想的専制主義に陥らざることを注意する必要がある。所謂善政主義は此点から断じて排斥されなければならない。局に当るものは常に所謂賢明の少数者である。どんなに発達した立憲政治の下に於ても、少数賢明のものが天下に其経綸を行ふと云ふ仕組を脱する事は出来ない。只之と旧式の専制主義と異る所は、其少数者が自家の所信の真偽を民衆の批判に待たんとする態度にある。立憲的政治家は一面に於て所信に飽《あ》くまで勇猛なると共に、又他の一面に於て自分の考の果して誤なきや否やを反省すると云ふ臆病な方面をも備へて居る。出来上つた或説を正しいと固執するよりも、常に正しからんことを欲する態度を我々は多とするものである。而して彼は常に正しからんとして真偽の批判を民衆の意嚮《いこう》に求むる。人或は云ふ、斯くの如くんば即ち立憲政治は愚民の盲動に過ぎないと。併しながら人類の霊能を信じ、其無限の発達を信じ、人格的自由の価値を信ずるものに取つては、自由なる人格の集合としての民衆の上に最もよきもの丶開発することを疑ふ事が出来ない。真善美の理想は昔は成程貴族の専有であつたらう。だから本当のものは出て来なかつた。デモクラシーの文化的意義は本当の真善美を民衆の上に回転させんとする事にあるのではないか。斯くしてデモクラシーは必然に理想主義の立場と相伴ふものである。唯物的自然科学的立場からは断じてデモクラシーは出て来ない。

思想的専制主義の排斥は当然社会的規範の構成を民衆の手に委《ゆだ》ねなければならない。少くとも最後の決定権を民衆の手に委ねなければならない。又民衆の側から云つても今日の社会国家が彼等の作る所であり、彼等の直接に経営する所たる以上、自ら規範的命令の制定者たらんとするは当然である。斯くして政治的自由の問題が起つて来る。文化政策社会政策の、人格の自由を実質的に打ち建てるのに対して、之は其形式的方面を問題とするものと云つていゝ。そこでよく人は我々の生活の本当の自由は政治的権利の享有からは出て来ないと云ふ。選挙権があつても飯が旨く食へるでなし、品性が一段と高尚になる訳でもないが、併し之れ無くしては又実質的自由は確保せらるゝのではない。近頃労働運動などに熱中する人々が動《やや》もすると普通選挙運動などを罵倒するのは、其間に恕《じょ》すべき点はあるが此点に於て断じて誤なりといはざるを得ない。

故に論理上の順序は兎も角として事実上政治的自由の拡張は又人格の自由を完成する為めに必要欠くべからざる問題となる。而して之については量的方面の拡張と質的方面の確立とを計らねばならない。普通選挙の要求は即ち前者を代表するものである。後者の為の方策としては折角得た政治的権利を権勢利欲の惑はす所とならず全然良心の自由の命ずるがまゝに行使するやうに制度の上にいろ〳〵劃策する余地がある。選挙民が全然良心の自由に従つて行動すると云ふ事はまた一面に於て政争を倫理化する所以であつて、現代立憲制の重要な一原則たる多数決主義をば少数者をして圧迫と感ぜざらしむる所以でもある。多数が少数を圧迫すると云ふ制度が人格の自由を保障する所以たるの道理は亦実に玆に存するのである。

以上予は主として政治上の方面から十九世紀文明の特徴を説いた。同じ事は他の方面についても云へると思ふけれども専門外の事だから略して置く。兎に角あらゆる方面に於て人間其物を赤裸々に出す、其自由活動に対する旧い一切の拘束から之を解放すると云ふのが、一貫したる顕著なる特徴ではないか。而して其赤裸々にあらはるべき人間は即ち一個の霊能である。此点に於て自然科学的立場は決して十九世紀文明の基本原流を為すものでない事は云ふ迄もない。玆に十九世紀文明の道義的色彩の根拠はある。十九世紀の文明が僅か百年の星霜を経たるに過ぎずして、過去数千年の歴史に比し殆んど比較にならぬ程の豊富なる内容を有する所以は只一に此点に因るのではないか。霊能ある人格の自由なる活動、之が実に十九世紀文明の一大特徴であつた。

前述べた如く十九世紀百年の歴史は人格的理想の実現の発達史である。甲から乙、乙から丙と人事のあらゆる方面に滲《し》み込んで我々の生活を潤ほした。が茲に残念な事には最も重大な方面で取り残されたものが二つある。幾多先覚の士が忍び難き犠牲を払つて奮闘したにも拘《かか》らず、而かも尚此高貴なる精神の徹底を見なかつた方面が二つあるのである。そは何かと云ふに云ふ迄もなく労働資本の関係と国際関係とである。

労働資本の関係の事は今我々の論ぜんとする主題に直接の係はりが無いから委《くわ》しくは説かない。けれども資本家並びに労働者と云ふ固定的社会階級の発生が十九世紀の特色であり、而して此両者の関係が公正なる道義の支配下に置かれなかつた、と云ふ事は今日何人《なんぴと》も疑はない。此事は労働者自身が未だ十分に自覚しなかつた十九世紀初頭に於ても已に識者の問題とする所であつたが、十九世紀後半以来、下層階級の自覚と共に此事は社会問題若くは労働問題として盛んに論議せらるゝやうになり、而して公平なる学界の定論は殆んど挙《こぞ》つて労働者の主張に裏書して居るに拘らず、今日まで未だ曾《かつ》て根本的解決の曙光《しよこう》に接しなかつた。成程所謂社会政策は非常に流行して居る。けれども之れ畢竟源を抛擲《ほうてき》して徒《いたず》らに末流を清めんとするものに過ぎない。今度の戦争を機会として労働問題が更に陣容を改めて大いに起つたのも偶然ではない。

若し夫れ国際関係に至つては十九世紀の初め以来、徹頭徹尾虎視眈々《たんたん》の武装的対立を以て押し通して居る。維納《ウィーン》会議後一時列国協調と云ふ事が外交上の主義として立てられたけれども、畢竟仏蘭西を脅かさんが為めに列国協同の外形を装ふたに止り、真に世界共存の人道的精神に促されたものではない。されば十九世紀の中頃から各国各々漸《ようや》く内部の紛乱より免るゝや、彼等は転じて殺伐陰険なる競争を之れ事とするに至つた。此風潮がビスマルクの独逸帝国創建の成功後殊に甚しくなつた事は先にも述べた通りである。斯くして富国強兵が国家生活の最高の理想となり、所謂正義公道は強国の無道の圧迫に対する泣言として小弱国に利用せらるゝ場合の外、殆んど国際関係には顧られざるに至つた。

十九世紀百年の歴史を一貫する根本精神が人格自由の尊重であり、而かも此精神が概して非常な勢を以て発展し来つたに拘らず独り前述の二方面に於て全然其発達を見なかつたのは誠に不思議の現象であるが、事実は之を如何ともすることが出来ない。そこで一部の人は人事百般の現象が道義の原則で支配されて居るのが誤りで、労資関係並びに国際関係の如く「強い者勝ち」と云ふのが世の中の本当の姿なのだと云ふ風に見る人もある。併しながら我々は此立場を取らない。何故取らないかは別問題として玆には述べないが、実際の事実として最近世界の人心が此矛盾の現象に対して非常に煩悶して居つたといふ事実に見て、私は寧ろ当今の労資関係並びに国際関係を以て十九世紀文明の二大病患と見做《みな》すものである。然らば此病患は如何なる所から起つたのか。

此等の原因を歴史的に詳述することは本論文の目的でないから、只予輩の説かんとする趣意を明かにする範囲に於て簡単に述べて置く。予輩の観る所によれば、其原因はいろ〳〵複雑であるけれども、最も主たるものは矢張り産業組織の急変にあると思ふ。産業組織が丸で変つたと云ふ事と、而かもそれが急激に来たと云ふ事が注意すべき点である。此等の原因から資本主義産業経営と云ふ事が起り賃銀労働者と云ふものが起つた。之に契約自由とか其他いろ〳〵の要素が加つて、即ち労働者と云ふ階級を発生したが、更に資本主義的経済組織の当然の結果としての産業本位主義は労働者の無自覚に乗じて之に適当なる注意を払ふを怠らしめた。此形勢で段々産業界が堅まると、後労働者の自覚によつていろ〳〵地位の向上を求めても、産業の衰替を怖れて容易《たやす》く之れに応ずることが出来ない。こゝから又た国際関係の競争対立といふ事も出て来る。近代産業革命に伴ふ大量政策は当然に産業競争を馴致《じゅんち》し、而して此競争は遂に国家的に発展して商権の拡張を競ひ、商権は国権の保護を頼んで遂に国と国との競争を激しからしむる。前世紀以来残されたいろ〳〵旧い思想にして此趨勢を導いたもの、又助けたものゝあることは論を俟《ま》たない。けれども国と国とが相競ふに於て殆んど手段を選ぶに遑《いとま》あらざる程焦《あ》せらしめたものは、産業変革の非常に急激であつたといふ事である。絶大の変化が而かも急激に来る時には、人多く其処置に迷うて周章狼狽《ろうばい》するを常とする。ゆつくりしたなら之に処する適当な方法の工夫もあつたらう。けれども余りに急激であつたので各国は皆面喰《めんくら》つた。尤も狼狽《うろた》へたのは国を異にする産業ばかりではない。国内の産業も亦大いに処置に迷うて不□の競争をしたのであるが、然し同一国家内に於ては段々無用の競争を避くる方法を講じて、トラストとかカルテルと云つたやうな組合を作るに至つた。之といふのも国家と云ふ中央の指導的権力があつたから出来たのである。国と国との間には之が無い。従つて一旦争つたものが益々激しく争ふばかりで、斯くして遂に現代のやうな殺伐な無政府的状態を現出したのである。之を要するに十九世紀の文明が前記の二大病患を有して居つたのは、産業革命の急激に基する止むを得ざる疾患であつて、断じて之が本流であると観るべきではない。尤も一部分には之が人事世態の常状であるとして、之で無ければ国は立ち行かない、国が立たねばまた我々も立たないと説くものもあつた。国の為めには他国の釁《きん》に乗じて火事場泥棒を働くもいゝ。国の富の増殖の為めには労働者などは少し位の苦痛は忍ぶべきだなど云ふ。併し斯くの如きは我々の立場から見れば、一時の変態に眩惑して良心の麻痺せるものに外ならないと思ふ。我国の所謂有識階級中にも腕さへあれば少し位道楽しても構はんなどゝいふ標準で人才の甲乙を分たんとするものあるが、之なども詮《せん》じ詰むれば皆此種の謬想《びゅうそう》に囚《とら》へられたものである。十九世紀一般の世界の良心は決して此風潮に満足したものでもなければ、又かゝる風潮に於ける勝利を以て得意気に誇つたのでもない。斯くの如き変態に処して正義を説き道義を叫ぶは時として宋襄の仁に陥る。苟《いやしく》も自ら起たんとすれば、不本意ながら俗衆と其外形の行動を同じうせねばならぬ必要に迫らるゝ。けれども之は彼等の良心の喜んでなす所ではない。茲に我々は十九世紀文明に一つの大なる煩悶のあつた事と認めざるを得ない。

冷静に考へて見ても已に人格尊重と云ふ事が十九世紀文明の根本基調をなす以上、之が一部に徹底して他に徹底しないと云ふ事は鋭敏なる良心の安んじ得ない所である。外へ出ては平民主義を振り廻し、内へ帰つては傲然と下女下男を追ひ使ふといふやうな事は理義に徹底した人の為し能はざる所である。然るに十九世紀の文明は一面に於て兄弟は仲善くせよと教へながら、隣の坊つちやんや三軒目の御嬢さんとは喧嘩してもいゝと教へねばならぬ苦しい地位にすべての人の親を置いた。甚しきは隣りの坊つちやんのしやぶつて居る飴《あめ》を捥《も》ぎ取つて来る事が、其丈け内の経済を助くることになると教へねばならぬ地位に置いた。少くとも児童が斯くの如き乱暴な態度に出づる時に、世間が之を愛国的行為と賞讃するのを彼は黙認せねばならなかつた。斯くしては本当に児童を道徳的に教育することが出来ないのみならず親たるものも満足しない。彼は其鋭敏なる良心が労資関係、国際関係の現状を見て大いに傷けらるゝことに懊悩した。更に近き将来に於ける児女の道徳的堕落を予想して又大いに煩悶した。此煩悶の事実に又我々は十九世紀の文明が、帰する所人格主義を以て一貫した事を疑ふ事が出来ないのである。

何によつて這般《しやはん》煩悶の事実を観るか。最も明白な証拠は文芸である。近代欧洲の文芸が如何に此等の点についての社会の現状に反感を有《も》つて居つたか、如何によりよき、より合理的な社会に対する熱き憧憬を有つて居つたかは、専門家ならぬ予輩の茲に諄々《くどくど》しく説くまでもない。転じて純思想の方面に観るも十九世紀の前半一時物質的文明の隆盛を極むると相前後して自然科学的唯物的哲学が隆盛を極めたのであつたけれども、最近は又再び新らしき意味に於ての理想主義の哲学が復活しつゝあるではないか。此等の点も専門家の研究に任かして多く言はない。我々の専門に属する方面から観ても止むを得ざる社会の険悪なる状態を認めつゝ、尚如何にかして之を道義的に支配せんとするの苦心が著しく政治法律の上にあらはれて居る。例へば国際法に於ても、国家の為にあらゆる危険を冒して其任務を全うする間諜は、我国などでこそ愛国の志士として大いに之を尊敬するけれども、西洋では決して之にかゝる待遇を与へない。何故なれば間諜などゝいふものは普通の道徳観念では許されないやうな方法を取るにあらずんばてんで成功しないものであるからである。社会に無くてならぬものだけれども、皮剝や、隠亡は好んでなりもしなければ又尊敬もしない。間諜は即ち此点に於て皮剝、隠亡と云つたやうな待遇を与へて居る所に一種皮肉な道義的鞭撻《べんたつ》がある。之を此れ思はずして西洋でも資本主義、軍国主義が何等の煩悶なしに天下に横行して居ると考へるのは大いに誤りである。少くとも多少欧洲の文芸に親しみを有つて居るものには斯う云ふ考は起り得ない筈である。況《いわ》んや最近に於ては一部醒覚の士の予期した如く、資本主義と軍国主義とは果して顕著なる道徳的頽廃を齎《もた》らして到る所に其ボロを曝露しつゝあつたに於ておや。

斯う云ふと必ず次のやうな反問が起るに相違ない。それ程世界の良心が一般に煩悶して居つたのなら、何故に彼等の要求が実現して資本主義、軍国主義の弊害を抑へないか。何故に道義的支配の要求が労資関係、国際関係にまで入り得なかつたかと。如何にも尤もな疑問である。併し世の中をサン〴〵悩まして居る弊害の中には其原因の個人的なものもあるが、又社会的なものもある。従つて其救治策も個人的で行けるものもあり、社会的に行かなければならないものもある。例へば禁酒問題、廃娼問題の如きは酒を飲むな、放蕩をするな、と個人的良心の覚醒を促せば出来る。自分独り酒を罷《や》められない、放蕩は止められないと云ふ問題ではない。けれども問題によつては外の人が皆罷めなければ自分一人罷める訳には行かないと云ふ問題もある。例へば或資本家が大いに良心に恥ぢて労働者の待遇を根本的に改めようとしても、外の同業者が依然従来の待遇法を改めなければ自分の事業の自滅を厭はざる限り、良心の命ずるがまゝの改革を実行することが出来ない。若し夫れ国際間の軍備制限と云ふやうな問題になると、一国でも異議を唱へるものがあれば、外の国は一兵一卒をも減ずる訳には行かない。故に斯う云ふ問題になると責は社会にあつて個人にない。従つて制度の根本的改造を実行するにあらずんば問題の解決は出来ない。而して制度の根本的改造は決して容易の談ではない。之れ熱烈なる変革の要求あつて而かも永く実現を見ざりし所以である。啻《ただ》に実現を見ざりしのみならず労資関係、国際関係は軍国主義の横行と、資本主義の跋扈《ばっこ》との為めに益々険悪になる。而して浅薄なる観察者は自ら品性の堕落するを顧みずして自他を挙げて此形勢に順応せしめんとする、之が世態人情の常態であるとする哲学をすら建てた。けれども少しく物を親切に観察する人は、険悪なる状態の昂進と正比例して変革要求の熱度を増しつゝあつた。観よ、廿世紀に入つて以来、真面目なる平和運動の如何に盛んであつたかを。又観よ、之と伴つて社会主義的改造運動の如何に躍動しつゝあつたかを。故に十九世紀の文明は一面に於て余儀なき行掛り上、二大疾患に悩んで居つたけれども、他面道義的良心を振ひ起し、之と闘つて健康恢復の為めに大いに努力しつゝあつたといはなければならない。病が遂に世界を滅ぼすか、世界がつひに病を征服するか、之が廿世紀の我々に残されたる問題である。

（四）最近の世界思潮と国家生活の新理想

――道義的支配の要求――平和到来の原因――講和会議を支配する思想――改造の要求と其根本的精神――国家生活の新理想

前項第三段に述べた所は第二段に述べた所を確かむるものである。言ひ換へれば十九世紀の文明を貫通する根本精神が第三段に述べた通であるとすれば、第二段に述べたやうな事情の下に、戦局の進行につれて道義的支配の要求が、非常な勢を以て起つたといふ事は断じて一時的の現象と観ることは出来ない。戦争と云ふものを背景として初めて起り得た偶然の出来事といふ事は出来ない。然らば即ち戦争の最中から段々力説高調さるゝやうになつた侵略主義、軍国主義、資本主義、階級的特権主義等に対する極度の反感と、自由平等、博愛平和若《もし》くはデモクラシー等に対する熱烈なる憧憬の起つた事は之を民衆の自覚した良心に深く根ざす所の、而して次の世界を支配すべき不動の原則として確立したものといはなければならない。最も頑迷なる侵略的軍国主義者は其無智曚《もう》昧《まい》から又は其階級的偏見から、此明白なる世界の趨勢をすら正視し得ずして、或は一時的の現象なりといひ、或は内心の野心を飾る為の美しき而かも怖るべき着物に過ぎないといひ、又は之に順応せんとするものを罵倒して徒《いたず》らに大勢に盲従するな、大いに自主的にやれなどゝ血迷ふて居る。彼等は世界の大勢に順応するといふ事は常に必らず英米の後塵を拝することゝ極めて居る。焉《いずく》んぞ知らん、今日の自覚せる青年は、英米の主唱する所なるが故に之に従ふにあらずして、内心の已《や》むに已まれぬ要求に駆られて自ら大勢の作興に貢献せんとして居る。自主的と云ふ事は、必ずしも人の云ふ事に面を背ける、旋毛《つむじ》曲《まが》りを云ふのではない。予輩は寧ろ此種の「自主的」論者に、一部の僻論に迎合する最も著しき非自主的態度を観るものである。尤も如何に道義的支配の要求が熱烈であつても、それが国際関係を支配する確実な法則として抗し難き制裁力を有つまでは――国際関係が一種の法的組織の下に統制せらるゝまでは油断は出来ない。最早や武力に要はないといつて安心するならばそは云ふ迄もなく迷想である。けれども油断をしない、いざと云ふ場合の用意をおろそかにしないと云ふ事は必ずしも他人の公明を疑ひ、自ら武力を張つて威嚇を逞《たくまし》うすると云ふ事ではない。所謂平和論者が一も二もなく軍国的設備に反感を表するのも誤りであるが、又軍国主義者が民心の弛《ち》頽《たい》を防がんとして徹頭徹尾殺伐なる気風を唆《そそ》らんとするのも間違つて居る。封建時代の愚民に対してなら、強いて敵を作ることが民心を緊張せしむる唯一若くは最良の方法であつたらう。百里の途を歩ましむるには九十里を以て半ばとすと教へなければならなかつた。現代の開明人は専ら理義によつて進退することを好む。百里の半ばは四十九里でもなければ五十一里でもない。行くも止るも一に法度によらしめなければならない。強いて不当に進ましめんとしたり退かしめんとしたりすれば、却つて此に弱点を暴露する怖れがある。頑迷無智の結果道義の勢力に眼を掩ふのは仕方がないが、為めにする所あつて故《ことさ》らに現代の自由平等、博愛平和の風潮を曲解せんとする一部の軍国主義者に対して、我々は言ひ難き不快の感を抱くものである。

此種の偏見者流は無論西洋にも少からずある。少くとも前代の行掛りに捉へられて十分なる安心を将来の国際関係に繋げ難しとするの考は殊に政治家の間に尚相当に強い。之が道義的支配の理想の実現を著しく妨げて居ることは事実である。従つて之に有力なる制裁力を有たしめんとするいろ〳〵の組織は、講和会議に於て立派に作り上げられたとはいへない。現に此目的の為めに案出されたる国際聯盟は散々歪《ゆが》められて当初の原案とは余程違つたものになつた。然し過渡期の仕事としては之も致方がない。只我々はあれ丈《だ》けのものが出来たと云ふ事によつて、已《すで》に時代の休徴の一端を窺ふことが出来るのである。一部の論者のやうに、国際聯盟の前途は悲観すべきものか、或は我々の期待するが如く楽観すべきものかは姑《しばら》く之を時の判断に任かして置かう。

国際聯盟が一時の思ひ附きで永久平和の確保と云ふ様な深い誠意から出たのではない、講和会議等も各国銘々野心を闘はした醜き折衝の結果であると観る者もあるが、そは恐らく如何にして平和は来たかの現前の事実を透視せざる者の言であらう。

然らば平和は如何にして来たと観るべきか。最も簡単な答は独逸《ドイツ》が負けたからである。然し問題は独逸は如何にして負けたかと云ふにある。従来の戦争は力争の敗北を以て終局するを常とした。力争の敗北は取りも直さず物質的勢力の消耗の結果である。然らば独逸の敗北は其の原因を此物質的方面に求むべきやと云ふに予輩はさうは思はない。

無論独逸は物質的欠乏の結果困憊《こんぱい》の極に達して居つた。兵員の徴募にも苦んだ。軍器弾薬も乏しくなつた。殊に食糧其他の物資にも事を欠いた。けれども此等の点を数ふるなら独り独逸に限つた事ではない。英吉利《イギリス》も仏蘭西《フランス》も同じ事である。春まであれまで勢を以て大圧迫を聯合軍側に加へて居つた独逸が――而かも平素打算に長ずるを以て聞えた独逸が、夏になつて俄《にわ》かに弱り出したといふ事はどうしても其原因を物質的方面のみに求めては考へ得られない。之も重要な要素であるには相違ないが、最も根本的な原因は恐らく精神的方面にあるのだらう。即ち意気の弛頽である。此等の点は曾て本誌上で述べた事もあるから再び茲に繰り返さない。要するに独逸の敗北は力争の敗北ではない。意気の敗北であつたといはなければならない。従つて亦聯合国側の勝利は力争の勝利ではない。故に力争の勝利を以て本当の名誉ある戦勝と考へて居つた人々からは聯合軍の勝利は如何にも値打のないもの、やうに映じた。中には之を拾つた勝利だと冷笑した人もある。けれども聯合国の拾つたのは独逸が過つて落したものを拾つたのではない。落すには落さゞるべからざる丈けの理由がある。拾つたものに特別誇るべき功なしとするも、余儀なく落したと云ふ所に何等か道義的意味があるのではあるまいか。

予輩の観る所によれば、独逸が精神的意気の頽廃を見るに至つたのは、戦争の目的に関する民衆思想の一変にあると思ふ。即ち世界一般が国際関係を、従つて又戦争をも道義的に支配せんとするの風潮を捲き起したにつれて、独逸自身も亦茲に大いに覚醒せざるを得なかつた。生活の圧迫、民衆勢力の勃興此等の要素が、民間の覚醒せる精神をして当局の軍国主義的傾向に堂々と反抗するを得しめたと云ふ点もあらう。殊に露西亜《ロシア》の革命以後は著しく非戦思想の浸潤を蒙つて居つたが、ウイルソンが起つて十四ケ条の講和条件を宣明するに及んで、どうせ負けても此位の所で結末が著くものなら、又勝つた所あれ以上貪る事の困難が明かなる以上、此上戦争を継続するの必要は何所にあるかと云つたやうな考が段々民間に起つて来た。之を皮相的に見れば過激派かぶれの非戦思想であるが、も少し本質的に観ると矢張り一種の平和的道義的醒覚と云はなければならない。斯くして民衆は戦争継続の可否について段々官僚軍閥と観る所を異にするやうになつた。そこで政府は此弛頽せる民心を一新して更に軍国的方針に緊張する所あらしめんとして実はあの春の大攻撃をやつたのである。あの攻撃は部分的には非常な成功であつた。けれども最早平和と道義とに目覚めた民衆は部分的の成功に徒らに酔ふことをしない。全局の大勝を収めて一挙に戦争を終局するの見込が立てば格別、否らざる以上、――勝つには勝つにしても此先き尚二三年もかゝるのでは――民心は再び戦争継続の無意義を一層痛切に感ぜざるを得ない。斯くして生中《なまなか》春の大攻撃をやつたと云ふ事が政府の予想に反して民心の弛頽を一層甚しからしめ、遂に夏に入つて俄然として士気の頽廃を暴露した所以《ゆえん》である。他にも数へ挙ぐれば細かい原因はある。けれども根本は右述ぶる所に外ならない。而して之を徒らに道徳的意味に於ける士気の頽廃と解しては誤りだ。彼等は公平なる相当の条件で始末し得べしと信じたるが故に、換言すれば戦争終局に対する一種の道徳的勢力を信頼することが出来た故に、戦争継続に反対したのである。故に独逸の負けたのは力争の敗北ではない。聯合国の成功は畢竟《ひつきよう》拾つた勝利に過ぎないと云ふ点に、我々は寧ろ大いなる道義的意義を発見せんとするものである。

斯くして戦争は終つた。扨《さて》、いよ〳〵休戦平和となつて見ると、俄かに勝に乗じて意気揚々たるものもあれば、曩時《のうじ》の独逸の圧迫に対して復讐を考ふるものもある。対手の顔色を見て俄かに値段を釣り上げる狡猾なる大道商人の如く、独逸に対する態度を急に改めた者もないではない。官僚軍閥によつて支配せらるゝ我日本が、斯の如き連中の随一であつた事は予輩の多数国民と共に深く遺憾とする所である。さもあらばあれ此等紛々たる要求の上に超越して講和会議は兎も角も動かすべからざる道義的精神によつて支配された。而して根本の考は之からの世界をば一層住心地のよいものにしようといふにある。弱い者にも強い者と同じく其所を得しめ様とするにある。此方針を以て戦争を終結し、又此精神を以て戦後の世界を一定の組織に統制せんとするのが講和会議を支配する根本精神であつた。講和条件の議定に先《さきだ》つて先づ国際聯盟の事を相談した事なぞは最も著しき特色であることは先にも述べた。講和条約を後廻しにしたのは抑々《そもそも》間違ひだなどとしたり顔するもの、量見が分らない。

講和条件の細目に関する評論は玆に述ぶるを適当としないから略する。只少しく苛酷に過ぎはしないかと云ふ嫌あることを一言して置く。而して苛酷に過ぐると云ふ批評の起る所以は畢竟道義的支配の要求に燃えて居るの証拠ではないか。若し夫れ国際聯盟の組織に至つては即ち国際関係を支配すべき従来の、並びに将来考案せらるべき一切の法則慣行に決定的制裁力を附与せんとするの仕組みであつて、いはゞ混沌たる無政府状態に確固たる規律を与へんとするものである。世界全体を住み心地よきものたらしむる為には先づこゝに発足して、遂に世界一家の理想に到達せねばならぬ事は明白の道理である。従来に於ても世界永久の平和を夢みた多くの思想家は皆此の考を抱いて居つた。之が辛《よう》やく今度の講和会議で実現の端緒に就いたのである。最初の試として不徹底なるは余り厳しく尤《とが》むるには当らない。我々は曲りなりにも国際聯盟の出来た事を喜ぶべきである。而かも我国一部の頑迷者流の間には国家の独立とか、国家の主権とか云ふ外面の形式によつて、聯盟に反対の声を挙ぐるものあるは寧ろ嗤《わら》ふべきの至りである。

遺憾ながら国際聯盟の仕組は甚だ不徹底である。けれども我々の痛快に堪へざるは国際聯盟の成立を促した根本の精神が国際聯盟とは離れて昨今の国際関係に大いに働かんとしつゝあることである。一つは世界を我事とする考である。もつと具体的にいへば他国の進止行動を他所事《よそごと》に放任して置けぬと云ふ感じである。露西亜の過激派が世界全体に社会革命を起さねば自分達の使命は全うされないと考へて居るのは些《いささ》か有難迷惑の感がないではないけれども、他国が依然として専制主義であり、依然として侵略主義であるのを兎や角気にするのは、強《あなが》ち他人の疝気《せんき》を頭痛に病む者と云ふ事は出来ない。世界全体を弱き者強き者おしなべての安住の楽郷たらしめんには斯の如き態度に出づるも亦止むを得ない。武力的干渉は旧時代の遺物として之を排斥せねばならぬけれども一種の精神的干渉は之からの世の中には益々多くなるだらう。而て此考の論理的結論としても、一つ顕はれて来ねばならぬのは自国の進止行動を世界の自由なる批判に開放せねばならぬと云ふ事であるが、此点が今日未だ十分に行届いてゐないのは予輩の甚だ遺憾とする所である。寧ろ今日の所世界の自由批判に対して門戸を閉鎖せんとする傾向あるは、就中《なかんずく》米国英国等に対して大いに惜まざるを得ない。併し之は政界の枢機が今尚ほ少数特権階級の手にあるが為めであつて、今日進行中の社会的改造の進行と共に改めらるべきを信じて疑はない。

　何れにしても今度の講和会議を支配した思想は、唯一片の国際法ではない。従来の講和会議に見るやうな利害の調節ではない。雄大なる道徳意識がそれであつた事は戦争後期の新空気の当然の結果である。日本が講和会議に失敗したと云ふのも畢竟此辺の諒解を欠いて、主張の根拠を一に戦争前期の密約に置いたからである。密約は国際法上依然として効力を有するから之を楯に取つて議論をするに差支はないやうなものゝ、已に根本的精神を異にした新しい時代に於ては古証文を楯に取る議論の道徳的権威なきは理の当然である。従つて今日日本が山東問題などを論ずるに当つても専ら大正五年の日支協約なぞに基いて立論するのなら、法律上誤りではないけれども、世界の舞台に於て道徳的権威を要求することは出来ない。

国際聯盟の成立は或意味に於て国際関係の根本的改造である。国際関係は聯盟の成立を第一歩として之から漸を追うて根本的に改造せられんとして居る。而して改造の根本動機は道義的支配の要求であるが、此要求は只国際関係の方面にのみあらはれたのではない。改造運動の対象となつたものはも一つある。即ち資本労働の関係である。所謂労働問題が之れである。否、改造と云へば殆んど直ちに労働問題を聯想するやうに寧ろ此方面に改造が強く叫ばれて居る。労働問題も其歴史的起因に遡《さかのぼ》れば貧乏の根絶であり、次いでは労働条件の改善であつた。一言にしていへば労働階級の物質的生活の向上であつた。けれども今は一転して労働者に正しき地位を保障すると云ふ事が主要の目的となつた。斯うなると労働問題も亦道義的支配の要求の一面の表現に外ならない。

改造の要求に根柢する労働問題の意義、又労資関係が国際関係と相並んで何故に今日激しく改造を要求せらるゝか等につ〔い〕ては、又別の機会に於て説く事にしよう。兎に角社会上政治上の諸問題の根軸をなす所の労働問題も亦実に国際関係の改造と其根本精神を同じうすることを指摘して、道義的支配の要求が今日如何に力強く社会の内外を風靡して居るかを明かにすれば足る。

右述ぶるが如く改造の要求は其発現の方面を異にして、而かも根本精神を同じうする者である。けれども実際の事実を皮相的に観ると、労資関係の改造に熱中して居るものゝ中には国際関係の改造に冷淡なものが少くない。又後者に熱中して居るものは概して前者の運動を袖にするの傾がある。此隠し難き実際の現象を我々は如何に観るべきであるか。よく考へて見ると之には又多少の理由がある。一方の理由は国際関係の改造運動は今日所謂ブールジヨアジーの手に握られて居ると云ふ事である。又他の一つの理由は、社会改造の運動を自家の専門的仕事の如く取扱ふものゝ多くが、没理想の唯物的改造論者であると云ふ事である。之では両者手を携へやうがない。

民衆の間に於ける改造の目覚めが同一の根本精神に促されて居りながら、偶々《たまたま》民衆を代表して其各々の部面を分担するもの其人を得なかつた為に、彼此相軋《きし》るのが甚だ遺憾である。併しながら之も過渡時代としては止むを得ないが、幸にして我々は今日已に、根本精神の滔々《とうとう》たる大勢が末節の紛糾をひた押しに押して、両面の改造運動に精神的統一を与へんとする形勢にあるを観て、大いに愁眉《しゅうび》を開くのである。何を以て之を云ふかならば、所謂労資関係の改造は、昨今段々没理想の唯物的な旧式の改造論者の手を離れて、段々理想主義的な、精神主義的の改造論者の手に育《はぐく》まれるやうになつた事である。社会改造論に二つの潮流あることは本誌前号の巻頭論文(「社会改造論の二大潮流」(吉野執筆))にも説かれてある。而して理想主義的の立場が漸次重きをなしつゝあるのは、即ち改造の根本精神が民衆の間に段々意識されつゝあることを語るものである。若し夫国際関係の改造に至つては、先にも詳述したるが如く、元、民衆の自覚的要求に出で、偶々ブールジヨアジーの手に取扱はれて不徹底なる解決を見んとするや、民衆は猛然として之に反対の声を挙げて居るではないか。各国の労働者階級が講和条約の結果に不満足なるは寧ろ此点に於てゞある。彼等の要求は決して長く埋もれて居ない。其徴候は已に明かである。之亦根本精神より来る自然の順序ではないか。之を要するに両種の改造運動は今や統一せられんとして居る。否、実に我々の努力によつて之を統一せしめなければならない。而して統一の趨勢は即ち道義的支配の如何に力強く働くものなるかを明かに示すものである。

斯くの如くにして之からの世界は道義の支配する世界である。我々国民は対外対内両面の生活に於て著しく道義の支配力を感ずることになる。一躍して黄金時代が来ると観るのも間違だけれども、道義を無視して尚且つ栄える途があると思ふならば、之れ日天に沖《ちゅう》して尚前世紀の悪夢に迷ふものに外ならない。油断はするな、万一に備へよとの警告は依然として必要であるけれども、然しながら我々の国家生活の理想は最早富国強兵一点張りであつてはならない。道義的支配の疑なき以上、我々は腕力の横行に警戒し過ぎて、無用の方面に精力を浪費するの愚を重ねてはならない。我々は過去に於て富国強兵の理想の為めに如何に多くの文化的能力を犠牲にしたかを反省するの必要がある。従来は之も致し方もなかつた。併し之からは遠慮する所なく、我々の能力を全体として自由に活躍さすることが必要である。我々のあらゆる能力の自由なる回転によつて、玆に高尚なる文化を建設することが国家生活の新理想でなければならない。

新しい国家生活に於て最も大事なものは人間の能力を自由に開展さすることである。斯う云ふと人或は反問するだらう。余りに自由を許せば又いろ〳〵の弊害が起るだらうと。成程人間が神の如き完全なものでない限り、自由なる活躍に伴つていろ〳〵の弊害が起るに相違ない。併しながら人間は霊的活物である。社会も亦霊能を具備する一個の活物である。人類を以て理想を追うて運命を創造する活物と観る限り、少くとも人間の本能は貪婪《どんらん》殺伐を好むものと見ざる限り、彼を自由に活かしむれば、時に起る所の幾多の弊害を制御して結局大なる理想に向上発展するものである。発育の盛んな青年は其資性の奔放に任かして置くと却つて少し位の病気に勝つて行く。所謂老婆心は人間を丸で病気を造る機械の如く見るから、あゝしてはいけない、斯うしてはいけないと干渉して却つて其真を傷くることは我々の日常経験する所である。専制主義は兎に角人間を愚民扱ひにして徒らに其自由を拘束したがるが、斯くして国民の発達を傷くるのみならず、何時の間にやら自分が愚民よりも馬鹿になる事に気が附かない。我々は人類の霊能を信ずる。其無限の発達を信ずる。従つて之に臨むには警察的たるべからず、教育的たるべきことを主張する。彼に自由を与へよ、すべての個性に自由活躍の機会を許せ。斯くして人格的価値の十分なる開展を計ることが出来る。自由の許与によつて起ることあるべき多少の弊害は、自由なる人格が自ら之を始末して行くことを疑はない。之れ道義的精神に目覚めた新人の衷心の要求である。

されば我々の国家生活に於ては「有らしむべからざるもの」を無からしむると云ふ事は必ずしも必要でない。寧ろ肝要なるは「無かるべからざるもの」を有らしむる事である。富国強兵を唯一の、又は少くとも主要なる理想とした時代に於ては、国民の生活を或一局部に強いて集中せしむるが為めに、「有らしむべからざるもの」を無からしむるに骨折つた。即ち自由の拘束である。斯くして人生は頗《すこぶ》る無味平凡のものとなつた。斯くの如き方針からは、いはゞ落第生の発生を防ぎ得ても、優等生を輩出せしむることは出来ない。我々の生活を意義あらしめ、人生の内容を豊富ならしむる為めに必要なのは、多くの優等生を出すことではないか。此の為めに一人二人の落第生を出すことを怖れてはいけない。否、多くの優等生を出すことが結局すべてを優等生たらしむる所以である。自由は即ち能力の無限の開展に対する唯一の機会である。拘束は如何に善意であつても、人生を平凡化せしめずんば止まない。而して十九世紀の国家生活は実に人生を平凡にした。否、甚しきは道徳的堕落をさへ伴つた。それでも尚多少の向上あり、多少の発展あつたのは、人生の平凡化に対する熱烈なる自由の反抗が戦はれたからである。今や時勢は一変した。人事社会のすべての関係は之より道義的精神の完全なる支配を受けんとして居る。是に於て富国強兵のみが国家生活の理想ではない。之が為めに我々の他の能力の開展を犠牲にするの必要を見なくなつた。斯くして初めて我々は憚《はばか》る所なくあらゆる方面に於ける人格的自由を高調することが出来るやうになつた。玆に我々は新しき理想を確実に握つて、更に新しき面目の下に国家生活を建て直して行かなければならない。

〔『中央公論』一九二〇年一月〕

政治学の革新

今度の戦争が、物質上にも精神上にも、非常な影響を人類の生活に与へたことは云ふ迄もないが、殊に社会生活の理想に根本的変革を与へたことは最も注意すべき現象である。中央公論が此点に着眼して各方面に起れる戦争の影響を研究せんとするは寔《まこと》に時宜に適した企てゞあると思ふ。予は其中政治の方面を分担したのであるが、此点に関しては実は「国家生活の一新」と題する別の論文〔本巻所収前掲〕に於て可なり詳細に説いたから、改めて玆に説き立てる程の新らしいものを有《も》たない。依て此所には只政治即ち我々の国家生活に於ける行為の規範を論ずる政治学が、戦争の影響として如何なる根本的革新を見たか、又は見んとして居るかを簡単に述べるに止めようと思ふ。

戦争以前の政治学に在つては強制組織としての、国家其物が絶対の価値であつた。凡て人類は団体生活即ち社会に於て初めて其生存を全うすることは云ふを俟《ま》たない。而して其社会生活を継続的に可能ならしむる所以《ゆえん》のものは強制組織によつて秩序立てられる事にある。社会生活を此方面から観る時、我々は特に之を国家生活と云ふ。我々は日常の用語例に於て国家と社会とを混同し、国家の文化を進めるとか、日本帝国の精華を誇るとか云ふ。けれども此場合の国家は日本民族の社会生活を意味するのである。政治学で国家と云ふ時には、専ら其社会生活が強制組織に於て統制されたる方面のみを着眼しなければならない。此方面を兎や角批評したからというて日本民族の団体生活其物を兎や角云ふものと誤解してはならない。

斯う云ふ見地からすれば我々の生活に於て最も大事なのは其団体生活の上に最高の文化を開展することであるといはなければならない。所謂《いわゆる》強制組織も此目的の為に存在の理由がある。無政府主義者は此最高の目的の為めに邪魔になるからというので強制組織を否認する。従つて政府と法律とに依て表現さるゝ国家を否認するけれども、我々は此立場を承認しない。けれども法律と政府とを承認する所以のものは、文化的目的の達成の為めであつて、強制其事を絶対の目標とするのではない。

けれども従来の政治学は、強制組織としての国家其物を絶対の価値とした。我々の所謂正しい立場から云つても、国家の強制権は出来る丈《だけ》有効、優勢であらねばならぬ。如何にすれば強制組織を最も有効に構成し且つ運用することが出来るかは政治学上の主要なる問題でなければならない。けれども其有効なる構成と運用其事に絶対の価値あるのではない。それは何所《どこ》までも或るより高い目的の手段であらねばならぬ。然るに従来の政治学は此点に於て「手段」を「目的」とするの重大なる誤謬《ごびゅう》に陥つた。如何なる点に於て此誤謬を犯したかと云ふ事は、一々此所に例を挙げて説明するの必要もあるまい。

尤《もっと》も従来の政治学が斯くの如き誤謬を犯したと云ふについては相当の理由がある。それは従来の国家生活、殊に其国際的方面の現実が、政治の理論を究むる者並びに其実際に当るもの等をして国家生活の真の理想を正しく視ることを妨げたからである。此事は別の論文に詳しく述べたからこゝに繰り返す必要はない。要するに従来の国際関係が全然無政府的状態であつて、何等道義の支配がなかつた、即ち優勝劣敗弱肉強食の殺伐なる状態であつたから、苟《いやしく》も自立自存を捨てない以上、各国家は富国強兵を以て差当りの理想としなければならなかつた。此富国強兵の理想が、強制組織の鞏固《きょうこ》を以て第一の、否な唯一の仕事とするに至るは怪むに足らない。斯くして従来の政治学は「何の為めの強制組織」と云ふ点を忘れた。否、之を考ふるに暇《いとま》なかつたのである。

従つて段々デモクラシーの精神が起つて、専制的政治方針に反抗するやうになつても、それでも尚従来の政治学者は強制組織の有効なる構成、運用と云ふ点に執着してデモクラシーの効用を動《やや》もすれば説かんとして居つた。即ち何の為めにデモクラシーを推奨するかといへば国家の強制権を強むる為めに必要だからと云ふ。頑迷な専制主義者はデモクラシーの精神は国家の強制権を弱むると考へて居るけれども、之は誤りだ。少くとも今日の時代に於て強制権の本当の強味は民衆の承認になければならない。強制力を民衆が自分とは何の係はりのない、外よりの力だと考ふる時に国家的結束の中心点が動揺を始める。故にデモクラシーは実は本当に国家を固むる所以であると説いたのである。之は無論間違ではない。けれどもデモクラシーの精神は一つの文化的現象として、も少し深い根柢を有するものであつたけれども、其点を力説することは従来の政治学には係はりのないものとせられて居つた。

そこで従来の政治学は我々の社会生活の本当の理想に目覚めて居る人にとつては一つの躓《つまず》きであつたともいへる。従来の政治学の系統の中に於て多少の煩悶無しにデモクラシーは其安全なる地位を見出し難かつた嫌がある。然るに今や時勢が変つた。富国強兵は最早や国家生活の唯一の理想ではない。強制組織其物を絶対の価値と認めねばならなかつた時代は過ぎた。是に於て今後の政治学は初めて強制組織に当然の価値を認め、人類の文化的進歩向上を計る為めの一つの科学として成立することが出来るやうになつたのである。直接の研究対象たる強制組織についていはんか。従来の政治学は其推奨者であつた。少くとも其代弁者であつた。今後の政治学は其監視人とならなければならない。

政治学の着眼点が、右のやうに変つた結果として起る一つの著しい現象は其倫理学との提携である。人文の進歩の為めに国家は何を為すべきや、強制組織は如何に構成され、又運用されべきやを論ずるものとして政治学は或意味に於て国家の倫理学であるといへる。

政治学と倫理学との提携は従来の政治学に於て重要視せられなかつた。否な殆んど顧られなかつた。政治道徳と云ふ事が説かれないではない。けれども之は政治に関する個人の道徳を論ずるものであつて、国家の――国家機関の行為の価値を論ずるものではなかつた。従来の政治学は富国強兵を理想とし、強制組織其物に絶対の価値を認めたから、所謂国家の為めにする事はすべて絶対の価値ありとする。此事の前には一切のもの皆頭を下ぐべきものとせられて居つた。従つて倫理道徳などは此国家の目的の為め利用すべきもの又利用せらるべきものと見て居つた。今日の政治家中に富国強兵の為めに利用すると云ふ事以上の意義を宗教、道徳、芸術等に認めて居るものがあるか。其国家的理想の極めて低劣なるに気が附かず、其事の為めには何物をも利用して倦《う》まざらんとする謬想の極は、浪花節に頼んで所謂国民精神の陶冶《とうや》を計らんとするに至る。正直なマキアベェリーは思ひ切つて、国家の目的の為めには道徳を無視すべきことを高調力説して、臆病な世間を驚かしたけれども、旧い政治学は結局玆に落附かなければならぬ筈のものである。最近の悧口《りこう》な政治学者は全然倫理道徳を無視していゝとはいひ切れ得なかつたと見えて、遂に国家の為めに尽すことが最後の善なりと云ふ一種独特の倫理説を立つるに至つた。故加藤弘之先生の如きは真に国家の為めならば人を殺すも可、人の財物を奪ふも亦道徳なりと云ふ風に極論されたと記憶するが、そこまでに至らなくとも所謂国家の為めにすること夫れ自身の上に絶対の倫理的価値を認めんとするの謬論を抱くものが多かつた。

併しながら今日の政治家は強制組織其物を絶対の価値としない。絶対の価値は個人の生活に於ても国家生活に於ても共に最高の善である。其最高の善を国家に実現せしめんとするのが我々の常に冀《ねが》ふ所である。国家の為めにする事が善なのでは無い。国家をして善を行はしめねばならないのである。然らば国家の行はねばならぬ善とは何ぞやと云ふ事が問題になるが、之に政治学は答案を与へんとするのである。是れ今日の政治学が倫理学と根柢を同じうし、従つて国家倫理学と云ふを妨げざる所以である。之によつて政治学は初めて文化科学として重要な位置を占めることが出来ると思ふ。

〔『中央公論』一九二〇年一月〕

クロポトキンの思想の研究

(一)

予の最も尊敬する学友森戸辰男君が、東京帝国大学経済学部の機関雑誌とも云ふべき経済学研究の創刊号に於て「クロポトキンの社会思想の研究」なる一論文を公にしたと云ふ事は、図《はか》らず昨今飛《とん》だ物議を醸《かも》してゐる。森戸君がクロポトキンに精通し、又いゝ意味に於て其思想に多少の共鳴を有《も》つて居らるゝとは、予《かね》て聞いて居つた所であるが、今度公にされた論文は、クロポトキンに関して有たる、平素の蘊蓄《うんちく》を、最も遺憾なく又最も適当に披瀝されたものと観るべきや否やは、幾分疑はしいと思ふ。あの論文其ものに就ては、予にも多少の異見はある。が併し、之を以て直に無政府共産主義の宣伝と見做し、森戸君の人格思想の全体を危険視するのは亦決して穏当の見《けん》ではない。但此等の点は、直接に親友の身上に渉る事だから、茲《ここ》には略して云ふまい。他日更めて論ずるの機会もあらうから。今はたゞ此問題に関連して、所謂《いわゆる》無政府主義に関する世上の誤解を正し、外面の名に恐れて有益なる思想の研究の今後忽諸《こつしょ》に附せられざらん事を警告するに止めて置かう。

予《あらかじ》め断つて置くが、予は無政府共産主義には勿論反対であるが、クロポトキンの思想の中には、色々の点に於て多くの共鳴するものを見出して居る一人である。少くとも我々は、毒の中から薬を作り得るが如く、ク氏の思想の中より、今後の社会国家の経営上有益なる幾多の指導原理を見出し得べきを信じて疑はぬ一人《いちにん》である(之れ丈けの事は一々原書に遡るまでもなく、森戸君の紹介を見ただけでも分る)。危険らしく響くその名に拘泥《こうでい》して、玉石を分たず、凡てを斥《しりぞ》けてはいけない。無政府共産主義といへば、世人動《やや》もすれば社会の秩序を破壊するに暴力を用ふるを辞せざるものとのみ理解するやうだけれども、之は大なる誤りである。クロポトキンの無政府共産主義そのものは排斥すべきものに相違ない。けれども彼の思想の中には、幾多の宝石の混在して居る事を忘れてはならない。さればこそ最近西洋に於てもク氏の思想の研究は盛んになりつつあるなれ。我国に於ても、先般来畏友中沢臨川君が率先して其研究の必要を説かれて居つたので、予私《ひそ》かに之を徳として居つたが、今度森戸君の詳細なる紹介があつたので、新聞の広告を見た時から、既に予は多大の希望を之に繫《か》けたのであつた。扨《さて》公にされたものを見ると、其紹介の仕方に就て多少の異見もあり物議を醸すに至つたのも致方《いたしかた》ないと思はるゝ点もある様だが、併し、之が原因となりて若《も》し折角芽を吹き出したク氏の説の研究が挫折する事もあらば、それは学界の為には勿論、日本の文化の上にも甚だ遺憾の事であると思ふ。

（二）

予の観る所に依れば、戦後の我が社会国家の経営に於ては、大にクロポトキンの所説を参考とするの必要があると思ふ。戦後の社会変遷に伴つて先づ大に頭を擡《もた》げた者は――少くとも我が日本に於て――マルクスの思想であつたが、当時予は人に向つて、マルクスの時代は今に去るであらう、之に代るべきは即ちクロポトキンの思想で、やがては之をトルストイまで持つて往きたいと云ふ様な事を申したのであつた。西洋に於ては今日既にマルクスよりもクロポトキンが遥に重きをなして居ると思ふが、果せる哉《かな》、我が日本に於ても、クロポトキン研究が段々盛んになつて来る様に見ゆる。是実は当然の径路にして、何も直に之を危険視すべき理由がない。若しそこに何等か危険な事がありとせば、それは之が研究を適当に指導する者を欠く事である。更に危険なるは、無政府主義の名に拘《かかわ》りて之が研究を絶対に阻止し、以て事物当然の進行を塞《ふさ》ぐ事であらねばならぬ。

尤《もつと》もクロポトキンの思想は西洋に於ても久しく危険視されて居たことは事実である。否、クロポトキン自身、実は永い間危険人物として諸国の監視を受て居つたのである。何故に彼と其思想とが斯《か》くまで危険視されしかについては、別に説あれども、今は問題外だから説かぬ。只一言して置かねばならぬのは、之に就いてはクロポトキンの往々にして発する矯激の言が多少禍の種となつたのみならず、当時無政府主義といふ文字にまた世上多大の誤解があつた事である。併し乍《なが》ら、此誤解は段々分つて来た。無政府主義者と云へば只乱暴する者ばかりと思うてはいけない。中には今日の国家の特徴となつて居る或る原理よりも、更にヨリ高い原理で社会生活の秩序を一層鞏固《きようこ》なものにしやうといふ様な、建設的の思想を懐《いだ》いてゐる者も少くはない。而して斯う云ふ建設的な分子を段々クロポトキンの思想にも見出して来たので、さてこそ昨今漸《ようや》くク氏をかつぐものが殖えたのである。彼が時々ヤッツケロ式の無鉄砲を叫ぶからとて、彼の説の中にある尊《たつと》き珠玉を棄てゝはいけないと云ふのが、彼の思想に対する予の最近の感想である。然らばク氏の思想のどう云ふ所にさう云ふ珠玉があるのか。之れ最も大事な問題である。

猶序《ついで》に一言したきは、我国に於ては——殊に官界に於ては——兎《と》角《かく》名に拘泥して其実を顧みないと云ふ風がある事である。ツイ最近まで社会主義と云ふ名が非常に忌み嫌はれて居た事は、今更説くまでもあるまい。若し夫《そ》れ無政府主義などゝ云へば、今仍《な》ほ直に露国の虚無党などを連想して、大逆不道の陰謀を企むものなるかの様に見做されてゐる。従つてまた何等か不逞の大陰謀でも企つる者があると、世間では直様《すぐさま》之を無政府主義者と云つて仕舞《しま》ふ。学問上所謂無政府主義と云ふ思想上の根拠に立て居るか否かを問はない。だから、此頃の様に思想界が混乱し世上の風気も動揺して来ると、直に無政府主義的傾向が盛んになれるの結果なりとして警戒する。其上亜米利加《アメリカ》にも無政府主義者の大陰謀が発見されたとか、西伯利《シベリア》にも世界顚覆の恐るべき計画があるとか（此事の荒唐無稽の捏造《ねつぞう》説なることは序に一言して置く）、又最近北一輝と云ふ人が上海《シャンハイ》から来て不穏の文書を撒布したとか云ふ類の出来事があるので、当局に於ては嘸《さぞ》無政府主義の幻影に怖れをなして居る事であらう。之も無理はない。併し乍ら昨今の思想界の混乱や社会の不安やは、決して無政府主義や其他の西洋に起つた特異の思想の東漸の結果ではなく、我国の社会其者に不安動揺を招ぐ種があるからであると信ずる。尤も西洋の影響は全く無いとは云はぬ。改革を要する欠陥を有するの点に於ては、東西其揆を一にするから、之に基く不安動揺は、謂《い》はゞ世界共通である。けれども、只此一端を外面的に観察して、深く内部の欠陥に察到するを怠らば、幾分危険思想の取締を厳重にしても、社会の安寧は保たれない。社会の安寧を保つ根本の途は、思想の取締に非ずして、寧ろ危険思想の発育に適せぬ様《よう》社会其者を改革するに在る。

〔以上、『東京朝日新聞』一九二〇年一月一六日〕

（三）

久しく継子《ままこ》扱ひにされて居つたクロポトキンが、昨今急に持て囃《はや》さるゝ様になつたのは如何《どう》いふ訳か。そは云ふまでもなく、這般《しゃはん》世界大戦の進行に伴ふ――又は其結果とも見るべき――各国社会状態の急変の為めである。今度の戦争が、各国に於て又夫等の国の各方面に亙りて、いろ〳〵著大の影響を与へた事は今更説明するまでもないが、就中《なかんずく》、其最も重要なるもの、換言すれば、最も熱烈に改造を要求されて居るものは、国際関係と労働対資本関係との二つである。此両面に於て特に痛切に改造と云ふ事の要求せられ、次で如何に改造すればいゝかの問題になつて、即ちかね〴〵一般世人よりは一歩先きに是れ等の点に答へて置いたといふ所から、クロポトキンが初めて顧みられるといふ事になつたのである。であるから、今頃クロポトキンが担ぎ出されたといふのは、軽薄なる好事者が、思想界の紛乱に乗じて面白半分に世間を騒がすといふのではなくして、其実、当今の時勢の熱烈なる要求に応ずるものあるが為めに然るものなのである。

一体戦争以前の国際関係は、如何いふ状態に在つたか。一言にして云へば、無政府的混沌状態であつた。国際法はある。国際慣例もある。けれども、イザといふ際には一片の紙屑に過ぎない。結局の所、国際関係に於て最終最大の発言権を有するものは、現実の力に外ならぬ。道徳も法律も、腕力の前には何等の権威がない。其結果、各国家は、斯かる状態の許《もと》に自存の道を得んが為めに、自然富国強兵を唯一の目標として進まなければならなかつた。是の為に如何に一般文化能力の開展が犠牲にされたか分らない。是れ実に十九世紀文明の一大欠陥として、識者の深く遺憾として措《お》かざりし所であつた。若し夫れ国内産業関係に至つては、如何に保守的の人でも、資本家が不当に労働者の利益を侵略して居るといふ事実を承認しない訳には行かない。是等の点は既に世上に十分言ひ尽されて居る所であるから、今諄々《くどくど》しく繰返すまい。要するに、此等の両方面に於て、従来の社会状態は実に重大なる欠点を持つて居つたのである。而かも此事たるや昨今に至りて初めて明かとなつたのではない。平和論の絶叫も久しいものだし、労働問題の如きは、数十年来の懸案であつた。が併し、社会の状態其ものは、容易に改革の実現を許さず、其上、一方に微力ながら改革の要求の唱へらるゝものあるに拘らず一般の輿論は結局に於て依然強い者に味方して弱い者を虐げる底のものであつた。斯くして戦前の世界は、国と国との間に於ても、又人と人との間に於ても、弱い者に取つては誠に住み心地のわるい処であつたのである。

今次の戦争の終末に際して起つた各国の社会的動揺の如きは、或意味に於ては、此弱者の擡頭と見られないでないが、此弱者の為の声は、実は既に疾《と》くの昔からも叫ばれて居つたのである。クロポトキンは則ち其中の最も雄弁なる代表者であつて、而も最も能く時代の欠陥を指摘し、之に代るべき新施設をも提唱したものである。尤も強い者が非常に跋扈《ばつこ》して居た時代に生れて、彼自身また随分烈しく当局からも社会からも迫害されて居るから、其所説に過度の誇張と激烈とを包有して居るのは已むを得ない。併し其割に彼の説は、仮令《たとい》其根本に於て誤りありとするも、能くも精密に将来の社会状態の姿までを考へたものと感心される程である。何れにしても彼は其当時の社会を――殊に国際関係と労資関係との二方面に於て――周到に批判し、如何に改造すべきやの点までを丁寧に説明して居る点に於て、出色の特色を示して居ると謂つてい丶。

されば今度の戦争の終ると共に世界の人心が所謂改造の必要に目ざむると、彼等はどうしてもクロポトキンの教を乞はぬ訳にゆかなくなつて来た。如何に改造すべきかの指針を求めてマルクスも一応は相談を受けた訳だが、併し彼は鋭利なる舌鋒を以て従来の制度の批判はして呉れるけれども将来の理想的社会に就ては教ふる所左《さ》まで多くはない。クロポトキンの教説に至つては、勿論其儘之を受納れることは出来ないが、当今の要求に対しては、慥《たしか》にマルクス以上に吾人を教ふること親切〔深〕なるものがある。近頃日本でも頻《しきり》に流行する――否或る意味に於ては日本の思想界を風靡して居ると云つてい丶所の――英のベルトランド・ラッセルの如きは、最も多くクロポトキンに学んで、彼の教説を如何に今日に採用すべきかを最も適切に吾人に語る所の代表的思想家である。改造といへば直にラッセルを連想する程に、ラッセルの思想は今日に重きを為して居るが、そのラッセルを正当に理解するためには、是非ともクロポトキンを知るの必要がある。云はゞクロポトキンは、ラッセルを通して特別に現代の吾人と深い関係に在ることを認めなければならぬ。

と云つて予輩は、クロポトキンは無条件に吾人の師とすべきであるといふのでもなければ、又現代改造事業の思想的指導者として、クロポトキンだけで十分だと云ふのでもない。彼の説に重大なる欠点あることは、何よりも先に之を了解して置かねばならぬと思ふが、只之が為めに、彼が現代に対して要請し得べき其正当なる地位を無視するは、大なる誤謬であり、大なる損失であると信ずるものである。

〔以上、『東京朝日新聞』一九二〇年一月一七日〕

(四)

之よりクロポトキンの思想が当今の時勢に向つて何を訓《おし》ふるかを略述して見やう。

先づ第一に彼の共産主義の方面の説であるが、之は現今矢釜《やかま》しい労資関係の解決に対して大に光明を与ふるものである。戦後労働問題が大に論ぜられ、否論究の時代を過ぎ実行の時代に進んだと云つてもいゝ、程盛んになるに連れて、世人は始めマルクスに指針を求めた。然るに茲に十分の満足を見出すことは出来なかつた。マルクス並に彼一派の社会主義の学説は、従来の経済組織のわるいこと、私有財産制の維持す可らざることは、明白に教へて呉れるけれども、さて私有財産制を廃した後の社会を如何にするかについては、十二分に教へて呉れない。夫れでも強大なる資本主義と戦ふといふことが当面の主要問題である間は、之でもいゝが今日の様に時勢が急転して来ると、如何しても世人は将来の理想的社会の積極的建設といふ方面で新なる興味を起さゞるを得ない。マルクスは余りに階級闘争に主力を注ぎ過ぎて居る。誰か外にモツト先を考へてゐる学者がないかと探して見付かつたのは、即ちクロポトキンなのである。

尤も理想的社会を如何に建設すべきやの細目を説いた者は、ク氏の外にも多い、所謂ユートピアン・ソーシアリストは皆之れである。古くはトーマス・モーアより、近代のモーリスに至るまで、数へ上げれば随分ある。中にもモーリスの如きは頗《すこぶ》る精細で又頗る傾聴に値する提説に富む。近頃此方面の事を井箆節三氏が頻《しきり》に紹介されて居るが、此点に於て予は私かに同氏に大なる敬意を払つて居る、又同氏が所謂科学的社会主義を排(?)して空想的社会主義を提唱せられて居るにも多分の真理があると思つて居る。扨《さて》、此等ユートピアンを外にしては、学者の中で細目の建設的方面を比較的精細に説いた者は即ちクロポトキンである。此等の点は、森戸君の紹介に依つて見ても明かであらう。要するに右の様な次第から、クロポトキンは、最近マルクスに代つて、社会改造の論議の上に重要なる地位を占むる様になつた。又重要なる地位を占むる丈の価値を有することも疑ひない。

(五)

次に来るのは彼の無政府主義の方面であるが、之に関する彼の説を了解する前に、吾々は先次《まず》の二点を明かにして置かなければならぬ。さうでないと、兎角無用の誤解に累《わずらわ》されて問題の冷静なる研究が出来なくなるから。

一つは、無政府主義即ちアナーキズムと云ふ言葉は往々全く正反対の意味に使はるゝといふことである。能《よ》く世間では戦前の国際関係は無政府的混沌状態に放置されたと云ふ様な事を云ふ。此場合のアナーキズムは、道徳法律の支那の外に置かると云ふ意味であつて、従つて腕力の跋扈といふ事実を承認する者である。之が一つの使ひ方であるが、又他の一つの使ひ方としては、腕力の跋扈より社会を救ふと云ふ意味で、武力を否認することをアナーキズムと云ふことがある、吾々が今日通常にアナーキズムといふと、動もすれば社会生活の秩序を根柢より破壊する即ち第一の意味に理解する事を常とするが、クロポトキンの所謂無政府主義は全然之に反し、多数が少数を圧迫することを社会生活の秩序の根柢とするといふ、其強制組織を否認するのである。彼の真意は、社会の秩序を根本的に破壊せんとするに在らずして、更に之をより鞏固にせんとする所に在る。只事実彼の説に従つて社会の秩序がより鞏固に確立するか否かゞ大なる疑問であり、ウッカリ彼の説に聴蹤すると飛んでもない目に遭ふといふ所に危険が伏在するのである。

もう一つは、クロポトキンの所謂国家は、吾々の通用する国家とは大いに其意義を異にするといふことである。クロポトキンの無政府主義が国家を否認するといふは隠れもない事実であるが、然し彼が国家を否認するとは、人類の特定衆団生活に於ける強制組織の否認に外ならない。強制組織に依つて統括されなくとも、人類は其社会生活を全うすることが出来る、否、統括されない方が却《かえつ》てよく完全に生存の目的を達し得ると主張するのである。此見解には吾々は固より賛成出来ぬけれども、強制組織の効用を過度に誇張する従来の国家観に対しては、慥に頂門の一針として大に傾聴するの価値ありと信ずる。然るに、吾々の俗用の語としては「国家」といふ文字にそんな限られたる意味を附して居ない。吾々の社会的生活を直に国家と云つて仕舞ふ。例へば吾々は日本国家の文化の開発の為めにどうかうするといふ。之は日本民族の団体生活に現れたる文化といふ意味であつて、何も其団体生活が政治組織に依つて統括されてゐると云ふ方面を予想して始めて解せらるべき事柄ではない。即ち俗用の語として吾々は、国家といふ文字を社会といふと同意味に使つて居るのである。シテ見れば、無政府主義が国家を否認するといふは、社会生活の秩序を維持する為めの様式を変更せんことを要求するものであつて、吾々の社会生活の秩序其ものを根本から紊乱せんとするものではない。クロポトキンの思想の是等の点に関して多少明白を欠く所がないでは無いが、今日の無政府主義の中には世人の考ふるが如き破壊的なもの許《ばか》りでないことは、明白にして置く必要がある。

此第二の点と関連して、無政府主義と主権者との関係が問題になるが、無政府主義は必ずしも主権者の排斥を主張するものと決つたものではない。従来の所謂無政府主義者の中には、此点に於て兇暴な考へを懐く者が多かつた。従つて無政府主義が危険視さる、といふに相当の歴史的理由はあると思ふが、最近の新無政府主義は、必ずしも此点に於て古いそれと揆を一にするものではない。所謂主権者が、単に消極的命令者として国民に臨むのではない、国民の文化生活の道徳的指導者として積極的に国民の心の中に活躍するといふことは、何の妨げもない筈である。のみならず、本当に立派な国体ならば、主権者は単に命令者としてのみでなく、積極的感激の源泉となる様にならねばならぬではないか。日本といふ国が、若し万国に冠絶する所ありとすれば、そは即ち此点でなければならぬ、即ち我が皇室の国民に対する関係は、命令服従の形式的なものでなく、モツト深いモツト高い道徳的関係に在るのである。故に斯る強制関係を超越した即ち無政府的境地に美しき我国君臣の情誼を安置すべきであると思ふ。無政府主義は強制組織の否認である。其結果として主権者を如何するかといへば、之を排斥すべしといふ議論もあり得れば、之を道義的に更に高尚な国民的尊崇の中心とせよといふ議論も成り立ち得る。無政府主義を斥くるに急にして、主権者といふ文字に拘泥するは、寧ろ皇室の道義的尊厳を蔑《ないがしろ》にするものではあるまいか。若し無政府主義といふ文字を後説の様に解すれば、平和なる家庭に命令服従の水臭い関係がないと同じ意味に於て、我国体の如きは寧ろ無政府的なるを誇とすべきものではあるまいか。

〔以上、『東京朝日新聞』一九二〇年一月一八日〕

（十八）

クロポトキンの無政府主義は、其真髄に於て、多数の少数に対する圧制を排斥するに在つて、其自身は決して危険なるものではない。只之に附随して加説した色々の方面に危険性を有するものあるは、之を承認しない訳には行かない。けれども、吾々は彼を今日に活かすに当つては、主として其真髄を採らなければならぬ。彼は主張する。多数の少数に対する圧迫は如何なる場合にも許されない。吾々の社会生活は、各人の完全なる同意に依りてのみ組立てられなければならないと。此考へは吾人の社会生活の理想としては永遠に真理であつて、一点の非難すべき所がない。而して少くとも之れだけの範囲に於ては、彼は今日仍《な》ほ大に吾々を訓へるの資格を有して居る者である。

クロポトキンの無政府主義の説に聴て、最も深く要求の満足を感じたものは、国際平和論者である。何となれば、彼等は久しく国際間に於ける強力の跋扈に困《くるし》んで居たからである。併し乍ら、国際間に於ける強力の跋扈を抑へんが為には、国内に於ても亦強力の跋扈を抑へなければならない。此等の思想上の連絡の事などは茲に説くの必要がないが、段々国内の問題に就いても、従来の国家が余りに強制組織を重んじ過ぎて居た事に気がついて来た。之からは強制のための強制でなくして、大に自由を重んじなければならぬといふ風に考へて来た。此等の点に就ては、予輩はこの正月号の中央公論に「国家生活の一新」(本巻所収)と題して詳論して置いたから、茲に繰返さぬ。兎に角かういふ風に政治上に新理想を吹き込むに就いて、クロポトキンの無政府主義が非常に働いた事だけは、之を認めない訳には行かない。

斯くクロポトキンは、現代の思想界に於て重大なる役目を勤めて居るけれども、現代の思想界は、彼の説を彼のいふ通りに承認して居るのではない。此点はまた深く注意するを要する所である。

我々は彼の無政府主義に大に共鳴する。併し之は遠い先きの理想として之を取るのであつて、今日直に実行すべき主義だとは思はない。法律も刑罰もいらない世の中にしたいと願はぬ人は恐らく一人もあるまい。支那の人は之を古代に求めたが、吾人は之を遠い将来の理想として之に向つて努力するを惜まない。而して之を理想とすることを忘れてはならぬとさへ考へて居る。監獄は何の為めに在るか。罪人が無くなり、監獄の入用を見ない様な世の中を来《きた》す為である。之を忘れると、司獄官吏が罪人の多からんを好むこと、恰《あたか》も医者が病人の多からんことを冀《こいねが》ふ様になる。故に政治家は、常に必ず無政府的状態を理想とするを忘れてはならない。従来の政治家は此事に考へ及ばなかつた。従来の政治学も亦此事に考へ及ばなかつた。故に如何にすれば国家を富強にするを得るやが、旧い政治学の主要問題であつたが、之からの政治学の主題は、国家の文化を十分に発達せしむるには、其強制力を如何に運用すべきやに変つて来ねばならぬ。斯う云ふ一大進歩を政治の上に来さしむるに就いて、クロポトキンの思想は実に著大な貢献をして居るのである。

但クロポトキン自身は、彼の無政府主義を遠い将来の理想としては説かなかつた。此処が彼の説を現代の思想界が其儘採らざる重要の点である。彼は無政府主義を遠い将来の理想として説かず、之を今日直に実現すべき目前の問題として説いた。暴力に訴へても実現すべき大事な仕事として説き廻つたのである。此に至つて彼の無政府主義は、明白に危険性を帯びて来る。

然らば何故にクロポトキンはさう云ふ危険な説を立てたかといふに、之には相当の理由がある。彼は人間の本性を非常に楽観した。本来放任して置いても、立派に社会生活を完《まつと》うして行くものと信じて居た。なま中《なか》政府とか法律とか云ふ者があつて拘束して居るから却てわるくなる。之を取り去りさへすれば、人間は自然にうまく治つて行くものと見た。故に彼は無政府的状態を即刻実現することに依つて、黄金時代は来るものと信じたのである。

クロポトキンは、当時流行の一般思想界の影響を受け、人類社会を自然科学的に観て居つた。超自然的叡智が人類の進歩を指導するなどいふ考へを迷信として排斥した。人間も其本質に於ては虫ケラと同じものと観て居た。夫が何故に進化の段層を重ねて今日の様に発達したかの問題に対して、ダルウィンは生存競争を以て答へたが、クロポトキンは之に反対して相互扶助を以て答へたのである。彼に相互扶助論の著あるが、是は人類は相互に助け合ふべしと云ふ様な事を説いたのではなくして、人類には他の一般動物と同じく、相互に扶助するといふ本能があるものであり、茲から社会生活の進化も生ずるのだといふ事実を説述したのである。であるから、ダルウィンは人間の本性を殺伐なものと観たのに反して、彼は非常に美しいものと観たから、自然に放任してさへ置けば、人間は立派に行けるものと考へたのは無理もない。彼の無政府主義の危険性の本源は、此一点に存するのである。

尤もクロポトキンの無政府的状態即時実現論は、右の様な人性楽観説に根柢するにしては、余りにふさはしくない程、現在の国家乃至政府を呪咀するに猛烈を極めて居る。此一面のみを見ると、彼は如何にも兇暴の悪党の様だけれども、本来の立場は、人間の本性を観ること御人好《おひとよ》しに過ぎて居るのである。彼はどこに生れ、どんな境遇に育つたかを考へれば、其の兇暴なる一面にも多少の同情すべき点もあるが、そは姑《しばら》く別問題とする。今はたゞ何処までも彼の立場を理論的に了解して置くの必要がある。

さて今日となつては、クロポトキンの拠て以て議論の出発点とせし所の人性の自然科学的説明は崩れた。従つて無政府的状態は即時実現しても、期待した結果は必ずしも得られないと云ふことが明かになつた。否、人間の本性にはクロポトキンの説く様な方面もあれば、又ダルウィンの説く様な方面もあることが分つた。して見れば、現在のところ、多少の強制は人性の訓練の為にも必要であると謂はなければならぬ。只無政府的状態といふものが結局の理想であるといふ点だけは、動かない。此点だけでは、クロポトキンの所説は永遠に真理である。けれども即時之を実現すべしなど云ふ事は、今日誰も考へて居るものがない様になつた。

(七)

さればクロポトキンは、少くとも国際関係——に於ける国家生活——の上に一つの新理想を与へたといふ点に於て、大なる功労を認めらるべき人である。新しき時勢が熱烈なる要求に燃えて、探し求めた偉人である。今後も吾々は彼に聴くべき多くのものを有《も》つて居る。但彼は元の儘の形で自分で吾々の中に出て来ることは出来なかつた。彼の説が現代に活きて現代を指導する為には、新しき時代に適応する新粧を纏ふを必要とした。此意味に於ては吾々は、クロポトキンを現代的に観る為めに、ベルトランド・ラッセルに赴くの必要を観るものである。

ラッセルの思想を紹介するは、本論の主題の外にある。只一言するを要するは、ラッセルは一面ダルウィンに聴きて人性の殺伐なる方面を許して所有の衝動を説き、他面クロポトキンに聴きて創造の衝動を説いた事である。而して前者を抑へて後者を自由に活躍せしめんが為めに、政治的制度の必要を認めたが、併し其制度たるや飽《あ》くまで自由尊重の本義に立脚すべきを力説して、クロポトキンの素志を顕彰するを忘れなかつたのである。

今日ラッセルが如何なる地位を思想界に占めて居るかは深く問ふの必要はあるまい。而してクロポトキンを知らずしては、ラッセルを解し難いのだから、以て吾々はク氏と現代の改造事業との間には深甚なる関係あるを察すべきである。

之を要するに、クロポトキンの学説は、単に学術的興味から云ふばかりでなく、実用的興味から云つても、現時決して等閑に附す可からざるものである。無政府主義の名に恐れて其研究を阻止するは、国家の前途に取りて非常に不利益である。若し今日の如く、混乱の甚だしき際に、漫然此種不穏の文字を世上にさらすは危険なりと云ふならば、予は敢て曰ふ。だから無政府主義の何たるかを明かに知らしめて置くの必要があると。森戸君が、クロポトキンを現代に活かす為めに忠実の紹介者たりしや否やは別問題とし、あつものに懲りて膾《なます》を吹くの譬への如く、今度の事件の為めにクロポトキンの研究其事が頓挫する様のことあつては、誠に昭代の恨事なりと思惟する。是予が敢て自ら揣《はか》らず草率此一篇を寄せて大方の教へを乞はんとする所以《ゆえん》である。

〔以上、『東京朝日新聞』一九二〇年一月一九日〕

アナーキズムに対する新解釈

我国でアナーキズムと云へば直ちに飛んでもない大それた事を計画する反逆人のやうに思ひ做《な》さるゝを常とするが、実際此名の下に理解さるゝ思想は、必ずしもさう云つたやうな危険なもの許りでも無いのである。無論従来はアナーキズムは久しい間当面の政府乃至支配階級に対する猛烈な感情的反感に基く種々の議論を総称したもので、頗る危険な破壊的の思想であつた事は疑ひない。従つて今日でも世人動《やや》もすれば此名称の下に露西亜《ロシア》の虚無党などを聯想するのであるが、然し最近は段々国家の理論の発達変遷と共に、種々変つた意味がアナーキズムといふ文字に盛られ、今日では格別実際上の危険を伴はないやうな意味に解かるゝやうになつた。一部の官僚一派はアナーキズムと云へば恐るべきものと看做《みな》して之を取締り、又は斯ういふもの、名をさへ口にせしめざらんとするけれども、現に西洋では危険でも何でもない意味に此文字を使つて居り、それが自然と我国にも入つて来るやうになり、又之を成程と思ふ者もあれば、如何に政府で取締つた所が始末が着かない。それよりも寧ろアナーキズムといふ文字が今日何ういふ意味に使はるゝか、それを事実有りの儘《まま》に明かにした方が可からうと思ふ。

歴史的に見ればアナーキズムといふ文字は、其始めに一部の官僚の今日間違つて理解して居るやうに、随分危険なものに相違なかつた。併し此時代のアナーキズムは眼前の政府国家に対する虐《しいた》げられて居る者の感情的反感に基くもので、如何に鹿爪《しかつめ》らしい説明を之に加へても、謂はゞ一種の空想的無政府主義《ユートピアン・アナーキズム》に過ぎなかつた。社会主義に空想的なると科学的なるとあるが如く、無政府主義の発達にも空想的時代と科学的時代とある。而《しか》してアナーキズムを空想的感情論から科学的領域に移した者はクロポトキンである。此点に於て彼は社会主義に於けるマルクスの地位に等しい。而してマルクスもクロポトキンも共に仏蘭西《フランス》のプルードンに負ふ所多きは面白い現象である。

クロポトキンのアナーキズムは、現在の国家を直ちに破壊すべしといふのだから、無論危険なものに相違ない。唯其議論はもと〳〵感情論に基くものでなく、或る学問上の根拠に立つものだから、或る意味に於て案外話が仕易い。なぜなら感情に動くものは何と云つても容易に云ふ事を聴かないが、学問上の理論から発足する者は、理論の説破に依つて変説改論せしむる事が出来るからである。故にアナーキズムが空想的より科学的になつたといふ事は、其自身に於て大いにアナーキズムの危険性を減ずるものである。——仮令《たとい》クロポトキンの説其物は危険性を帯びたとしても。

クロポトキンは現在の強制組織を以て人間自然の本性を損ふものと観た。人間は其自然の本性に一任して置くと、種々共同生活に必要なる制度を工夫し創造するものである。なまなか政府などがある為めに種々本性が損はれ、万人の幸福が侵される。斯く人間の本性を観た事は今日の学問から見て謬りではあるけれども、クロポトキンに取つては生物学上の研究に相当の根拠があつたのであつた。兎に角斯く人間の生物学的本能を推し極めて、政府を打壊しさへすれば黄金時代が直ちに来るやうに説いてある。故に彼の思想の危険なる点、即ち現在の国家組織を直ちに破るべしとする点は、感情から来て居るのではなくして、彼の生物学上の科学的確信に基いて居るのである。故に此科学上の結論を破りさへすれば、またクロポトキンは直ちに無政府的状態即時実現を断念したに違ひない。只併し乍《なが》ら彼は此点を断念しても、現在の国家なり政府なりが著るしく人類の自然の発達を損つて居るといふ見識だけは変らない。此点は何うしても所謂《いわゆる》国家主義者とは一致しない。此処から新しいアナーキズムが発展し来る根拠がある。

アナーキズムは一概に政府を破り、国家を否認すると云ふけれども、人類の共同生活を破壊し其秩序を否認するといふのではない。アナーキズムは吾々の共同生活から一切の秩序を取去つて混沌たる状態に陥れるものであると観るならば、そは大いに誣妄《ふぼう》の言である。アナーキズムも感情的空想的なのは格別、少くともクロポトキン以後のそれは吾々の共同生活をより堅き基礎の上に置きたいといふ動機に出づるものである。此点は国家主義者と異なる所はない。然らば共同じ動機に立ちながら、アナーキズムと国家主義との岐《わか》るゝ所は如何と云ふに、それは次の点に在る。

吾々は共同生活に於てのみ吾々の生存を完うする事が出来る。之は疑ひない。而して共同生活内に於て各自の生存を如何にして完うする事が出来るかと云へば、クロポトキンは之を自然に放任すれば可《い》いと云ふたが、之は人間自然の本性を余りに楽天的に観た考へである。自然に放任しては共同生活が完うされないから、玆に種々の制度が生れて共同生活は秩序を着ける。斯くして吾々の共同生活には之を秩序着ける所の統括原理が発生した。而して其統括原理の最も顕著なるものに強制力がある。而して此強制力に依つて統括されて居るといふ方面より共同生活を見て吾々は之を国家といふ。

そこで問題となるのは吾々の共同生活を統括する原理として強制力は唯一のものか何うかといふ事である。此処に於て国家主義と他の主義とが分れる。国家主義では強制組織を以つて社会的秩序の唯一の根源、共同生活を統括する唯一の原理とする。であるから此立場を執る人々に取つては、吾々の共同生活を完うする事は、之が唯一の統括原理たる強制組織を出来る丈け強くする事である。此処から国家至上主義が生れる。而して彼等に従へば共同生活は強制組織に依つてのみ統括されて居るのであるから、強制組織の否認は即ち共同生活其物の破壊である。故に例へばアナーキズムは強制組織を共同生活の最高の統括原理とする事を否認するもので、共同生活其物の破壊を希望するものではないなどといふ説明はノンセンスになる。

併し乍ら強制力は果して人類の共同生活を規律する唯一の原理であらうか。最近の社会学は断じて此結論を容れない。又強制力は共同生活を統轄する最高の原理であらうか。命令服従といふやうな水臭い関係でなければ治まらないやうな社会は決して高級の共同生活と云ふ事は出来ない。日本の国体なども権力服従で説明しようなどゝいふ考は、甚だ我が国体の道徳的意義を没却するものと考へて居る。と云つて強制力なしに共同生活が維持されるとは、今日の人間の状態を以てしては考へられない。けれども若し共同生活を統括する種々の原理に上下の別を立てる事を許すなら、権力の如きは最も低級なるものと云はなければならない。只夫《そ》れ今日の場合に於ては権力が必要だ。けれども其権力が段々に道徳化して、共同生活の統括原理が命令服従の強制的関係から実質的道徳関係に進む所に社会の進歩があると思ふ。斯ういふ見地からすれば、所謂国家至上主義は低級なる統括原理に執着するものであつて、却《かえ》つて社会の進歩を妨ぐるものと云はなければならない。

けれども強制力は将来の発達を来す必要なる段階であるから、之を否認するのは誤りである。即ち無政府的状態を直ちに実現せんとするならば大いなる誤りである。此点に於て即時実行を目的とする無政府主義は、今日の思想界に於ては成立たない。けれども強制を必要とせざる状態は、遠い将来に於て吾々の到達すべき社会的理想である。此理想に到達するを目的として吾々は戦々兢々として今日の強制組織を運用すべきである。強制組織を出来る丈け鞏固《きょうこ》にする事が決して共同生活を完うする所以《ゆえん》ではない。そこで現在目前の事業としては、吾々は強制組織を頼む、権力を必要とする。即ち国家の必要なる所以である。けれども吾々は国家的権力を運用するに方《あた》つては、之が共同生活の唯一最高の統括原理であるとする従来の見解を棄てなければならない。此点に於て従来の旧い国家観は吾々の取る所でない。即ち遠い将来の理想としては、無強制の完全な道徳的状態を打建てるといふ事でなければならない。斯ういふ思想に如何なる名称を附すべきやは固《もと》より人の好む所によるけれども、今日の学界に於ては偶々《たまたま》之に矢張アナーキズムといふ名前が附けられて居る。之が学界の約束である以上、吾々も亦アナーキズムといふ名称の下に斯くの如き新理想をも諒解するのである。斯くして最近能《よ》く政治の最終の理想は無政府状態であるとか、或は社会政策の最終の理想は無強制の状態であるとか云はるゝのである。即ちアナーキズムといふ名称は斯ういふ新らしい見解を附けられて、昨今一つの社会的理想として思想界に生きつゝある。此意味のアナーキズムは是から大いに研究され、唱道されねばなるまい。只アナーキズムの名に怖れて、此と彼とを混同し、菽麦《しゆくばく》一掃、撲滅を計るといふのは謬《あやまり》である。

〔『中央公論』一九二〇年二月〕

国家的精神とは何ぞや

森戸助教授の筆禍事件以来、国家とか、国家的精神とか云ふ事が頻《しき》りに問題に上る。就中《なかんずく》無政府主義などを唱へて国家を否認するといふは怪しからぬ事だと云ふやうな非難が強く叫ばるゝやうだが、併し此等の人々は国家とか国家的精神とか云ふ言葉をどう云ふ風に解して居るのであらうか。

国家と云ふ文字を我々国民の共同生活体と解し、其維持発達の為めに己れを捨てゝ事へることを、国家的精神と解するのなら、例へば森戸君の所謂《いわゆる》アナーキズムは国家を否認し、国家的精神を軽蔑するものではない。否、森戸君といはず、日本国民は誰しも此意味の国家に反対するものはなからう。斯う云ふ意味で国家的精神の頽廃を叫ぶものあらば、我々は彼等を目して風声鶴唳《かくれい》に驚くの徒と断定するに憚《はばか》らない。

通俗の用語として国家並びに国家的精神と云ふ語が右の如き意味に用ひらるゝこと頗《すこぶ》る多きは疑を容れない。けれども最近殊に学問上に於ては段々もつと限られた意味に之を用ふることが多くなつた。即ち我々の共同生活が命令強制の権力によつて統括されて居る方面を国家といひ、共同団体の維持発達の為めに此権力を尊重することを国家的精神と云ふのである。斯う狭く限ると、之と区別する為めに前の広い意味をあらはすには自ら別の言葉を用ふることが必要になる。そこで国家の代りに共同団体若くは社会と云ふ言葉を使ひ、又国家的精神と云ふ代りに社会的奉仕と云ふ言葉を用ふる。斯う用ひねばならぬと云ふ約束が今の所厳しく社会的に極つた訳ではないけれども、少くとも学問上に於て斯く使ひ別けるのが便利であると知られて居るのみならず、よし区別なしに国家とか国家的精神とか云ふ言葉を使ふ場合でも広狭何れの意味なるやを明かにすることが必要である。例へば森戸君の場合についても氏が狭い意味に国家と云ふ字を使つたのを広い意味に取つて之を非難するが如きは我々から見れば甚だ可笑《おか》しい事になる。

広い意味に解するなら、我々は絶対に国家を尊重する。飽《あ》くまで国家的精神を高調する。けれども狭い意味に解する時には、国家と云ふものに、其程高い値打を置かない。此等の点は尚他の場合に譲ることとして玆《ここ》には主として国家的精神について述ぶるのであるが、我々は国家を狭い意味に解する当然の結果として之を社会的奉仕と同じ意味には使はない。然らばどう云ふ意味に使ふかと云ふに、権力の尊重、即ち国家の命令に服従すると云ふ意味に使ふ。アナーキズムには此事に反対するものもあるから所謂狭い意味の国家的精神は、或一派のアナーキストの排斥する所であるけれども、すべてのアナーキストが之を排斥するのではない。即ち感情的革命的ならざるアナーキストの理想派は矢張《やは》り此狭き意味に於ける国家的精神を尊重するものである。国家の命令として正当に成立したものは兎《と》に角《かく》一旦は之に従はねばならぬ、仮令《たとい》内心不服の点あつても出せといへば税金も出す、入《はい》れといへば牢屋にも入る。命令の内容に不服があるからと云つて反抗はしない。兎に角国法の命ぜる所、国権の禁ずる所には柔順に服すべきである。此意味に於て我々は国家的精神を必要とし、又之が涵養を大事だと観る。

此意味の国家的精神ならば、我々は何等の異議もない、否我々も亦其必要を絶叫するものである。

処が一部の人、殊に官僚階級の人の間には国家的精神と云ふ言葉の内容に、もう一つ余計なものを附け加へんとする。即ち形式上の国家の命令に従ふと云ふ事の外に命令の内容を為す思想にも盲従せよと云ふ事である。併し之は実は今日の国家が我々に要求する所ではない。今日の国家は我々の共同生活の秩序の為めに兎に角命令には服従せよと請求する。けれども他の一面に於ては、国家が間違つた命令を発しないやうに、換言すれば正しく行動するやうに、監督すべき責任を課して居る。更に他の言葉を以ていへば命令の内容については批評の自由を許してをる。極端にいへば命令には従へ、内容には盲従するなと要求して居るものといつてもいゝ。故に命令の内容についても、国家的精神と云ふ事を云々《うんぬん》すべくんば、漫《みだ》りに盲従しない所になければならない。今日国家的精神を論ずるものが動《やや》もすれば、命令に対する服従を要求すると共に、命令の内容に対する自由批判を禁ぜんとするのは大いなる誤りである。

命令に従ふと云ふ風習は実は内容に心服すると云ふ事と離して成立するものではない。内容に服さなければ自然命令其物にも服さなくなるのは自然の人情である。そこで我々は命令に服従すると云ふ国家的精神を盛んにするには命令の内容をよき物にしなければならない。其為めに自由批判が必要だといふのであるが、所謂官僚階級は此論理を顚倒して、国家的精神を養ふ為めに、命令の内容までも正しきものと盲信せしめんとする。玆に重大な無理の存することを気附かない。官僚の善政主義が常に実際の事実に裏切られて行くのは其原因実に玆にある。

自らを独り正しとし、他をすべて指導すべきものと視るのは官僚通有の謬見《びゅうけん》である。自ら正しとするは常に自ら正しからんとする態度を失ひ、堕落の第一歩に踏み込むものであるが、それでもまだ心から自らを正しとして居る間はいゝ。やがて彼等の陥る通弊は自らを正しい筈のものとする擬〔制〕性を固執することである。其の結果自分に失態があつても、失態がないものと強弁し、更に又自らを非とするものを、其れ自身が如何なる道理があるものでもすべて之を悪物扱ひにする。失態の為めに職を退く大臣や又は内閣が、強いて病気の為めとか何とか他に口実を求むることは僕の云ふ迄もなく読者の已に知る通りである。我々が支那朝鮮の問題について官僚軍閥の失態を説く時、常に直接間接に当局の圧迫を感じない事はない。我々は内容に不服だからと云つて命令其物に背く考は毫〔毛〕頭無いが、併し国家の命令をして永く本当の権威あるものたら〔し〕めんには、内容其物が正しくなければならないから、そこに国家の為めに許されたる批評の自由に拠りて当局の非違を糺弾するを止めない。国家の命令に背いてならないからとて命令の内容にまで盲従する義務は毫頭無い。

用語の混乱を避くる為めに我々は国家的精神と云ふ文字を単に国家の命令に従ふと云ふ形式的意味に之を使ひたい。此意味に於て国家的精神を軽んずるものは革命主義の社会主義者並びに無政府主義者即ち彼の直接行動を説く所の一派のみである。其以外に於て理論上之を軽んずるものは無い筈である。只実際上此精神には時に緊弛の変はあらう。而して此精神の弛頽を誘致するものは常に必らず当局が実際の施設を誤つた時に来る。就中国家的精神の内容を不当に拡張して命令の内容にまで盲従せんことを迫るが如きは其誤りの最も大なるものである。若《も》し夫《そ》れ国家的精神を社会的奉仕の意に解して徒《いたず》らに人を罵るが如き幼稚なる考方は、頑迷思想の相当に横行する流石《さすが》の日本でも、殆んど云ふに足るの勢力を有《も》たないやうになつたのは我々の些《いささ》か愉快とする所である。

〔『中央公論』一九二〇年三月〕

現代通有の誤れる国家観を正す

(一)　国家に関する新旧思想の対立

西洋で帽子を取るのが礼だとなつて居るのは男子に限るので、婦人については却《かえ》つて帽子を取らないのが礼である。人の家《うち》などへ行つて帽子を取る必要を感ずると、御免下さいと断つてから取る。男子の礼儀を見て之を一般西洋通有の礼儀と誤解した日本の警察官などが、貴顕の前に盛装して出た西洋婦人に脱帽を命じて彼等を呆然《ぼうぜん》たらしむることが屢々《しばしば》ある。自分でいゝと思つて居ることが、対手《あいて》方《がた》の誤解からわるい事と評価されて面喰らうと云ふ事は官憲との交渉に於て昨今我々の屢々経験する所である。殊に思想問題について、分けても国家に関する思想の問題について、斯う云つたやうな社会的矛盾は最近頻繁に目撃させられた事は言ふ迄もない。同じものに対する評価が多少違ふと云ふ事は如何なる時代にも免れないが、昨今のやうに一方には之を国家社会の為めと思ひ、他方には之を国家社会を大いに禍するものと見做《みな》すと云ふ風に、全然相容れざる両極端の見解が同時に成り立つと云ふ事は、未だ曾《かつ》て他に其例を見ない。昨今所謂《いわゆる》思想界の混乱が叫ばるゝのも、畢竟《ひっきょう》此辺の事情に胚胎する。如何に帽子を取れ〳〵と言つても、取らないのが礼儀だとすれば、西洋婦人の容易に官憲の命に従はざる、しぶしぶ従つても後に不平怨嗟《えんさ》の声を残すは当然だ。官憲の方でも亦厭《あ》くまで自分の態度を正しいと信じて居るから、呟《つぶや》く者の腹が分らず漫然として不逞呼はりをする。斯くして玆に感情の疎隔を生じ、冷静に話し合ふと云ふ機会を我から避くるやうになれば、其落ち行く所は、云ふ迄もなく唯混乱の一事あるのみである。予輩は曾て斯う云ふ形勢に対し、労資協調よりも思想協調が必要だなど、云つて見た事もあるが、何れにしても国家に関する此両様の見解に接し、其乖離《かいり》の由つて来る所を明かにし、以て正しい立場の何れにあるやを究明するのは時節柄頗《すこぶ》る必要の事と考へる。

国家に関する前記二種の見解の対立は、人について云ふなら、為政階級に居る先輩と、最新の教育を受けた青年との対立である。一切の官僚は、行政官と云はず、司法官と云はず、更に政界の裏面に隠れて隠然官僚閥に重きをなすもの一切を含み、軍人や代議士や、又重立つた実業家より学者教育家に至るまで総じて所謂指導階級に属するものは、謂《い》はゞ帽子を取るのが礼儀だとする見解に国民の思想を統一せんと欲する連中である。此等の人は何故西洋の本当の礼儀はさうでないと云ふ事に気附かないのか。直ぐ分りさうなものだが、事実さうでない、と云ふ所に予輩は又相当の理由あることを認むるものである。彼等が挙《こぞ》つて国家と云ふものに関し、誤つた観念を固執して動かないと云ふのは、明治初年からの歴史の上に、深い根柢があるやうに思ふ。斯う考へて見ると、明治初年頃の歴史とは全然没交渉な現代の青年が、先輩と同じやうな国家観を抱かねばならぬ因縁が無いと云ふ事も諒解が出来る。先輩は今の青年が自分達と同じやうな考を有《も》たないのを見て、国家的精神が衰へたの、外来思想に感染《かぶ》れたのと誣《し》ひるけれども、之は大いなる誤りだ。時代が違ふのである。先入の偏見に囚《とら》へられないのである。但し昨今の青年には、旧い歴史に囚へられない所から、所謂外来思想に感染れ過ぎる嫌ひはあらう。然し理想に憧れて、現実を無視するのは年若きもの丶特徴で、独り現代に限つた事ではない。彼等に向つて明治大正の歴史的前提を説くはい丶。説いて彼等の思想を着実穏健ならしむるは好ましい事だけれども、度を過して彼等の理想に対する憧憬を殺してはならない。

国家に関する二種の見解を説く前に、予輩は先づ玆に国家の概念を明かにして置く必要がある。何故なれば当今我国に於て、国家なる文字は不当に広く使はれて居り、而して之がまた思想混乱の一因となつて居るからである。そこで予輩の観る所では、国家に関する思想の混乱の原因は二つある。一つは国家の概念の曖昧《あいまい》な事であり、一つは国家の観念が違ふと云ふ事である。本論文は主として国家に関する二種の観念を比較論評するにあるが、其前に玆に序《ついで》を以て、国家の概念の曖昧な所から来る混乱について一言して置かう。

一体理屈から言ふと、我々の所謂団体生活の全部は国家生活ではない。所謂社会生活と国家生活とは少くとも概念の上に於て明かに区別されなければならない。人類の生活が団体生活に於てのみ可能であることは今更ら云ふ迄もないが、其団体生活をして可能ならしむる所以《ゆえん》のものは、其処に何等か総ての人の生活を統制する根本原理があるからである。而して其統制の原理が、法律と武力即ち一言にして言へば権力である時に、其生活を国家生活と云ふのである。国家生活は我々の団体生活の中、権力によつて統制さるゝ一方面を言ふに外ならない。国家とは即ち権力によつて統制さるゝ方面を抽象したる団体生活に外ならない。従つて其の外に、我々の生活の中には、権力によつて統制さるゝにあらざるいろ〳〵の方面あることは云ふを俟《ま》たない。否、我々の団体生活は権力によつて統制さるゝ方面あり、又否《しか》らざる諸《もろ》〳〵の方面あり、抽象的に考へれば、種々の相を呈して独立して居るけれども、具体的に観れば渾然たる一生活体に過ぎない。之を我々は社会と云ふ。社会が主で国家は其一面を抽象したるものに外ならない。少くとも理論上は斯く考ふべきものと思ふ。

尤《もっと》も我々の団体生活の中、国家と対等の地位を主張し得べき意味の対立生活体があるかどうか、換言すれば、国家は社会の一面でなくて、社会即ち国家ではないかと云ふやうな考へ方もある。国家と社会とは単純なる概念的区別に過ぎずして、其実二者全然同一物なりとの説の当否は、尚次項に於て説かう。茲には只理屈の上で、社会と国家とは別のものだと云ふ事を諒解すればいゝ。

然るに我国に於ては普通俗界の用例に於て、此二者を区別してゐない。即ち社会と云ふべき所に国家と云ふ字を無条件に使つて居ることが少からずある。殊に帝国と云ふ文字になると殊に甚しい。例へば帝国の文化を進むるとか、或は国家に須要なる学術技芸など、云ふ場合は大和民族の団体生活と云ふ意味であつて、何も茲に権力と云ふ考を入れる必要はない。大和民族の文化の進歩と云つても、大和民族の発達に必要な学術技芸と云つても、云はんと欲する丈《だ》けの意味が十分に云ひあらはせる。国家の秩序を紊《みだ》るとか、国家の命令に従ふとか云ふ場合の国家とは、其内容を大いに異にするのである。西洋の用例では斯う云つたやうな混同はないやうだ。国家と云ふ文字に当る西洋語は、すべて皆権力服従の関係で統轄さるる一面丈けを云ふので、団体生活の全斑を云ひあらはす場合に無条件に此文字を使ふことはない。国家と云ふ文字を斯くまで広く使ふのは日本特有の例だと思ふ。

加之《しかのみならず》我国では斯う云ふ広い意味の使ひ方を公けの法令にまで用ひて居る。よく学校の規則などに、国家に必要なる学術と云ふやうな文字を見るが、若《も》し此文字を厳格な意味の国家と解するなら、法律や政治や兵式体操などを教ふるものはいゝ、天文学や地質学なぞは所謂国家と何の係はりもなきものと云はなければならぬ。故に此場合の国家は日本民族の団体生活と云ふやうに解せなければならない。帝国大学令にも同じやうな文字があるが、森戸君が国家的秩序の廃滅を理想とする学説を流布したのは此条文に抵触すると云ふ議論のあつたのは飛んでもない見当外れであつた。所が之と同じやうな見当外れは、世間にはまだ〳〵沢山ある。即ち或人は、国家を狭く解して其権力服従一点張りで押し通さうとするのがいけないと言つて国家主義に反対だと云ふと、他のものは、国家の意味を広く解して、国家主義に反対するのは取りも直さず、大和民族の団体生活其物を根本的に覆す暴論だと誣ひる。国家主義に対する論難、殊に無政府主義に関する評論の中には、此種の誤解が頗る多かつた。同一文字に対する内容の盛り方が斯くも違ふのは、要するに国家に関する概念の曖昧であつた為めである。

斯う云ふ混同は西洋では余り例がないのに、独り我国に於て之れあるはどう云ふ訳か。只一寸した間違に止るものなら、之を正すに左程の困難も感じないが、予の観る所によれば、も少し立入つた原因があるやうに思ふ。一つは社会即ち国家とする独逸《ドイツ》流の謬見《びゆうけん》が或理由から強く我国の先輩政治家の頭脳を刺戟したと云ふ事である。此事は尚次の項目に説く。も一つは当局の一部に存する笑ふべき偏見が、社会と云ふ文字の使用を不当に忌んで、国家なる文字を之に代り用ひしめた事である。昨今でも社会主義と云ふ文字は先輩の間に余り気受けがよくないが、戦争以来《〔前〕》までは格別忌み嫌はれて居つた。それが驚くべき極端の程度まで走つて、すべて社会といふ文字を使ふ事すら嫌はれた。今日こそ社会局なぞと云ふ名称が出来たが、一時斯る名称は故《ことさ》らに避けらるゝだらうと云ふ風説すらあつた。元の東京府知事井上友一君は博士論文として提出した社会政策の一篇を公刊するに方《あた》つて、元老や当局の思惑を顧慮して、救済制度要義といふ名に代へた。社会政策学会が物議の種となつた事は旧い話であるが、兎に角社会主義を怖るゝの余り、社会と云ふ文字についてすら驚くべき嫌悪の情を寄せて居つた事は疑ひない。此頃はどうか知らぬが、曽て文部省では教科書検定の方針として社会と云ふ文字の単独使用は絶対に許さないと云ふ内規であつた。多くの場合に於て、国家と云ふ文字を代用すべきことを内命したが、之が余りに意味を違へるやうなら、国家社会と続けて使ふと云ふ所まで譲歩したと聞いて居る。文部省辺の役人が不知《しらず》不識《しらず》時勢の流行に押されて、社会奉仕なぞの熟語を使ふやうになつた今日から見ると実に隔世の感あるが、併し老人の頭脳には今尚同じやうな考が伏在して居ることは疑ひを容れない。それは何れにしても、兎に角右のやうな偏見を当局が有つて居つたと云ふ事は、国家と云ふ文字に不当に広い意味を有たしめた原因になる。

斯くして国家と云ふ文字の意味は特に我国に於て甚だ曖昧に取扱はれて居る。俗間でもさうだが、公用語としてもさうだ。此混同から前に述べたやうな誤解と混乱が来るのであるが、併し今日の思想界に於てどんな極端な過激派でも、絶対的個人主義を取つて団体生活を根本から覆さうと主張するものはない。国家と云ふ意味を広く解するなら社会主義も無政府主義も皆国家主義である。彼等が今日所謂国家主義に反対するのは、主として権力服従の関係に着眼して居る。権力服従の関係に着眼して云々《うんぬん》するのを、団体生活其のものを否認するのは不都合だと云はれては、今日の青年は只先輩の蒙昧を哂《わら》ふに止るであらう。要するに此等の点は国家の概念を正せばいゝ。それで問題は簡単に極る。只国家を右述ぶるが如く狭く解して、偖《さて》其上で之が本質をどう考へるかと云ふ点に意見が分れる段になると、問題はさう簡単ではない。

（二）　指導階級の国家観

我々人類の団体生活をして可能ならしむる所以の根本的統制原理の何たるやは、今日の社会学が明かに之を我々に示して居る。我々の現実の生活に於ても我々はいろ〳〵な原理に統制されて、いろ〳〵趣の異つた団体の中に我々の生活を営んで行く。所謂権力のみが、我々の団体生活を可能ならしむる所以の唯一の原理ではない。少しく物事を立ち入つて考ふるものには、之は極めて明白な事で、今更之を我が読者に説くは釈迦《しやか》に説法の嫌ひがある。けれども実際の政治家は斯く考へてゐない。少くとも今日の社会学が教ふるやうな原則によつて彼等の政治意見を統一してはゐない。政治家なぞと云ふものは目前の問題を取敢へず何とか処置するといふ仕事に馴れ、従つて動《やや》もすれば個々の問題に個々独立の原則を立てゝ平気で居るものであるが、よし之に気が附いても、自分の境遇や立場に拘束されて理論上一貫したる統一的見地を取り得ない事が多いものだ。それにしても我国今日の政治家なぞの国家観は驚くべき程旧式なものである。予輩は彼等の思想の陳腐極るのに驚くよりも、電気や瓦斯《ガス》の今日の時代に、提灯《ちょうちん》を持ち廻る政治家の横行跋扈《ばっこ》を許す今日の社会が不思議で堪らない。

然らば今日の政治家乃至《ないし》指導階級の国家観は如何なるものか。彼等の見解は国家に関する諸ろ〳〵の観念の分類の中に如何なる位地を占めて居るか。学問をするものに取つては全然無用の詮議立てゞあるけれども、現に実際斯んな馬鹿な考を有つて居るものもあるから、少し理屈ばつた分類を試みて見やう。

手つ取り早く云へば、彼等の国家観は団体生活統制原理に関する理論として、権力一元説を取る立場にある。我々の団体生活を統制する最根本の原理は、相愛互助の一元ではないか。併しながら、我々の団体生活が此唯一の原理によつてのみ統制さるゝやうになるのは遠い先きの理想的状態に於ての話で、人性の不完全なる現状の下に於ては、此の理想的状態に導く為めに更らに第二義的のいろ〳〵な統轄原理を必要とするのではないかと云ふやうな根本的問題は姑《しばら》く別の研究に譲るとして、茲にはたゞ常識的に我々はいろ〳〵な原理に統制されていろ〳〵な社会的生活態を作り、以て団体生活の渾然たる進歩を計りつゝあることを許して置かう。此点に於て統制原理に関し、多元説が許されたものと前提せねばならない。然るに所謂指導階級は、之に反して権力一元説を取つて怪まない。曰く、我々人類の団体生活は権力の統制あるによつてのみ可能である。宗教・芸術・経済等の方面を分担する各種の団体生活は所謂国家あるによつて初めて可能なものであつて、独立の存在ではない。団体生活は即ち国家生活である。国家を外にして社会があるのではないと。斯う云ふ立場からすれば、社会即ち国家で、権力が即ち唯一の統制原理だから権力を張ることが即ち団体生活を健全に維持することになる。法と力とを何よりも先に立てゝ行くことを外にして、社会の存立と進歩とを期する途《みち》はない。即ち国家万能主義になり、法律万能主義になり、又権力万能主義になる。権力の前には何物も犠牲にせねばならぬと云ふ結論に到達する。であるから彼等は権力の行使に対する批難、国家に対する攻撃を以て団体生活の根本を傷ける極めて危険な思想と見る。最近の思想問題の取締に関する政府の声言、又は裁判所の判決、其他先輩古老の警告は皆此立場を前提せずば諒解の出来ない文字ではないか。斯う云ふ間違つた見解は、憲法学者なぞの間にも可なりある。彼等は動もすれば曰ふ、国家がなければ我等の生活は無いと。此言葉は飯を喰はなければ我等の生活は無いと云ふやうな意味に於て正しい。けれども国家生活を外にして我等の生活を考ふべからずと云ふ意味に歩を進めようとするなら、飯を喰ふ事の以外に人類の生活を考ふべからずとする謬論と同一ではないか。

権力一元説の誤りは余りに明白だ。けれども実際上斯くの如き思想がなか〳〵勢力があると云ふ事を我々は忘れてはならない。併し同じやうな系統の論は所謂多元説の立場を取るものの間にもある。多元説を取るものは多く其掲ぐる所の統制原理の間に、甲乙の順序を附けるを常とする。最近では相愛互助を以て最高のものとする考が段々強くなり、中には此原理の活躍を妨ぐるを理由として国家を不要とする所謂無政府主義者もあるが、前の権力一元説と同じ傾向に立つものは権力を最高の地位に置かんとする説である。我々の団体生活はいろ〳〵な原理で統制されるが、一番高い発達をすると、権力によつて整然と統制さるゝやうになる。国家生活は即ち社会生活の最も発達した形式であると云ふ。国家は社会の最高の発達なりと云ふ一時独逸に流行つた説は即ち之れで、之に感染《かぶ》れて居る思想家も政治法律の学問をするもの、間にチヨイ〳〵見受ける。甚だしきに至つては一方に権力一元説を取りながら、同時に他方、此立場を取つて居る学者もある。学者の立場としては甚だ醜い態度であるが、畢竟斯くの如くになる所以のものは、国家の権力と云ふ所に主たる着眼点を置かうとする一種の要求に動かされたものであらう。故に此後《のち》の立場を取るものは、権力は唯一の原理でないけれども、最高の統制原理だから、専ら之を大事に立て、行くことは我々の社会生活を最高の段階に進めて行くことに外ならない。斯く説く所に彼等は満足を見出すのであらう。要するに、国家なり社会なりを其有るが儘に研究するもの丶間には、団体生活統制原理としての権力の値打が段々明かになつて行くのに、独り政治法律を取扱ふもの丶間には、理論家たると実際家たるとを問はず、頗る旧式の謬論が今尚支配して居るのは一見甚だ不思議な現象である。

(二) 誤れる国家観の横行する理由

学問上明白に間違ひだと決つて居る理論が、何故一部の政治家法律家に固執され、又多数の国民から黙認されて居るか。下らない迷信も相当に天下に蔓《はびこ》つて居る世の中だから怪むに足りないやうなもの丶、考へて見ると不思議で堪らない。殊に所謂識者と云ふ階級から信奉されてゐるのだから不思議なのである。そこでいろ〳〵其由つて来る所を考へて見た。斯くして斯うでもあらうかと気が附いたもの二つ三つを挙げて見れば次のやうなものである。

第一には、封建時代の政治思想が今日尚彼等の頭脳に流れて居るといふことを観なければならない。封建時代に於て国土臣民が君主の私領として取扱はれて居つた事、政治は即ち私領の管理処分権の行使に外ならなかつたから、君主の政治あつて人民の政治なるものはない。民は依らしむべし知らしむべからずと云ふ原則ありし所以である。無論私領といつても生物が対手だから取扱の途を謬《あやま》れば世の中は乱れる。犬や猫でも之を愛撫するに相当の苦心が要るが、之と同じ意味で、所謂政治の原則なるものはいろいろ綿密に考へられて居つた。其結果だけから云ふと、今日の民主政治の着眼する所のものが、又同じく封建時代にも着眼せられたのであるが、併し根本の動機が丸で違ふ。今日のは民衆の権利として要求する所なるに反し、昔は君主が自分のものを大事にしたいと云ふ希望の反射として民衆の幸福が計られたのだ。政治上の立て前から云へば何処《どこ》までも上の命令に下のものが絶対的服従を表すればいゝ。之は独り政治法律の上ばかりではない。生活各般の方面に於て君主中心主義が信奉せられたのである。君主の徳は風の如し万民之に靡《なび》くと云ふやうな言葉は最も此時代の社会生活の特色をあらはすものである。然るに今や世の中は一変して、天下は天下の天下となつた。各分子は団体全体を直接に経営すべき積極的な、自主的な地位を認められた。差し当り権力によつて統制はさるゝも、最も根本的な統制の原理は各人の良心の確信に其基礎を置くものでなければならない。従つて団体生活の帰嚮《ききよう》する中心点は銘々の確信の上に道義的に定まる所あるを要する。総ての政策や方針が斯う云ふ所に定ると云ふのが現代民主政治の要求であるが、之れには各政治家の非常な努力が要る。而して封建時代に、半生の教育を托した我国の先輩政治家には、此点の諒解が無い。政治といふものは何時でも或る中心勢力があつて、下万民が皆之に従ふやうなればいゝと考へて居る。それでも流石《さすが》に時勢が変つて封建時代のやうな訳に行かなくなると、彼等は強ひて偶像的な中心勢力をこしらへて無理に天下を之に従はしめんとする。所謂元老なるものは斯う云ふ自然的要求に促されて出来たものである。さうすると俺が中心勢力だと自惚《うぬぼ》れるものも出て来るし、また玆に中心勢力を作つて我意を成さんと集つてくるものもある。斯くして玆に一種の官僚閥なるものが出来るが、斯かる現象は封建政治から立憲政治に移る過渡期の出来事として已《やむ》を得ないとも云へる。政治を一人一家の仕事と観た時代から、天下万民の仕事と観る時代に間違ひなく進む為めには、其中間に天下万民の仕事と云ふ表面の形式の下に、其実一人の仕事とする専制主義で遣つて行くと云ふ時代が相当に続くものだ。立憲政治の仮面の下に、変装的専制政治の無遠慮に行はるゝ我国今日の状態は現在の国民の一人としては誠に残念に堪えないが、歴史家として観れば之れ亦已を得ないと云はなければならない。而して歴史家として斯う云ふ事実を許さねばならぬと云ふ立場はまた同時に、今日の政治家が固定した政見を国家の名に於て民衆に強制するといふ政治主義に立つものあるも許さねばならない。国家の命令として発現するものには絶対に服従させる、之に対しては批評を許さない。斯くして社会に秩序は立つ、天下も亦よく治まる、政治の要諦は玆にあると考ふるのである。従つて彼等は政治家の仕事と云へば、いろ〳〵細目の経綸を立つることだと考へて居る。焉《いずく》んぞ知らん、斯くの如きは政治的技師の仕事に過ぎずして、本当の政治家の任務は自家の経綸を輿論の内容となし、天下万民の諒解と後援との下に実行せんとする所にある。政務官と事務官との岐《わか》るゝ基礎は玆だ。日本には此点の諒解が無い。之れ亦封建時代の考へ方から全く脱却してゐないからである。

第二に我国に於て政治法律が余りに専門的に取扱はれ、殆んど国民の常識となつてゐないと云ふ事も考へねばならぬ。西洋で政治は国民の要求によつて民主化したと云ふ沿革から観ても、多年自治的訓練を受けてゐたと云ふ点から観ても、所謂民主政治の採用によつて従来経験した事のない、丸で新らしいものを与へられたのではない。若し夫れ其法律に至つては彼等の間に昔から行はれた伝習慣行を集成し、之に多少の理論的体系を附したものに過ぎないから、法律の文句は新規なものでも内容たる原則は国民の生活とピッタリ合つて行く。然るに我国では、訓練の無いのに突如として権利が与へられ、権利を与へた後に於ても教育と政治とを極度に分離した結果、子弟は更に政治的訓練を受くるの機会は無い。そこで与へられたものゝ、如何に権利を行使すべきやに迷はざるを得ないが、之と同時に又政治は之を所謂政治家に托して自分達には分らないものと決めて了《しま》う。法律に至つては概して我国古来の慣行とは何等の交渉なき西洋の諸規則を其儘翻訳的に模倣したものに過ぎないから、之れこそ専門に之を研究したもの、外には全く判らない。斯くして法律も政治も国民の日常生活とは極めて縁の遠い専門の技術なるかの如き観を呈するに至つた。電気や瓦斯の事が素人に分らないと同様に、法律、政治の事も素人には分らない筈のものとなつた。であるから専門の事については専門家の云ふ事を聴け、少くともそは我々普通市民の容嘴《ようし》すべき限りにあらずとする風があつた。斯くして政治法律専門家の途方もない謬見が長く国民の常識的批判を免れ得た所以である。此頃になつて辛《や》つと他の方面の思想家なぞが政治法律に批評を加ふるやうになつて、其の途の専門家も又素人も初めて従来の考の大間違ひに間違つた事に気が附いた。日進月歩の時勢に気附かず、狭い城壁の中に永く固陋《ころう》の見を振り廻して居つた政治家法律家が、一度び歴史家社会学者倫理学者乃至哲学者の峻烈なる批評に逢つて如何に見苦しき狼狽《ろうばい》を極めたか、又現に極めつゝあるか、読者の已に認めらるゝ所であらう。

封建的政治思想の夢も段々醒めつゝある。法律政治を特殊専門の境域とする考は今や可なり手酷《てきび》しく破られた。それでも尚権力一元的根拠に立つ国家観を振り廻すものがなか〳〵多いやうに見える。そこで予輩は第三に今日の政治家法律家は、明治初年の先輩政治家の国家観に知らずして毒せられて居るの事実を考へて見ねばならぬ。

明治初年の先輩政治家が特別の理由によつて謬つた国家観を抱持するに至つた事情は、去年一月の本誌に載せた予輩の長論文のうちに可なり委《くわ》しく説いた〔本巻所収「国家生活の一新」〕。今いち〳〵之を繰り返さない。唯順序として其大要を述ぶるならば、彼等の謬つた国家観を抱くに至つたについては、内外両面の理由があると思ふ。外部の理由とは、当時の欧洲の形勢である。云ふ迄もなく普魯亜《プロシア》の勃興が対墺戦争に引続いて対仏戦争を喚《よ》び起し、其結果欧洲の天地は甚だ血腥《ちなまぐさ》い空気が漾《ただよ》つて居つた。之を眼《ま》の当り目撃した彼等は弱肉強食が世の習ひで、法律も道徳も国家を拯《すく》ふには足らない、之れよりは国力を充実して大いに兵力を養はねばならぬと云ふ感を抱いて帰つて来た。彼等をして斯う云ふ考を深からしむるについては、幕末に於て外国船の来航を非常な怖れを以て見て居つたと云ふ事情も与《あずか》つて力があるに相違ない。斯くして西洋に於ける特に殺伐を極めた時代を見て来た連中が、新日本の経営に当つたのだから、彼等が極度に偏国家主義の思想に囚へられたのは無理もない。翻《ひるがえ》つて我国内の形勢を観るに、例へば差し当り問題となつて居つた政体の決定に関し仏国流の個人的民主々義を主張する一派もあれば、又英吉利《イギリス》流の自由政治を叫ぶものもあつたが、廟堂にある多数の有司は西洋の見聞によつて植ゑ附けられた一種の思想からして、どうしても此等の政体論に同意することが出来なかつた。加ふるに当時未だ新日本統一の実挙らず、一方に佐幕党諸大藩の態度に安心が出来なかつたのみならず、政治上の不平を以て分離した連中の逆襲にも備へねばならなかつた。現に西南戦争に至るまで已に幾多の内乱があつた。民心甚だ統一してゐない。斯かる時代に何の暇《いとま》があつて自由平等を説く事が出来るか。流石の伊藤公の如きですら当時は矢張り政治方針としては専制主義を可としたのである。此頭脳を以て彼は憲法制定の大任を引受けた。彼が敢て自ら此大任を受け堅く他人の容喙を沮《はば》んだのは、異説の混入によつて政体の決定に紛更あらんことを怖れたからである。やがて彼は憲法取調べの為め出遊して独逸に至り、スタイン、グナイスト等の碩学に会ひ、日本の如き国情の下に於ては、当《まさ》に独逸流の憲法思想に拠るべきを説かれ、豁然《かつぜん》として大いに悟る所あつたと云ふ。蓋《けだ》し独逸は国内にいろ〳〵の異分子があつて、最も民心の統一を欠く国柄である。斯う云ふ国柄に於て強いて統一の実を挙げ、又急いで民心を統一するの必要ある以上、先づ以て法と力とを樹《た》てゝ最高の統制原理としなければならない。伊藤公は此理論を日本に輸入した。而して之と同時に所謂独逸思想、所謂普魯亜主義をも不知《しらず》不識《しらず》我国に輸入した事は云ふ迄もない。斯くして之が根元をなして我々の団体生活に於て権力の確立が何よりも大事だとする謬見が深く後輩政治家にまで染み込んだ。此点に於て予輩は今日の官僚政治家の所謂国家主義こそ独逸思想の模倣にして、外来思想の余毒を受けたものと云はなければならないと考へる。

斯う云ふ所から今日の政治家や法律家は、国家の命令と云つたら理が否でも聴けと云ふ。国家の命令として有効に成立したものには、固より絶対に服従せねばならないが、其内容の是非得失を批評するの自由は我々に与へられて居る筈だ。今日の政治家には此点の諒解が十分明かになつてゐない。甚しきに至つては大臣宰相の態度を罵倒したのがわるいと批難さるゝ事すらある。若し夫れ一旦国家の名に於て発現した事は、是が非でも押し通さうとする態度は屢々《しばしば》目撃する所であるが、所謂国家の体面なるものは、斯く道理の当然の要求を無視してまで押し立てねばならぬものか。朝鮮で以前憲兵が戸籍調べをする時、男と女とが同居して居るのを一概に夫婦として登録した。其中に事実親子なのが頗《すこぶ》る多かつた。後で之に気が附き息子がお母さんと夫婦の取扱にされるのは心外だとて訂正を求むると、一旦お上で決めた事は改め難い、強いて訂正を求むるなら、離婚届を出せと答へたものが少からずあつたさうだ。之は極端な一例であらうが、兎に角一旦言ひ出した事だから、理が非でも引き得ない、官庁の威信に関するからと云ふ説明は内地でも屢々聞く所である。此等は皆道理の要求を押し通すよりも国家の権力の威光を押し通す方が、より大切だとする謬見が可なり深く行き渡つて居ることを語るものである。権力一点張りの国家観が謬りだと言へば之に誰も異存がない。而かも此謬見が基を為していろ〳〵な不都合な現象の行はれて居ることに気が附かない人が案外に多い。否、気が附かないのではない、気が附いても政治法律の事はまた別だと考へてゐる人が多いのだらう。だから此方面には案外許すべからざる謬見が平気で公行して居るのである。

茲まで述べて見れば最早や誰しも権力一元的国家観を執るものが無くなる筈だが、古来此系統の学説が有力なる学者によつて唱道された事もあるし、又現に唱道されても居る。して見ると、此等の事実がよく諒解された上で、それでも尚此種の国家観の成立する、又支持さるゝ余地のあることを許さなければならない。是に於て我々は第四に二種の国家観の成立する最も根本的な原因として人生観の差と云ふ事に考へ及ばざるを得ない。人間の本性をどう観るか、通俗に云へば人を見たら泥棒と思へと云ふ観方もあるし、渡る世間に鬼は無いとする観方もあるが、此悲観楽観両様の何れを取るかによつて国家観も亦大いに異る筈だと考へるのである。

人間の本性をどう観るかについては、自然科学の問題としても、哲学の問題としても、昔からいろ〳〵の説がある。此等の根本的研究は固より政治学国家学の任務ではないが、併し政治論なり、国家論なりは、其何れかの立場を前提として立たなければならない。而して何れの立場を取るかは其人の学問上の素養にもよるが、又境遇や天分にもよることであらう。而して此異つた前提に立つて国家論を進めて行くと、他人を見たら泥棒と思へと云ふ人生観に立つものは、自ら外部的権力によるにあらずんばかゝる人類を団体生活の中に統制することが出来ないと云ふ立場を取るだらうし、又其反対に渡る世間に鬼がないと云ふ人生観を前提とすると、相愛互助が実に団体生活統制の最高原理であるとする立場を採るに決つて居る。而して素養境遇天分によつて前記二種の人生観が存在するといふ事実を承認する以上、国家観に二様の対立を見るのは又已を得ない。

人生観に二様の対立あるは免れないと云ひながら、歴史的に観れば此等の間にも亦自ら盛衰消長がある。余り旧い事は今は説かない。前世紀半ば自然科学の盛んな時代には何れかと云へば、悲観的人生観が盛んであつた。人間を一個の自然物として之を観る。其最も強烈な本能は自己生存の主張である。此為には他の何物をも顧慮しない。自然科学者は時の古い所に物の本質を探す癖があるので、人間の本性は要するに此処だと観る。斯う云ふ立場に立つて驚くべく大胆に社会の事物を論ずる学者の代表として我国では丘浅次郎博士を挙ぐることが出来る。人間が発現した性能の中一番古いものを取つて之を本質的なものとすべきならそれでい丶。が、哲学者などになると人間がやがて段々現はし初めた性能の中、遂に彼《か》の物的本能を圧倒して、新生面を拓いて行く其前提に着眼して、人間の本性を定めんとする。所謂理想主義者は彼等の所謂理性の発展の上に人の人たる所以の本能が存すると観るから、団体生活統制の根本原理も亦自ら此理性の中に発見せんとするのである。斯くして所謂二種の人生観の歴史上に於ける盛衰消長とは、他の一面から云へば自然科学と理想主義的哲学との盛衰消長と云つてい丶。

自然主義的人生観に立つて権力一元的国家観を立てた最も著しい代表者としてはホッブスを挙ぐることが出来ると考へる。彼は人間を自然の状態に放任すれば永久の戦争あるのみと考へた。斯くては人間は生存の目的を達することが出来ないから、各々其自由を抛《なげう》つて団体生活を営んだ。彼の社会契約説は同時に権力一元的の国家観に立つものである。之れ程鮮明でなくとも例へば今日の官僚政治家が動《や》丶もすれば云ふが如く、自分丈は偉い、一般民衆は暗愚だとする立場を取れば、どうしても権力服従によつて天下を率ゐて行くの外に途はないと考ふるのは当然だ。牛馬をして我用を為さしむるためには結局鞭が必要だと云ふと同じである。

尤も自然科学的人生観を採る国家観が常にホッブス流の見解になると限るのは誤りだ。同じく人間を一個の自然物に過ぎずと観たもの丶中にもクロポトキンのやうに、人間の自然の本性を殺伐なものと観ず、自ら団体生活を可能ならしめ発達せしむるに都合のい丶いろ〳〵の仕組を創造する所の相互扶助の本能が最も本質的なものだと説いたのもある。従つて彼は人類の生活に国家は要らない、国家は却つて此自然の本能の発達を妨ぐると見た。彼は人類を理性的動物と見ない。厭《あ》くまで自然主義の見解を取つて居るが、然し其結論として出て来る国家観に至つては、普通の理想主義者以上に人類の自由を主張する。併し之は稀な例外で、多くの自然主義的人生観は皆人類の本性を利己的な、殺伐なものと見たのである。斯う考へて見ると我国の先輩政治家の手本となつた独逸の国家観は独逸特有の事情を背景として発生したと云ふ事の外に、当時欧洲の思想界に於て自然主義的人生観が頗る優勢を占めて居つたと云ふ事実を閑却することは出来ない。之と同時に之に感染れて帰つた我国の政治家は、其素養に於て思想問題を理解すべき、又は世界の思想の推移に対応して自己の立場を正すべき能力を全く欠いて居つた。昨今の大臣宰相だつて一度思想問題なぞに言及すると驚くべき程の低能を臆面もなく曝《さ》らして居るではないか。之れ一度覚えたものは終生之を金科玉条とする、やがて世界の思想は一変する、それでも彼等は五十年前の旧夢に迷うて醒《さ》めない。今までは迷から覚める機会もなかつたらうが、先達ての講和会議であれ程明白に彼我根本思想の懸隔を曝露しながら、尚それでも気が附かないのだから呆《あき》れる。

前世紀の終り頃から段々理想主義的立場が勃興して自然主義的立場を征服した。其結果自ら国家に関する観方も大いに変つたので、それが自然我国の青年にも影響した。今日の青年は境遇に於て、素養に於て、先輩の政治家とは全く別の天地の空気を呼吸した。強ひて云へば先輩政治家が作つた教育圏内で多少黴臭い空気を吸つたには相違ないが、開発せられた頭脳が自ら世界の清新の空気を追ひ求むるので、彼等の頭脳は遂に先輩の間違つた考に何時までも囚へられない。斯くして先輩の国家観に対する青年の反抗が起り、玆に所謂思想界の混乱が生じた。先輩が長く固陋の見を執つて動かないには、之を諒とすべき深い理由があるとは思ふけれども、今や大正も十年を経過した、も少し新しい時代の趨勢に眼を開いてもいゝではないか。

(四) 新国家観の発展

権力一元の国家観が理に於て誤りなる事、並びに理想主義的人生観の段々盛んになる最近の思想界に於て最早や支持すべからざる事は明白であるが、斯くても尚戦前に於ては実際政治家の取つて以て各般の政策の基礎とされて居つた。日本の政治家が此点に於て特に著しかつた事は前にも述べた通りであるが、西洋に於ても同じやうな現象がないではない。第十九世紀前半の急激なる産業革命の結果、止むなく起つた激甚なる国際競争の不幸なる形勢に応ずるが為めの変態的現象と認むべきの理は、之れ亦去年一月号の拙論の中に説いた。一旦初めた殺伐なる競争は、自分独りで急に戈先を収むる訳にも行かず、大勢に惹《ひ》かれて止むなく軍国的威勢を張ると云ふ事になると、無理にも内外両面の国力を統一するの必要に迫らるゝ所から国民の自由の判断だの、其良心からの諒解なぞを一々問題にして居る暇がない。理屈はどうだらうが、実際は権力を唯一の統制原理なるかの如く見做《みな》して、団体生活の緊密なる結束を図らねばならなかつた。単にそれ丈ならいゝ。最も強く此流儀を押し立てた独逸は差し当り一番よく成功したので国家経営の主義は之に限ると自惚れるやうになつた。そこで政治家なぞの頭脳は、周囲の思想界の進歩と没交渉にドン〳〵無遠慮な活躍を続けたのである。西洋では独逸が一番盛であつた事は云ふ迄もないが、爾余の国も之に倣《なら》ふもの、否少くとも此勢に不知不識引張らるゝものも少くなかつた。

併しながら新らしい人生観に動き初めた欧洲の人心は、どうしてもかゝる国家観に満足は出来なかつた。そこで社会の表面に有力な運動として押し出さないまでも、少くとも隠れたる一底流として権力的国家観に対する根強き反感のあつた事は疑を容れぬ。只如何にも権力的国家観が着々成功を収めて行くので、政治の事に素人な局外者からは、何とも批評が出来なかつた有様であつた。恰度《ちようど》此心持は学徳の高い老先生が、自分の弟子が悪辣《あくらつ》な方法で実業界に素晴しい活動をなすを見て、如何にも不安に感じながら何分成功に成功を続けて居るので、思ひ切つた忠告も出来ないと云ふやうなものであつたと思ふ。併しもともと理に戻《もと》つた方法で最後の成功を収め得べき筈はない。変態の時代には変態の方法で成功もしようが、世の中が安定すれば行き詰る時が来る。図に乗つて行つた揚句成功の夢が俄然として崩れると、初めて所謂《いわゆる》老先生の思想が勇気と確信を以て社会の表面に乗り出すことになる。而して今度の欧洲戦争は、更に適切に云へば独逸の結局の失敗は、隠れたる底流をして表面の大勢たらしむる機縁となつたものではないか。之れ最近権力一元の国家観を粉砕し、相愛互助の精神主義の上に我々の団体生活を築き直さんとする運動の猛然として起つた所以《ゆえん》である。

但し皮相的に観れば、今度の戦争を機会として我々の国家観が甲から乙に飛躍的に変つたやうに見ゆるけれども、実はさうではない。物事はすべて一朝一夕に急変するものではなく、常に其由つて来る長い筋道がある。戦争以前に於ても新らしい国家観を産み出すべき努力は可なり盛んにあらはれて居つた。只旧い国家観が頑強に跋扈して居つた為に、新思想の系統に属すべき運動は目前の障害を排除すべくちよい〳〵断片的にあらはるゝに過ぎなかつた。詰り此等の断片的にあらはれた活動が段々に発展して今日の新国家観に到達するのである。

権力一点張《ばり》の国家観に対する反抗の一番旧い形の者は、人民の自由の擁護と云ふ事である。人類の団体生活が権力の統制によつて初めて可能だとせられて居つた時代にも、人々は殆んど本能的に其自由の全部を挙げて国家に托するに忍びなかつた。そこで矢張り人民の自由をどれ丈の範囲で之を認むべきやは、当時にあつても重要な実際問題であつた。それでも初めは権力の統制と云ふ事が非常に大事なものとされて居つたから、之には絶対に従ふ。只権力の発動――其源泉たる国家意思の構成に人民の自由意思を以てする参与を認めやうと云ふ事で権力と自由との調和を見出さうとした。国家の意思の構成には一般人民の自由意思をして与《あずか》らしむる。併し一旦国家の意思が斯うと定つたら人民は絶対に之に従はなければならない。権力が如何なる形に於て人民に臨まうがそは問ふ所でない。所謂人民の政治的自由とは、国家意思の構成に人民が与ると云ふ事である。約言すれば政治的自由とは参政権の賦与と云ふ形式的意義に解したのであつた。一旦起つた自由の要求は、権力主義の国家観に逆襲されて、当初此辺で止つて居つたのであるが、併し之では我々の自由を要求する本能が十分に満足されない。国家意思の構成にも参与したいのは無論だが、さて斯くして作られた国家の意思は又我々の生活に対して、我々の本能の自由を損はないやうに発動して貰はなければならない。即ち我々の自由は形式的に尊重さるのみならず、又実質的に尊重せらるゝを必要とする。参政権の賦与のみでは十分でない。更に我々の実質的自由を尊重するの意味に於て、権力の発動に対し何等かの法則を立てねばならないと云ふ事になる。斯うなると最早権力一点張りの国家観は成り立たなくなる。如何にせば権力の威力を立てゝ、円満に社会を治めて行くかと云ふのが問題でなくして、どう云ふ原則の下に権力の活動を支配すれば社会生活が旨く行くかを説くのが政治学の任務となつた。一方には厭《あ》くまで権力一元で押し通さうとする政治家があるのに、他方其権力の活動を支配すべき原則を立てんことを要求する所に、或は少くとも権力一点張りでやられては困ると不平を云ふ所に、旧国家観壊滅の端緒が開かれたと云つていゝ。

我々の自由を形式的に保障する丈けでは足りないとする要求は、やがて旧国家観を支持すべからざるに至らしむるものである事は前述の通りであるが、此方面の思想の発展に最近最も与つて力あるものは社会主義の活動である。社会主義は如何に政治的自由が形式的に保障されても、其物質的境遇が不完全である以上、我々の実質的自由は発達し得るものではない。我々を本当に自由なる人間たらしむるには、先づ以て其生活問題を解決してやらねばならないと云ふのである。此考から社会主義は国家に対していろ〳〵の要求をなして居るが、それは時として権力主義の国家観を強めたこともあるが、又其反対になつた場合もある。社会主義と権力的国家観との関係は一概には云へぬ。社会主義発達の各過程に於て違ふ。が、少くとも最近の発達に於ては著しく旧国家観を根柢から動揺せしめて居るやうだ。

社会主義者も其初めは政治的自由の形式的の保障によつて彼等の理想を実現し得べしと考へたのであつた。社会主義の理想は即ち社会の経済系統一切を労働者の手に管掌せんとするにある。それには労働者が天下を取ればいゝ。而して労働者は如何なる国に於ても国民中の大多数を占めて居るから、普通選挙の下に彼等の結束を計れば優に議会のマヂヨリテイを制することが出来る。かくて彼等は一方に普通選挙の施行を主張し、他の一方に労働者の政党結束を説いた。即ち形式的意義に於ける政治的自由を完全に獲得し、之を十二分に活用すれば彼等の志は成ると見たのである。後《あと》は自分達の意思が即ち国家の意思として発動するのだから問題はないと考へた。彼等が斯くの如き程度で止まつて居る間は、権力的国家観の政界に於ける実際勢力は崩れない。無論彼等は其当時の指導階級に反対するけれども、之は指導階級の権力濫用に対する反対であつて、権力其物を非とするのではない。彼等は現在の指導階級に取つて代つて自分達自ら権力を握らんとするのである。此点に於てクロポトキンは猛烈に社会主義を罵《のの》しつたものだ。又此点に於て社会主義は如何に現在の国家に反対すると言つても、要するに相対的国家否認主義の域を脱するものではない。

然るに近頃の社会主義の説明の中には、現在の政治組織を利用して其理想の実現を計らんとするのは根本的に間違つて居ると主張するものが多くなつた。そこで一方には直ちに革命的手段に訴へて現在の国家を破壊すべしと説くものもあるが、又他の一方には民衆の自由集団の中に理想実現の途を見出すべしとするものもある。前の立場は如何にして早く現在の支配階級を斥《しりぞ》けんかの問題で、いはゞ一日も早く自分達が権力を握る世の中にしたいと云ふのである。成功を急ぐ所から自然尚一層猛烈な権力主義に陥らざるを得ない。けれども他の一方のものは、代表と云ふ制度では民衆の直接の意思が通らない、強いて此制度を立てると、民衆の意思が其代表者と称するもの、意思によつて強制される。か、る中央集権的組織は民衆の自由意思を尊重する所以にならない、本当の自由を尊重するには、部落々の集団を単位とし、此等のものの自由聯合が社会共同の仕事を取扱ふやうにしなければならないと云ふ考へに基くものだ。露西亜《ロシア》のソヴイエット・システムの如きは正に此の思想に基くもので、即ち権力の統制によらざる社会生活の可能と優良とを確信するものである。ソヴイエット・システムは一つの代表的のものであるが、近頃社会主義の中には斯う云ふ系統に属する発達をなすものが段々に多い。

社会主義の理論は人間の本質的自由を余りに物質的に観た所に難はある。然し社会主義は物質的境遇さへよければ、人間の自由の問題は完全に解決すると云ふものばかりではない。兎に角人間の自由は物質的境遇を相当に整へてやらなければ実質的に完《まつと》うせらる、ものでない、と云ふ事を教へた点に於て大いに貢献をなして居るものである。之によつて少くとも形式的自由の外に考ふべき実質的問題の存する事が明かにされた。その実質的自由を如何にして保障すべきかの問題になると、一部の社会主義は権力的国家観と両立する答案を与へたものもあるけれども、権力以外の内面的な自由意思に社会生活を発達せしむべき根拠ありとする考は、此等社会主義の理論によつて大いにその確信を強められた事は疑ない。

旧国家観に対する反抗として最近最も著しいものは、無政府主義に対する興味の新喚起と其研究の旺盛とである。昨今極端な無政府主義を主張するものもないではないが、之は同主義に対する積極的賛同と見るよりも、寧ろ旧国家観に対する消極的反抗と観るべきであらう。旧国家観に対する反感が起り初むると、天下の人心が先づ以て自分と同じやうな結論に達して居るものに走つて、自家の代弁者を求めんとするに急なるは世の常であるからである。段々考が熟して来ると、自分の根本の立場が違ふと云ふやうな事に気が附いて、思想も洗練され、立場も鮮明になるけれども、少くとも初めは漫然として無政府主義に走り、旧国家観に対する不満の感情に一時の満足を与へようとするのである。従つて突飛な危険な思想も一時は唱へらるゝやうな事があるけれども、併し大勢から観て深く憂ふべき事ではない。何れにしても昨今国家の権力を否認するやうな学説の唱へられて居ることは事実である。頑迷者流は此現象を見て大いに憂ふべしとなして居るけれども、予輩は寧ろ此間に健全なる新国家観建設の曙光《しょこう》を認めんとするものである。と云つて国家思想に関する昨今の混乱状態を其儘放任していゝと云ふ考でない事は云ふまでもない。

昨今流行する所謂国家否認説には絶対的否認説と相対的否認説との二種を区別する必要がある。相対的否認説は資本家の掠奪に起原を有する現在の国家を否認すると云ふので、我々の社会生活が権力によつて統制さるゝの事実を根本的に否認するものではない。権力を資本家の手から労働者の手に回収せんが為めに、資本家の拠る国家を破壊せんとするのである。国家は資本家が労働者と対戦する為めの武器となつて居る。資本家の武器なるが故に之を打破すべしと云ふので、武器其物を絶対に用ふべからずと云ふのではない。之が所謂多数の社会主義の立場である。けれども無政府主義はいはば武器其物を絶対に用ふべからずとする立場であつて、資本家が権力を握るのがわるいと同じ理由で、労働者の権力を握るのも又同じくわるいとし、旧国家観に対する反抗の念は、初め社会主義の立場を自分達の代弁者と考へて居つたのに、近頃は更に進んで絶対的国権否認説の無政府主義にたよらんとする傾向のあるのは大いに注目すべき点である。

無政府主義の代表者としてはクロポトキンを挙ぐるを常とする。又昨今頻《しき》りに研究さるゝもクロポトキンの学説である。クロポトキンは人類の社会生活は全然権力の統制を欠いても可能であると云ふ事を説いたのみならず、更に進んで権力の統制は却つて円満なる団体生活の進行と発展とを攪乱すると説いた。斯くして国家は如何なる形態にあるを問はず——資本家の国家でも、労働者の国家でも——絶対に之を排除しなければならないと説いた。彼は続いて更にいろ〳〵極端な過激な説を吐いて居るが、併し彼の主義は何処までも科学的根拠に立つもので、只彼の属する国の政府が余りに圧制だから、之に憤激して起つたと云ふやうな性質のものではない。此点に於て彼の主義は学問的無政府主義の名を与へられて居るが、併し今日から観ると、其学問的根拠は全然誤りであると云ふ事が明かになつた。蓋《けだ》し彼は人間の本能を相互扶助の本能により、自ら円満なる団体生活を創成するものと観た。当時は所謂自然科学的人生観の旺盛を極むる際で、彼も亦御多分に洩れず、人間を単純な一個の生物としてのみ観た。只普通の生物学者の人生観と異る所は、他の多くの人は生存慾の為めに殺伐なる競争を辞せないものと観るに反し、彼は人類の根本の面目は相互扶助にありと観た点にある。此点に於て彼は少くとも全盛時代のダルウインと正に正反対の極端に立つものである。人間は其自然の本能の駛《はや》るが儘に放任して置けばそれでい丶、彼等はひとりでに必要な制度を工夫して円満に生存を遂げる、生仲《なまなか》国家などと云ふものが出て来るからわるいのだと云ふ。若し人間の本能に関する彼の前提が正しいものなら、彼の無政府主義は千古不可動の真理に相違ないが、併し其前提が正しくない。相互扶助の本能もあらう。けれども其反対の本能もあることは疑のない事実だ。ダルウインの説く所も一面の観察なら、クロポトキンの説く所も亦同じく一面の観察たるを免れない。斯くしてクロポトキンの誤つた根柢に立つた無政府主義は学説としては成り立たない事になる。従つて最近まで一寸変つた珍らしい説として歴史の一隅にその名を印するに止まり、クロポトキンの名も現に今日生存してゐる人なるに拘《かかわ》らず、学問上に於ては遠い過去の人なるかの如くに取扱はれ、現世とは殆ど没交渉となつたのである。

然るに昨今に至つてクロポトキンの名も亦殆ど彼の名と聯想さるゝ無政府主義が、急に持て囃さるゝやうになつたのはどう云ふ訳か。彼の説の拠つて以て立つ所の根拠が学問上謬《あやま》りであるとする点は、今日毫も変らない。それにも拘らず彼の名が過去の墳墓から復活した所以は、思ふに、彼の国権否認説其物に傾聴すべき意義を見出したのでなくして、彼が結論に達する議論の進行の中に、個人の自由に対する如何にも深厚なる熱情と、国権干渉の弊害に関する如何にも深刻なる指摘とに共鳴したが為めであらう。国権の無用なる干渉が如何ばかり人類の本性を傷け、其円満の発展を沮《そ》害《がい》するかにつき、クロポトキン程明白に説いて呉れたものはない。彼が露西亜の臣民として自ら非常な辛惨を嘗めた経験が彼を駆つて此名文をなさしめたものであらうが、彼の天才は啻《ただ》に此惨事を感傷的に記述するに止らず、其由来と結果等につき可なり深い洞察と批判とを包蔵して居るから、今日我々が之を読んでも感激する所頗る多きを覚ゆるのである。何れにしても斯くして彼は戦後の今日に復活した。只彼の今日に持て囃《はやさ》るゝ所以は、元、無政府主義の結論に達する材料として挙げられたる各般の説明に存するのであるけれども、一度彼の名が喧伝せられると、彼の名に伴ふすべてのものが皆持て囃さるゝことになるのは已むを得ない。従つて無政府主義其物も亦同時に大いに持て囃るゝことになつた。俗間の流行が往々菽麦《しゆくばく》を弁ぜざるもののあるは深く尤《とが》むるにも及ぶまい。只我々はクロポトキンの当世に復活せる所以の真相を謬らなければいゝ。

斯う云ふ形勢に対して旧思想の連中は愕然として驚いた。蓋し彼等は従来無政府主義と云ふ名称について極めて怖るべき或る物を聯想して居つたからである。併し斯くの如きは実は日本に限つた事ではない。西洋でも曾ては爆裂弾などで時の君主や大臣を暗殺すると云ふやうな怖るべき隠謀を無政府主義の名を以て称へて居つたこともあるからである。けれども後にも述ぶるが如く、斯くの如き種類の所謂無政府主義的隠謀は非常な虐政に対する反動的現象で、いはば境遇の所産であつて、理論的研究の結果ではない。従つて戦前の露西亜のやうな国なら格別、爾余の国に於てさう云ふ意味の危険な無政府主義は実際起さうたつて起りやうがないのである。故に昨今世界に洽《あま》ねく持て囃さるゝ無政府主義は、一部の人が心配するやうなものとは丸で別なものと見なければならない。無論中には暴力を説くものがないではない。その限りに於て矢張り一種の危険思想たるを免れないとはいへ、所謂近代無政府主義は其根拠に於て余程趣を異にする所あるを認めなければならない。

近代無政府主義の一番根本的な思想は、団体生活の秩序の基調として権力を立てることを否認し、之に代らしむるに道理を以てせんとするにある。腕力が物言ふのではない、道理が物言ふのだと云ふ世界にしようと云ふのが其眼目である。只道理のみの支配する世の中と云ふものは、夫れ自身成り立ち得るや否やは人によつて其観る所を異にする。クロポトキンは彼の独特の自然科学的確信に基いて権力を絶対に排斥したけれども、今日の学問は人性の不完全なる所から、結局に於て道理が世界を支配するやうになる為めに、権力の行使によつて人類の生活を訓練する必要あることを認めて居る。権力は目的ではない。道理を行はせしむる為めの手段と云つてゐる。此意味に於て近代の思想は絶対に権力を否認するのではないけれども、従来の国家が余りに権力の濫用に過ぎた為めに、特に権力一元の国家観排斥の意味を強く云ふ為めに権力の否認即ち無政府主義を主張するのである。尤も今日云ふやうな無政府主義の理論が堅まるまでには、従来の国家が余りに権力を濫用した事に対する反抗の余り、一時は随分突飛な説も出た。権力の圧制が格別甚しいと云ふ特別の境遇の下に又滅茶苦茶に権力を撲滅しようと云ふ思想と運動とが起つたのである。之れ露西亜に於て無政府主義の説と虚無党の運動とが起つた所以である。けれども只徒《いたず》らに反抗するのでは満足し得ないので、いろ〳〵研究した結果只事実上の反抗ばかりではない、そこには相当の理窟があると云ふので、そこに一つの学問上の根拠を据ゑんとしたのがクロポトキンである。故に無政府主義の発達を歴史的に観て区別するなら之を三段に分つことが出来る。第一は空想的無政府主義、第二は科学的無政府主義、第三は人道主義的無政府主義と云つてい丶。之れは恰度社会主義がマルクスに至つて空想的より科学的に移り、昨今また唯物哲学と縁を切つて理想主義的根拠に立たんとして居るのと相照応する。空想的時代に於ては社会主義の方も幾分さうであつたが、無政府主義の方は専ら実行によつた。此意味の無政府主義は如何にも危険である。併し斯う云ふ意味の無政府主義は境遇の所産であつて、斯くの如きものを発生せしむべき丈けの条件を備へてゐない所に於ては毫も之を怖るべき理由はない。斯う云ふ違つた境遇の下に於て無政府主義が盛んになつたとすればそは必ずや理論の方から来る。理論の方から来る以上は、少くとも無用の圧迫を加へて故《ことさ》らに激発せざる限り、無政府主義は忽ち実際的危険性を失ふ筈のものである。況《いわ》んや昨今持て囃さる丶無政府主義は実は無政府主義と云ふ名に煩はされて不当に危険視されて居るので、其実一種の穏健な人道主義の主張に外ならざるに於ておや。

尤も無政府主義と云ふ文字が危険がられるのは、無政府と云ふ文字が俗用の例に於て丸で違つた意味に使はる丶ことからも来る。前にも述べた如く無政府主義は即ち権力の否認であつて——委しく云へば、権力を以て社会秩序の唯一の根源とする立場を排斥するものであつて、結局に於て世の中の事はすべて道理によつて解決せしめんことを主張するものに外ならない。所が他の一面に於て道理の行はれない腕力の横行する状態を無政府と云ふ冠詞を以ていひあらはすこともある。例へば近来の国際関係は結局に於て法律も道徳も物言はない弱肉強食の状態にあると云ふ事を指して無政府的混沌状態と云ふ。今度の戦争は国際的無政府主義の如何に悲むべき結果を世界の人に教へたかなど丶云ふのが即ち之れである。斯う云ふ所から、無政府主義とは団体生活の道徳的秩序を打破して、腕力の横行する世の中にするのだと云ふ風に誤解するのである。斯う云ふ状態を無政府と云ふ文字であらはすのは誤りだとはいへないが、所謂現在無政府主義の主張は之を是認するのでは毫頭なく、社会生活の秩序は矢張り何処までも之を尊重するのである。只其秩序の根柢を権力のみに置いて、他のもう一層根本的なものを不当に蔑視するのを不可とするのである。

クロポトキンの現代に復活せるは彼の間違つた科学的確信に基く無政府主義其物ではない。団体生活秩序の根柢としての権力の価値を正当に示した点、換言すれば権力一元的国家観の排斥すべき所以を説いた点である。若し之を以て無政府主義の復活と云ふべくんば、今日の無政府主義はクロポトキンの云ふやうな国家の絶対的否認ではない。いはば国家至上主義、国権万能主義に対する反抗である。委しく云へば、権力其物が大事なのではない、人間をして人間らしい生活をさせると云ふのが大事なのである。権力あつて人あるにあらず、人あつて権力あるのだ。権力の行使は人道主義若くは人格主義の要求によつて条件せられねばならぬ事を主張するのである。即ち我々の国家生活をして出来る丈け道義的生活の要求と一致せしめようとするのである。国家をして此目的のために存するものと視る所に新国家観の見識は産れる。斯う云ふ見地からクロポトキンの学説を観る時、彼は其結論に於て誤つたに拘らず尚大いに今日の新国家観の構成に貢献する所がある。

クロポトキンを現代に紹介して新国家観の発達に大いに貢献したものは云ふ迄もなく、ベルトランド・ラツセルであらう。科学的確信の誤りを認め現代の科学の発達の中にクロポトキンを喚び来つたなら、彼は恐らく全然ラツセルと同じやうな説を吐いたかも知れない。ラツセルは他の方面に於てはクロポトキンよりも偉大な学者であるかも知れない。けれども社会国家の学問の方から観ては、どうしても彼の祖述者と云はなければならない。ラツセルは人類にクロポトキンの説くやうな美しい衝動あることを認むると共に、又他の自然科学者が説いたやうな反対の傷《いた》ましい衝動あることをも認めた。即ち彼は創造的衝動と所有的衝動との二つが人類のあらゆる行為の源泉であるとした。併しながら彼は此等の衝動が本能的に発現する外また人間には理性の選択が行はるることを認め、やがて創造的衝動が所有的衝動を抑へて独り盛んに行はれしめんとすることを認めて居る。理性の所産たる社会国家の諸《も》ろ〳〵の制度は此為めに起つた。而して彼は更に進んで、有るべからざる所有的衝動をなからしめんとする理性の要求と、無かるべからざる創造的衝動を有らしめんとする要求との間に価値の上下を附し、無かるべからざるものを有らしめんとする方面を盛んに振興する時は、有るべからざるものは独りでに無くなる。有るべからざるものを無か〔ら〕しめんとすることによつては、決して無かるべからざるものは出て来ない。此点に於て国家は須《すべか》らく開発的教育的であるべく、決して防止的警察的であつてはならないと説いて居る。彼が更に国権発動の細目について論ずる所は必ずしも全部首肯し難い点もあるが、兎に角人類の本性の自由なる発展を尊重すべく、権力の之に漫《みだ》りに干渉するの非を指摘した点は近代人の新国家観を最も明白に代表したものといはなければならない。

之を要するに新国家観は、旧式の国家主義に反対する。国家主義に反対すると云ふ事は国権が即ち社会生活の唯一の統制原理なりとする論者の屢々《しばしば》憂ふるが如き団体生活其物の根本的破壊を希望するものではない。又絶対的無政府主義者の空想するが如き権力其物を全然無用有害とするものでもない。只権力の濫用に反対し、権力一元の謬説《びゆうせつ》を排斥し、権力の運用をして其適当なる分野に止り、道義の要求と合致せしめ、以て真の鞏固《きようこ》なる社会生活の維持と発達とを図らんとするものである。

(五)　新国家観と関聯して起る二三の謬想

新国家観は権力の価値を権力無くして完全に治まるやうな社会生活に導く為に、不完全な人性を訓練するの用をなすと云ふ所に置く。斯くして権力によつて訓練さるゝ我々の社会生活の究極の理想は無権力即ち無政府の状態である。此事は東洋にも昔からある考で、例へば彼の刑は刑無きを以て其理想とすると云ふやうな言葉にもあらはされて居る。此意義に於て我々も亦政治の理想は無政府主義にありと云ふ事もあるが、ウツカリ無政府と云ふ文字を使ふことにいろ〳〵の誤解を生ずる。無権力を理想とすると云ふ事は、我々の努力の主観的方針としては、不撓《ふとう》不屈の精神を以て理想実現の目標に突進することであるけれども、又事実の冷静なる客観的認識としては、凡そ理想なるものは無限の努力の上に初めて到達せらるゝと観念すべきもので、有限の時間内に於て実現せらるべきものではない。故に理想の実現の為に努力すると云ふ事は到底摑《つか》み得ざる或物を摑まんとして努力するやうなものである。客観的に実現し得ざるものを、主観的に実現せんと熱求する所に、理想の理想たる面目がある。我国の政治家は多く物の観方が実際的に過ぎ、理想を追ふと云ふ事を馬鹿〳〵しい事のやうに思ふのを常とするから政界に本当の進歩がない。到底有限の時間内に実現し得べからざるものとして理想に諦めをつけるのも間違だが、又他方に於て理想に憧憬するの余り近き将来に之を実現し得るものあるかの如くに観るのも亦誤りである。此方面の誤解も亦最近我国に多いやうだ。例へば近き将来に於ける新天地の展開を期待して、今より権力を無用とするもの、又は権力の撲滅を計りさへすれば直ちに無政府的黄金時代が来るものゝ如く考ふるのが即ち之れだ。又之と同じやうな誤解は最近司法当局者の判決などの中にも之を見た。例へば無政府的状態を理想とすると云ふ事は、如何に平和穏健の手段を執ると主張するも、兎に角現在の権力組織を撲滅すると云ふのだから危険思想だと云ふのである。我々の理想的価値観念を具体化して考ふる事は論理学上許すべからざる誤りであるのに、裁判官が平気で之を犯し、而かも此間違つた解釈の上に人を罰するに至つては暴も亦甚だしい。序《ついで》に云ふが斯ふ云ふ細かな思想問題になると普通の裁判官に分らないのが当然だ。自分の知らない事についてはそれ〴〵専門家の鑑定を必要とするのに、独り思想問題について裁判官が独り呑み込みの見解を押し通さうとするのは滑稽であると同時に又甚だ乱暴である。

要するに無政府を理想すると云ふ意味は、政府や権力がない方がいゝと云ふのではない。権力だの強制だのと云ふ水臭い事をいはずとも、我々の社会生活が円満に治まるやうな世の中にしたいと云ふのが理想なのである。権力の強制によらずんば動かない人性を訓練して、自発的に動くやうな、即ち社会生活の円満なる発達に必要な道義心を一層鋭敏ならしむるやうな人を作り上げたいと云ふのが理想である。そして権力の行使が、もと此理想の実現を助くる為めのものであり、従つて此理想によつて条件せられなければならない、権力が権力の為めの権力と云ふ事になると此道徳的理想の実現は傷けられる、此意味に於て我々は権力の濫用に反抗すると云ふんである。

新国家観は、我々の全生活を理想的状態に導く為に権力を行使すべく、又権力の行使は此理想的目標によつて大いに制限せられなければならないとする。我々の理想的の生活状態は無強制無権力の状態であつて、此見地からすれば我々の今日の国家生活は固より完全なものではない。我々の社会生活は極めて幼稚なものから今日の国家生活にまで進歩した。けれども此国家生活はまだ進歩の途中にあるもので、此先き尚発展して他の形に変らなければならない。斯くして今日の国家生活は我々の理想的見地からすれば甚だ不完全なものであるが、若し単に不完全だと云ふ点にのみ着眼してギルド社会主義の説く所のやうに考ふるのは我が所謂新国家観の立場ではない。彼も我も現在の国家生活を不完全とする点に於ては同一だが、ギルド社会主義に在て不完全と云ふのは空間的であり、我が新国家観にあつては時間的意義に於て、之を云ふのが二者の大いに相異る所である。

新国家観は現在の国家生活を更により高き理想的状態にまで進むべき途中のものと観る。永い進化の過程に於て、低き地位にあると云ふのである。然るにギルド社会主義に於ては国家が更に進んで完全な社会生活に進むものと見ない。我々の全社会生活は各職分によつて各方面を異にする各種の集団生活の全体によつて成し遂げらるゝ。各職分的集団はすべて相集つて一つの完全な生活体を為すので、夫れ自身は不完全なものだ。而して国家は我々の生活全般を蔽《おお》ふものではなくして、或一面の職分を抱持するものだから、即ち空間的意義に於て不完全だと観るのである。国家は教会や産業組合やなぞと同じやうに、我々の生活の一面を司《つかさど》るものであつて、此等を全部集めたものが即ち渾然たる全一の生活体である。思ふに斯う云ふ説は国家の外に教会其他の対等な団体を認むる英国特有の社会思想を背景とするは云ふ迄もないが、又一つには近代の国家組織が権力の行使を誤つて其本来の目的に裏切つた為めに起つたものであらう。即ち権力の濫用が一面に於て正しい国家観の発達を促したが、英国特有の社会思想は又ギルド社会主義のやうな妙な国家観をも発生せしめたものである。一つ事が間違ふと、それに刺戟されていろ〳〵な説が起るものだ。が、やがて間違つた、又偏つた説は篩《ふる》ひ落されて、正しいものが一つ残る。ギルド社会主義は此点に於て英国を離れて何所《どこ》にも拡まるべき普遍的根柢を有する学説と認むることは出来ない。

　尚ギルド社会主義は人は己れの人格を全体として代表せしむることは出来ない、各職分の特殊の方面に於てのみ代表せしむることが出来る、然らば今日の代議政体の下に於ては我々は各種の方面に於て代表されなければいけない、我々の生活の一面を代表するに過ぎざる議会に我々の生活全体の規律を托するのは誤りだ〔と云ふ〕。斯くして彼はナシヨナル・ギルド会議を主張するのであるが、若し此説を正しいとするならギルド会議と議会のみを以て十分と云ふ事は出来ない。我々は寧ろ個々特殊の部門を透して我々の生活を代表せしむることの総代が人格全体の代表となると云ふのが間違ひで、我々の人格全体は寧ろ信任によつて立派に代表せしむることが出来ると考へる。代表と云ふ事を自分の意思を他人をして行はしむること、考へるから間違ふのだ。或人を代表者として信任すると云ふ事は其人の意思を取つて以て自分の意思とする事だ。優良なる他人の意思の中に自分の当にあるべき本当の意思を発見することだ。斯う考へなければ代表と云ふ事の意味がつまらないものになる。此点から考へてもコールなどの考の根拠は些《いささ》か浅薄に失すると考へる。

要するにギルド社会主義の国家観には〔で〕人類の自由が本当に確保さる、かどうか分らない。之も旧国家観に満足せざる人心の自ら産んだものには相違ないけれども、新時代に於て正統の位置を占むべき思想ではないと思ふ。

(十六) 結論

以上を以て予輩は現代の青年が国家につき如何なる考を抱いて居るかを明かにし、更に其新らしい考へ方の由来をも明かにしたと思ふ。云ふ迄もなく之れ実に世界の大勢であり、日本今日の青年の之に趨《はし》るは当然であつて又甚だ悦ぶべきことであると考へる。而して之を危険視する一部固陋《ころう》の階級もなか〳〵優勢の地歩を占めては居るが、彼等の陋見の由つて来る所を冷静に考へて見ると、豈《あ》に図らんや、独逸《ドイツ》特有の国情に生れた思想の受け売りに外ならない。彼等は動もすれば外来思想の危険を云々《うんぬん》する。而して彼等の思想が実に独逸舶来の外来思想たる事に気が附かない。

無論新国家観の起れるについても、外国の影響はある。併し外国の刺戟のみによつて起ると思ふのは誤りである。恰度《ちょうど》独逸思想が明治初年の先輩の頭脳に容易に受け容れらるべき素地ありしと同じく、今日の青年の頭脳にも容易に外国の影響を感受すべき準備は長い間出来て居る。茲に我々はも少し広く大局を達観するの必要を認むるものである。自己の立場に拘泥して因循固陋の見に囚へられ〔ることをやめ〕、冷静に私を舎《す》て、公けに徇《したが》ふるの誠意あるものは、今日の青年の国家観が変りつゝあるのを観て少しも狼狽する必要はない筈だ。我々は寧ろ大いに之を助長し、只傍ら之に附随して或は起ることあるべき二三の弊害を矯正すべき道徳的義務を感ずるのみである。

〔『中央公論』一九二一年一月〕

現代政治思潮

第一　政治と国家

一

政治とは、手短に分り易く云へば、我々人類の社会的生活が客観的支配の関係に依つて統制せらるる現象を総括して謂《い》ふのである。我々の生活が個人々々孤立して行はれ得ないことは云ふまでもない。多勢の人が相倚《よ》り相扶《たす》けて其処に安穏なる生活が営まれて居るとすれば、其間之を規律統制する所の仕組みが無ければならぬ。それには色々のものがあり得るが、外部の力で統制して行くといふのも確かに一つの有力なる因素を為して居る。是れ即ち私の所謂《いわゆる》客観的支配関係の存立する所以《ゆえん》であつて、この方面から視た我々の生活関係をすべて政治現象と謂ふのである。

但し右は広義の政治である。この意味の支配関係は苟《いやし》くも人類の社会的生活の営まるる処には何処にも存在するのであつて、家庭の中にもあれば学校の中にもあり農工商の職業的組合の中にもある。併し普通には斯う云ふものは政治現象とは謂はない。普通に政治と謂ふときは、「国家」と関連する客観的支配関係のみを指すことになつて居る。「国家」の何たるやに就ては六《むず》かしい議論もあるが、右の如く説いて一応我々の常識は略《ほ》ぼ其意味を了解し得よう。孰《いず》れにしても所謂政治とは国家と云ふ制約の下に存立する客観的支配の関係だと考へて置いて貰ひたい。

普通に政治といへば必ず国家を予想する。故に之を狭義の政治だなどと云つて其外に広義の政治なるものもあると説くが如きは一見無用の弁の如くに見ゆるかも知れない。併し私がわざ〳〵斯う云ふ説き方をするには多少の理由がないでない。一つには、国家の内に存する強制権もその本質に於ては我々の社会生活を完《まつと》うする所以の必要から起つたもので、この点に於ては他種の客観的統制関係と何等異る所なきを明にしたいからで、も一つには、従来我国には国家的強制権の基礎を我々民衆の生活上の必要とは全然無関係に樹立せんとする考方があるのだが、斯の如き考方は実際政治の運用の上に恐るべき悪影響を及ぼすものなるを憂へる所から、此事をもついでに明にして置きたいからである。この積極消極両面の理由から、私は故《ことさ》らに今日の所謂政治現象なるものは広く我々の社会的生活に恒存遍在する客観的支配関係の一種に外ならぬと説いたのである。

二

「国家」の基礎の上に行はるる支配関係と他種の支配関係とは、我々の社会的生活を完うせしめる所以の本体に於ては同一のものだけれども、そが吾人の生活に干入する実際の作用に至ては其間著しき相違がある。何となれば前者はその期待する効果を要求するに於て絶対的であり無条件的であるからである。従て他種の支配関係は之に対しては皆一様に従属的関係に立たざるを得ない、少くとも前者の認容する範囲内に於てのみ始めてその強制が有効に行はれ得るのである。人類の社会的生活の発展に於て斯の如き絶対的強制権が如何にして発達したかは、社会学上国家学上極めて重要な問題である。

之等の事柄に関連し、現代の政治の実際をよく理解する為には、先づ次の三点に注意して置くの必要がある。

㈠　我々の生活を実際的に可能ならしむる範囲即ち隣り同志相倚り相扶けて相互の生活を立ち行かしめる物的基礎は年と共に段々拡まり行くこと。家族より種族、種族より民族と云ふ風に、同時にまた交通機関や生産方法の発達に条件されて狭い地域に割拠したものが漸次その墻壁《しょうへき》を撤し相倚相扶の範囲をひろめて行く。斯うした趨勢は昨今殊に著しい、この勢の前には所謂国境すらが遂に到底有効なる干渉を為し得ざるべくも見ゆる程である。

㈡　一旦小さい範囲内に成立した支配関係は生活相倚範囲の拡大の趨勢に伴つて必しも正しく之に適応すべく新陳代謝するものではないこと。その昔し二十五の独立国家であつた邦国が独逸《ドイツ》帝国とまとまつた時も、各邦内に成立して居つた権力が敢ていさぎよく中央の権力に全部を譲らなかつた様に、発達の途中に於ては、支配関係の中心点は一つの社会の中に二つも三つもあることがある。天に二日なし地に二王なしとは、或る立場の国家論の論理的要求であり又は或る立場の歴史哲学の原則であると云へよう。併し実際の歴史の進み行く過程の中の現はれとしては、同時に二王三王の存在する事実を否み難い。天に二日なしの理窟を応用して各種権力の間に強て正閏の別をつけることの如何に危険の業なるかは多言を要せずして明であらう。

㈢　併し強制力は本来の性質排他的であり、其間自ら絶対最高の地位を占めんとの競争が起り、結局一つに統一せらるるの傾向あること。之も改めて説明するまでもなく明了なる事実である。但し統一を一つの単なる傾向と観て之に達せんとしての内紛を常態と認むべきか、又は統一にまでの過程に於ける多少の紛乱を一時の変態と認めて既に統一は出来上つたものと観るべきかは、人に依て見る所を異にしよう。当今富強を誇る国家を取つて観るに、内部の整理が完全について国権統一の仕事は十二分に為し了《おわ》つた様に見える。国家内部の整理のために今なほ困憊《こんぱい》して居る国もないではないが、之は或は例外に属すると観られぬこともない。が、他の一方に於ては、現代人の生活範囲は国際的に拡大し、国境を超越した支配関係の速《すみやか》に確立せよかしとする内面的要求の漸を以て強まりつゝあるの事実をも看逃すことが出来ない。たゞ十九世紀の作り上げた民族国家のまとまりが意外に強固なので、その重要さを打ち消すまでに国際政治の重要の認めらるるに至るは、今後なほ相当に永い歳月を要することであらう。

之を要するに、我々の社会的生活に対する客観的支配の関係は、今日もはや国家の手に統一され又集中されたと云つていゝ。是れ政治といへば必ず国家を予想する所以である。たゞ之は始めから自然に然るものに非ずして、過去に於ては之が為めの幾多の苦戦苦闘あり、将来に於ても亦種々の難関の横はつて居ることを認めないわけには行かない。従来の我国の政治学説が、兎角天に二日なし地に二王なしとの古諺《こげん》に累せられ、一種の形式的な法理的な静的な分析説明に堕し、我々の実生活に直接の関係ある活きた指導原理の躍動と観てその正しき運用を如何すべきかの考察を怠つた嫌あるは、私の甚だ遺憾とする所である。天には自らにして二日はない、地に二王なきは二王なからしむる為の努力の結果に外ならぬ。今日の政治学思潮はまた実にこの客観的支配権の確立に至るまでの苦心を我々に明示するものでなくてはならぬ。

三

よく人の云ふ通り、第十九世紀は民族国家主義旺盛の時代であつた。此事は我々政治を研究する者に向つて特に次の二点に注意を傾けることを要求する。第一は同一民族の集団と云ふことが我々の社会的生活を繁栄せしむるに最好適の地盤なるを教へたことである。その最好適といふのは時処を離れても云ひ得るのか、又は其頃の欧洲の天地が恰度《ちようど》さう云ふ状況に在つたと云ふべき〔な〕のか、其辺のことはどうでもいゝ、兎に角民族を基礎とした国家はどん〳〵発展し、さうでないものも又皆その方面に改革整理を要求するの運動が起り、その運動の成否又はその成功の程度が概してその国運の盛衰を決めることになつて往つた。第二は民族主義を中心とすることに依て落ち付いた国家の権力は、その地位を自覚したと云はうか、漸《やうや》くその絶対最高の立場を要求することになり、以て所謂権力の統一をもたらしたことである。従来でも国家の権力は相当に強かつた、けれども前代の惰勢によりその内部には仍《な》ほ各種の権力的小中心を包蔵して居つた。それが巧みに国権と矛盾せぬ様に運用されて居ることもあれば、露骨に衝突することもある。この事はなほ後に説くが、要するに之等の障礙《しようがい》を排し国権が唯一最高の客観的支配力として君臨することに成功したのは、何と謂つても十九世紀の仕事と謂はねばならぬ。

我が日本は遅ればせに近代国家の仲間入りをしたものだけれども、幸に民族は昔から大体純一であり、それに島国なので種族関係の紛更される心配はない、其上に皇室のお蔭で権力の統一も易々《やすやす》と行はれた。だから政治の問題も本来少くとも之等の点に付ては他の国々よりも遥に簡単なわけである。外の国になるとさうは行かぬ。例へば支那にした所が、西蔵《チベット》の奥や蒙古の奥などは本当に北京や南京の中央勢力と有機的関係に立つて居るのやら又立ち得るものなのやら分らない。欧羅巴《ヨーロッパ》の国々になると、種々の理由から、形式上打ち樹《た》てられた中央の権力をば内部から打ち壊さうとする運動さへが沢山ある。現代の国家といへば何処も皆日本の様なものと考へてはいけない。

然らば西洋の国家は何故に今日の日本に見る様な完成した統一権力を有《も》ち得ずに居るか。之には色々の理由がある。

第一は十九世紀初頭の国境の定め方に欠点があつたからだ。仏蘭西《フランス》革命に続いた大奈翁《（ナポレオン）》の欧洲統一の覇業は一時在来の国境をめちや〳〵にし、之が整理の任に当つた維納《ウィーン》会議は流石《さすが》に新しい潮流をも認めて民族主義の原則を取るには採つたが、一方また所謂正統主義の優勢をも抑ふることが出来なかつた。大戦争の跡にはいつも同じ様なことがあるものだ。一生懸命苦しみもがいて居る時は、只管《ひたすら》その苦しみを将来如何すれば遁《のが》れ得るかをのみ考へるから、伝統旧慣に拘《かか》はらざる理想的の意見の流行するが常だが、一度喉《のど》元を過ぐると忽ち熱さを忘れて、再び古い仕来りに愛着を感ずることになる。ウヰルソンのあれ程人気のあつた提案が巴里《パリ》に於て見事に破られた所以である。此時も会議を支配したものは銘々の国の利己的立場と云ふことであつたが、維納会議ではさうした同じ態度に正統主義《レジチマシー》の名が附されたのである。即ち奈翁が不当に奪ひ去つたものは一旦は元の所有者を探して之に還へすと云ふのである。つまり元状回復なのである。この正統主義の要求が民族主義の要求を紛更した結果、十九世紀を通じて欧洲が如何に悩み又その悩みの如何に多くの部分が今日に持ち越されて居るかは、今更説くまでもなからう。

第二に正統主義の要求は民族主義の徹底を妨げた点に於て将来の禍害の原因であつたばかりでなく、正統主義それ自身がまた新時代に於ては大なる紛乱の種であつた。一体正統主義といふものは国民の方から自然に叫ばれた声ではない。之は王室の側からの権利の主張に附せられた命名である。国土臣民が王室の私有物と観られ、権力は一に宮廷の都合のまゝに運用され、謂はば政治なるものが全然国民の生活から遊離して居た時代の遺物に外ならぬ。それが十九世紀になつては政治は即ち国民の生活と密接離るべからざる関係のものとなつた、或る意味に於ては政治は国民のものとなつたと謂つてもいゝ。従て政治は国民の利害や思惑やに依て左右されねばならぬ。王室の是とする所必ずしも国民の非とする所ではないけれども、中には王室の都合で玉石を混在せしめた様な処もあるのだから(例へば結婚政略の結果氷炭相容れざる甲乙二国が同一の君家を戴くが如き)、其処から渾然たる利害感情の一致を見難きは怪むに足らない。況《いわ》んや王室の望む所常に必ず民衆の欲する所と限らざるに於てをや。戦前の墺匈国の混乱の如きは正にその好個の適例であらう(戦前に於ける墺匈両国は、その基本法典が協調法《アウスグライヒ》の名を有する如く、合して一独立国家を為すものでないことは明だ。それでも墺国側では、匈国側の意に反して、両者共同の官衙《かんが》に故らに帝国の名を冠し、あだかも両者を合して一帝国と認むるの外観を装はんとしたことは一再にとゞまらない。然らばその各々は一独立国かと云ふにさうとも限らぬ。匈牙利《ハンガリー》王国の一独立国たりとする主張には、その一部を為すクロアシアが反対し、又墺太利《オーストリア》の方は之を構成する十七邦みなそれ〴〵独立の地位を主張し墺太利国なるものの存在をば根本的に否定して居つた。故に墺太利は已《や》むなく「帝国議会《ライヒスラート》に於て代表せられて居る王国幷に其他の邦国」といふ長たらしい唱ひ方を以て公式の称呼とせざるを得なかつた。この墺匈両国はひとり名称の点で斯く複雑であるばかりでなく、実際の政治に至つては更に一層紛乱を極めたものであつた)。而してこの国の混乱が主として民族問題を適当に解決しなかつたことに原因するは云ふまでもない。

　第三に古い歴史が新しい原理の障碍《しょうがい》なき発現を困難ならしめて居ると云ふ事情も認めねばならぬ。その最も著しい例は戦前の独逸帝国であらう。我国では独逸といへば実によく統制のついた国の様に考へる人が多い様だけれども、本当はさうでない。国家としては実は案外に結帯の弱い所があつたのだ。独逸国民があれ程独逸魂を云々し独逸固有の文化を高調し即ちその優秀民族たることを世界に向つて常に誇として居つたにも拘らず、一度政治関係になると、中央権力に対する遠心的傾向が又案外に強く働いたものであつた。是れ一つには独逸帝国が統一機運の十分なる熟成を待たず普魯西《プロシア》の武力を以て無理に建設を急いだからであらう。この点は或る意味に於て日本の維新に似て居る。世界の形勢に眼覚めた日本国民が皇室を中心に集つたのだとは云ひながら、矢張り一面には薩長の擅政《せんせい》と目して暗に中央政府に反感を有するものがなか〳〵多かつた。藩主に忠義立てして一旦仕へた朝廷の官職を辞して国に帰るものあり、甚しきは藩公の方から藩籍を除くぞとの威脅を以て朝官の辞職を強要するものもあつた。西郷の討伐に諸国から巡査兵隊を募つたときも、これを率ゐる長官は誰でもいゝと云ふわけに行かず、必ずその藩の重臣たりしものを之に任ぜねばならなかつた。斯んな風で割拠の勢は永く残り、それが時に応じてまたどれだけ中央の人達をして手に汗握らしめたか分らない。日本ですらさうだ。況《ま》して独逸の如き国柄に於てをや。彼には我の皇室に当るものがない、一緒に事を企てた大名の一人が帝位に即いたのだから、威望の高からざるも怪しむに足らぬのである。だから社会民主党の如きでは、公々然、独逸国は名は帝国と云ふも実は一種の共和国であり、皇帝《カイゼル》は即ち大統領に過ぎないなどと云つてゐた。外の共和国は個人を以て構成単位とするも、独逸の構成単位は国家だ、構成単位たる個々の国家は概して君主国であることは勿論だが、独逸全体としては何処までも共和国だと云ふのである。従て彼等はカイゼルに対しても、普魯西国王としては国君の礼を以て待つが、独逸皇帝としては我々一平民と同格だと唱へて、皇帝としての尊厳を認むる諸制度に反対して居つた。万歳の唱和を党禁と定めたのもこの為めであり、帝国刑法より不敬罪の条項の削除せらるべきを重要政綱の一に掲げしも之れが為めであり、時には議会に於ける予算討議の席上帝室費を皇帝の労銀などと呼ぶものすらあつた。啻《ただ》に之ればかりではない、多少宗教の争ひを加味した南方諸国の独逸中央勢力に対する関係に至つては、統一に対する反抗の深刻なるに於て一層甚しきものがあつた。今は之等の点を詳説すべき場合でないからすべて略する。只同じく国家と一口に云つても政治的に観れば決して一様に考ふることが出来ぬものだと云ふ点に了解がつけばい丶。

第四に国権の徹底的統一に対し今日仍ほ宗教が儼然たる一敵国を為して居るの事実も亦特に注意しておく必要がある。之には二つの原因を数ふることが出来る。一は宗教側の命令が信徒の精神を支配する能《ちから》に於て遥に国家のそれを凌駕する場合あることで、他は歴史上の或る時期に於て俗界権力の萎靡《いび》頽廃せるに乗じ寺院が姑《しば》く信徒の生命財産の保護に任じたことの惰勢が後世に続いたことである。この二つの原因は単独にはたらくこともないではないが、多くの場合に於て二者同時に働いて始めて国権に対立する教権の発展を可能ならしめるのが常の様だ。

右の第二の理由に依る教権の発展は我国の歴史にも其例がないでない。即ち戦国乱世の際に南都北嶺の僧兵の跋扈《ばっこ》したと云ふ話がそれだ。西洋でも所謂戦国の際に、例へば人民が相互間の争訟を何処へも持つて行き様がなく取敢へず日頃尊敬する僧侶の裁断を求めたといふことは、成る程有りさうなことだ。支那でも奥地の方へ行くと、今でも天主教の宣教師が警察や裁判所の仕事を別の形で取りまかなふ処があると聞く。斯んな風に宗教家は自分から進んでやるのではない、自然と頼まれるのである。而してその裁断たるや恐らく相当要領を得たものに相違ない。そこで人民も之に服する。この信服がやがて権威の帰着する所となり、それに色々物質的の寄進などもあつて、それが段々蒿《こう》じて行くと遂に自然と一種の国家の如きものが生れることになる。思ふに信長に滅さるるまでの比叡山や延暦寺は斯くして出来た一種変態の権力団体でなかつたらうか。信長が滅さなかつたら、或は三百諸侯の一人として徳川時代まで残つたかも分らない。幸に我国にはそれが完全に滅んでしまつたが、西洋には之に類したものが永く残つたのであつた。大抵はナポレオンに滅されたけれども、羅馬《ローマ》法王領の如きは一八七〇年までも残つたのである。伊太利《イタリア》の統一の出来たのは一八六〇年だが、それからあと約十年間法王領は一独立領土として半島の真中に頑張り為に伊太利政府をして散々手古摺《てこず》らしたことは、人の知る所である。普仏戦争を機とし兵を進めて羅馬を占領し完全に法王領を滅したのは一八七〇年の九月、それも政府の方から、兵を入れて法王の御一身を保護するの光栄を私に御許し下さいと歎願すると云ふ形式を取つたのであつた。形の上ではなか〳〵丁重に礼をつくして居る。そして其後法王の宮殿には一指をも触れず、所謂法王保障法なるものを以て神聖不可侵の特権を認め毎年莫大な年金をも呈することにした。けれども法王庁では之を一顧だもせず、不法に法王をヴァチカンに幽囚したる簒奪者として伊国政府に「永久の敵対《エターナル・ホスチリチー》」を宣言して居る。而して其後羅馬法王はひとり伊太利国内に於てのみならず、世界中の殆んどあらゆる国々から国君の礼を以て遇せられて居る。我が日本もこれと全権使臣の交換をしようと云ふわけではないか。斯くして羅馬法王の地位は一寸今日の国際公法の理論では説明が出来ない。説明が出来ないのではない、権力は国家に統一する国家以外にさうしたものは認めないと云ふ約束の上に今日の国際公法は成り立つたものだが、人の之を認めると認めざるとに拘らず、法王といふ別個の一大勢力の存在は之を如何ともすることが出来ないのである。

ついでに申しておくが、斯うした理由で国家以外に一種の権力団体になりかけたものに寺院の外なほ学校がある。学校も多勢人の集る所であり且其処には世の先覚として尊信さるる者が居るだけに、戦国乱世に方《あた》つて寺院と同じ様な権能を有たさるるのは怪むに足らぬ。日本では寺院が大抵同時に学林であつた。西洋でも之と同じ例はあるが、別にまた「大学」なるものが特殊の発達を為して現はれた。大学が寺院と同じ様に支配権を市民にまで及ぼしたのではないけれども、学園の生徒に対しては広汎な処罰権を有つて居たらしい。その遺物として西洋の古い歴史を有する大学にはよく牢屋の附設されて居るのを見る。学生の犯行は大学の当局が処断する。従て一般警察や裁判所は之に干渉しない。所謂大学の自由なるものは此事を謂ふのである。併し今日は権力はすべて国家に集中するといふ主義を取り、大学の警察権は認めぬことになつた。従て所謂大学の自由といふものはこの意味に於ては今日存在せぬのである。但し学生の犯行は、少くともその微細なるものについては、訓育上警察で処置するよりも学校当局にまかした方がいゝと云ふ政策的見地から、違つた意味で、大学の自治を云々することはある。昨今事ある毎に、学園の自由を万世不易の原則なるかに観て警察権の干渉を何事に付ても排斥せんとするものあるは、聊《いささ》か大学自由の本義の濫用ではないかと思ふ。と云つて私はどん〳〵警察が干渉していゝと云ふのではない。

今日国権に対抗する一敵国としてその優勢を認めらるるものは主として天主公教会である。この教会の立て前は、神を此地上に於て代表するものは耶蘇《ヤソ》であり、耶蘇の正統の後継者は使徒彼得《ペテロ》である、而して彼得を初代の法王とする天主教会は耶蘇の霊位を正統につぐものだから、取も直さず神に代つて此世を支配する権能があるといふのだ。斯うした信仰でかたまつた中世に在ては、国君はすべて法王の依託あつて始めてその領土を治むるの権能を得るものとされた。戴冠式は法王から依託のしるしを頂戴するといふことに起源するものなるは言ふまでもない。宗教改革後法王の権威は大に衰へたけれども、少くとも信徒の間には、今日なほ驚くべき潜勢力を有し、教会の命令と国家の命令と相容れざる如き場合には、必ず前者が後者を圧するを常とする。その例証を挙げろとなら、最近の歴史の中にも沢山之を見出すことが出来る。少し古いが、帝国建設の功を完うし国運隆々たる独逸帝国と対抗し、法王庁が遂に流石のビスマークをへこましたかの有名なる文化闘争《クルトウール・カムプフ》を見ても、欧洲に於ける宗教の潜勢力の偉大なることが想像されよう。如何に国権の強大なる国家でも、天主教会だけには手を焼いて居る。それ丈《だ》け一方からはまた嫌はれても居る。「山のあなたの外国人の頤使《いし》に動く奴」と、今日我国の一部の人が共産党を「ロシアの指揮を仰ぐ奴」と罵ると同じ様な言葉を使つて、国家主義者は兎角天主教会に忠義立てする連中に皮肉な悪名を投げて居る。

之と少しく趣を異にするが、英国でも教権は可なり大きな力を認められて居る。元来英国は天主教を奉ずる国といふわけではないが、宗教の制度は沿革上大に之に似る所があつて、教権は或る場合に国権の下風に立つを要せずとされてゐた。否、俗界のことは国会に霊界のことは寺院総会にと、始めから政権教権の対立を認めた思想があつたのだ。英国に於て所謂多元的国家論の特に発達した所以も、一つには斯う云ふところに原因があるのではなからうか。之等の点も詳説するの遑《いとま》はないから略するが、宗教の特異なる発達が国家の中に国家を作れりともいふべき現象を呈せるの例は、天主教国以外にもあることを注意しておきたい。

四

以上述べた所を要約すると次の如くになる。

一、政治とは広義に於ては我々の社会的生活が客観的支配の関係に依て規律統制せらるる現象をいふのである。

二、我々の生活が複雑である丈け、その方面の異るに従て客観的支配の中心点は幾つも出来得る。而してやがて其間に競争が起り、今日ではすべての支配権は国家に集中統一さるることとなつた。

三、今日の国家は自分の外に絶対最高の支配権の存在を認めない。厳に斯の如きものの他に存し得ざることを要求し、我々国民も亦一応は之を承認して居る。従て政治と云ふ現象は国家と我々国民との間にのみ生ずるものとされて居る。

四、国家が絶対最高の支配者だといふことは、理論の要求としては正しい、事実の認識としては、一概に斯く断言し得ないものがある。何となれば国家はその競争者たりし多くの支配権者を大抵は圧倒したけれども、処により未だ完全に圧倒し切れないで居るものもあるからである。従て斯う云ふ処に在ては、政治は国家対人民と云ふ単純な関係に現はるるばかりでなく、其間に教権も這入《はい》るので頗《すこぶ》る複雑になる。

五、関係を複雑ならしむるものは実は啻に教権ばかりではない、政権そのものが渾然たる一体を為さぬ場合もある。民族関係のやゝこしい処に殊に之が多い。

斯くして政治を国家と関連して考ふるに際しても、我国の今日の状態が示す様に、何処も皆爾《しか》く単純なものでないことを、我々は能《よ》く前以て知つて置く必要がある。

〔以上、『岩波講座 世界思潮』第四冊、一九二八年七月五日刊〕

第二 客観的支配の心理的基礎

一

客観的支配と云へば、兎も角も治者と被治者との階級的対立を予想する。その階級の如何の性質のものなりやは固より時代に依つて一様ではない。古くはこの対立は殆んど先天的に固定せるものの如くに観念せられた。近代に至りては、政治的に固定の階級を認むるは主義として排斥せらるるの傾向に在るも、猶ほ一部には制度上種々の特権の賦与せらるる階級が認められ、又事実上豊富なる財力に依つて占むる特恵的地位の奪ふべからざるものが存する。而してこの後種の現象に対しては、近時之を新しい別の意味で絶対的に対立する固定階級と解するの説あるも、未だ学界に於ける定説と見做す事は出来ない。そこで昔時観念された様の意味の階級的対立ありや否やは暫く問題だとして、たゞ吾人の生活に客観的支配と云ふ現象の附き纏うて離れざる限り、支配する支配されると云ふ事実の存することだけは疑を容れない。支配する者と支配さるる者と云ふ風に人を彙類《いるい》するとなると問題は六つかしくなるが、総ての人は国民の一人としては等しく皆支配されて居るのだと云ふ事実は何としても之を争ひ難い。

茲に於て問題は起る、何故に我々はこの外部よりの支配を甘受せざるべからざるか。

外部的支配と云ふものに対する疑は、近代人の特徴とされて居る。自由といふことに少しでも目を開いた人の、意識的にこの疑問を釈《と》かんとするは固より怪むに足らぬ。併し之は近代人に始めて起つた疑問だらうか。私はさうは思はぬ。少くとも無意識的には可なり古い時代からこの問題には頭を悩ましたものだと考へる。その証拠には、目前の支配者の地位に対し古来或は之を弁護し或は之を排撃するの説が随分沢山あつたではないか。兎や角と問題にするのは、是れ取りも直さず、その根拠に就ての信念に動揺を感じた結果に外ならぬのである。

二

支配者の地位を弁護する説の最も古いものは主権者神種説乃至《ないし》王権神授説である。竹の園生《そのう》は人間の種ならぬぞやんごとなき、神の直系の末裔なるが故に之に服従するのだと云ふ意識は、随分永い間人の頭を支配して居た。神の末裔なら何故我々に君臨するの権があるのかと云ふが如きは、土台問題とならなかつた。昭和の今日でも神の末裔だと誤信して不敬をはかる天理研究会の様なものもあるのだから、往時斯種の考の強く社会を支配せしとて些《いささか》の不思議はないのである。但し神種なるの故を以て其地位を主張せんとには、一面に於てその家に特殊の歴史あることを必要とする。而も歴史は事後に於て軽々と作りあげることの出来るものではない。斯くして時に或は神種なりと称して容易に人を服し難き場合なきを必せぬことがある。於是《ここにおいて》王権神授説が神種説に代つて現れる。必しも神の直系の末裔とは云はぬ、併し神に選れて特に此の地位を授かつたのだと言ふのである。其の人の生るる時に五色の雲がたなびいたとか、甚しきは母日輪の懐に入ると夢みて孕《はら》んだとか、誰がいふとなく種々の伝説が其人の常人に異る所以《ゆえん》を粉飾して呉れる。而して斯の説は中古以前の昔ばかりでなく、近代に於ても独逸《ドイツ》の皇室などに依つて唱道されたことは人の知る所である。但し近代の独逸が此説を引援するなどは実は全く不必要に余計なことをしたものであつた。

この次ぎには族長説といふが現れる。之も前と同じ様に、族長はなぜいつまでもその部族を支配するの権あるのかの根本問題に触るることなく、永い間無難に承認せられて来たものだ。殊に之が神種説や神授説などと混合して現れる時に一層有力である。

併し神種乃至神授説にしろ又族長説にしろ、世運の発達と共にそは自ら何時までも無条件の承服を要求しがたくなる。それも支配者の地位にあるものが己れを節して民衆の利福を謀る間はよし、些でもその遣り方を間違へると猛然として反噬《はんぜい》の鋒先きが向つて来る。斯くて革命などいふ現象も時々現れるに至るのだが、それでも未だ一般の人民は君主の支配より全然脱し得べきものとまでは考へてゐなかつた。矢張り自分達の運命は現在の君主を戴いてその統制に服して行くに在ると普通には考へたのである。併し彼等は最早族長説に拘泥するものではない、況《いわ》んや神権説をやだ。然らば今度は如何にしてその服従的地位を合理的に理解せんと試みたか。之に対して恰好《かつこう》の説明を与ふるものは実にかの民約説であつたのだ。

尤《もつと》も民約説にも二つの種類がある。一つはホツブスが説いた様に、人は一切の自由を挙げて君主に托しその保護統制を受くるを約した以上、今更之に文句をいふことは出来ぬとする考方である。自分で勝手に奴隷になつたのだから今更如何とも仕方がないと云ふのでは、実は毫も問題の解決にはならぬのだ。そこでロツクなどの説の如く、我々は我々の利福をはかるの条件の下に我々の自由を挙げて君主に托したのだ、この条件を守る限りに於て我々は彼れの統制に随ふの義務があるとする考方が現れる。服従するのはある意識されたる目的の為に契約したからである。契約の条件にして充されざらん乎、我々はいつでも起つて自由の行動が取れるのだと云ふ。茲まで来れば、始めて自由人が客観的支配の組織の中に甘んじて居る訳がわかる。が、茲まで来るとまた、この説明は近代自由人が何故に支配者の統制に服して居るかの問題に答ふると共に、又近代自由人は何故に永い歴史ある支配者の顛覆排撃を躊躇《ちゅうちょ》せぬかの問題にも答ふる性質のものとなるを看逃してはならぬ。

この点に於てロック流の民約説は支那の革命論と似て居る点がある。ロックは契約の条件といふ、支那では天の命といふ。条件を蹂躙したから排斥するといふは、天命彼を離れたといふに同じい。民衆の契約といふと天の命といふとは、所謂天地霄壌《しょうじょう》の隔りあるが如くにして、而も天に口なし人をして云はしむといふ諺を文字通りに取れば、結局同じ事になるわけだ。

君権弁護論もいろ〳〵時勢の変るに連れてその巧緻《こうち》を研いて居る中に、何時の間にやら君民共同の衆民政治主義になつて来る。是れ自然の数《すう》の已むべからざる所であるが、孰《いず》れにしても、その初め斯の如き説の唱へられたといふことが、即ち早くから支配権の根拠の陰に陽に一般の人の間の疑問たりしを意味することは疑ない。茲には専ら積極的の弁護論を掲げたが、消極的の排撃論に付ても同じ事が云へる。弁護論の発生を促した内面の要求は、遂に弁護論に耳を仮して己れの分を没却するに堪へずして、今度は翻然反抗の態度に変るのである。無政府主義といへば人多くクロポトキン以来の所謂科学的無政府主義を聯想するも、浪曼的無政府主義に至つては古来東洋にも之を唱へ之を謳歌せるもの決して尠《すくな》くはないのである。

さて之等の事実は一体何を語るものかと云ふに、申すまでもなく、我々の生活に客観的支配と云ふ関係の到底離れ難いことを証するものではないか。離れ難いから之を苦として悶《もだ》へる。一時は之を無用と云つて見たけれども、事実之れなくしては生存して行けぬ。して見れば之は矢張り何等かの理由で我々の生活に必要なものかも知れぬ、少くとも我々の生活の裏に在つて何等か本質的に之を要求する素因があるのではあるまいか。之を探し当てずしては安んずることが出来ないと云ふ所から、従来実は神権説(神種説・神授説の二つを総称して神権説と云つておく)などいふ解釈も行はれたのである。而して今日之等の説が直に採用され難しとすれば、我々はこの方面の説明を今や更に何処に求むべきであらうか、客観的支配と云ふ現象を我々の生活に離るべからざるものたらしむる本質的要求は一体何処に在るのか。之がきまらないと実は政治現象の人生的意義が分らない。

三

前項に提出した問題に答ふるに際し、解し易からしめんが為に私は一つの比喩を用ひようと思ふ。

私共が学生時代によくやつたことだが、試験期に入つて段々緊張して来ると、毎時《いつも》の様に惰眠を貪つては居れぬと云ふわけで、「朝は必ず五時に起きること」などと白紙に書きつけてよく唐紙や障子の上に貼り付けたものだ。併し考へて見ると、朝早く起きねばならぬと云ふは他人の利害に関する事柄ではない、従てまた五時に起きると云ふは緊急の必要に迫られて自分みづから決めたことなのである。そんなら翌朝目が覚めるが早いか独《ひと》り手《で》に飛び起くべき筈だのに、事実却々《なかなか》さうは行かぬ。起きなくては準備が出来ないと万々承知であり乍《なが》ら、生暖い床に未練が残つて容易に之を離れようとしないのである。斯う云ふ場合に若し図らず枕の上に、「朝は必ず五時に起きる事」と書いた貼り紙でも見ると、遽然《きよぜん》として深刻の刺戟を感じ、ツイ我れ知らず奮然として床から跳ねあがるのである。是れ我々が壮年時代に屢々《しばしば》経験したことなのである。同じく自分の決めた事でありながら、紙に書いたものがあるとないとでは斯くも違ふものかと、一寸考へると不思議の様だが、併し経験上争ひ難い事実だから致し方はない。中には貼り紙では足りず、わざ〳〵第三者を頼んで起して貰ふといふのもある。眠つて居るのを揺り起して貰ふのではない、目が明いて起きよう〳〵と躊躇して居る腑甲斐ない自分に刺戟を与へて貰はうと云ふのである。言ひ伝へに依ると、夫《か》のサン・シモンは幼時家僕に命じ毎朝自分の寝室の戸を叩いては「大望を抱いてお出での若様！　惰眠を貪つてはいけませんよ」と叫ばしめたとやら。之れなどは自己の決意を他人に語らしめて自分の衝動を刺戟するに役立たした最も明白な例である。孰れにしても我々人間は、自分の深い要求に根ざした決意でも、自分ひとりの腹にをさめただけでは、容易に之を実際行動に具現し兼ねるものと見える。

以上の事実は一体何を語るものか。則ち我々の日常生活に於て、各人の内面的の決意は、一旦之を客観的規範の形にかへて来ないと、実践的指導原理にはなりにくいものだと云ふことを示すものではないか。尤も私は之を絶対的のものとは断言しない。内面の決意が直に実践に現れると云ふ人もある。少くとも我々の生活の中に在つて部分的には、斯の如き気持のいゝ経験をすることも屢〻ある。希望としては、我々は常に斯くありたいと思ふし、又恒《つね》に斯の如くあり得るやうにと目標を立てて現に修養を工夫しつゝもある。併し乍ら我々の生活の全体の上に於て、又之より推して常人の多数の生活全般に於て、其人なり其社会なりの要求が、客観的規範の形を取ることなくしては、如何に実現され難いものであるかは、日常十二分に我々の経験して居ることではないか。斯くして私は、自己の決意を客観的命令の形に眺むるといふことは、我々の実践的生活に在つては必然やみ難い心理的要求であると考へるのである。

但し自己の決意に客観的規範の外観を与ふる為に採らるる形式に至つては固より一にして足らぬ。今日の決意を明日に忘れ去らぬ為と云ふ位の軽い意味の手控の形を衣《き》せらるるもあれば、古来有名な聖人君子の言ひ残した金言として我々の行動に君臨せしめる場合もある。この後種の場合の如く之が活きた人格と関聯せしめらるると、規範としての効力は一層つよくなる。かの座右銘とか座左銘とかの特に我々を動かす所以はこゝにある。又必しも古聖先哲とは云はない、現存の人でも之を説く人の地位如何に依つて同じ事の指導的能力に異常の強さを発揮することあるは、我国に於て教育勅語が国民の精神的薫育の上に特殊の作用をなすを見ても分らう。斯くいへば人或は曰はん、古聖先哲の言や至尊の詔が我々の精神を支配するのは、其れ自身の有する内面的価値に因るものであつて、我々自身の決意とは何の拘《かか》はりもないと。皮相的に観れば成る程その通りだ。併しよく考へて見るに、昔なら知らぬ事、現代の人間に在つて、一体従来の呼び慣はしに盲従し聖人君子だと呼ばれたからとてたゞそれだけで一も二もなく之を尊崇すると云ふことは真にあり得ることだらうか。全然自己の批判を没却して他人の云ふことをめくら滅法に金科玉条とするといふが如きは、開明の今日に於て到底考へられない。仮りにそれに類する事実ありとするも、抑《そもそ》も或る人を聖人君子と呼ぶ所以は一体何処に在るか。そはいろ〳〵の意味に於てその人を自分達が則るべき先覚者とするのではないか。先覚者とは取りも直さず自分もやがて修練の功を積んで斯くありたいと云ふ希望の権化に外ならぬ。或る意味では憧憬の対象であるが、又或る意味に於ては近き将来に期待さるる自己のよりよき姿と謂《い》つてもいゝ。さうとすれば、其人の言葉は或る意味に於て本質的自己の低迷的自己に対する警醒的の呼び掛けと観ても差支ない。斯くまで当人が意識して居るか否かは暫く別問題とする。たゞ挙ぐる所の古聖先哲の金言は、単に第三者の金言として遊離して居るのではない、そは実に向上の一路を辿つて居る自分と何等かの内面的関係を有するものなるかの如くに観念せられて、始めて有力に我々の行動に影響を及して来るものなることを認識して貰へばいゝ。

繰り返して云ふ、我々は自分の決めたことでも之を客観的規範の形に換へて来ないと之に遵《したが》つて行動したがらないものだ、否、わざ〳〵之を客観的命令の形に姿を換へて甘んじて之に従つて行きたがるものだ。之が実にいつまで経つても人類の生活に客観的支配と云ふ現象の附き纏うて離れざる所以である。

四

自己の決意を客観的規範の形にして之を実践上の指導原理とするの好ましきや否やは、所謂客観的規範の本質に関する問題であつて、いづれ章を改めて別に之を説くことにしよう。こゝではたゞ斯うした必然的基礎に根ざして人生には客観的支配と云ふ現象の打ち消し難いものだと云ふ事実を承認して貰へばいゝ。而してこの事は同時に政治現象の恒久性を肯定することであり、無政府主義の結局に於て成り立ち得ざることを教ふるものである。

但し斯く説くを解して、早卒に、現在の支配者を無条件に肯定するものとされては困る。私の主張を布衍《ふえん》すれば斯うなる。人生に客観的支配の欠くべからざる以上必ずや之を具現すべき組織が生れる。所が内面の必要が一旦組織化されると、それは動《やや》もすると外形的な機械的なものに堕し易い。それを斯うした堕落から防いで常に溌剌たる生気を横溢せしむるにはまた特別の工夫が要る。是れ即ち政治機構の運用と云ふことが亦極めて大切な事とさるる所以であるが、兎に角我々は、或る時期或る場合に於てそれ等の組織が本質的要求に反して運用せらるることあるを認めざるを得ない。之等の点はいま玆に詳述するの遑《いとま》はないが、斯うした間違ひの生ずる根源は要するに次の二つの点に存在すると思ふ。一は民衆がその則るべき法則の何であるか又何処に之を求むべきかを誤ることで、他は特定の社会に於てや、智能の優れた者が大衆を欺瞞して自己を先覚者と盲信せしむることである。盲信せしむるに先立ちて威迫を加ふる等のことあるも珍らしい例ではない。斯う云ふ所からして、世上には政治的権力の起源を征服若《も》しくは欺瞞に在りとなし、政治とは畢竟《ひつきよう》所謂治者が被治者を役使し其労力の成果を搾取する為に仕組まれたる特殊の生活関係に過ぎぬと説くものがある。この説の当否は姑《しばら》く別論として、斯う云ふ意識的目的の上に仕組まれたる政治の排斥すべきは勿論だが、この理由を取つて以て政治現象の全部を根本的に否定せんとするものあらば、そは飛んでもない誤りだと謂はなければならない。

政治的権力の起源の説明として掠奪説や欺瞞説が正しいかどうかは姑く別問題として、私共が玆に注意して置かねばならぬのは、起源に関する説明は直に之を取つて本質の説明と認むべからざる事である。本質の説明に依つて我々の知らんと欲する所は、或る事実の今日現に拠《よ》つて以て立つ所の原理である。而して之はその事が如何にして起つたかとは全く別の事に属する。勿論起源に関する説明は本質の究明に大に役立つことは明白だ。が、要するに起源は起源で本質は本質だ。両者全然別個の範疇に属することを知らねばならぬ。

或る富豪が壮年時代に犯した幾多の罪過を蔽《おお》ひ又現在に於ける不義失行をかくして不当に社会の声望を掠《かす》め取らんが為に、慈善事業を計画したとする。動機が動機だから、金を出すにしても事業本位に十分なことをしなかつたとする。それでも若しその事業が計画者の直接の管轄を離れ慈善と云ふ意識的方針の下に適当に運用さるる限り、そは矢張り慈善を本質とする事業たるに何の妨げもない。その起源に不純な動機がはたらいたと云ふことは、殆んど事業の運用それ自身の意義に何等の支障をも与へぬのである。

私の知人に斯んなのがある。細君の方は娘時代にその縁談を極度に嫌ひ、あんな男へ嫁ぐのなら死んでしまふと駄々を捏《こ》ねて散々両親を手古摺《てこず》らせた。故ありて無理強ひに結婚させられてから今や既に十数年を経過し、沢山の子供も出来て家庭の現状は頗《すこぶ》る円満である。私は時々会つてはからかふのである。今御両親も亡くなられて遠慮も入らぬことだ、あれ程嫌がつたのだから更《あらた》めて離婚したらどうですと。細君之にはいつも大に閉口するのである。之などは卑近のたとへではあるが、起源で本質を説明すべからざるの最も明白な例であらう。云ふまでもなくこの結婚は強迫に依つてうまれたものだ。併し強迫でも何でもいゝ、この男女が偶然一緒になつたを機縁として、やがて其処に起源に依つては説明の出来ぬ別種のうるはしい関係が芽を吹いたのである。唯物的人生観の立場からはまたそこに別個の説明をするだらうが、私共は之を人間の魂の底に潜んでゐた或るものが結婚と云ふ刺戟に発芽の機会を見出してぐんぐん伸びて行つたものと観る。尤も誰も必ず斯んな風に伸びるものとは云はない。そは人に依つて違ふのであらうが、さうした神秘な力の何人の心の底にも潜んで居ることは疑ないと信ずる。斯んな点から私は元来離婚を寛大に許すといふ考方には反対である。絶対に之を禁ずるといふ程にピユリタンではないが、起源に於ける過誤を糺明しただけでは直に現在の結婚生活の本質的の姿は決められ得ないからである。事余談にわたるが序《ついで》ながら一言しておく。

要するに起源の何たるやは本質の何たるやに必然的の聯関はない。よし政治的権力の起源に関する一部の提説が歴史的に妥当だとの証明を得たとしても、之に依つて政治現象の拠つて以て立つ所の基礎が直に動揺さるるものでないことを忘れてはならない。

〔以上、『岩波講座 世界思潮』第七冊、一九二八年九月二二日刊〕

第三 客観的規範の本質

一

私は前章に於て客観的支配なる現象の人生に於ける必然性と云ふことを説いた。それは良いものか悪いものか又人生に対してどんな意味を有するものか之等の問題には直接触るることなしに、唯どうしたつて客観的支配と云ふ現象は吾人々類の生活から到底取り去り難いものだといふことを説いたものであつた。併しその説明の中には自らまたその客観的支配の意味に多少触るる所もあつた様に思ふ。例へば自己の決意に客観的規範の形式を与ふるとか又はその客観的規範は要するに近き将来に期待さるる自己のより良き姿に外ならないとか述べたからである。斯くて自分の外なる規範を自分の内なるものと密切に関係すと観るとなると、問題は最早一転してその本質の吟味と云ふことに移る。本章では主としてこの問題を取扱つて見ようと思ふ。

客観的規範の吾人の生活に対する意味は何か。如何なる意義の下に客観的規範は永く吾人の生活を支配するの権利を有するのか。

之に対する私の答解を分り易く説けば斯うだ。

第一に我々は人類の絶えず進歩向上する動物なることを前提する。進歩向上とは何か。形式的に云へば、古いものから新しいものに移ることである。之を古いものを全然破壊して其上に根本的に違つた新しいものを建設するのだと観てもよし、又は所謂古いものの中に之を破つて新境地を開拓する要素が自ら含まれ以て弁証法的に発展するのだと観てもいゝ。之等は別の機会の詳論に譲るとして、玆にはたゞ常識的に吾人の意識内容に於ける自我は常に必ず次の二つの方面を有するものなることを承認して置かう。一は古い己れである、過去の経験に依つて作られたる自我である、既に外部に顕はれた自分である。自然的存在としての要素の勝つた己れと云ふ説明には多少の語弊を伴ふを免れざるも全然当らない表現でもない。他は新しい己れである、将来に発揚開展せらるるを期待さるる隠れたる自我である、従て未だ外部に顕はれず鬱勃《うつぼつ》として内部に醱酵して居る自分である。不完全な言ひ方だが前者を自然的存在としての要素に富むといへるに対し後者をば霊的存在としての要素の勝つた己れと説くものもある。説明の仕方はどうでもいゝが、斯うした二つの方面の存在することだけは多少の反省に依つて何人も疑はぬ所であらう。例へば私が前章に挙げた比喩を例に取るに、「朝必ず五時に起きる」といふは謂はば新しい己れの要求で、この事を万々承知であり乍《なが》らイザとなると生暖い床に未練を残して容易に之を離れんとせぬのが古い己れの横着である。斯くして新旧二個の自我の間に争闘が起るのだが、古い己れは永い過去の経験を踏み台として居るだけなかなかに根強い。見よ、前晩折角五時に起きるときめて置いても朝になつて五時半までも六時までも寝続けると云ふことは能くある例ではないか。此時若し不図「朝は必ず五時に起きる事」と云ふ貼り紙を目に留め、之に由つて蹶然《けつぜん》床を蹴つてはね起きたとすれば、そはその客観的命令に依つて内なる新しい己れが大なる刺戟を受け、遂に古い己れを制服して真の己れを発揚せしめたのではないか。斯う云ふ場合を古人は己れを制すると云つた。と云ふ場合の己れは古い己れであつて、将来に実現を期待さるべき己れではない。併し乍ら本当の己れ、換言すれば真実の自我は、古き己れを制し之をそのより良き姿に一致せしむる所に開展するものと謂ふべきである。而して之を可能ならしむるものが客観的支配だとすれば、それが吾人の生活に儼乎たる規範として臨むのは、要するに真なるもの正なるものの支配を意味し、人類の実生活を陶冶《とうや》してその本質的なるものに向上せしむることを意味するものに外ならない。斯く解して始めて客観的支配と云ふものの人生に於ける役割の重大なることが分る。

二

客観的支配と云ふものが大切なものだと云つたからとて、直に如何なる類ひのものでも皆無差別に大事なものだと解されては困る。総ての客観的支配が一様に前項に述べた様な作用を我々の生活に与ふるのではない。我々の生活の完成の為に大事なのは、専ら我々の生活の理想と内面的の関係を有するものに限るのだ。

そこで凡そ客観的支配には二つの種類があるとも云へる。一は単純なる強制の現象である。之に従ふと云ふことは何等我々の生活の進展と関係がない。二は我々の生活を引き上げる為の強制である。表面は外的強制だけれども、其実は真の自己の要求を遂げることに外ならぬ。故に後者に在つては、経験的な自我から観れば強制だけれども、理想的自我の立場に立てば自己に還ることであり、即ち自由の恢復である。従て之は自我の内容に於ける一部分が他の一部分を支配することであつて、前者に於けるが如く自我の全部に対する外力の強迫ではない。

而して我々の生活に於て大事な役割を勤めるのが専らその後者であることは云ふまでもない。

右の説明から推して我々は当然に次の様なことを云ひ得る。客観的規範として人類の生活に於て恒久の存在を主張し得るものは唯前記の第二種のものに限ると。之を逆に云へば、人類の永い生活歴史の上にどうしても離し難い客観的支配の現象の拠つて以て立つ所の根柢は、前記の第二種のものが尽す様な役目を有《も》つて居るからである。斯う云ふ役目を尽す限り、客観的支配の現象は何時までも残り且つ続く。而して斯く恒久的に存続する規範としての客観的支配現象の本質は何かといへば、即ち前項に説くが如き低い自我の高い自我にまでの引き上げと云ふ点に存するのである。

そこで我々は日常の生活に於て第二種の客観的規範に従ふことを間違なくやつて行けば、よく自我の発達向上を謀ることを得るも、之を間違ふと飛んでもない損害を蒙ると云ふ恐れがある。或る意味から云へば、客観的規範の選択が大事だと云ふことにもなるが、他の一面から云へば、現に存立する客観的統制機能をして絶えず理想的要求に合致せしむると云ふ努力が必要と云ふことになる。例へば人間は飯を食はずに生きて居れぬ、子供のうちは自ら食ふ術を知らぬが故に外の人から食はして貰ふ、さうして居る中にやがて種々雑多の物を食はされることになり為に健康を損ふと云ふことも起る。斯くして食物の選択が必要だと云ふことが自覚されて来る。食物の場合は自分一人で取捨選択が出来るから問題はないが、仮りに之が結局どうしても他人の手を煩さなければならぬ事となると、我々は其人をして必ず我々の生存に適当な物のみを供給する様に努めさせる必要を感ずる。客観的支配を単純なる強制として了《おわ》らしめざらんとするのである。その合理的な本質的な姿に於て花々しく之を活躍させんとするのである。私は之を一個人の生活の問題として説いて来たが、政治に在ても畢竟は同じ事。所謂客観的支配をして国民の内面的要求に一致せしめん為の無意識的乃至意識的の努力奮闘は古来の歴史上に極めて顕著な事実である。

三

客観的支配の現象を私の所謂第二種の意味に取つてそれが人類の生活に恒久的存在の関係に在ると云ふのは、一般的又は抽象的の意義であつて、或る時期に於ける特定の即ち具体的の客観的規範がそれ自身直に恒久的存在の権利を有つと云ふ意味ではない。考へ様に依つては、時の連続と伴つて系列する客観的全支配現象の一環として、相対的な存在の権利は認め得ると云へよう。永久に亙る全支配現象と離れて即ち孤立した形に於ける客観的規範は、或る限られた一瞬時には合理的存在として許さるべきも、次の瞬間には最早古い煩はしい即ち破壊さるべき存在と云ふ変つた運命に置かるるものである。是れ人類の無限の発達を前提する立場から推して当然の帰結と云はねばならぬ。

人は限りなく発達する。限りなく発達すると云ふは、最終の目標に一度で飛躍すると云ふのではない。層を重ねて一歩一歩向上の一路を方向を誤らず踏み進むのである。従て我々の生活は、無数に積み揚げられた層を踏み台とし、更にいやが上にも其前途に無数の層を積み高めんとするものと観てもいゝが、併し限りなき過去より限りなき将来に亙る無数の生活層は、相互に有機的の関係にあると観念されなければならない。故に若し吾人の生活の向上を仮りに価値の世界の展開と謂ふべくんば、絶対の価値は無限に連る全層列の上に在るので、個々の層列に在るのでないことは勿論だ。而して個々の層列は、或る特定の時期に於ては成る程吾人に臨むに合理的な客観的規範たり得るも、次の時期に於ては其儘では最早吾人に対する正しい規範たり得ぬことになる。例へば子供に適当なりし夜食は必しも大人に適せぬが如きものである。之を新しいものに取つて代られたと観るか又は古いものから新しいものに止揚したと観るかは人々の考に委《まか》せるとして、要するに時の経過が其処に烈しき新陳代謝の現象を顕出せしむることは疑ひない。而してその新陳代謝は健全な人程——又は健全な社会程——烈しいと云ふことも疑なき事実である。

更に之を主観的の立場から云ふと、或る客観的規範が今日合理的であつたとしても、明日も亦同様であらうと云ふ風に之に拘泥してはいけない。人間の無限の発達を信ずる限り、我々は時々刻々衣物を取り換へる用意を怠つてはならぬ。一時の必要に拘泥するなと云つたからとて、無我夢中に行動していくと云ふ訳では固よりない、其時々に於ては何処までも慎重に熟慮して拠るべき方針の何なりやを択び損はぬ様に心掛くべきは論ずるまでもないことだ。さり乍ら今日之を是と信じたからとて、之を永久の真理なるかの如く妄信するは、全然人類の無限の発達を信ずる立場と相容れぬものである。要するに間違のない心掛けは、各瞬間に於ける行動方針の決定が徹頭徹尾誠実に為されると云ふことであり、その事を前提として始めてこの立脚地で貫かれた行動の全体に本当の価値が許されるのだと思ふ。故に我々は我々の生活全体を正しいものとしよ〔う〕とするならば、一時の確信に拘泥してはいけない、凡ての刻々に於て恒《つね》に正しからんと努むべきである。換言すれば、客観的規範に対する関係に於て吾人の態度は極めて弾力的でなければならぬのである。或る特定の時期を劃しての話なら、客観的規範に対する従順の徳の守られざるべからざるは固より言を待たない。

斯う云ふ意味で、個人の修養に不断の反省——寧ろ懐疑に近い——が必要なるが如く、一般政治現象に在つては古くは革命が必要とされた。客観的規範の新陳代謝の必要は個人の生活に在つては反省に依つて充たされ得るが、国家的統制機能に在つては古来久しく革命の外に之を成し遂げる方法がなかつたのである。この事は猶ほ別の機会に述べることにしたいが、茲に序を以て是非とも云つて置きたいことは、革命に依る則ち暴力的方法に依る新陳代謝には別に恐るべき禍害を伴ふの事実に鑑《かんが》み、新に平和的方法に依つて同じ目的を更に一層効果的に成し遂げようと云ふ要求が起り、其処から所謂近代政治と云ふものが生れたと云ふことである。所謂近代政治の特色としては実はいろ〳〵の事が挙げられるのだが其中に就き客観的支配の更代に関する部分が其最も著しいものであることは既に久しく諸学者の指摘せし所である。それにも拘らず、現代各国の憲政運用が事実に於てこの精神に悖《もと》り、往々其間に暴力又は之に均しき不法行動の横行を許すものあるは頗《すこぶ》る慨歎に堪へざる所である。

〔以上、『岩波講座 世界思潮』第九冊、一九二八年一二月二五日刊〕

四

外から観れば客観的支配であり、内から観れば自律的進化である。規律せらるる自己より観れば拘束強制たるに相違ないが、斯くして高められたる自己より観れば、その必然的生活様式に外ならないのである。而して絶えず昂揚するのが人生の運命だとすれば、必然的な様式に従つてその生活を規律するのが自由で、之に従はないのが不自由である。単に客観的支配の外形だけを見て之を自由なる生命と両立せざるものと考へてはいけない。なアに構ふもんかと酒盃をあふる時が本当の自由か、二日酔の床の上に転々反側して自ら責め爾今断じて暴飲すべからずと後悔した時が本当の自由か。進歩昂揚の運命に従順に己れを託す人に取つて斯の如きは固より始めから問題とするに足らぬであらう。自覚とは、畢竟合理的な外的規範を、自己の生活を開展する必然的な内的法則として、識得することに外ならぬのである。

斯くいへば自律的進化の過程は極めて平穏の裡《うち》に進行するものなるかに聞えるやうだが、事実は必ずしもさうではない。其間には実に深酷を極むる争闘があるのだ。争闘のないのが謂はば平凡無価値な生活で、豊富な内容を以て生活を向上した人程、波瀾重畳の辛惨なる経験を積んで居る。而して内部の闘争は、生活の昂揚の為のそれなる限り、幾ら烈しくても決して之に尻込みすべきではない。

同じ様なことは国家に就てもいへる。

世間にはこの点に就てのいろ〳〵間違つた考が行はれて居る。その一つは云ふまでもなく右の争闘の忌避である。そは併し乍ら余りに勉強に忙しいのが可哀想だからとの所謂老婆心が子弟の高等の学校に進まんとするの志望を断念せしむるが如きものである。国家の生活に於ては、一概にいへぬ場合もあるけれども、過去の伝統を重んずるに過ぐる保守的の考よりして、潑剌たる改革精神の奮闘的態度を以て平和に害ありなどと云ふ場合がよくある。大なる誤解と云はなければならぬ。もう一つの種類は、争闘は避けないが、余りに結論を急いで自律的進化の意義を忘れることである。これを個人の修養にたとへ、自律的進化を仮りに霊肉の争闘と云ふ文字で現はすとすると、一方には霊の方面の過度な高調に依つて問題を解き得たとするものあり、他方にはその反対にまた肉の方面の不当な高調に依つて安価に之を片づけてしまふものもある。耶蘇《ヤソ》教に於ける原罪説が肉に附けるものを根本的に糺弾して一毫も人生に於けるその役割を認めず、他力本願、唯々神に頼むことに依つて己れを完うすべしと教ふるが如きは前者の例である。所謂国家至上主義者に之と型を同うするものがよくある。肉の方面を不当に高調するの説に至つてはまた其種類一にして足らぬ。第一には霊の指導を迷信として斥《しりぞ》け之を打破するに急ぐものがある。第二には所謂霊的現象なりとせらるるものも要するに其の本源は肉的なる処に在りと説くものがある。古くは所謂合理主義、近くはかの唯物史観などが此の中に入るものであらう。第三には所謂肉的なるものの絶対尊崇の立場がある。自然主義乃至衝動説などが是れだ。最近の国家観の中にもこの立場のものが頗る多い。之等の説明に就ての詳細なる批判は、遺憾ながらこの簡単なる講義に於て十分に之を悉《つ》くし難い。たゞ茲には客観的支配の現象を自律的進化の過程なりとする理解の不十分なるよりして、種々間違つた或は少くとも不十分な説明の行はれて居る旨を一言するにとゞめておく。

五

以上私は説明の便宜上専ら一個人の生活を例として説いて来たが、斯う云ふ個人が集つて社会をなし其全体がまた客観的に統制されて自律的進化を遂げる。そこに又自ら一種の特色を示すのであるが、そは後に説くとして、要するに客観的支配の現象はこの集団的生活の裡に発現し又発達し、斯くして人類は一団として自律的進化の段階を踏み進むのである。国家といふと直に統制力が連想され如何にも人類に臨む外部からの支配を表徴する様に響くけれども、其実斯うした人類の生活其者の表現に外ならぬのである。人類の生活から遊離して存するものと観念されてはいけない。人民と云ふと服従を連想し、服従は自らその対立として権力を設定し、権力が全然外部から人民を支配するとしたのは、往時政治を以て主権者若くは支配階級の特殊の任務と解した時代の謬想《びゅうそう》である。今日では権力といふもその淵源を人民に有するとする。命令の内容も人民が作るのであり、人民の所作たる限りに於て永く彼等を服するの力が具はるのだとされる。即ち政治を以て全く人民の生活の一面とするのだ、約言すれば全く人民の仕事と解するのである。所謂近代政治の理解する限内に於ては、断じて国家を人民の集団的生活と分離して考ふることを許さない。

斯うした考からまた次のやうな事が云はれる。

一、客観的規範(国家生活に在つては一般に「法」と汎称される)は合理的なる限り、人民を拘束する力に於て絶対的である、又絶対的でなければならない。何となればそは人民の進化向上すべき次期の段階を示唆するものだからである。

二、何を以て客観的規範を合理的なりといふか又客観的支配を合理的ならしむる方法如何は、次章の問題とする。玆処ではたゞ客観的規範が合理的であると云ふは、国家がその当然の地位に拠つて「法」を制定するに当り一定の拘束に従ふと云ふを意味する旨を一言しておく。国家が一旦定めたる「法」に自らも従ふのは勿論のこと、その「法」の制定に於ても得手勝手ではないと云ふのである。此の現象を目して国家の「自己制限」と云ふものがある。学者の中には「自己制限」といふは其自身無意義な矛盾の言葉だと批難するものもあるが、それは当らない。自律的進化を生命とする人類の生活その儘の表現として国家を理解するものに取つて、斯の如きは疑問でも何でもないのである。尤も国家生活の全可能性《ポーテンシアリテー》に於ては、制限もなければ拘束もないと云へる。併し個々の段階に於て自らが自らを昂揚さす為の産みの苦しみを目して之を制限といふのなら、それは一向差支ない。たゞ自己の内面に根《ねざ》さざる外的の制限でないことは説くまでもない。Man never Is, but always To Be bless'd——Pope.

三、国家生活が向上すれば人類の生活内容も豊富になりその活動も複雑に且つ広闊になるから、従つて之を規律する客観的支配の現象も具体的には繁多になる。けれどもその人民の生命が潑剌として居れば、客観的規範の構成に於て之を合理的ならしむるに手落ちがなく又之に自己の生活を合致せしむるに敏感でもある筈だから、割合に拘束を拘束と感じないだらう、従つて少くとも観念上では客観的支配の現象は減少すると観てもいゝ。そこで人類生活の発展の極限に於ては、一切の客観的規範はもはや生活内面の必然的様式として取り込まれ、外部よりの拘束は一切無用と云ふことになる。所謂無政府の状態である。アナキズムと云ふ言葉は規律のあるべき所に規律を欠く混沌乱離の厭ふべき状態を指示するにも使はるるが、本来の意味は、政治と云ふ客観的支配を必要とせず独り手によく治まつて行く黄金時代を謂ふのであらう。果して然らば今日の政治は、この無政府の状態を目標として進み且つ進まねばならぬ者と謂ふことが出来る。尤も無政府と云ふ状態は殆んど想像すべからざる無限の将来に期せられる(又は期し得ると観念される)状態である。無限の遠き将来といへば、実際には出来ない相談だと謂つてもいゝ。Celo atingita, vivo finita! そんなら夢の様な出来もせぬ理想国を目がけて進むのは馬鹿々々しい話だと云ふ説もあらうが、この夢を趁《お》うてその影を捉へるに熱中するといふ所に生命の神秘が潜むのだ。いづれにしても刑は刑なきを以て刑の理想とすと古人も云つた様に、国家の名に於て加へらるる一切の拘束は、謂はば之を不要とするの期を来さんことを目的とするものなるは論を待たないのである。

六

私は先きに国家の「法」の形に於て現はるるを常とする客観的規範は、合理的なる限り、人民の生活を拘束する力として恒存するものなる旨を述べた。合理的であらうが、合理的でなからうが、そは素《も》と人民の自ら作る所なるが故に、人民の作り損ねた結果合理的でなかつたと云ふこともあり得るわけだが、次章にも説くが如く、それは大した問題ではない。合理的でないと云ふことの結果、人民の集団生活に著大な凝滞を生じ、以て至当の発展の阻害せらるるを恐るるのは、寧ろ過去の謬《あやま》りの自覚が容易に客観的規範の今日の修訂をもたらし得ぬと云ふ場合に問題に上る。集団生活に於ける凝滞はいづれは疏通されでは置かぬ、個人とは違つて不滅の生命力を有つ集団生活に在つては斯うした病根のために斃死すると云ふやうなことはない、必ず之を切り開くと云ふ所に人類の希望があるのだ。たゞ問題は之を切り開く為めにどれ丈けの犠牲が払はるるかの点である。犠牲の大小は自ら人類の進歩向上に緩急遅速の差を及ぼすからである。斯うした懸念は今日の国家生活に於ても無論絶無ではないが、主としては旧時代政治《レジーム・アンシアン》に於て最も問題とせられた所であつた。そは此時代には、客観的支配を専務とする主権階級と云ふものが出来、之が人民の生活とは全く遊離し一にその恣意《しい》を以て形式的の統制を行つて来たからである。

我々の祖先が原始時代に於て全く主権者と云ふやうな者を有たずしてうまく生活を規律して来たものかどうか、又やがて首長を戴くに至つたのは主に軍事的必要に出でたものかどうか、之等は社会学者の研究に譲つておく。何れにしても、首長の権力を永続せしむる基礎が人民の生活に対する統制力としての合理性にあると云ふ事実だけは歴史的に明白である。従つて聡明なる主権者は、所謂民の利福を以て己れの利福となし、自家の権力を出来る丈け合理的基礎の上におかんと努めたのであつた。それにしても此場合観念上最後の目標は自家の繁栄であつて決して人民の利福ではなかつた、人民の利福は自家繁栄の手段として顧みられしに過ぎぬ。是れ主権者が、人民の猶ほ曚昧《もうまい》にして服従を甘受するに乗じ一個優勝の地位を自覚して立つに方《あた》りては、亦已むを得ざる現象であらう。況《いわ》んや主権者はやがて限りなき富と力とを擁し、且つ又其位を世襲せしむることに依つて、益〻その独立固有の地歩を確信すべきに於てをや。

斯うした時代に現はるる第一の特色は、主権者の命令なるが故に合理的だとする迷信の流行である。畢竟するに現実と当為との混同だ、価値判断の顚倒だ。之を主権者側の宣伝の結果だとするは必ずしも歴史的に正しい説明ではなからう、主権者も人民も共に斯く信じたのだから致方がない。従つて此時代の教化《カルチユア》制度の全系統が全部この迷信を基礎としたからとて、それで直に支配者の誠意を疑ふのは少しく無理だと思ふ。斯く信じた事の上に一切の制度を立て、それで以て良かれ悪しかれ永く人民の生活に協戮《きようりく》一致の訓練を与へたとすれば、吾人はまたその限りに於て、這《こ》の迷信並に之に基く支配者の片面的権力行動に一種の文化史的存在理由を認め得ぬでもない。

併し人民はいつまでも曚昧ではとゞまらぬ。平和なる生活の裡に訓練され培養されて、彼等は段々独自の生命を伸びしめて行く。人間をたゞ一個の自然物と観る立場は、彼がその与へられたる訓化教導の埒《らち》を超えて飛んでもない天地をひらいて行く事を予想し得ない。併し事実彼等は何処までも主権者に従順なれと教へられたその教へに従つて平和に育つて往つて、さて育て上つたものは彼等の裡に潜んで居つた独自の生命ではないか。之を視ては我々はどうしても人類の性能の無限の発達を信ぜざるを得ないのである。於是《ここにおいて》この生命の推進が遂に自ら支配者の遊離した孤立的立場と衝突せざるを得ないことになる。例へばかの第十八世紀末の欧羅巴《ヨーロッパ》の革命の如きは、この衝突の一つの現はれと観るべきものであらう。

革命の如き不規則な形に民心の爆発するは、覚醒の初期に於て免れ難しとするも、漸を以て深まつて行く民心の反省は、之に頼るの結局また癒《い》やし難き多大の損害を伴ふの事実に着眼し、民心の要求を常住間断なく且つ有効に発現する方法を工夫した。即ち主権者の地位を内面的に民心の要求のうちに包み込むのである、民心の合理的なる要求の表現として主権の活動を適当に規律するのである、主権者を人民の生活から遊離さすのではない、所謂君臣一体となつて全集団の統制機能をして自律的進化の謬らざる道程たらしめんとするのである。所謂近代国家と称して旧時代の国家と区別さるる特徴を為すものは要するにこの点だ、政治を国民のものなりと云ふ意味も亦これに外ならぬ。この新しい立場に立つことに依つて、主権者も始めて国民の全幅の信頼の上に盤石の強みを維持することが出来るのである。それにも拘らず、政治生活の比較的幼稚なる国に於ては、一方這般《しやはん》近代的特色を有する諸般の制度を採用して居り乍ら、他方今なほ時々旧時代の残滓《ざんし》とも観るべき妄説の行はるるは、洵《まこと》に遺憾に堪へない。国家至上主義の如きは其一例だが、之は併し、他の二三の謬見と共に、集団生活の自律的進化の認識不足に基く誤解と観た方が便宜と思ふから、次に一括して項を改めて説くことにしよう。

七

自律的進化と云ふことを十分に認識してゐないと、動《やや》もすれば現実と理想との混同又は現にあるものと当《まさ》にあるべきものとの弁別の錯覚を来たし、飛んでもない間違を生ずることがある。無論斯んな単純な錯誤を学者がその理論的説述に於て敢て犯すと云ふのではない、政界の実践に於て不用意に犯さるる過誤が、修正さるる遑《いとま》なくして採用され、為めに意外の重大な結果をもたらすことあるを恐るるのである。尤も学者の説明の中に全然斯種のあやまりがないと断言するのでもない。人民の力といふものと強て対立させなければ君家の尊厳は保たれないかに妄想する我国の一部人士の間に在つて、特に此類の僻説の意外に流行するの事実は何人も認むる所であらう。

此類の錯覚に二つの種類がある。

(一) 現にあるものを当にあるべきものと速断するの謬《あやまり》　例へば国家を最高の道徳なりなどと唱へ、現に一切の最高価値を帯有するものなるかの観念を流布して国家に関する自由の批判を封ぜんとするが如き是である。之とは少し趣が違ふが、国会議場に於て議員のだらしなき挙動に対し少しく峻烈の罵倒を加へる者があると、直に之を以て議場の神聖を瀆《けが》せるものとなし、之を糺弾するに急いで自ら改むるを怠るが如きも、実践に於て屡ゝ《しばしば》繰り返さるる価値顚倒の一例と見ることが出来よう。

(二) 当にあるべきものを現にあるかの如く妄想するの謬　国家に関する説明中この点をあやまれる最も著しいものは無政府主義であらう。国家の名に於て吾人に臨む拘束が甚しく当然の規道を逸脱せるの常なる国に於て、之を無用有害とする感情的無政府主義の起るは已むを得ない。人間の動物的本能の特殊の究明に基き外部の拘束強制を有害無益としたクロパトキンの無政府主義は、その立論の根拠に於てや丶科学的なるの外貌を具ふるも、彼れの所謂創造的本能が人類の集団生活を巧に規律して行く状態を何故国家と謂つて悪いのか、クロパトキンの国家無用論は要するに人民の集団生活を離れての遊離的強制力の排除を意味するに過ぎぬと私は考へる。而して其外に於て今なほ無政府主義を奉ずる者の少からざるは、恐らく国家の名に於て加へらるる一切の拘束を除去すれば吾人は直に何等の客観的支配を必要とせざる最高の発展段階に飛躍するものだと妄信するからではあるまいか。乃《すなわ》ちたゞ無暗に現制を呪ふ感情的な破壊主義に非ずんば、自律的進化の過程を無視し理想境の飛躍的実現を空恃《そらだの》みする美しい夢想、この二つの外に無政府主義の拠つて以て立ち得る基礎はない。後者の如きは言葉の厳格な意義に於て現実と当為との混同とはいひ難いかも知れないが、現制破却と云ふ一枚の紙を隔てて甲が直に乙になると盲信する点に於ては、また之に近しと謂つて差支ないであらう。

更に政界の実践に於て此種の不用意なる過誤の例を拾ふなら沢山ある。就中《なかんずく》殖民地の統治策には特にこの例が多いやうに思ふ。例へば殖民地土人に本国の政権に対する反逆的の行為があつたとする。之を特別刑事法は見せしめの為とあつて格別重く罰せんとする。その理由には一応首肯の出来ぬでもないが、もと〳〵土人の頭を内地人同様に同化するは多年の努力の結果として辛うじて成就し得べきものなのに、その遠き将来に有らしめ得べき地位に彼を置いて現在の土人の忠誠義務を論じ国家に対する不ㇾ可ㇾ許の不逞の行為として厳罰に所するなどは、何と謂つても価値判断の倒錯たるを免れぬ。単に之ればかりではない、思ひやりのない主婦が山出しの女中を取扱ふ様な、殊に継母が生《な》さぬ仲の子を遇する場合に往々見る斯うした類の倒錯は、最も頻繁に人事の取扱に之を見る。心すべき事だと考へる。

起源に由つて本質を説かんとするの危険なるは前にも述べたが、其逆に、本質に由つて起源を説かんとするの誤りも亦価値倒錯の結果として起る事例である。之を如何なるものと考へて満足なる説明を求め得たりとするかは本質の問題だ。之を直に事物の起源の説明と速断したものに、欧洲啓蒙時代に理解された社会契約説がある。仏国革命の初期に於て天賦の人権を唱へ、その適用として絶対的自由平等を主張し、果ては生存権・労働権を主張したのも、当にあるべき姿を以て人類現有の姿だと妄信した結果である。すべて政界に於けるロマンチックの色彩に富む提説は、多くこの系統に属するものといへるらしい。最近流行の社会思想なるものの中にも、感傷的に無産大衆を讃美するの説に屢〻出会ふが、之れなども正に其一例に属するものたるは明白である。

第四　政治現象の社会的性質

一

政治現象は云ふまでもなく人類の集団生活に於ける客観的支配の現象である。謂はばその社会的であるところに一種の特色を有つのである。従つてその規範の構成に付ても又その機能を発揮するに付ても将《は》たまたそが民衆の生活に対して恒久的権威を保つ所以に付ても、一個人の生活進化の過程に於ける場合とは大に趣を異にする。私は先きに一個人の修養の問題に就て各個人に要求せらるる責任は反省だと云つた。集団生活に於ける規範対民衆の関係も素より一種の反省に依つて合理的に結ばるるのには相違ないけれど、それが一定の組織を通じて行はるる所に社会的たる所以の特色を認めなければならない。即ち客観的規範が吾人の生活を統制するのも一定の組織を通じてである、而して之を吾人が合理的な規範として意識的に若くは無意識的に承認を与ふるのもこの組織を通じてである。普通の場合に於てはこの組織を通じて承認を与へればそれで一ト先づ問題は解決するとされるのだ。斯くして客観的規範に社会的承認を与へ之を普遍的に妥当せしむる所以の組織と云ふのは然らば一体どんなものかと云ふ問題が起る。所謂政治組織は政治現象の社会的なる性質に伴ふ必然の機構なのである。

政治組織は時代に依つて変り得る。併し如何なる時代に於ても不変に恒存する要素即ち凡ゆる政治組織に通有なる要素と云ふものはある。夫れには次の三つが挙げられる。一は規範を実質的に創る者、二は之を実地に施行する者で、三はその規範統制の対照〔象〕となる者である。この三つの要素から成つて居ると云ふことが不変であるばかりでなく、第三に当るものが集団の全構成員たる民衆であり、第二に当るものが世襲の君主又は有期推選の大統領乃至《ないし》権力執行団体であることも大体に於て不変と謂つていゝ。大体に於て不変といふのは、大要の形式は不変だが、細目の権力体現者の組み立て方とか又之に附する意味とかに至つては屢々《しばしば》変つても居るし、且つ一般民衆にした所が、其間に種別を立て各々の統制力に対する関係を異にした事も稀ではなかつたからである。いづれにしても、一方を支配者とし他方を被支配者とし、この対立を政治組織の基本とする様式に変りはない。所が第一の規範の創造者になると、昔と今と大に異るの結果を示して居る。この要素が如何に構成せらるるかと云ふのが、実に政治組織の新旧を分つ最も著しき標識になるのである。

二

旧い政治組織に於ては、規範の実質的創成の任務を略《ほ》ぼ無条件に統制権力の体得者の掌裡に独占せしめてゐた。即ち前記の三要素の中、第二をして第一を兼ねしめたのである。事実の上に於て主権者は例へばその道に堪能なる学者を顧問に迎へると云ふ様なことはある、又は内廷の能吏を挙用して之に己れを輔弼《ほひつ》せしめたと云ふこともある。而も儼乎たる客観的規範を国家の「法」たる形に於て決定するものは何処までも主権者其人であつた。

尤も彼は概して如何なる規範も結局に於て被支配者の事実上の納得を得ざれば行はれ難きを知つて居た。けれども固より進んでその承認を求むるが如き手続は取らぬ。明らさまに之を求むるは民衆をして自家の任務に容喙《ようかい》せしむるの端をひらくことであり、斯の如きは彼等のイデオロギーに於て治安に大害ありと確信せられて居たことだからである。進んで要求はしないが、併し自家の立場の正しきことを盲信せしめんが為に、彼等は凡ゆる手段を取るを怠らなかつた。一にも二にもお上《かみ》の有り難いことを説く一種の教化宣伝が之れである。徳川時代には、民間の読みものとして頒布されたものに、泰平の恩に報ゆべきを説いた類のものが沢山あつた。今日の所謂思想善導策とや、其揆を一にするものである。他の反面に於て彼等はまた自由なる批判の少しでも行はるるを厳禁するを忘れなかつた。否、その微少なる痕跡に対してすら極度の弾圧を加ふることを辞せなかつた。断じて反対意見の芽ばえを許さざらんとすること、今日の共産露西亜《ロシア》以上のものがある。要するに民衆の納得を得ざれば結局権威の永続の期し難きを知つては居るが、進んで之を民に求むることを敢てせず、我から承認の押売りをすると云ふのである。旦那が下手な隠し芸を披露してうまからううまからうと押しつける様なものである。

併し単に之れ丈けなら深く驚くにも当らぬが、我々の旧式政治組織の中に就て最も注目すべしとするは、その教育方針である。民智の開発を治政に害ありと為し出来る丈け被支配階級の向上を阻止したのは憎むべしとするも、支配階級に属する者に対しては、真に民の儀表たり、謂はば必要なる規範の作成者として恥しからぬ内容を具備する様にと、十分に之を教育するの設備を整へたことである。之れ〳〵の部類は人を支配する特殊の先天的使命を有する特別の者だと聖別し、而して後之に十分なる教育を与へて真に其の使命に堪ふる者たらしめんとするのである。他方一般人民を愚にして置いて、其中から支配者の地位を窺覦《きゆ》するものの出て来る気遣ひなしとすれば、是亦権力維持の方法としては筋の通つた組織だと謂はねばならぬ。唯夫れ権力維持の方法に過ぎぬ、民衆の利福の伸張の為めの組織ではない。是れ一般人文の進歩と伴つて、この旧い政治組織の到底維持し得ざるに至る所以である。

三

旧い政治組織の下に於ても、規範創成の任務は最高の智見を備へた者のみ之を能くすると云ふ理義は、明白に認められてゐた。さればこそ、此任務を離すまいとして特殊の教育制度を布《し》いたのでもある。故にこの思想が一転して、最も賢明なる者を択んで之に規範を作り之を施行するの任務を授けようとの考に移るのは、毫も怪むに足らぬ。即ち専制君主思想が一躍して共和思想に転ずると云ふ一見不可思議の現象を見る所以である。幕末より明治の初年に掛けて我国の学者間に、如何に共和思想を謳歌するものの多かつたかは、今日より翻《ひるがえ》つて見て容易に想像の出来ぬ程である。尤も彼等が日本を共和国とせよと唱へたのでないことは勿論だ。尊貴なる国体に対する執着は固より彼等を直にこの主張に導く筈もない。只彼等は道理上に於ては共和主義の最良の政体たるを疑なしと論じて、さて日本は立派な君主を奉戴する国柄だから、此前提の下に最も新政治理想の貫徹に適する政体を選むべきだと説いたのである。要するに彼等は明治の維新と共に封建制度の悖理《はいり》を看破し、広く賢才を天下に求むべきを識つたのである。西洋で所謂近代政治と称するものも、要するに此点の覚醒が土台となつて居るは云ふまでもない。換言すれば規範創成の任務を特殊の階級の掌握から解放するのである、謂はば第一の任務と第二の任務との兼摂を解き、前者は一定の組織の下に之を天下に分散すると云ふわけなのである。之と同時に第二の任務を掌《つかさど》る者の仕組みにも変化を及ぼした事例もあるが之は必ずしも必然の帰趨ではない。定められたる規範の統制力を実際に最も有効ならしむる為には、却て過去の伝統に倚《よ》るを便とする場合も多い。一概にはいへぬが、国に依つては、寧ろ第二の任務の地位を変更しないのが得策であるとさへされるのである。が、第一の任務に至つては断じて特殊階級の壟断《ろうだん》に委《まか》するを許さずとせられる。之はもと民衆全体のものであるのみならず、民衆の裡に産れたる天才のみよく之を洞察具現し得べき任務であるからである。

其結果として新しい政治組織は、旧きそれに比して大に複雑となつた。一片の命令を以て直に民衆を動かせるといふのではない、民衆の要望が客観的規範の形に具現され、それが国法の形式を以て吾人に臨むまでには、内外両面に亙つて頗る込み入つた段階を経ねばならぬのである。旧い政治組織は主権者が自分の事をする為めの組織であつた、而して天下の公事を自分の一私事とするの地位を一般に承認されて居つたのだから訳はなかつた。今日は然らず、全民衆が其の任として最高の価値あるものを客観的規範の形に具現せしめるのであり、又之が統制を受くることに依つて全集団の利福を進めんと期するのである。一人の恣意を以て事を決するのでないから、この趣意を表現する組織の複雑を極むるは固より当然である。

四

新しい政治組織の下に於ても、規範の創成(或は主観的に之を価値の発見と謂つてもいゝ)は常に個人的の仕事である、断じて大衆の能くし得る所ではない。此点に於て私は飽くまでも哲人主義又は天才主義の信者である。斯く云へばとて、在来の英雄崇拝と混同されては困る。英雄を以て凡俗の中より擢出せられ、特殊の天分を恵まれた別種の存在と観るのではない。況んや英雄をしてその大を完うせしむるが為めに、民衆のうちより多少の犠牲を出すも忍ぶべしとするが如き思想は、私の最も熱心に排斥せんとする所である。私の所謂天才は、凡俗の中に生れ凡俗の魂をその魂として育つた者でなければならぬ、大衆の生活から遊離して居るが如きものは固より始めから問題とならぬ。彼の見識の基底を為すものは徹頭徹尾大衆の痛苦そのものでなくてはならぬ、大衆の利福をどうするかが即ち規範の内容をなすものだからである。たゞ大衆には単純な要望の自覚があり、之を満され又満されざるについての明白なる快不快の感がある。只如何にして之を充たし従つて又如何にして自家の生活を向上すべきかは、彼等のよく知る所ではない。之を知るには特別の修業と特別の準備とが要る。而して比較的によく之を知る者を私は天才と呼ぶのである。要するに斯の如きは何処までも個人の仕事であり、大衆は大衆としては之をよく心得ぬものなのである。大衆は自らよく大衆の事を知るなどと云ふものあるが、そは一部無政府主義者の迷信でなければ、徒《いたず》らに民衆に阿《おも》ねるを事とするデマゴーグの宣伝に過ぎない。民衆は自ら己れを知らざるの本来の地位を自覚し、自家の畑より出た天才に事を託するを以て最もよく自家の方途を定め得るものなのである。

併し我こそ最高の価値を発見したと称するものは事実に於て唯一人ではない。是れが旧い政治組織の場合と大に趣を異にする点である。規範創成の地位を狙ふもの一にして足らざる場合、如何にして其の選択を誤らざることを得るや。此間から自ら最良のものが現実の規範として客観的形態を取るに至らしむるのが、即ち新しい政治組織の最も主要なる目的である。而してこの目的を達する所以の一要件として新しい政治組織に必ず随伴せしめらるるは、大衆の自由判断である。詳しく云へば、大衆の自由判断に託した上で、少しでも多数の味方を得たものを仮りに最高の価値とすることである。茲処で仮りにと称するは、一時の判断には誤りのあり得ることを予想するからである。併し乍ら少しでも多くの味方を得たものに勝利の栄冠を与ふることにしておけば、負けても自信を失はざるものは、一時の敗北で前途の希望を失ふことなく、捲土重来以て世上一旦の誤りをば自家の正論に修訂せしむるを得べしと期する。斯くして各種の提説に正々堂々相競ふの機会が恵まるる。故に仮りに最高と定めるのは、斯くして窮極に於て真の最高のものを勝たしむる所以であり、其処に新しい政治組織の合理性が認めらるると云へるのである。而して更に其根柢を探れば、人は無限に発達するものであり、その発達を信ずる以上、欺くべからざる多数の結局に於てよしとする所を最高の価値と許しても差支なかるべしとする考が横はつて居る。蓋《けだ》し民衆はもと進んで自ら価値を創成し得ざるものではあるが、孰れが最良最高のものなりやは、その体験に依つて容易に之を断定し得べきを以てである。たゞ之が所期の如く運営さるるに就ては、種々の方面に亙つて種々の施設と工夫とを必要なる前提条件とすべきは固より論を待たない。

〔以上、『岩波講座　世界思潮』第一〇冊、一九二九年二月八日刊〕

第五　政治組織の根本問題

一

私は先きに所謂客観的支配は社会生活に於ける人性の完成の為めに必要だと云ふやうなことを述べた、同時にまた其の強制と云ふ形式がそれ自身直に右の用を為すのではないと云ふことをも述べた。客観的支配が人性完成の役目を完うするは、それが全体として人生に於ける最高の道徳的価値を表現すると考へらるる場合に限る。人生に於ける最高の道徳的価値の何であるかは容易に分らない。我々の生活に現はるる個々の客観的強制の必ずしも最高価値の発現でないことは疑ひない。けれどもそれが我々の現在の生活を高め、次の段階に於ては自分自身を修正して更に又この段階に於ける吾人の生活を高むるの用を為すものであれば、斯くして層々相列なる客観的強制の全体は、終極に於て最高の価値を発現せんことを目指すものと云へよう。併し乍《なが》ら如何なる場合に客観的強制の連続を斯くの如きものと観ることが出来るか、如何なる条件の下に現実の強制が理想的なる価値と一致すと考ふることを許さるるか。斯う云ふ条件を我々の社会生活に於て充たすもの、換言すれば強制と価値との観念上の一致を我々の政治生活の全体の上に実現することの可能を保障するものとして、政治組織がある。所謂政治組織――制度――はこの意味に於て我々の生活と密接なる内面関係を有つものである。多勢の集団生活に能く見るやうな、専ら便宜に基く機械的な単純の仕組みと思つてはいけない。

我々一個人の生活に於て、道徳的命令と自由意志とを一致せしめ以て我々の生活の本質的向上を可能ならしむるものは、反省である。反省に依つて自由意志の選択が倫理的に行はれ、倫理的選択の結果が有効なる訓練となり、その訓練の無限の継続は、遂に道徳的命令の内容を以て直に自由意志の活働の論理的必然たるに到らしむべく期待される。一人の生活の事は、其間如何に細かい曲折があつたにしても、要するに一つの魂の内面的活働に終始するのだけれども、人間の集団の社会生活に在つては、さうは往かぬ。が、併し之を掌る所の根本原理に至つては、多く変る所あるべくも思はれない。

真理に二つあらう筈がなくして而も何が唯一の真理であるかの古来決まつた例しがないやうに、政治問題に付ても何が一番正しい解決であるかは国民の間に定まつて居るのではない。こゝに序《ついで》ながら政治家の政治と国民の政治と云ふことに就て一言するを許されたい。政治家は自家の経綸抱負を行はんことを仕事とする公人の一団である。この第一義の目的を達せんが為めに彼等は先づ権力を握らんことを求むる。我々普通の国民に在つては、現実の政界に如何なる影響を与へんかにつき特殊の思想を抱くことは固より妨げもなく又必要なことでもあるが、進んで之を実行せんとの熱意を有てば即ち一転して自ら政治家の域に進入するのであり、普通の国民としてとゞまる限り実際の政治問題をどう取扱ふべきかに就ては適確なる解決策を有たないものと観ねばならぬ。之等の点は猶ほ詳述を要することと考ふるがそは他日の機会に譲るとして、兎に角国民全体の立場より観れば、政治問題の処理に対する最高の真理は先づ分つて居ないものとせねばならぬ、之れが一つ。次にも一つの特色は、何が正しい解決か分つて居ない癖にいやでも応でも何とか解決せねばならぬと云ふ必要に迫られて居ることである。一個人の問題なら着手を他日に延ばして姑《しば》らく思案に日を暮らすと云ふこともある。政治問題には之がない。絶対にないのではない、多くは緊急の必要に迫られて問題が起り、少くとも多大の損害を忍ばずしては暫くも之を等閑に附し得ないと云ふ場合が常なのだ。この二つが集団的政治生活の個人的生活と異る重要な特徴である。その結果として、後者に在つては主として反省の後に選択が行はれるが、前者に在つては大体に於て選択の後に反省が行はれる。両者を通じて反省と選択とは交互に繰り返されるのであつて何れを先とし何れを後とすべきに非るが如きも、問題の解決に対する主観的の態度から云へば、上記の如く説明しても大過なかるべく思はれる。殊に政治問題の場合に在つては、解決案の選定に於て固より全く反省の為されぬでないが、事多くは必ずしも理路に副《そ》はざる「勢」を以て決せられ、而して我々の生活に及ぼす事後の成績に依つて徐《おもむ》ろに利害得失の反省されることを常とする。それだけに価値と強制との一致を図ることが、集団生活に在つて格別緊要なのである。余程周密の注意を払はないと、強制は忽ち本質的意義に於ける合理的存在たるの実を喪《うしな》ひ、却て我々の生活を毀傷すること甚しきの結果を呈するからである。

　そこで我々の政治生活の機能を表現する組織の根本に置かれねばならぬ主義は、略《ほ》ぼ明かになつたと考へる。そは何かといへば外でもない、一般に一番いゝ考(最高価値)の結局に行はれることを保障するものたるべきこと是れだ。細かく云へばこの主義は次の数ケ条を包含するとも云へる。

㈠、一番いゝ考の何であるかは分らないと諦める。故に或る特定の考に最高の地位を決定的に与ふると云ふことはしない。

㈡、併し課せられたる問題に対し何等かの決定を与ふることは拒否するわけに行かぬ。故にその時の見る所に従つて仮りに最良とすべきものを決定する。

㈢、その決定は直に実験に附せられ、実験の結果欠点の見出さるれば直に改訂せられねばならぬ。何時でも先きの決定の改められ得る様、政界の進行の弾力的なることは絶対に必要である。

㈣、いゝものの何であるかは容易に知り難しとするも、悪いものの何時にても用捨なく棄てられ得るとすれば、我々は之を以て、結局に於て最高価値の実現を全体として保障する制度と見做《みな》すことが出来よう。

二

政治組織の拠らねばならぬ根本主義の何であるかは上来述ぶる通りである。この根本義に立脚する政治組織の特色を細かに列挙すれば際限もないが、現代各国の実況に於て其の最も根幹とせらるる共通のものを算へると二つある。一は「多数決」の原則であり、他は「代議政治」の制度である。所謂現代的と呼ばるる当今の政治組織は、殆んど例外なく皆この二大支柱の上に建てられて居ると謂つていゝ。

先づ多数決の原則から説明をはじめる。

多数決とは何か。玆に百人の集会があるとする、共同の事務の処理に付て意見が二つに分れた、此場合一票でも多い方の意見を全体の代表意見として採用することを謂ふのである。して見ると、例へば五十一人の一致した意見が四十九人を圧倒して無理に自分の所見に従はしむることであり、多数決の原則といふものは一見多数の横暴を許すものの様に見ゆる。さればとて、四十九人の一致した意見の方を立てれば、一層不都合なる少数専制を認めることになるから、意見の相違を基として喧嘩分れになるまいとする限り、一人でも多い方の意見を立てるのが常識的に穏当といふべきは論ずるまでもない。併し多数決の原則を特に採用すべしとする理由は、たゞ斯んな常識的の打算に基くばかりではない、更に進んで一人でも多くの味方をかち得た意見を道徳的に優秀なりと判定する点に合理的根拠を要請するものである。と云ふ意味は、例へば一方が八十人で他方が二十人と云ふが如くんば、始めから前者の後者よりも勝れることが明白なりとしよう。けれどもたつた二票の差では、果して何れを優れりとすべきかに多少の疑ありとする理由もあらう。一二の人の決定に一時の過誤なしとも限らぬからである。而して一人でも多くの味方を作つた者が勝つと云ふ原則は、自ら敗るべきに非ずして敗れたりと信ずる者を駆りて、努力を新にし大勢を自家の有利に翻してやがて当然の勝利を回復せんとの希望を抱かしめる。真に此方が優れて居るのであれば、その結果予期の如く勝つでもあらう。従つて之れが更《あらた》めて全体を代表する意見と云ふことになり、以て前の誤りを修訂することにもなる。即ち斯くして修訂の機会を豊富にし、少しでも良い考が順次に頭角を顕はすことを可能ならしむる意味に於て、多数決の制は、単に多数に依るを便宜なりとする常識的理由の外に、一種の貴むべき合理的根拠を有するものと云へるのである。従つて此の原則を認むる限り、仮令《たとい》二十人位の少数を以て圧倒的に敗北したとしても、自信の渝《かわ》らざる限りは、結局多数を承服し得べきを期して努力奮闘を続けると云ふことにもなるだらう。而してこの努力奮闘は、一面に於てまた全体を教育するの機縁となる。多数決の原則が同時に教育的効果を有つと云ふことは、益〻その合理的特質を濃厚にする所以でもある。

　但し多数決の原則に右の如き特質を認むるは、㈠凡そ人はその最も単純なる境遇に於ては常に必ず誠実に行動するものであり、且つ㈡誠実に行動する限り人々相接触する社会的生活に於ては限りなくその性能を発達せしめて熄《や》まざるものだとする特殊の人生観に立脚するものたるは云ふまでもない。而して斯うした人生観を執ると執らざるとに拘《かかわ》らず、斯くの如きものとしての多数決の原則が近代生活の百般の方面に於て殆んど漏れなく行はれて居ることは、亦争のない事実である。

三

多数決の原則が最も有効にその機能を発揮して居るのは近代民主主義の政治様式に於てだ。所謂民主政治は民心の帰嚮《ききよう》に依つて政権の留まる所を決めるので、謂はば各種の抱負経綸をして民心の地盤の上に相競はしめ、一人でも賛成の多いものを勝たしむるの仕組みである。斯くして始めて最も正しいものの最後の勝利を得ると云ふことが保障されることになつたのである。

屢〻《しばしば》云つた通り、最も正しいものの何であるかは能く分らない、分らない乍らも最も正しいものに出来る丈け多くの活躍の機会を与へんとせば、自由なる新陳代謝の途《みち》を開くことが先決の急務となる。固定は百弊の基だ。政治生活に於てこの点最も大事なのであるが、古来政治界ほどこの疏通の途のつかない処はない。蓋《けだ》し一旦権力を握つたものは、その顕要の地位を利用して益〻富と力とを周囲に集め、不当に反対の勢力を圧倒して永くその地位を維持し得たからである。而も権力の固定は各種の弊害を醸成し、事実之を疏通するの途容易に開かれずして、之を疏通するの社会的必要は益〻迫る。是に於て意外の機会に無理な疏通の方法が突発すると云ふことになる。その最も旧い形式は暗殺であるが、之に次いでは戦争がある。所謂政権争奪は国民生活に於ける政治的進展の疏通をはかる為めの社会的必要であるけれども、之が暗殺や戦争に依らずしては行はれ得ないと云ふことは、実に忍び難いことであつた。然るにも拘らず永い間この外に途はないとされたのである。之が為めに古《いにしへ》の心ある人達は幾ら悩んだか知れない。従つて兎も角も一旦戦争の惨禍から世の中を救つて呉れるものがあると、単にそれだけで撥乱反正の功などと云つては盛に之を謳歌したものであつた。焉《いずく》んぞ知らん、その撥乱反正の功なるものがまた知らず〳〵幾多の高貴なる犠牲を国民と社会とに払はして居るのだから堪らない。例へば徳川三百年の太平にした所が、その太平の対価として国民全体が如何に多くの物質的幷に精神的の大損失を忍ぶべく余儀なくさせられたかは深く問はずして明かであらう。されば永い間集団に係はる政治生活と個人に係はる道徳生活とは、根本的に両立せざるものなるかに考へられて怪まれなかつたのであつた。

この困難なる問題を解決したものが実に近代民主政治なのである。政権争奪に於て民衆の力が如何にして重きを為すに至つたかの沿革は今こゝに説くの遑《いとま》はない。たゞ近代政治に於ける政権争奪の昔のそれと著しく異る所を挙ぐれば、第一に敵味方交戦の舞台が民衆一般の良心となり、第二に武器はもはや銃砲刀剣に非ずして抱負経綸の言論に依る表明とかはり、第三にはやがて勝敗の数を決すべき彼我勢力の消長は一に民衆の良心の自由の判断に制せられ、交戦者の努力に依つて直接に之を左右することは出来なくなつた。是に於て政権を獲んと欲する者は先づ民心を得なければならず、而して民衆は政治家の抱負経綸をその成績に依つて判じ或はその成績の予想に基いて何れを最も恃《たの》むべしとするかを決するが故に、政治家は自ら出来るだけいゝ事を為すべく民衆の前に競はざるを得ない。斯かる約束の上に行はるる政権争奪戦の同時に教育的効果を伴ふべきは亦言ふを待たない。斯うなれば、永い間悩みの種であつた政治生活と道徳生活との乖離《かいり》はこゝに始めて立派な解決を得たといふべきである。而して斯の意義の民主政治の拠つて以て立つ最も主要なる原則の多数決であることも亦言を待たない。

民主政治は取りも直さず民衆の政治である。民衆の政治であると云ふことは、民衆の力が政治の舞台に於て公然と積極的に認められたことを意味する。民衆の力は昔から政権に対する消極的の一牽制機能としては認められてゐた。けれども、凡ゆる政権の唯一の積極的基礎として認められるに至つたのは極めて新しい。民衆はもとそれ自身の生活目的を有し、他の何等の階級の犠牲ともなるべきものでないから、その民衆の集団生活の象徴たる国家の権力が民衆の基礎の下に打ち建てらるべきは元と当然の事理である。この当然の事理が永く凝滞して歪みなく発現しなかつたと云ふ所に政治生活の特色があり、近代文明の開展と共に始めてその当然の事理が明るみへ出たわけなのである。斯くして民衆の力は近代民主政治に於て最早動かすべからざる一大根幹となつた。併し乍ら観念上多数民衆の力の発現は其儘直に正義の発現ではない。之れが多数決の原則と結ぶに至つて始めて正義の発現となる。この意味から謂つても多数決の原則は、民衆政治をして近代人の合理的生活活働たらしむる所以の不可欠の基礎なのである。

四

次に代議政治の制度の話に移る。

代議制度とは何か。その外形に現はるる第一の特色は多数集団の仕事を少数の人をして代行せしむると云ふことである。それは昔から我々の社会生活に通有の現象であつて、今に始まつたことではない。唯それが我々の政治生活にも適用されたと云ふ所に、新し味があると云へば云へる。併しその新しいと云ふのは、政治生活に従来と違つた運用方法が与へられたとする点に在るのではない、古く我々一般民衆に許されなかつた政治生活が近代に於て新に認められることになつた点に存するのである。而して運用の方式は依然として古い。その古い方式が新に運用の領分を拡張したと云ふ所が新しいのである。

さて斯く古くから行はれ来つた代行の制度に於て、多数集団と代行者との関係は必ずしも一定不変ではなかつた。代行者は集団の決意を機械的に取次ぐ単純なる代理人に過ぎないのか、又は集団の利益を代表し与へられたる権限の範囲内に於て独断擅行を許され、而もその責任を集団そのものに負はしむるを得べき代表者であるか、其辺の限界は甚だ曖昧であつた。之に就ても述ぶべきことが多いが問題外だから略しておく。

近代政治に於ける代議制度は、少数代行者を完全なる代表者と立つる点に第二の特色をもつ。この制度の著しい発現は国会議員の選出であるが、代議士は之を選んだ人達の直接の代理人とは見ない。各選挙人のそれぞ〳〵国家の利害の考察に基き行動すべき立場を代表するものであつて、その行動の標準に至つては一に自家の見識に基くべきものである。多数が彼れを選出したと云ふことは、彼れに満幅の信認を与へたことに外ならず、従つて其の勝手な行動を自分達を代表する言動だと認めることを約束したものと謂つていゝ。若し集団の多数者に於て彼れの行動に気に喰はぬものあるを発見したら、任期の満つるに及んで彼れを再選しなければいゝ。一旦選んだ以上は其人に十分の信頼を置いて無用の拘束を加ふべきでない、と云ふのが代議制度の特色である。

斯うした制度は如何にして多数決の原則と並んで政治組織を合理的ならしむる所以となるのか。之には次の二つの理由が挙げられる。

㈠、価値の創成は前にも屢〻繰り返した如く何処までも天才の仕事である。複雑な政治問題の処理を民衆自身が能くし得るものと思ふのは誤りだ。自分の事は自分が一番よく知つて居ると云ふは実は一面の真理に過ぎぬ。成る程頭が痛いのか腹が痛いのかは本人に聞かねば分らぬが、どうして之を癒すかは最早民衆自身の手には負へぬ、主《もつぱ》ら専門家たる医者の問題である。十分信頼するに足る医者を見出して全然之に自分の一身を托することが、斯くして取りも直さず最も正しく自らの身を処する所以となるのだ。この点に於て民主政治の本体を全民衆の直接の政治でなければならぬとする説の謬りなることは、多言を要せずして明かであらう。

㈡、痛みをとめるは医者の職分だが、医者も患者に質《ただ》さずしては何を癒さねばならぬのか頓《とん》と手の下しやうがあるまい。啻《ただ》に何処が痛いかを聞くばかりではない、平常患者の生活に接触し、否之を自己の生活とするまでに接触を深くしてゐるのでなくては、本当の処置は出来ないと思ふ。是に於て所謂代表者は民衆の中より出づるを要し、更に又民衆の生活に及ぼす効果如何に依つて彼れの行動の正否が判ぜられなければならぬ。即ち民衆的監督の必要なる所以。而して之れあるに由つて代表者の叡智は益〻洗錬され、最もよく民衆の利害を代表するに適するものとなる。かの哲人政治と称し善政主義と称するものの排斥さるる所以も亦、民衆の生活と遊離する点に於て、常に正しきを得るの保障を欠くからに外ならない。

斯くの如き約束の下に行はるる選挙は、謂はば自己の当《まさ》に執るべきよりよき立場を信頼に値する他の人格の裡《うち》に見出すことであり、其等の人々に依つて立てられたる法律規則に服することは、本質的なるものに自己の生活を向上せしむることになるといへる。而して一定の任期を限りて選挙を繰り返すことは、挙げらるる者の立場の常に正しからんとするを保障する所以であつて、斯くして代議制度が多数決の原則の適用と相待つて、その機構の全体の上に最高の価値の実現を期待し得べきは論ずるまでもない。

五

近代政治が右手に多数決の原則を提げ左手に代議政治の制度を取り由て以て実現を期待して居るものの何であるかは、上来述ぶる所に依つて既に明かとなつた。然らばこの二大支柱の上に築かれて居る所謂近代政治は現にみな予期の如き効果を挙げて居るかと云ふに、必ずしもさうではない。此事実を我々はどう観るべきであるか。

多数決の原則が理想的に適用され又代議制度も理想的に運用されたとすれば、所謂近代政治の十分に吾人の期待に応ずべきは疑を容れない。然らば多数決の原則が理想的に行はれ代議制度が理想的に運ばるると云ふはどう云ふことを意味するか。私は先きに多数決の原則を説くに当り特殊の人生観を基礎的に予定する旨を述べた、同じやうな事はやはり代議制度に就ても云へるのであるが、人生の観方を我々と異にする人に取つては、我々の説明は或はノンセンスに響くかも知れない。併しそれかと云うて多数決と代議制とはそれ等の人々から云つても必ずしも直に棄て去らるべきものとなるわけではない。違つた立場の人でも違つた意味で又この両者の実務的効用を認めぬと限らないからである。併しさう云ふ方面の論議は姑く措くとして、単に日常事務の処理の方針として観るも、この両者が本来の目的を達する為には実に二三の前提条件を予想するものなのである。即ち例へば

㈠　多数決の原則の理想的な適用を見るためには、㈦第一に民衆それ自身が相当の発達を示して居なければならぬ。相当の発達とは、智識的には与へられたる問題の意味を解し之に対する適当の判断を為すに誤らず、道徳的には自ら信ずる所を枉《ま》げず多少の障害を排しても忠実に其の思ふ所を表示するに堪ゆる位の程度と観てよからう。序に云つておくが、相当の智識的発達と云ふ事が世間で動もすれば不当に高く要求されるの嫌あることである。所謂直接民主主義者の如きは始めから民衆は自分の仕事に付ては何も彼も承知して居るものと盲断するのだから問題はないが、之れとは逆に問題処理の積極的方針を十二分に解したものでなければ民主政治は行はれ得ぬものだと観る考があるのである。前屢ゝ述ぶる通り、民衆一般と云ふものは概してそれ程の高い智識は備へて居ないものである、だから一切を挙げて代議士に托すのではないか。而して此際彼れは何人《なんぴと》に之を托すべきかの判断を間違はなければばいゝ。之を間違ひなく行ふ為には一体そんなに高い程度の智識を必要とするだらうか。与へられた問題につき之をどう処理すべきかは能く分らぬにしても、之に関するいろ〳〵の説明を聴き、之を平素の見聞と併せて結局何人に事を托すのが最も適当かを判断し得れば足りるのだと思ふ。例へば病を治する方法までは知らなくてもいゝ、どの医者に頼めばいゝかの判断を間違はぬので十分とすると云つたやうなわけだ。而して

今日の文明国民は、この程度の智識なら先づ例外なく之を具備して居ると云つてよからう。智識の点は心配はないと思ふが、唯懸念に堪へぬは徳義の点だ。徳義の方面も本来間違の起らぬ程度まで発達して居るとは思ふも、特に我国に於ては、封建時代の奴隷的屈従生活から一躍して自主自由の公明な生活に移されたので、人民はまだ能く斯うした新しい公生活には十分訓練されて居ないと云ふ弱点がある。所へ持つて来て、前時代の伝統の残滓《ざんし》がこびりついて、動もすれば無垢《むく》の民衆をして知らず〳〵政治家の私慾の為めにする誘惑に陥るの余儀なきに至らしむると云ふ点もある。その結果として現はれた所謂「多数」の決定に何の道徳的権威もなきは言ふまでもない。この弊を打破する為め、私は民衆の開導を理論上先決の急務と認むるも、差当りての実際問題としては政治家自身の失行を大に糾弾するのが最捷径だと考へる。何となれば此種の罪悪はもと犯させる者があつて始めて犯すものある性質のものだからである。斯くして当然に(ロ)民衆の自由判断を保障する制度が必要と云ふことになる。陽に民衆の自由を妨ぐる者の儼に排斥せられざるべからざるは論なきも、陰に彼等の良心を惑はす者に至つては一寸目につかぬだけ最も之を憎むべき理由がある。一つには選挙法の問題にも関係するが、主としては公徳の一個条として熱烈なる社会的制裁の興起を希望すべき事項に属するのである。(ハ)最後に必要なるは民衆をして一旦の決定に拘泥せしめざることである。多数決の妙用は民衆がその現に観る所に従つて常に自由に決定を換へる所にある。昨日甲と決したから今日も明日も甲に固執すると云ふのではこまる。この点に於て、今日我国の政界に見るが如く、各政党が地盤なるものを作つて選挙民の投票を始めから支配する慣行の如きは、最も露骨に多数決の妙用を蹂躙するものと謂はねばならぬ。選挙民が政党の地盤政策の犠牲となると云ふ陋習《ろうしゅう》は、この外のいろ〳〵の意味で亦最も憎むべき政弊の根元とされてゐる。

(二) 次に代議制度の理想的な運用を見るためには、(イ)選ぶ者と選ばるる者との関係が道徳的信頼の外の何者に依つても結ばれて居らぬことを第一に必要とする。純粋に道徳的な信頼を寄せてあの人にと云ふのはいゝ。其外に於て特殊の候補者に腐れ縁を繋《つな》ぐは断じて公器を私する一罪悪である。最後の瞬間まで選挙権者が絶対に自由な立場を取つて居るのでなければ、到底各候補者をして真にその智徳を傾けて公事に良能を発揮するを競はしむることは出来ない。(ロ)次には出来る丈け民衆一般にその決定の自由を保障することである。之は(一)の(ロ)と照応するものであるが、爰《ここ》では主として選挙法の取締の規定の如きが問題になる。現行選挙法が無記名制其他に於て投票者の自由行動の擁護につとめ、更に有形的の妨害を加ふる者ある場合之を重い罰に処して居るは人の知る所、猶一層この趣意を徹底し、法規の上でも取締の方法を詳密にするが、なほ進んで社会的制裁の確立に依りいやが上にも非違を封ずるの方法を講ずるは極めて必要の事である。実際の政治家が自らの行動の掣肘《せいちゅう》さるるを恐れて動もすれば互に之等の点を看過せんとするに傾く丈け、我々国民は特にやかましく之を説き立つるの必要を痛感する。(ハ)終りに挙ぐべきは選挙の技術的方面の細目の規定を出来る丈け合理的ならしむることである。選挙は七千万同胞の代表者を挙ぐるのだと一口に云へばそれ迄の事だが、七千万の人が皆投票権を行使すると云ふわけには行かぬ、そこで選挙権の資格を定めると云ふ問題が第一に起る。之がきまつたとしても其等の人達が一堂に会合すると云ふわけに行かぬから、之を幾つかの集団に分けて各団別々に投票を行はしめる外はない。かくして集団の分け方に付て或は地域主義とか或は職能主義とかの議論があり、職能代表論には未だ十分の実験を積んで居ないだけ最もやかましい論難があるが、地域主義の下に於ても区制の論に絡んで比例代表制採否の得失など種々六つかしい問題がある。之等はいづれも選挙をして本当の趣旨に叶ふやう行はれしむる為めの技術上の問題であるが、之がまたどんな方法を採つても一長一短のあるものと見えて、いろ〳〵不満の点を暴露する。そこで斯く苦心して作つた議院も時に十分に民意を暢達《ちょうたつ》し損ふ場合ありと観ねばならぬことになり、一つにはその誤りを修訂補成するため又一つには過誤に基く背理の遂行を牽制する為め、特殊の仕組みが工夫されることになつた。二院制度はその最も普通なものであるが、我国には外に枢密院の如きがある。併し之は牽制補成の名に藉《か》りて憲政創設以前から存在した保守的分子の為めに息つき場を作つたと云ふ嫌ひがないでない。従つて最近では段々斯種の機関は憲政機構の表面の舞台から姿を消すやうな傾向が強い。而も尚ほ選挙に関する技術的細則に十分恃み難きものがあると見てか牽制方法を必要とする考の全く棄てられず、その結果として所謂人民投票の制度を新に憲法上に設くるものがある。孰れにしても技術的方面の細目のきめ方は実際非常に六つかしいのだ。誠実にやつてもなか〳〵思ふ通りには出来ぬ。それ丈け之はまた或る一派の者が故意に私を図るに濫用したと云ふ歴史を有つて居る。戦前に於ける独逸《ドイツ》帝国幷に普露西《プロシア》、それから白耳義《ベルギー》などがそれであつた。我国でも近年政友会の提案にかゝる小選挙区案が亦之れだと云ふ非難がある。余程うまく工夫したつもりでも動もすれば其本旨に裏切り勝ちのものであるから、故意に此方面の規定を弄《もてあそ》ぶものに警戒すべきは言ふまでもないのである。

六

多数決の原則が如何なる条件の下に於て理想的の適用を見又代議制度が如何なる条件の下に理想的の運用を見るかは明かとなつた。而して此条件が充されずして近代政治が折角の期待を裏切るやうな種々の欠陥を暴露して居るとすれば、次に起る問題は斯種の欠陥は近代政治の仕組みの上に本質的に必伴する現象であるか、又は少くとも今の所容易に之を始末し得ぬと云ふだけの性質のものかと云ふ点である。この問題の解決如何に依つて、多数決と代議制とに立脚する近代政治の運命は重大の影響を蒙るを免れない。

近代政治の本質に固有する欠陥だと認むる立場に二つの種類のものがある。一は天才の立案を直截《ちよくせつ》に実行するのが正しい政治だとする立場である。昔しの専制政治、近代では哲人政治とか善政主義とか呼ばれたもの、而して現代では伊太利《イタリア》のファスシズムが之を代表して居る。天才の立案を其儘に受取らず之を愚民の批判に上ぼさうとするから種々煩雑なる面倒の起るのは当然だと云ふのだ。一は民衆の意欲を其儘遂げしむるのが正しい政治だとする立場である。近代政治の芽ばえた当初に唱へられ、今でも時々少数特権階級に対抗する多数民衆の立場を強調する為めに引合に出さるる民衆直接政治論が之れだ。露西亜《ロシア》のボルシェヴヰズムも実際の運用は別としてその表面の主張にはやゝ之に近似するものが見られる。ボルシェヴヰズムはプロレタリアートに対立するものとしてのブルジョアジー存立の合理性を否定し、而して斯くの如き特権階級の出現を可能ならしむるものとして近代代議制度を否認する。而して彼等は之に代り全労農大衆をして自ら直接に政治せしめんとする。但し之は彼等の表面に掲ぐる所の基本政綱であつて、必ずしも今現に実行して居る所のものではない。仮令暫定的過程として已むを得ざるものだとは云ひ乍ら、一党専制の厳密なる機構の下に共産党の独裁政治に終始してゐるからである。サヴェート組織の中には従来欧洲各国の経験に現はれなかつた種々の新しい行政技術の試みを見るやうだが、之れとても真に代議制度の根本精神と相容れぬものかどうか分らない。たゞ多数決の原則だけは今隅の方に押し籠められて居る様だが、之は一党専制の政治形式が何時まで続くかの問題と関連して、今や我々の疑問の標的となつて居る。いづれにしても従来の代議制度が、動もすれば政治上の特権階級を作り勝ちであつたと云ふ非難は傾聴に値するとして、代表と云ふ事実そのものを否認し政治は民衆の意欲をその儘代理する者に依つて為されざるべからずとする立場は、根本的に近代政治の精神と相容るるものではない。

所謂代議制度否認論といふ名目の下に総括さるる諸説は、この制度に伴つて現はれた種々の欠陥を今の所容易に取り去り難しと観る立場に拠るものと謂つていゝ。之を更に大体二つに分けることが出来る。一つは一般市民の立場より従来の弊竇《へいとう》から社会を救はんが為に代議制度に代る良案を見出さんとするもので、此中には所謂善政主義の採用を方便として提唱した人も含まるることは申すまでもない。其他この立場より主張された種々の提説に付ては煩しいから今は述べぬ。次には代議制度の実際運用に依りて自分達は何等恩沢を蒙る所はない、のみならず却て之れは利害を異にする人達の擁護にのみ役立つと観る所謂プロレタリアートの側からの否認論を挙げる。普通選挙制の採用に由つて自家階級の利福は新に議会から大に伸張して貰へるだらうと予期して失望した連中が、直接行動に逆転して一時大にサンヂカリズムの流れを捲き起したのは今なほ吾人の耳目に新なる所。之でも駄目だと河岸《かし》を代へて、今はプロレタリアート独裁権の確立と云ふを目当てに、代議制の現組織の破壊に驀進せんとしてゐる。必ずしも代議制の精神を非とするのではないやうだが、現制度の打破を目指す点に於て是れ亦一種の代議制否認論と算へられて居る。併し彼等が完全に其目的を達したとして、新に建つる所の制度に代議制の精神を根本的に容れないかどうかは容易に断言することを許さない。

　して見ると、所謂近代政治は幾多の欠陥あるに拘らず、他に之に代るべき良組織の見出し難きものなるのみならず、その欠陥といふものも実は我々国民の努力に依つて必ずしも取り去り難いものでなく、国民智徳の進歩に伴つて漸を以てではあらうが自然その影を潜めるに至るべき筈のものであるから、我々はやはり一面に於てその欠陥と戦ひながら従来通り之に頼つて行く外はないのではあるまいか。而して欠陥と戦ふといふも、要するに、代議制度にしろ多数決の原則にしろ、其の趣旨の徹底を期しその理想的に行はるる所以の条件を整備することの外に出でない。この意味に於てこの二つは依然として近代政治の二大支柱であり、現代政治組織の上の根本問題として常に我々の考察の外に逸してはならぬ題目だと考ふるのである。

第六　現代政治の主要問題

一

数ある考の中で一番いゝ考が結局に於て頭角を顕はす様になることを保障するのが政治組織の眼目である。謂はば政治組織に由つて我々は相対的優秀の何であるかを知り得るのである。而して政治組織の指示する所は単に之れに止まり、其選に当れる者の絶対的意義に於て亦果して優秀なりや否やは問ふ所でない。例へば我々は試験に依つて一団の学生に甲乙の別をつける、けれども其の最優者が何処へ往つても同じく優者たり得るかどうかは分らない。試験に由つて人材を登庸するの制であれば、誤つて凡俗の人間の選に入るを防ぐことが出来、間接にまた競争者を鞭撻して自ら磨くの功を積ましめ得んも、真に一般の人の智徳を総括的に高め之をして何処へ出しても恥かしからぬ材能たらしむるは、直接には試験制度の能くする所ではない。適当なる試験制度と伴つてふだんの教育が大事なるが如く、政治組織の整備の外に一般に民衆の智徳の向上に資すべき施設が必要とされる所以である。然らばさうした施設とは如何なるものかと云ふに、之を広く考へれば、今日の政治的施設の全面に亙り、苟くも政治家を以て任ずる者の関心を要する全事項がみな其中に入る。斯の如きは実は厳格な意義の政治問題ではない。詳しく云へばそは政治家の問題ではある、けれども国民の立場からすれば、そは或は経済事項たり或は法律事項たり、要するにそれ〴〵の専門的攻究に委ねらるべき問題である。その経済事項たり法律事項たるものが如何なる傾向を取つて実際の施設に入るか、換言すれば、之に就ての数ある解決案の中孰《いず》れが実際的に採用さるるか、この過程に入つてそれが始めて所謂政治問題となる。選択の過程が政治的なので、問題の実質に至つてはそれ〴〵或は経済的であり或は法律的である。政治組織の整備に依つて期待した目図《もくと》の完成のためには之れも固より大切の事だが、そは併し直接に政治生活の問題とする所ではない。

以上の如き意味の施設の一種として、其中に特に多数決の原則の理想的に適用され代議の制度の理想的に運用さるるを資《たす》くると認めらるるものがある。斯かる認識の下に近代の政治は、その最少限度の要求として、此種の特別施設の整備を主張する。之れが国民的利福を振張する凡ゆる施設の中で特にその政治生活を完うすべき基本的条件だとされるからである。現代政治の主要なる問題として、私は次に手短かにその大要を語らうと思ふ。些でも細かに之を述ぶることは、自ら近代国家の活働の新傾向を洩れなく語らねばならぬことになるから、之は他の機会に譲ることとし、玆処にはたゞ其綱目だけを列挙するにとゞめて置かう。

二

例に依り話を解り易くするために又一つの比喩を借りる。悪い穀類を輸出しては国の恥になるとて穀類検査所と云ふものが出来たとする。穀類検査と云ふ組織は成る程悪種の穀類の不当に跋扈するを防ぐには十分だが、併し之に依つて直に優良の穀類のみがどん〳〵産出されると期待することは出来ない。優良の穀類を得ることは、組織とは離れた全く別の工夫に倚《よ》らなければならぬ問題である。

一般に優良なる穀類を得るには次の三点に慎密なる考慮が払はれねばならぬとされる。第一は種子の選定、第二は耕地の開拓で、第三は光熱の供給である。良い種が肥えた且つよく培はれた土地に蒔かれ、それが豊かなる光と熱とに温められれば、自ら適当に芽が萌え、生育の後立派な果実を結成すべきは疑を容れない。立派な果実が作り出されてこそ検査所を設備した甲斐もあれ、這般《しゃはん》根本の問題を看却されては、折角の組織も人生の実質的利福の上には大した効用もないことになる。

政治組織は謂はば現に在る考のどれが一番いゝかを決めるやうなものである。直接には現に在る考を更に改良進歩させ得る力を有するものではない。従つて別に按出された、人生を進歩向上させる工夫そのものと伴はざれば、本来の効用を十分に発揮したものとは云へぬ。然らば如何にして人生を実質的に進歩向上せしむるを得るか。之を前記の穀類産出の手続に配して考ふるに、

第一は種の選定である。この点に於て最近やかましい問題になつて居る優生運動なども一顧に値すると考へられるが、併し私共の執る所の人生観からすれば、人間は、たゞ人間であるといふ事実だけで、適当な環境に置かれさへすれば、無限にその性能を発展するものであつて、父祖の何であるかに依つては割合に条件せられぬものであると観る。動物にしても植物にしても、彼れの何であるかはその父祖の何であるかに依つてきまる部分が非常に多い。人間に在つても遺伝の法則の行はれることは明かだが、少くとも之に制せられる部分は極めて少く、父祖の何でありしかに頓着せずどん／＼伸びて行く方面が最も著しい。肉体的にもさう云へるが就中精神的方面を特に然りとせねばならぬ。此点に於て父母の生活程度に依つて児女の教育に甲乙を附すべしとするが如きは飛んでもない間違ひだ。低い生活の父母から生れた児女がやつぱり同じく低級の人間として終るのは寧ろその責を環境に帰すべきものではあるまいか。孰れにしても問題を人間に限る以上、所謂種の選択は他の動植物に於ける程やかましく云ふを要せぬことは疑を容れぬ。現に我々が人物の鑑識をするときでも、彼れの受けた教育彼れの居つた境遇等を能く調べはするが、彼れの肉親の系統を数代の先きまで聞き糺《ただ》すと云ふやうなことはしない、又之を必要とすらも感じてゐない。是れ我々の常識が知らず／＼の間に、凡そ「人」を規定するものは遺伝に非ずして（或は遺伝よりもより以上に）環境であると云ふことを断定して居るからである。斯く云つたからとて私は優

生運動を全く無要視するものではない。やらぬよりやる方が無論ましだ。加之《しかのみならず》最近各国に於て大に注意せらるる様になつた保健衛生の諸施設の如き、亦益〻之を盛にするの必要を認める。就中事後の救済よりも事前の予防に一層の努力を傾倒すべきだとの立場から唱へられる社会衛生の如きは、官民の協力に依つて最も早く最も広く之を整備すべきものと考へて居る。併し之はすべての「種」に優良なる機会を提供すると云ふ問題であつて、「種」を選ぶと云ふ問題ではない。人間の場合に在つては、総べての者の前途に無限の発達を期待するものなるが故に、一切万事機会均等主義に依り、「種」の良否を前提とする階級思想を認めないのは勿論である。

第二は耕地と対照さるべき環境の開拓の問題である。之は広き意味での社会改造問題に該当するもので、近時頗る識者の注目を喚《よ》んで居る項目だ。前述ぶるが如く、私は人はすべて無限に発達するの禀性《ひんせい》を固有し、而してその禀性を遂ぐると遂げざるとの運命の岐《わか》るるは主として環境の如何に在ると信ずるものなるが故に、実際問題としてこの第二の点は何を差措いても考慮せられねばならぬ当今最大の関心事であると考へる。之は別に項を改めてモ少し詳しく説くことにしよう。

第三の光熱の問題になると少しく説明が面倒になる。穀類の例でいへば、耕地の開拓はその発育の条件であつて、この条件の整備に依つて発育の途に踏み出すものは穀類の種の中に秘められてあつた其れ自身の生命である。而してその生命は久しく堅い殻の中に押し籠められて居つたのに、之に自らの力を自覚し殻を破つて外に伸びるの機会を与へたものは実に光と熱とであつた。光と熱とあつても耕地と云ふ条件が備はらざれば生命力の進出を見るに至らぬは勿論だが、之れが整つたとしても光熱の来つて眠れる力を呼び醒ますものなければ又発芽の機会に乗ずることはない。之を人間にたとへれば、光熱の温化に当るものは即ち広義の教育であるが、この教育の本質に関して実はやかましい議論があるのである。例へば一方には前記の光熱も便宜上姑《しばら》く之を耕地とは別の問題と観たけれども要するに総じて之を自然的環境と云ふに差支なく、而して種は環境さへよければ自ら発芽するものであると観る考あり、他方には又光熱を以て所謂自然的環境とは全く別の作用を為すものと観、所謂条件の整備を待つて新に「種」の中の生命を宇宙の大生命にまで紹介するの役目を勤むるものと解する見解があるやうに、所謂教育と云ふ作用に就ても、之を人間の生命が他の大きな見えざる力に依つて導かるるものと観るか、又は適当なる条件の下に置かれたる生命力が本能的に自ら活動神経を刺撃することに因つて変化が起りその変化の連続を教育と観るかの二説があり得る。之に就ても述ぶべき事が沢山あるが今は略する。たゞ宗教と教育との関係に付ての重大な問題がこの見地からも攻究される必要あることを一言しておく。而して之等の問題の如何に解決せらるるに拘らず、一般国民に向つて自ら磨くの機会を最も潤沢に提供するの必要あるは論をまたない。所謂教育機関の民衆化とは、すべての人に思ふ儘の教育をば何等の対償を払ふことなしに受けしめ得るを理想とするものに外ならぬ。

優良なる国民を作るために以上の三点に注意するを要するは深く云ふまでもないことである。而してその細目を挙ぐる段になると、前にも云つた様に、今日の国家の営む仕事の全面に亙ることになり、一々之を論究するはもはや政治学の直接に関係する所ではないのである。但し其中には之と相当密接の交渉のあるものもないではない。蓋し政治組織に就ての我々の活動は、穀類の検査に於けるとは異り、検査される者と検査する者とは別人に非ず、従つて検査される者の育成に当りても特に検査の任に当る者としての資格を顧慮する必要があるからである。この限りに於て、諸々の国家の施設中、特に政治組織の問題と関連して論ぜらるべき若干の項目が特に吾人の注意に値する。それは何かといへば言ふまでもなく社会改造の問題である。

三

社会改造が現代政治の論究に於て主要問題を為す所以は、相当目覚めたる筈の現代人をして今仍《な》ほ著しく近代的政治組織の運用に幾多の過誤を繰り返さしむる根本の理由が社会的環境に重大の欠陥あるに坐するを認識したからである。此事は今日の識者には殆んど説明を要せぬことであらう。何が謂ふ所の社会的欠陥であるか、之が改造を名として今日如何なる種類の提案が出されてあるか、是れ皆極めて重要なる題目だけれども今は別の機会の研究に譲ることにする。こゝには改造諸提案を通じて、その精神的方面に関するものと経済的方面に関するものとにつき、専ら政治組織の運用に直接の交渉を有つ一二の点を説くにとゞめておく。

最近唱へられる社会改造案の精神的方面に於て著しき特色を為すものは、警察的分子を出来るだけ削減して教育的分子を出来るだけ振張する傾向である。つまり在るべからざるものを無からしむるよりも、無かるべからざるものを在らしむることが社会をよくする近道だと認めるに至つたからであらう。斯く云ふを解して、近代の政治が警察の制度に重きを置かなくなつたなどと思はれては困る。世の中の進みと共に悪い事をするものの手段も益〻複雑精緻《せいち》となつた、従つて警察の制度も之に連れて複雑精緻にならざるを得ないのは勿論である。私が警察的なるより漸次教育的になると云つた意味は、制度の建て方やその運用の方針が、その根柢の主義として悪を懲らすよりも善を勧むるに努むるを得策とし、善を勧めることに依つて自ら悪を制し得べしとする、謂はば一般民衆の智徳の向上をはかり、その向上に基いて彼等をしてまた社会治安の維持とその進歩とに協力せしめ得べきの信念に立脚するに至つたことを指すに外ならぬ。

次に社会改造の経済的方面に関しては、最近我国に於てもマルクス主義の研究乃至宣伝の問題と関連し、いろ

〳〵の議論の闘はされて居ることは現に見らるる通りである。之に付ても述べたい事は沢山あるが、随分世間でもやかましく説かれて居る所だから今はその方面の講明に譲ることとし、爰《ここ》には之に関連して政治上考慮せらるるを要する二三の論点を示すだけにして置かうと思ふ。

第一は経済的環境の改善は必要だとして、それが問題解決のすべてか如何と云ふ問題である。所謂唯物主義的人生観を執る人達は、之れだけでいゝ、環境さへよくなれば我々の本能は適当に衝動を調整して生活行動をあやまらざらしむる、この以外に人類の行動を支配する精神的要素があると観るのは錯覚であると説く。之に反して理想主義的人生観を執る者は、環境の改善だけでは足りぬと観る、之は要するに条件の整備に過ぎぬ、汽車の用意が出来たからとて甲地より乙地に行くは全く人の意志に拘はる如く、改善された環境をどう利用するかは少くとも観念上は全然魂の問題だ、その魂を本質的なものにまで向上発展せしむるは最早環境の仕事ではないと云ふのである。

第二には環境改善の意義に関する以上二種の観方は自らまた社会改革の実行方針にも重大なる影響を及ぼさざるを得ぬと云ふことである。理想主義的立場を執れば、環境は条件に過ぎぬ、いゝ条件の下に自由の活躍を許された魂が、これから何をするかは自ら別問題だとする。然り、別問題であるが故に、大事な魂が条件整備の第二義的仕事のために万が一つ傷けられてはならぬのだ。環境さへ変れば万事成れりと云ふのなら、之を変へる為めには人を殺してもよからう、少し位嘘を云つても無論構はない。併し環境の変革は欠く可からざる必要であつたとしても、変つた上で扨《さ》て何をするかの問題が別に残るのだとすれば、その残されたる問題の適当なる処理を礙《さまた》ぐるやうな状態に魂を置いてはならぬと云ふことになる。結局大事なのは魂だ、魂を傷けてはならぬ。角を矯《た》めんとして牛を殺すべからざるが如く、社会改造の実行に於ても肝腎の牛を殺さざるだけの用意を忘れてはならない。乃《すなわ》ち社会改造の実行方針に理想主義的拘束の必要ありとさるる所以である。

社会改造といへば事柄の性質上動《やや》もすれば手段の過激に失するは已《や》むを得ぬ。改造を礙ぐる保守的障壁は概して何処でも相当に鞏固《きょうこ》なるを常とし、尋常一様の方便では容易に之を突破し難いからである。それだけ改革の力は必要以上に強き発現を見ることあるを諒とせねばならぬが、併し冷静なる理論の討究に於ては、何処までも之を非とし之を排するの態度に出でねばならぬは言を待たぬ。実際に当つて余儀なき勢ひを諒とすることと、遠い先きの結果に頓着せず目前の急に押されて過激の行動を始めから是認するのとは大に訳が違ふ。事実上屡〻過誤を重ぬることがあつても心中深く之を悔い之を責むるの念あれば、私共はやはり其処に一道の光明を見ると考ふるものである。

さらでだに斯う云ふ問題に付ては狂熱的《ファナチック》になり易いものである。一事を思ひ詰めて他を忘るると云ふは日常の行事に於ても間々あることだが、特に公事に関しては、国々の特殊の事情に依り、斯種の偏執的《ファナチズム》症状を呈するの頗る著しき場合がある。例へば西洋にはゼズイト派に依りて代表せらるる、目的の為には手段を択ばず突進すると云ふ古来から根強く訓練された恐るべき傾向がある。右手で字を書き慣れた者は急に左手で書けと云はれたとて書けるものでない。右手でなら、多年の訓練の結果、毛筆でよし鵝ペンでよし鉛筆でよし、何物を以てでもうまく字が書ける。宗教に依りて養はれた根強き狂熱的性癖を勘定に入れて、はじめて英国の概して典雅優麗なる貴婦人が参政権の要求に熱し我を忘れた狂暴を敢てした理由がわかり、又今日の共産党的潜行運動が非常な真剣味を以て東欧の天地に盛行して居る事情も成程と頷かれる。日本には幸か不幸か之れ程内面的に深く根を下ろした力強い伝統的訓練はない。併し或る一端から物事を見て他の一切の関係を忘れ、その一端から観ての多少の成功は他の見地からする凡ゆる失敗を償うて余りあるとする様な事は、軍国主義に依つて今まで相当根気よく教へ込まれて居る。軍国日本の建設と膨脹とに若干の貢献をいたせば、それだけで其人は護国の干城と崇められ、同時にすべての人格的欠陥は全然影をかくしてしまふ。是れ亦一種の偏執的症状である。我国昨今の一部の共産主義者の間には、斯かる軍国主義的訓練に養はれた素質を土台とするものが全くないだらうか。

いづれにしても社会改造の運動などに於ては、その之に従事する者の中に動もすれば偏執的狂熱を示すものあるの事実に警戒するの必要はある。而して社会改造運動に於ける唯物主義的立場は、更に進んで這《こ》の偏執的狂熱を理論上の当然と教ふる点に於て、実行上大に問題となるものである。

第三には社会改造の実行方針に関する偏執的傾向は、右述べたる如き理由の外に、更に重要なる歴史的事情に基くのではあるまいかと思ふ点を語つておきたい。之も詳しく述べると長くなるから簡単に話の筋道だけを述ぶるにとゞめるが、㈠昔しは此の世の中の事は一切万事神の支配し給ふ所と安価にきめてゐた、従つて大体に於て信賞必罰の法則が認められ、神の教に従つて身を守ることの篤《あつ》きものは結局貧乏に苦しむ筈はないとされた。人は何故貧乏するか。運のわるいと云ふこともあらう。併し運のわるいと云ふだけなら必ず取りかへしがつく。然らば結局貧乏して居ると云ふことの原因は怠惰放埒《ほうらつ》の外にはあり得ないことになる、換言すれば道徳的欠陥が貧乏の唯一の原因なのである。故に神の教を忠実に守りさへすれば貧乏といふ禍《わざわ》ひは起らない。そこで僧侶は人はパンのみにて活くるものに非ずなどと云つて、寧ろ経済問題を忘れてまで宗門の教誡に従順なるべきを教ふるに至つたのであつた。そはどんなに経済問題を等閑にさしても、信徒が忠厚篤実な市民である限り、貧に悩むが如きことは無かつたからである。㈡所が近代の産業革命は斯うした状勢に一大変転を与へた。自己の道徳的責任にあらざる事情の為めどん〳〵貧窮と云ふ惨状に追ひ込まれる人々は日に月に殖える。幾ら僧侶の教へを後生大事に守らうとしても脊に腹は換へられぬ。恐る〳〵人はパンなくしては活きられずと訴ふることになつた。斯うした形勢に早くも着眼して、魂の救済の外に肉体の救済を独立の事業と立て之に新基督教の名を与へしサン・シモンの如きもあるが、多くの宗教界の先達はこの形勢の変化に盲目にして、パンの必要を訴ふる者に対し依然として唯是れ教誡の遵守をすゝめ、時に余りにパンの急迫を愁訴する者があると之に教門冒瀆の呵責《かしやく》を加ふるにいたる。㈢是に於て肉体の必迫を癒さんとするの要求は遂に自ら魂の尊厳を語る者と離れざるを得ざるに至り、而して新しき時勢に目覚めざる宗教界は、改むることを悟らざる当然の結果として知らず〳〵保守的勢力の立場を擁護するの地位に堕し、その極終に種々の意味に於て改造運動と抗敵する立場に陥つてしまつた。㈣斯くの如きは社会救済の任に在る宗教界の為めにも悲しむべき事に相違ないが、更に最も憂ふべきは社会改造の実行運動が斯くして動もすれば魂の存在を看却せんとするに至るの傾向である。当今の社会改造の諸提案の中には、宗教否認を其の主なる綱領の一つにおくものがある。しかも斯は最も有力なる提案と認めらるるものに多い。宗教といふものを現今西洋諸国に通行する市民《ジ》行事《ツテ》の方面から観た既成教会を意味するものとせば、その主張に一面の道理を認め得ないでもない。けれども之を以て宗教そのものの精神を根本的に排斥するものとすれば、問題の解答は決して容易でない。概して云ふに、西洋の社会改造運動が今日表面上唯物主義的立場を執り、殊に宗教に対して頗る深酷なる反対の立場を執つて居るのは、一つのアンチ・テーゼとして存立の理由と根拠とを有するものではあるまいか。

〔以上、『岩波講座 世界思潮』第一二冊、一九二九年四月三〇日刊〕

参考篇

日本魂の新意義を想ふ

〔海老名弾正〕

個人の仏陀あるは吾人之を聞く、国家の仏陀あるは吾人未だ之を聞かず。個人の聖人あるは吾人之を聞く、国家の聖人あるは吾人未だ之を聞かず。個人の神子《しんし》あるは吾人之を聞く、国家の神子あるは吾人未だ之を聞かず。印度《インド》は個人の仏陀を生じたれども、国家の仏陀を生ずること能《あた》はざりき。支那は個人の聖人を起したれども、国家の聖人を起すこと能はざりき。猶太《ユダヤ》は国家の神子を見んと欲して翹望《ぎょうぼう》措《お》く能はざりしと雖《いえど》も、個人の神子を祝したるのみにして其民族年来の宿望は之を体達すること能はざりき。日本に於ては古来聖人なし、仏陀なし、又神子の顕現なし。然りと雖も日本の国家魂は能《よ》く聖人を奉迎して君子国を造りたり、能く仏陀を尊崇して浄土の経営をなしたり、今や又神子を渇仰して将《まさ》に神の国を実現せんとする、蓋《けだ》し亦《また》期し難きことにはあらざるべし。日本には個人として厭ふべきものあり、賤むべきものあり、笑ふべきものあり、然れども国家としての大日本魂は実に愛すべく敬すべく又慕ふべきものなり。個人としては聖人を賤むるものあらん、然れども国家としては未だ聖人を尊ばざるを聞かず、個人としては仏陀を排斥するものあらん、国家としては未だ仏陀の大徳を慕はざるを聞かず、個人としては神子を顧みざるものあらん、国家としては未だ神子の博愛を拒否するを聞かず。此国家が大進して神子魂と同化せんこと豈《あ》に期すべからずとせんや。

大日本魂は不可思議なる国家魂なり。日本民族は皆此魂に指導せられ啓発せられつゝあるなり。吾人は未だ嘗《かつ》て此魂を超絶して之を指導する偉人あるを聞かず。愛国者も活眼家も偉人も豪傑も此魂の指導によりて偉人たるをえ豪傑たるを得《う》。

試に思へ、彦九郎や君平や山陽の如き果して明治の王政を想像し得たりしや否。象山や東湖や小楠の如き果して明治の文運を想像し得たりしや否。西郷も木戸も大久保も勝も今日の如き帝国の隆盛を夢想することすらなし能はざりき。大隈伊藤の二傑の如き、幸に維新の当初より今日まで生存して帝国の発展を目撃するものも、事々意想外に出るを驚きつゝあるにあらずや。是等の偉人は陽に帝国を指導するの観あれども、こは頑愚なる個人や党派を指導するものにして、彼等自身は常に大日本魂に啓発せられ指導せられつゝあるなり。此大日本魂は正しく帝国を指導する火の柱なり雲の柱なり。帝国の偉人等は事大小となく其意表に出るを見て、且驚愕し且歓喜して曰く斯くまでとは想はざりしものをと、彼等は帝国の発展を見て未だ嘗て嘆美の声を発せざりしはなし。試に去年の此頃の事を回想せよ。何人《なんぴと》も露国東洋艦隊が池上の鴨の如く追ひ廻され射撃せらるゝを想像し得たりしものはあらざるべし。何人も日本兵が斯くまで連戦連勝して、今や方《まさ》に五十万の露兵と沙河に対陣するを想像し得たりしものはあらざるべし。沈重ならざる人々の空想は取るに足らず、静に国運の発展を観ずるものは驚かざらんと欲するも得んや。誰れか大胆にも此日本魂の旺盛を予言し得たりしぞ。若《も》し夫《そ》れ予言者ありしならんか、そは僅に大日本魂の一斑を窺ひ得て、之を謳歌したるものにして、其想像力は余りに謹慎なるを以て、其発展を予言すること能はざりき。子平彦九郎以下東湖小楠の言と雖も、最早《もはや》過去の小予言として古典に葬られたり。吾人は彼等が見んと欲することも得ざりしものを見、彼等が聞かんと欲することも得ざりしものを聞くなり。彼等の最も吾人に接近するものは四十年を去らざるなり。しかも彼等は吾人の目撃するものを想像することすらなし能はざりき。吾人をして若しキリストの言を仮りて言はしめんか、彼等小楠の如き又東湖の如きは予言者中の最大なるものなりと雖も、しかも現代の最小なるものにも及ばざること甚だ遠し。今や大日本魂は帝国を那辺に指導しつゝあるか、吾人は之を明知すること能はず、只謹んで其発展の迹《あと》を追ふに過ぎざるなり。しかも此魂を指導するものは皇天上帝なり、決して人にはあらざるなり。上天は此大日本魂を指導し啓発して今や如何なる転化をなさしめんとしつゝあるか、吾人固《もと》より予言者にあらざれば、之を知り得る明なしと雖も、亦少しく窺ふ所なきにあらず、敢て之を言ふは、必ずしも不当にあらざるべし。読者幸に吾人の管見を披瀝するを許せ。

日本魂は由来国家魂なりき、今や大進して世界魂たらんとす。日本魂は由来民族魂なりき、今や大転して人類魂たらんとす。吾人が世界魂といふ、固より国家魂を軽視するの意にあらず。大国家魂の中には既《すで》に業《すで》に世界魂は潜伏し居る筈なり。若し国家魂にして世界魂の種子を有せざらんか、そは最早発展の内容なきなり。其宿る所の国家は僅に小国家として存在するを得るのみ、否国家としての存在すら吾人之を危まざるを得ず。何んとなれば世界魂の種子を有する国家魂にして、始めて偉大なる国家を形成するを得べければなり。吾人は聞く、日露戦争は日本人より観れば、国家自衛の戦争なりと。然り、固より然あるべきことなり。然りと雖も此魂が血の洗礼を受け領したる暁は如何。吾人は信ず、最早国家自衛の標語を再びせざるべし。爾来《じらい》此大日本魂は世界平和、少くとも東洋文化を以て其旗幟《きし》となし、其主眼となし、其動機となすに至るや智者を待て始めて知るべきにあらず、蓋《けだ》し国家其ものゝ保全は最早気遣ふの要なければなり。

吾人が人類魂といふ、固より民族魂を蔑視するの意にあらざるは読者の諒とする所ならん。大民族魂の中には既に業に人類魂は潜伏し居るべき筈なり。人類魂なきの民族は決して永存すべき実質を有せざるあり。アングロサクソン民族は今や北米の天地ミシシッピー河の氾濫する原野に於て欧洲諸民族の融化を期しつゝあり。日本民族は爾来満韓の天地遼河の氾濫する平野に於て、東洋民族の融化を遂行し能はざらんとするか。東洋人に最も接近する露人の如き、焉《いずくん》ぞ此大融化の感化を免るゝことを得んや、否欧米諸民族も此天空開闊の天地に於て人類的融化の勢力に抵抗することを得ざるべし。若し夫れ日本魂が此大融合を遂行すること能はざらんか、其宿る所の民族は矮小なるそれにして、其生存を保全せんこと蓋し亦知るべからず。苟《いやしく》も人類魂の実質を有するあらんか、そが東洋民族を融化して、之に此大日本魂を吹き込んこと何ぞ難事とせんや。此時に当て日本魂は公明正大なる博愛主義を標榜して、東洋の天地に其旺盛を極めんこと吾人疑はんと欲して猶疑ふこと能はざる所。

此の如く大進化を遂行し、大発展を完成すべき大日本魂は其起因する所、豈《あ》に僅々《きんきん》二千五百年史を以て足れりとせんや。吾人は此日本魂が必然宇宙魂に其本源を深うするを承認せざるを得ず。其本深からずして此の如く末栄ふるものは吾人未だ之を聞かず。故に吾人は断言す。大日本魂の出処は深く又遠く宇宙魂の中に存せざるべからずと。其二千五百年の歴史魂は宇宙魂の権化《ごんげ》に外ならずとせんや。然らば則ち宇宙魂とは抑《そもそも》何ぞや。宇宙魂は天地の公道にして、吾人は之をロゴスと言はんと欲す（ロゴスは道と訳す約翰《ヨハネ》伝第一章の総論を見よ）。ロゴス支那の一個人に化身して聖人を起せり、其感化はヒマレヤ山の北部を圧す。ロゴス印度の一個人に権化して仏陀を生めり、其大慈悲心は亜細亜《アジア》全洲を照らして余す所なし。ロゴス復《また》一個の人格となりて猶太を往来せり、其英気博愛は今や方《まさ》に世界人類を霊化しつゝあるなり。ロゴス大国家魂となりて未だ顕現し来らずと雖も、其化身は豈に一個人に止まるべきものならんや。吾人之をキリストに聞く、神の国は必ず顕現すべしと、神の国は則ちロゴスの国なり。神の国の顕現は基督《キリスト》以来クリスチヤンの最大理想なり。彼等嘗《かつ》て之を教会発展に於て観想し、其聖なる公同教会に於て之を実現せしめんと熱中せり。其高大なる志望は吾人の驚嘆を惹起するの価値ありと雖も、彼等は国家の神聖を無視したるを以て其志望を達すること能はざりき。国家は其神聖を侮辱せらるべきものにあらず。爾来欧米のクリスチヤンは其国家に於て神の国を実現せしめんと企図したるや否、吾人之を知らずと雖も、大日本帝国は奮進邁往して之を実現すべきものにはあらざる可きか。其大日本魂は此理想を実現せしむべき霊化あるものにはあらざるか。ロゴスは一個人に権化してすら、其権威拒むべからず、そが国家に化身して顕現し来らんか、其権威の壮大なる、其感化の深遠なる、吾人の想像せんと欲するも能はざる所。

現今の日本魂は名誉の為に振ひ、覇気の為に揚り、又は義務の為に起つといふ。然れども日本魂が其由て来る大本源を自覚するときは、豈に名誉といはんや、豈に覇気といはんや、豈に義務といはんや。此魂が其由て来り又其栄えゆく将来を確信するときは、滔々《とうとう》として天地の大本源より迸《ほとばし》り、渾然たる大慈悲心となり、大博愛心となりて億兆に臨み万国を照らすに至らんこと知るべきのみ。其公明正大の元気を呼吸して活動し来る光景は、豈雨雪風雷の自然的変動に比すべけんや。大日本魂が其由て来る所に溯り、大悟してそが天長地久栄え行く将来を想望し、国民の罪悪と奮闘勇戦し、聖霊のバプテスマを受くるに至らんか、是時こそ大日本魂がロゴスの化身となり、大日本帝国が神の国と霊化すべきの時なれ。是れ開闢以来彷彿《ほうふつ》として支那の聖人に顕現し、又猶太の予言者やギリシヤの賢哲の観想に顕然として存在したる大理想にして、未だ嘗て円満に実現したることなきものなり。嗚呼《ああ》朝日花やかにさす東洋の天巍々《ぎぎ》として独り聳《そび》ゆる大日本帝国は果して此理想国を実現し得るの運命を有せざるか。吾人は日本魂を信ず、又宇宙のロゴスを信ず、神子帝国の実現を信ぜざらんとするも得ざるなり。

〔『新人』一九〇五年一月〕

『新人』の国家宗教

木下尚江

国家を議するの好機会

宗教が一代の実力を有するの時は、必ず「国家的宗教」の形体に於てす、欧洲諸国の基督《キリスト》教の如き、日本に於ける仏教の如き皆な然らざるは無かりき、外観は是れが為めに壮厳真に人目を眩するに足るありと雖《いえど》も、精神上の矛盾と枉屈《おうくつ》とは、同時に其内面に於て腐敗堕落の種子を播きつゝあることを思はざるべからず、近時の日本に於て基督教は非国家主義の故を以て強大なる政権の下に圧伏せられたり、爰《ここ》に於てか各派の基督教、皆な頭を低《た》れ膝を枉《ま》げて「国家」の歓心を買ふことに汲々《きゅうきゅう》す、而して教会財政に於て外国伝道会社との関係上尤《もっと》も不羈《ふき》の地位に在る組合教会は、国家主義と提携するが為めに尤も自由の態度を執《と》れり、即ち昨冬の同教会総会に於て、「東洋の伝道」「国家の尊重」を決議したるが如き、今日普通の政治思想たる「東洋の平和」「国家の膨脹」と併行し得るものに非ずや、而して組合教会の精神を尤も明白に代表するものを、海老名弾正君となす也、

「日本魂の新意義を想ふ」と云へる本年一月の雑誌『新人』の社説は、海老名君の筆に成りて、其の「国家的基督教」を極めて雄大に宣言せるもの也、只だ思想明白を欠ぎ、論理数々断絶して朧朦の観あるを遺恨となせり、幸徳秋水君即ち之に向て一評を試むるや、二月の『新人』は一秀才の手に成れる「国家魂とは何ぞや」の一文を掲げて、更に国家魂の基礎を説明せり、蓋《けだ》し「国家的宗教」は将来我国の思想界に於て確に一大勢力を占有すべきもの、吾人此の機会を利用して聊《いささ》か「国家」を議す、亦た可ならずや、

国家は終局の目的に非ず

二月の『新人』は弁じて曰く

抑《そもそ》も人類はもと孤棲するを得ず、個人の物質上幷に精神上の生活は決して社会国家を離れて存在するものに非ず、即ち各個人は皆社会国家なる団体の一員として常に其団体の意思に統制指導せらるゝものなり、この各個人の内外一切の生活の最上の規範たる「団体の意思」を国家精神又は国家魂と云ふ、……不羈独立と束縛とは相容れず、故に今こゝに各個人の上に在りて之を統制する一大意力ありとすれば、そは必ずや各個人共通の意思に其根底を有せざるべからざるや弁明を待たず……

是れ「国家」の哲理的基礎と其理想とを説明せるものにして、吾人が宿論たる民主々義の依つて建つ所なり、何の異議か是

れあらん、

然れ共記者が直に筆を転じて「故に現今の論壇に於て国家魂を目して君主若《も》くは貴族の声なりと為す者あらば是れ甚しき誣妄《ふぼう》の言たり」と論断したるは何ぞや、若し法科大学の講堂に於て国家と君主と混同するものあらば由々敷事件なり、然れ共現実社会に於て進歩せる国家の哲理的理解を有するものは比較的少数にして、且政府及び有権者が国民の旧信仰を煽動して自家便宜の政略に充《あ》つるを見ずや、記者の所謂《いわゆる》「主権者が永久に能く主権者たるを得る所以《ゆえん》は一に国家の権力を着実に顕表する〔の〕点に存せずんば非ず」の如き、吾人に取つては平々凡々自明の真理たりと雖も、日本国民の一般感情は正に之を以て国体の精華を毀損する民主的僻論となすべき也、

加之《しかのみならず》吾人は法学の講座に於てすら、尚ほ且つ記者と吾人と一致する「共通意思の国家基礎」論が果して能く明了に唱道せらるゝや否を疑はずんばあらず、看《み》よ、日本帝国に於ける主権の基礎を何処に置くべきやは、現に愛国的法学者の苦心焦慮する最大問題に非ずや、『新人』の秀才は平然として言はん、「各個人共通の意思」と、然れ共彼等愛国的法学者は正に記者の言に戦慄すべきなり、而して之を「祖先教」の旧信仰に求めて、始めて僅に意を安んじたり、是れ我が学問界に一種の権威を有する穂積兄弟博士等の態度に非ずや、「共通意思」論の如きは決して我国民の輿論に非る也、

『新人』の秀才よ、乞ふ書斎の窓を開いて実社会を看よ、文明の結果は同胞の間を割きて貧富両民族に分類せんとするの傾勢日に益《ますます》甚だし、何の処にか「共通意思」を基礎とせる国家の理想は実現せらるゝや、記者は国家の理想を説きたるのみ、惜しむべし未だ毫厘だも時勢に触れず、

然れ共更に之よりも大なるものあり、記者は国家生存の哲理を求めて「共通意思」に到着せり、如何せん人類の「共通意思」は「国家」に依て完全成就したるに非るなり、万国対峙して競争軋轢《あつれき》す、是れ明白に「共通意思」の撞着なり煩悶なり、是れ宗教と国家とが到着併行提携すること能はざる所以、又た海老名君等の国家的基督教が遂に論理の透明を欠ぐ所以、而して『新人』の秀才が筆鋒を磨せざるべからざる最難所とす、何となれば基督教の理想は最初より人類同胞てふ「共通意思」の至極に在れば也、

此《かく》の如くにして『新人』の秀才が折角《せっかく》の国家哲論も国家的宗教論の為に何等の補充をも為すこと能《あた》はざるに了《おわ》れり、いでや直に大将海老名君の手元に参向して一言の批評を試みん、

国家宗教の根本的誤謬

海老名君曰く「個人の仏陀あるは吾人之を聞く、国家の仏陀あるは吾人未だ之を聞かず、――個人の神子《しんし》あるは吾人之

を聞く、国家の神子あるは吾人未だ之を聞かず」と、又た曰く「吾人は日本魂《にほんだましい》を信ず、又宇宙のロゴスを信ず、神子帝国の実現を信ぜざらんとするも得ざるなり」と、英気颯爽誠に古予言者の余韻あり、然れ共遂に無意義不論理の大言壮語に過ぎざる也、

海老名君は日本を以て世界未曾有なる仏陀神子の国家的権化となさんことを理想せらる、然れ共是れ国家自身の本来として到底成す能はざる所也、個人は神子たるを得、爾《し》かも国家は能はず、其故何ぞや、社会的大意思は元と各個人の心裡に包蔵せらる、或は現はれて「家庭」となり、膨脹して「国家」となり、更に発展して「世界」となり「四海同胞」となる、故に理性感情の開展発育極めて高朗熱烈なるものは、以て「神子」の品性を実現すべし、耶蘇《ヤソ》の如き、釈迦の如き即ち是れ也、然れ共「国家」なるものは社会的意思の発展史に於ける中途の段階にして、神子仏陀の大品性を実現し得べからざるは元より其所なり、神子仏陀の大品性に到達せる耶蘇釈迦の如きが最初より「愛国」の羈絆を脱却したる所以亦た知るべきに非ずや、

然るに海老名君は日本を解するに不可思議なる心理的尺度を以てせり、曰く「日本魂は由来国家魂なりき、今や大進して世界魂たらんとす――吾人が世界魂と云ふ固《もと》より国家魂を軽視するの意にあらず。大国家魂の中には既《すで》に業《すで》に世界魂は潜伏し居る筈なり」と、「日本魂は国家魂なり」、是れ吾人が数々愛国詩人等の歌詠中に見たる所なりと雖も、心理的倫理的の研究に於て人生を理解せんとする場合に於ては全然無用の形容詞に非ずや、国家其物が人類意思の発現なるの理は『新人』の秀才が既に弁じたる所の如し、世界魂は是れ人類共通意思の到達せずんば已まざるべき目的なり、是れ国家魂の中に潜伏し居るに非ずして各個人の魂中に最初より包蔵せらる所のもの、吾人は海老名君が強て「日本魂は国家魂なり」てふ独断的前提を設くるの理を解すること能はざる也、

不幸にして海老名君は日本を説くに「人」を単位とせずして「国家」を単位とせり、爰に於てか「国家」をして「世界」に発展せしめんと欲せば是非共戦争征伐の途《みち》に依《よ》らざるべからざるの結論に到達す、然り、是れ海老名君の熱心なる戦争論ある所以也、然れ共吾人は進で問はざるべからず、

(一) 国家の内容を如何にすべきや

国家的外観の膨脹に対する海老名君の希望は略《ほ》ぼ之を察し得べきが如し、然れ共世界的日本たらしむるに就て、今日の日本の有形無形の内容にて事足るや否や、

(二) 基督教の神と、日本の主権者との関係に就ての説明如何

由来日本国民の主権者に対する、宛然《えんぜん》一種宗教的崇拝の情あり、一神教たる基督教が従来嫌忌せられしもの、其

真因こゝに在り、而して基督教徒も亦た可成《なるべく》避けて一に国民の憤怒を買ふなからんことに努めたるもの、如し、然れ共既に基督教を提げて「神子帝国」を建設せんと欲するに当りては、先づ主権者に対する国民の宗教的崇信心に無事平穏の首肯を与へざるべからず、

（三）露国皇帝の希望との相違点如何

吾人の見る所を以てすれば、露国皇室積年の欲望も亦た海老名君等の希望と格別相異せざるが如し如何にや、海老名君は余が師事する所の長者なり、『新人』の諸秀才は余が尊信する親友なり、只だ不幸にして思想の立地に於て一致せざるものあるが如し、一論ある所以なり、

〔『直言』一九〇五年二月一二日〕

初出及び再録一覧

〔標題の下の数字は本巻収録ページ〕

本邦立憲政治の現状　3

『新人』一九〇五年一月・二月、二回連載。

のち『近代日本思想大系17 吉野作造集』(松尾尊兊編、筑摩書房、一九七六年)に収録。

ヘーゲルの法律哲学の基礎　19

『ヘーゲルの法律哲学の基礎』(法理論叢 第一二編)、一九〇五年一月一八日刊、法理研究会出版・有斐閣書房発売。

本文のうち「第一章　ヘーゲルの哲学の基礎観念」の「(二)宇宙本体観」までの部分は、一九〇四年九月『法学協会雑誌』二二巻九号に「ヘーゲルの法律哲学の基礎(三月、法理学演習報告)」として掲載されている。これには次のような前書きが付されていた。

法理学演習に於て、数多き課題の中、予が学者の所説一定せず従て大に自家の特色を発揮するの余地あるべき問題を択ばずして、単に先哲の思想の紹介に過ぎざる「ヘーゲルの法律哲学の基礎」を択びたりし時、予は私かに斯かる問題の寧ろ我が不材に適当なるべきを信じたりき。然るに一旦研究の歩を進むるに及び難解不明の点予想外に多く、今にして始めて此の容易なるべき業の猶予にとりては堪え難きを悟れり。蓋しヘーゲルの用語は頗る六つかしく、専門の哲学書生すら猶之を了解するに苦む所なりと聞く、加之彼の哲学は整然たる一大系統をなし前後相重畳聯絡して終始相貫通す。故に彼の法律学説は固より唯一篇の Rechtsphilosophie に於て之を窺ふことを得べからず。完全なる紹介は Logik より Geistesphilosophie の末尾たる Geschichte der Philosophie に至る彼の全集を読破したる後に於て始めて之を能くすべきのみ。予の見る所を以てすれば、少くとも Logik の前文と Geistesphilosophie 中の一篇 Lehre von subjektive Geist…… 殊に其第三章 Psychologie…… とを一読するに非んば以て彼の「法律哲学」を解すべからざるに似たり。斯れ豈に予が乏しき力と時との能く堪うる所ならんや。次に掲ぐる覚束なき一篇の紹介は Kuno Fischer の Geschichte der neuereu Philosophie, Morris の Philosophy of State and History 其他 Rosenkranz, Caird, Stirling 等の助をかり、主としてはヘーゲルの Grundlinien der Rechtsphilosophie 及び Encyclopädie der philosophischen Wissenschaften に基き、再思三考辛うじて作り得たる所にかゝる。敢て微力を尽さゞるに非ずと雖も、猶所々誤を伝へて或はヘーゲルを累するあらんことを深く恥ぢ且つ恐るる者なり。

もと演習の課題は「ヘーゲルの法律哲学の基礎及び評論」といふなりき。然れども予の研究は僅に「ヘーゲルの法律哲学の基礎」の理解に止まり、評論批判を加へ得るまでに進まざりしを以て、故らに「ヘーゲルの法律哲学の基礎」とのみ題したり。本誌前々号に掲げられたる上杉助教授の論文「国家学史上に於けるヘーゲルの地位」は此欠を補うて大に予輩の参考たるべきなり。猶上杉助教授は予に対して批評せよと求められたれども、前述の如く予の研究の範囲は氏の研究の範囲と相亙らざるが故に、予は氏の卓抜なる高説に対して有力なる批評を呈し得ざることを自白す。若し夫れ一二高教を乞はんと欲する点の如きは、本論文中適当なる場所に於て之を開陳する所あらん。別に稿を改めて氏に答へざるは事甚だ礼を欠くが如しと雖も亦已むことを得ざるなり。乞ふ之を諒せられんことを。

国家魂とは何ぞや　78

『新人』一九〇五年二月「社説」欄

木下尚江君に答ふ　81

『新人』一九〇五年三月「社説」欄

平民社の国家観　90

『新人』一九〇五年四月（署名「翔天生」）

「国家威力」と「主権」との観念に就て　92

『国家学会雑誌』一九〇五年四月

社会主義と基督教　97

『新人』一九〇五年九月「社説」欄

のち『吉野作造集』（前掲）に収録。

精神界の大正維新　105

『中央公論』一九一六年一月「社論」欄

のち『吉野作造博士民主主義論集 第四巻 世界平和主義論』（新紀元社、一九四七年）に収録。

国家中心主義個人中心主義 二思潮の対立・衝突・調和　116

『中央公論』一九一六年九月

のち『吉野作造博士民主主義論集 第一巻 民本主義論』（新紀元社、一九四七年）、『資料大正デモクラシー論争史 上巻』（太田雅夫編、新泉社、一九七一年）に収録。

デモクラシーと基督教　159

『新人』一九一九年三月

のち『吉野作造集』（前掲）に収録。

戦争の基督教に及ぼせる影響　166
——米国教会同盟の質問に答ふ——
『新人』一九一九年七月

国家と教会　177
『新人』一九一九年九月

国家生活の一新　187
『中央公論』一九二〇年一月
のち『吉野作造博士民主主義論集　第四巻　世界平和主義論』(前掲)に収録。
なお、本篇の文中に部落差別にかかわる不当な比喩を用いた箇所があるが、本選集の文献的性格から原文のまま収録した。

政治学の革新　237
『中央公論』一九二〇年一月(小特集「各方面に於ける世界改造の新理想」)
のち『吉野作造博士民主主義論集　第二巻　民主主義政治講話』(新紀元社、一九四七年)に収録。

クロポトキンの思想の研究　242
『東京朝日新聞』一九二〇年一月一六日—一九日、四回にわたり連載。「一」「二」(一六日)、「三」(一七日)、「四」「五」(一八日)、「六」「七」(一九日)。

アナーキズムに対する新解釈　257
『中央公論』一九二〇年二月

国家的精神とは何ぞや　262
『中央公論』一九二〇年三月

現代通有の誤れる国家観を正す　266
『中央公論』一九二一年一月

現代政治思潮　300
『岩波講座　世界思潮』一九二八—一九二九年刊(岩波書店)の五冊に分載収録。「第一」(同講座第四冊、一九二八年七月五日刊)、「第二」(第七冊、九月二二日刊)、「第三(一—三)」(第九冊、一二月二五日刊)、「第三(四—七)」「第四」(第一〇冊、一九二九年二月八日刊)、「第五」「第六」(第一二冊、四月三〇日刊)。このあと同講座合本版の第五冊(一九二九年一〇月五日刊)に一括収録。
なお、川原次吉郎・蠟山政道によれば、本篇の原型は一九一九年九月—一九二〇年六月の東大法学部における「政治学」講義であったと推定される(川原次吉郎「政治学者及び政治史家としての吉野博士」『故吉野博士を語る』一九三四年所収、蠟山政道『日本における近代政治学の発達』一九四九年)。
のち『吉野作造博士民主主義論集　第二巻　民主主義政治講話』(前掲)に収録。

〔参考篇〕

日本魂の新意義を想ふ（**海老名弾正**）　370

『新人』一九〇五年一月「社説」欄

のち海老名弾正『人間の価値』（広文堂書店、一九一一年）に「日本魂の新意義」の題で収録。

『新人』の国家宗教（**木下尚江**）　374

『直言』一九〇五年二月一二日

なお、『直言』の復刻版が一九六〇年に出ている（『明治社会主義史料第一集 直言』労働運動史研究会編、明治文献資料刊行会発行）。

〈解説〉吉野作造の政治学と国家観

清水靖久

この巻には、吉野作造の政治学と国家観がよく表現された論説を収めた。その論説が発表された時期は、吉野の著述活動のほぼ全期間にわたるが、およそ四つに分けられる。日露戦争中の一九〇五年、第一次世界大戦中の一九一六年、世界大戦後の一九一九―二一年、普通選挙実施後の一九二八、九年である。その間吉野は、終始デモクラシーを説きつづけた。多数の人々の利益と意向を尊重することは、吉野の政治学の一貫した主張だった。ただ、その前提となる国家観はいつも同じではなかった。

一九〇五年の吉野は、国家の生存発達のために人民の利益の保護を求めた。人民の利益を主張するのに、国家のためにと論じなければならなかったわけである。そこには、個人は国家なしに生存できないし、あらゆる社会は国家に含まれるという認識があり、国民を統一している国家の権力は重要だし、日本の民族は他の民族よりも優先されなければならないという信念があった。それほど強いナショナリズムを当時の吉野は抱いていた。

その後吉野は、徐々にナショナリズムを弱めていった。一九一六年に民本主義を説いたときには、吉野自身は個人中心主義を鼓吹したつもりだったが、まだ国家中心主義に遠慮していた。しかし一九二〇年前後には、個人の人格的自由を主張し、国家以外の多様な社会に注目するようになる。また、国家の権力の価値を重んじなくなるし、日本民族と他の民族との対等な関係を要求している。そのようなリベラリズムの思想は、一九二八、九年にも保たれている。

吉野の政治学におけるデモクラシーの思想は、その国家観によって強く規定されていた。吉野は、一九〇五年にすでに主民主義を主張しているが、その強いナショナリズムのゆえに、普通選挙も政党内閣も肯定できなかった。一九一六年に民本主義を説いたときには両者を明確に要求したが、その政党内閣は二大政党制にもとづくものだった。一九二〇年前後には、個人の人格的自由を根拠としてデモクラシーの徹底を主張した。そして一九二九年に民主主義を論じたときには、二大政党制よりも多党制的な政党の自由競争と民衆の自由判断の理論のなかに、そのリベラリズムの思想を表現した。そのように吉野のデモクラシーの思想は、ナショナリズムとの結びつきを弱めるにつれて、リベラル・デモクラシーの傾向を強めていった。

吉野のナショナリズムは、少年期に学校教育のなかで教え込まれたものだった。日清戦争に至る国際的緊張のもとで、唱歌などを通して排外的敵愾心を鼓吹されたことは、吉野も繰返し回想している(「国家中心主義個人中心主義 二思潮の対立・衝突・調和」、「国家生活の一新」)。そのような回想が生じたのは、吉野自身がナショナリズムに対して批判的な距離をとるようになったからだろう。吉野は、そのように明治ナショナリズムを次第に克服することによって、大正デモクラシーの代表的な思想家となった。しかしもちろん、少年期に身につけたナショナリズムを完全に脱することはなかった。

この解説では、そのような吉野の国家観に注目しながら、その政治思想の展開を跡づけていきたい。一九二〇年前後に吉野の国家観が決定的に転回したこと、そこに社会の発見があったことは、飯田泰三「吉野作造――〝ナショナルデモクラット〟と社会の発見」(小松茂夫他編『日本の国家思想』下、一九八〇年八月、青木書店)によって解明されている。この解説では、その研究を再吟味しながら、国家と個人、国家と社会、政党と民衆、日本民族と他民族との関係についての吉野の思想とその変化をできるだけ整理して論じたい。

一　有機体としての国家——一九〇五年

日露戦争中の一九〇五年、大学院生の吉野は、本郷教会の師、海老名弾正の「日本魂の新意義を想ふ」(一月、本巻「参考篇」所収)を弁護する論説を発表し、木下尚江ら平民社の非戦論者と論争した。吉野は、「平民社の国家観」(四月、本巻所収)のなかで論争を締めくくって、「平民社諸彦の根本の大誤謬は「国家」と「国家的制度」とを混同するに在り」と批判している。「今は真正の国家観を説いて大に愛国心を鼓吹すべき時に非ずや」と考える吉野は、主権者や政府のような「国家的制度」は攻撃されてもよいが、「国家」そのものは守らなければならないと感じていた。ところが平民社の人々は、「人は目的にして国家は手段なり」という「極めて旧式の議論」にもとづいて、「国家」そのものを攻撃しているように見えた。平民社の人々は「頭が百年も後れ」ていると吉野が批評しているのは、ヘーゲル以前の機械的国家観をそこに見出したからだろう。

当時の吉野は、国家と個人との関係について、ヘーゲルの有機体的国家観から多くを学んでいた。吉野は、最初の著書『ヘーゲルの法律哲学の基礎』(一九〇五年一月、本巻所収)のなかで、古代の「国家万能」主義に対する近代の「個人主義」の意義を認めながらも、「個人の生活なるものは元と社会国家を離れて存在せず」という見地から、個人の絶対的自由を前提とする「個人本位的国家観」に疑問を示している。それゆえヘーゲルが国家を「固有の目的を有する一種の有機体」として考察し、国家を手段とみなす「個人主義的機械観」を排斥したことを高く評価している。有機体としての国家において各個人が法に服従することは、各個人の個別的精神が客観的精神に同化することであり、「自己(普遍的自我)に帰するの自由」だと吉野は解説している。吉野にとってヘーゲルの思想は、「現在の国家そのもの、の考察」としてはともかく、「望ましき国家の理想」としては傾聴に値するものだった。

さて、吉野は、彼自身の国家観を述べた「国家魂とは何ぞや」（一九〇五年二月、本巻所収）、「木下尚江君に答ふ」（三月、本巻所収）のなかでも、個人は国家なしに存在できないことを強調している。たとえば「個人の物質上幷びに精神上の生活は決して社会国家を離れて存在するものに非ず」と述べている。しかも、「国家といふも社会といふも全然別個の観念にあらず」、「社会と国家とは別物に非るのみならず、吾人は国家（即ち社会）を離れて一日も生存すること能はざるものなり」と論じているように、国家はあらゆる社会を含むと考えており、社会を国家から区別することはなかった。そして「吾人の所謂「国家」とは一国民族の団体の謂」だと記しているように、吉野にとって国家は、部分的な国家的制度ではなく、全体としての民族の団体を意味していた。

吉野は、おそらくヘーゲルの客観的精神論を念頭に置いて、国家の意思を「国家魂」または「国家精神」と呼んでいる。そして個人と国家魂との関係について、「国家精神の個人に於ける完全なる顕現、換言すれば個人的意思の国家魂に迄の活潑なる向上は国家最上の理想にして、個人の意思と国家の精神との乖離は実に国家の生存に取りて一大不祥事たり」と論じており、「国家の生存」の見地から「非国家魂的」な個人が同化を強いられるか、排斥打破されるのは当然だと考えていた。しかもそこでは、「国家の権力とは国家魂が各人の行為を強制する外部的勢力として発現せる場合を指して之を云ふもの也」とされたように、国家の権力は国家魂の発現として意味づけられ、それゆえ剝き出しの強制として意識されるよりも、精神的な作用として理解されがちだった。そのように各個人が精神的に同化した有機的な全体が国家であり、その有機体としての国家を守らなければならないというナショナリズムを吉野は強く抱いていた。

もっとも吉野の国家魂論の重点は、そのように国家魂が各個人を統制する面よりも、各個人が国家魂を作る面にあった。「国家魂とは何ぞや」によれば、国家魂は「各個人共通の意思」に根帯があり、各個人は「受働的に国家精神の統御に服する」だけでなく「自働的に国家魂を作る」から、国家魂は少数の「君主貴族」の意思ではなくて「多数人民」の意思だという。吉野は、「木下尚江君に答ふ」のなかでは、個人が覚醒した後の「近代」という歴史意識を鮮明に示して、「近代の国家は少数中心主義なるよりは寧ろ多数中心主義也、換言すれば共通意思を基礎とする国家なり」と指摘している。そして国家魂または国家精神は、「各個人を支配する一大意力」という面では「国家威力」とも呼ばれ、「多数人民の意思の合成力」として理解されている。

吉野は、「「国家威力」と「主権」との観念に就て」(一九〇五年四月、本巻所収)のなかで、この国家威力の観念を明確にしている。法律学上の観念である「主権」は、君主または国会または両者にあるのに対して、国家学政治学社会学上の観念である「国家威力」は、近代国家においては「国家全般」にあり、国家威力の発生維持に参与する「各個人」「多数者」「多数人民」にある。主権者は、法律上はともかく政治上は、国家威力によって支配され掣肘され指導されるものであり、その意味で「国家威力を顕表する最高の機関」でしかない。「国家威力の既に国家の分子全般に帰せし今日に於ては、主権者は須らく国家威力の指示する所に準拠するを以て政治の大方針と為すべき也」。そのように吉野は、多数人民の意思としての国家威力の観念によって、絶対化されがちな主権を制限しようとしていた。

そのような吉野の国家威力論は、明らかにデモクラシーの思想に立脚していた。吉野は、「民主々義(Demokratie)なる名称の下に包括せらるべき一種の主張は実に「主権」に対する「国家威力」の要請の声たりし也」と論じ、「民主々義」の根帯に「一大真理」が横たわることを認めている。もっとも吉野は、「人民主権論、個人本位主義」にもとづく極端な主張としての「民主々義」が排斥されたのは当然だとして、「政権運用の方面」において「国家威力の敬重を主権者に強制するの制度」をめざす「立憲政体論」の立場をとっている。吉野が「木下尚江君に答ふ」(前掲)のなかで「民主々義」を退けて「主民主義」を主張したことも含めて、そこには、のちの民本主義論の原型が見出される。

しかし実際の吉野の立憲政治論は、必ずしもデモクラシーの徹底を要求するものではなかった。吉野は、「本邦立憲政治の現状」(一九〇五年一、二月、本巻所収)のなかで、政治の究極目的を「人民の利益」にではなく「国家の生存発達」に求めている。そのうえで「国家と人民とは元と利害を異にするものに非ず」という論拠から、「人民の利益」と「人民の勢力」とを重んじる「立憲制度」を導き出し、その原動力としての「主民主義」を説いている。しかし当時の日本の立憲政治については、人民の政治的能力への疑問から「普通選挙論」を否定し、選挙権の制限を承認している。また議会の政府監督の点でも、議会の多数政党が政府を組織する「政党内閣制」ではなく、議会が政府を更迭できるだけの「責任内閣制」をめざしている。というのも、当時は二大政党制が未成立だっただけでなく、政党による「多数専制」を憂慮していたからだった。

そのように吉野がデモクラシーの思想を徹底できなかったのは、一つにはナショナリズムが強すぎたからだろう。人民の利益と勢力を重んじる吉野の主民主義は、国家の生存発達という究極目的から導き出されており、それに従属していた。それゆえ吉野は、国家の発達を進める限りで人民の利益と勢力を主張できたが、国家の全体的結合を壊しかねないまでに主張することはできなかった。その意味で当時の吉野は、まさにナショナル・デモクラシーの思想家だった。

さて、木下尚江が「『新人』の国家宗教」(二月、本巻「参考篇」所収)のなかで批判したのは、そのような吉野のナショナリズムの強さだった。その木下の批判と吉野の応答(「木下尚江君に答ふ」)からは、当時の吉野の思想の特徴が浮彫りになる。まず、木下にとって吉野の国家魂論は、「吾人が宿論たる民主々義の依つて建つ所」であり、「国家の理想」としては同意できるものだった。しかし、第一に木下は、権力者や学者が天皇に対する「国民の旧信仰」を煽動して少数政治を掩護している言論状況を問題にして、吉野がその現実に触れていないことを批判している。それに対して吉野が「全く了解に苦しむ」と答えているのは、君主の権威が高められるとき人民の自由が脅かされることを警戒する反権威主義的なリベラリズムが弱かったからでもあった。

第二に木下は、文明の結果として「貧富両民族」の分裂が進んでいる社会の現実を問題にして、吉野がそれに目を向けていないことを批判している。それに対して吉野が「貧者と富者と一方に相争ふと同時に他方には日本人としての独特なる共通意識なしと云ふ乎」と反問しているように、吉野の国家魂論は、結局のところ、同じ日本人同士ではないかという民族意識があれば成り立つものだった。吉野は、「社会主義と基督教」(一九〇五年九月、本巻所収)を発表しているように、社会主義者とは違う方角から社会問題に注目してはいた。しかしほぼ同一民族からなる日本の国家を有機的な全体とみなし、そのなかにあらゆる社会を含めていたので、貧富両階級の社会的対立にはそれほど関心を払わなかった。

第三に木下は、「万国対峙して競争軋轢す」という国際関係を問題にして、キリスト教の究極の理想は「人類同胞」にあるのに、吉野らが「国家」という「中途の段階」にとらわれていることを批判した。それに対して吉野は、その普遍主義的な理想には同意しながらも、「社会的大意思が一民族を同化することなくして直ちに四海同胞に発現することを得るか」と切返している。吉野から見れば、木下の人類同胞主義は、究極の理想を直ちに実現しようとする一足飛びの理想主義であり、民族国家の現実を軽視するものだった。それゆえ吉野は、「社会的意思の終局の発展を見るが為には先づ以て国家的発展を通過すべきこと」を強調し、「真に国家を重んずることによって一歩一歩「四海同胞の大義」へ近づいていく着実な理想主義の立場を明らかにしている。そのばあい海老名弾正のように「戦争征伐」を肯定することはなかったが、霊化された日本の国家魂が「東洋を霊化せしむる」ことに使命感を覚えており、あくまでも日本の民族国家を中心に置いていた。

二　国家中心主義と個人中心主義――一九一六年

一九〇六年から三年間の中国天津での生活、一九一〇年から三年余りの欧米留学を経験した吉野は、第一次世界大戦中の一九一六年一月に「憲政の本義を説いて其有終の美を済すの途を論ず」(本選集第二巻所収)を発表して注目を集めた。そのなかで吉野は、人民主権的な「民主々義」は日本では危険視されてもしかたないとして排斥し、デモクラシーとしての「民本主義」を説いた。その民本主義は、第一に「政治の目的」をもはや「国家の生存発達」にではなく「一般民衆の利福」に置くものであり、第二に「政策の決定」において「一般民衆の意嚮」を尊重するものだった。吉野は、人民と議員との関係について、代議士は「一部分の階級のみの代表」ではなく「国民の代表者」だという理由から、普通選挙制を主張するに至った。また議会と政府との関係について、「責任内閣の主義」を貫くものとして政党内閣制を主張するようになり、それも「小党分立」ではなく「二大政党対立」型の政党内閣制が適当だと論じた。

吉野が民本主義を説いた理由は、同時に発表した「精神界の大正維新」(一九一六年一月、本巻所収)に示されている。そのなかで吉野は、「政界根本の刷新」のためにも「精神界の刷新運動」を期待しており、「国家として偉大にして国民として縮小せる我国の現状」を革新する必要を説いている。日本人が国民として縮小し、とくに個人として縮小したのは、「多年独逸流の国家主義を実施したる結果」だというのが吉野の認識だった。そこには、英仏両国の個人主義とドイツの国家主義とを比較したとき、「英仏の状態が必ず大に独逸に優るものある」という新しい確信があった。吉野は、明治日本が学校教育を通して創り出した国家主義の精神に対しては距離をとっており、その改革のためにも民本主義を主張していた。

しかし吉野は、彼自身のナショナリズムを否定したり、もっぱら個人主義を主張したりするようになったわけではなかった。「国家中心主義個人中心主義 二思潮の対立・衝突・調和」(一九一六年九月、本巻所収)のなかでは、二つの主義の「対立・衝突」を避けて、「調和」を図っている。吉野は、依然として国家を「有機的団体」として理解しており、有機体の「全体を重んずる思想」としての国家中心主義と「分子を重んずる思想」としての個人中心主義とを両立させようとしていた。「予は決して国家本位の政論政策に反対なのではない。只我国今日に流行する国家中心主義には一大陰翳の附き纏ふものあるを認め、個人中心主義の高調に依りて国家中心主義を正路に導かんことを冀ふ」と断っているように、吉野が反対したのは極端な国家中心主義に対してだった。

吉野が高調した個人中心主義は、かなり曖昧なものだった。吉野は、「偏狭なる国家中心主義の跋扈する時弊に憤慨して、聊か個人中心主義の一端を鼓吹せんと欲し」、「憲政の本義」論説を著したと述懐しているが、同論説では個人の個の字も説いていない。たしかに吉野は、この「国家中心主義個人中心主義」のなかでは、「民本主義」を十九世紀初頭の「個人中心的の自由論」に由来するものとして論じている。しかしそこでは、社会政策も社会主義も、宗教的自由や民族的自由や婦人の自由の主張も、さらには絶対的平等主義や無政府主義も、要するに国家中心主義以外のすべての思想が個人中心主義の開展とみなされている。しかも「国家的拘束の価値を否認する思想」としての無政府主義やサンディカリズムは、極端な個人中心主義による弊害として否定されている。

それは結局、吉野自身のナショナリズムのゆえに、国家中心主義への遠慮があったからだろう。

吉野がナショナリズムを保っているのは、「国際競争の激烈」を無視できないからでもあった。とくに当時の欧州戦争で一時ドイツが優勢だったことは、「正義も国際法も武力の前には全然無能力である」、「イザと云ふ時に物を言ふのは即ち「力」の外にはない」という力の現実を突きつけるものであり、その現実を前にしては、吉野も理想主義的に道徳や正義を語ることはできなかった。それゆえ日本が併合した異民族の朝鮮人についても、その「自由開発の要求」を認めることに主眼を置きながらも、「我々は日本帝国の立場から、朝鮮によつて統一的結束の累せらるゝことを欲せざる」ことを断っている。

さて、そのような吉野のナショナリズムは、第一次大戦中は維持された。一九一八年一月の「民本主義の意義を説いて再び憲政有終の美を済すの途を論ず」(本選集第二巻所収)では、第一の「政治の目的」に関する民本主義は、個人の自由という意味での「人民の自由を主張する主義」であることが明確にされたが、「国家の名に於て人民の自由を拘束するの主義」としての国家主義と並ぶ「相対的の原則」に引き降ろされた。そして第二の「政権運用の方法」に関する民本主義、つまり「人民の参政権を主張する意味」の民本主義だけが「絶対的の原則」だとされた。

そのように吉野が個人自由主義にもとづく民本主義を相対化した背景には、民本主義を「民主々義」から区別しようとする現実的考慮、絶対的真理は不可知だとする「科学的政治学」の見地のほかに、「十九世紀半ば過ぎから、国家主義の勃興が、従来の個人的自由の観念に思想上の一大痛棒を加へた」という思想史理解にもとづく吉野自身のナショナリズムがあった。吉野は、「国家の中に組織せられたる人民は、個人の器械的集合ではない。組織せられたる全体を離れて又個人の生存も考へられない」と依然論じているように、国家は有機的な「全体」

として各個人を組織していると考えていた。それゆえ「無制限に個人の自由を立つるの非なるは云ふを俟たない。なぜならば、其極遂に無政府主義に陥らざるを得ないからである」とも論じており、無政府主義を否定する見解も変えていない。

ところで吉野は、一九一八年一月のこの論説のなかで、絶対的真理は分らないという見地から、政治学における一元論を退けて、「第二次の真理――多くの場合に於ては複数の相対的原則の器械的の組み合せになる――を実行する」という複数主義、相対的思考を説いている。ところが当時はその複数主義が限定されて、二元論の形をとりがちだった。「科学的見地に立つて、政治の方針に関する真理を見る時、何うしても、個人主義とか国家主義とか、或は保存主義とか自由主義とか云ふやうな二元的対立の見地を取るのは、亦已むを得ざる処である」とされたように、国家中心主義と個人中心主義という吉野の発想自体が二元論に由来していた。また、「二大政党の対立を主張する理論上の根拠」も、「思想上の二元的対立と共に、政治勢力の二元的対立を承認し、此間の諸勢力をして相交代せしむるの仕組が一番いいといふ結論」にもとづいていた。当時の吉野が国家以外の多様な社会に無関心であり、また多党制に否定的だったのは、そのような二元論のせいでもあった。

三　社会の発見――一九二〇年前後

一九一八年のドイツ降伏による終戦、米国大統領の提唱に沿った翌年の講和会議、翌々年の国際連盟発足、アジアでは一九一九年の朝鮮の三一運動や中国の五四運動、そして日本国内でも一九一八年の米騒動に始まる社会的激動、それらの多くは吉野にとってきわめて明るい現実であり、その理想主義を強めずにはおかなかった。吉野は、「戦争の基督教に及ぼせる影響」(一九一九年七月、本巻所収)のなかで、今度の戦争は「民主主義自由主義等の勝利」であり、「四海同胞の人道主義の勝利」だと意味づけている。また「国家生活の一新」(一九二〇年一月、本巻所収)のなかでは、講和会議を支配した思想は「一片の国際法」でも「利害の調節」でもなく「雄大なる道徳意識」だったとして、「之からの世界は道義の支配する世界である」と宣言している。

吉野は、そのような国際関係の明るい見通しに対応して、国内におけるデモクラシーの徹底を遠慮なく主張できるようになった。「デモクラシーと基督教」(一九一九年三月、本巻所収)のなかでは、「デモクラシーの本質は人格主義である」と論じて、もはやヘーゲルではなくカントの哲学に言及し、キリスト教との密接な関係も説いている。また「国家生活の一新」では、デモクラシーの精神を「人格的自由の主張」に見出して、「人類の霊能を信じ、其無限の発達を信じ、人格的自由の価値を信ずるものに取つては、自由なる人格の集合としての民衆の上に最もよきものゝ開発することを疑ふ事が出来ない」という理想主義の立場を表明している。そしてその「自由なる人格の集合」としての民衆に種々の自由を保障するために、文化政策と社会政策そして普通選挙を要求している。吉野は、それを阻んでいる元老や官僚の専制主義、軍部や貴族院や枢密院の政治的特権を批判するなかで、彼らを支えている国家至上主義の信念を問題とせざるをえなかった。

さて、この時期の吉野は、国家と社会とを区別して、社会を多元的に考察するようになる。吉野は、すでに「国家と教会」(一九一九年九月、本巻所収)のなかで、社会を「機械」ではなく「活物」と見る視点を示していたが、一九二〇年になると、「政治学の革新」(一月、本巻所収)のなかで、「我々は日常の用語例に於て国家と社会とを混同し、国家の文化を進めるとか、日本帝国の精華を誇るとか云ふ。けれども此場合の国家は日本民族の社会生活を意味するのである」と指摘しているように、国家を社会と混同することを繰返し戒めるようになる。「言論の自由と国家の干渉」(三月、本選集第三巻所収)のなかでは、「国家と共同生活即ち社会との概念上の区別」を強調し、共同生活としての社会に対して、国家はその一方面に過ぎないことを明らかにしている。そして「共同生活の秩序を維持する統括原理」に関して「強制組織」「権力」だけを認める「一元説」と、「権力の組織のみならず、習慣、道徳その他色々の物」を数える「多元説」とを対立させ、前者は「間違つた国家観」だとして、後者をとっている。

そのように吉野が社会を国家から区別して、社会の多元的原理に注目したのは、たしかに「社会の発見」と呼ぶことができる画期的な変化だった。かつて吉野は、一九〇五年には国家即ち社会と考えていたし、一九一六年にも国家と個人との二元的対立の見地から国家以外の社会に関心を示さなかった。そこでは、すべての個人も、個人同士の多様な関係も、有機的全体としての国家のなかに包み込まれ、秩序づけられていた。しかしいまや個人の人格的自由に依拠する吉野は、国家よりも社会を中心とし、その社会を多元的に見ることによって、多様な活動や思想が国家の枠を出て自由に展開することを肯定できるようになった。国家の一元論や国家と個人との二元論に安住しない多元説の立場は、吉野のリベラリズムに確かな基礎を与えた。

そのように吉野が社会を発見した背景には、第一次世界大戦後の激動する社会的現実があり、非国家的な社会理論が次々に提出された新しい思想状況があった。そのなかで吉野は、一九一九年九月から東京帝国大学で小野塚喜平次の代りに政治学を講義して自己の国家観を再検討しており、一九二〇年一月から森戸辰男のクロポトキン論筆禍事件に関与して無政府主義に対する共鳴を強めていた(本選集第二巻「解説」参照)。また、吉野が「国家と教会」を著したのは「戦争の基督教に及ぼせる影響」(前掲)に対する山本亀市の批判的な感想に暗示を受けたからだというが、中島重が『多元的国家論』(一九二二年)に至る論説を発表していたことも含めて、本郷教会系の青年たちとの対話も無視できない。それから、一九一九年に朝鮮、中国でナショナリズムの運動が高まったとき、国家をもたない民族の社会運動に共感したことも、国家とは区別される社会に注目した一因だろう。

さて、吉野が発見したのはどのような社会だったかを知るためには、その「多元説」の中身を検討しなければならない。まず吉野は、遠い将来の理想としては、「相愛互助」という道徳的原理の一元説をとっていた。「現代通有の誤れる国家観を正す」(一九二一年一月、本巻所収)のなかでは、「我々の団体生活を統制する最根本の原理は、相愛互助の一元ではないか」と洩らしている。しかし直ちに続けて、「我々の団体生活が此唯一の原理によつてのみ統制さるゝやうになるのは遠い先きの理想的状態に於ての話で、人性の不完全なる現状の下に於ては、此の理想的状態に導く為めに更らに第二義的のいろ〳〵な統轄原理を必要とする」と述べているように、現実には複数の原理を相対的に用いようとしていた。それゆえさきの「権力の組織のみならず、習慣、道徳その他色々の物」という多元的原理は、どれも必要なものだった。

しかし吉野は、現在においても、権力の原理をできるだけ抑制しようとしていた。「言論の自由と国家の干渉」(前掲)のなかでは、「今日に於ては権力よりも習慣、道徳の方がより強いより確固たる統括原理とせらるゝやうになつた。他の言葉を以て言へば、人格的な道徳的な方面に統括原理を認め、権力、服従の関係は止むを得ずしてこれを適用するもの、できるなら各個人の自発的創意に任して、健全なる理想的社会を築き上げて行きたい」、「共同生活の統括原理は権力ばかりではない。命令、服従といふやうな低級の、水臭い関係を飛び越えて、今日はもつと自由な道徳的な且つ人格的な所に基礎を置きつつあり又置かねばならぬといふ事になつてをる」と述べている。そのように個人の自由な人格の道徳的な結合として社会を構想していた吉野にとって、権力の原理は「水臭い」ものだった。「アナーキズムに対する新解釈」(一九二〇年二月、本巻所収)のなかでは、「若し共同生活を統括する種々の原理に上下の別を立てる事を許すなら、権力の如きは最も低級なるものと云はなければならない」として、やはり「命令服従といふやうな水臭い関係」と記している。

それでは吉野は、「権力」「習慣」「道徳」以外の多元的原理つまり「その他色々の物」として、利益を考えていただろうか。吉野がたえず人民全体の利益を重んじながら、階級や地方の部分的利益の追求を戒めたことからしても、私的な利益はやはり「水臭い」と感じていたのではないだろうか。吉野が発見した社会は、原理の点では多元的であっても、利害の点では必ずしも多元的に分化していなかったように見える。

それに吉野は、この時期にも、個人を社会に先行させるような個人主義を認めてはいなかった。個人は国家なしには生存できないとは論じなくなったが、社会なしには生存できないと繰返し論じているし、「言論の自由と国家の干渉」のなかでは、言論の自由を強く主張しながらも、「共同生活の基礎条件を破るやうな説を立つる者があれば、それは明白に危険な説に相違ない」として、虚無主義などの取締りを是認しているからである。それゆえ吉野が発見した社会は、自由な個人が多様な私的利益を追求する市民社会型の利益社会であるよりも、相愛互助の精神によって結びつけられた道徳的な共同体だったと考えられる。そしてその道徳的な共同体は、権力的な国家とは鋭く対立するものだった。

四　国家観の転回——一九二〇年前後(つづき)

吉野の国家観は、そのような社会の発見に伴って大きく転回した。その変化はまず、明治以来の「富国強兵」の理想に対する批判として表現された。吉野は、「国家生活の一新」(前掲)のなかで、「我々は過去に於て富国強兵の理想の為めに如何に多くの文化的能力を犠牲にしたかを反省するの必要がある」、「我々の国家生活の理想は最早富国強兵一点張りであつてはならない」と断言している。そのうえで「我々のあらゆる能力の自由なる回転

〔開展〕によつて、茲に高尚なる文化を建設することが国家生活の新理想でなければならない。／新しい国家生活に於て最も大事なものは人間の能力を自由に開展さすることである」と論じて、新しい国家生活の理想として文化の建設と自由の実現を掲げている。

吉野は、国家という言葉を社会と同義の広い意味で用いることをやめて、狭い意味で用いるようになる。そこでは国家は、全体としての社会からは区別され、その一部分に限定された。「政治学で国家と云ふ時には、専ら其社会生活が強制組織に於て統制されたる方面のみを着眼しなければならない」(「政治学の革新」前掲)、「学問上社会と区別せらるゝ国家とは何かといふに、吾々の共同生活が国権と称する力の組織即ち強制組織によつて統括せられてゐる方面を言ふにすぎない」(「言論の自由と国家の干渉」前掲)、「国家とは即ち権力によつて統制さるゝ方面を抽象したる団体生活に外ならない。従つて其の外に、我々の生活の中には、権力によつて統制さるゝにあらざるいろ〳〵の方面あることは云ふを俟たない」(「現代通有の誤れる国家観を正す」前掲)とされたように、国家は、強制組織によって統制される社会として理解され、全体としての社会の観点から相対化された。

そのように吉野は、国家について、主として強制や権力の面に注目するようになった。その国家は、かつて一九〇五年に吉野が「国家」とは区別した「国家的制度」のことでしかないようにも見えるが、やはりそうではなくて、「国家」の概念が変化したと考えなければならない。吉野にとって国家は、かつてはすべての社会を包み込む有機的な全体として理解され、そこでは強制の面が意識されにくかった。しかしいまや強制組織によって統制される部分的な社会として理解され、強制の面が強く意識されるようになった。吉野は、「国家的精神とは何ぞや」(一九二〇年三月、本巻所収)のなかで、「狭い意味に解する時には、国家と云ふものに、其程高い値打を置かない」と明言しており、国家に対する社会の立場に立つことによって、明治ナショナリズムの重荷を降ろしたということができる。

さて、吉野は、そのような国家観の転回にもとづいて、政治学の革新を唱えている。「政治学の革新」(前掲)によれば、社会生活の目的は「団体生活の上に最高の文化を開展すること」であり、「強制組織」はそのための手段でしかない。ところが従来の政治学は、「強制組織としての国家其物を絶対の価値とした」、その点で「手段」を「目的」とするの重大なる誤謬に陥つた」。それゆえデモクラシーを推奨するさいにも、「国家の強制権を強むる為めに必要だから」とその効用を説いたという。それは、「国家の生存発達」のためにデモクラシーを説いたかつての吉野自身の政治学に対する反省でもあり、「デモクラシーの精神は一つの文化的現象として、も少し深い根柢を有する」ことの確認にもとづいていた。

それに対して今後の政治学は、従来のような強制組織の「推奨者」「代弁者」ではなく、その「監視人」とならなければならないという。「今後の政治学は初めて強制組織に当然の価値を認め、人類の文化的進歩向上を計る為めの一つの科学として成立することが出来るやうになつた」。そこで吉野は、大山郁夫のように「政治の社会的基礎」を明らかにする社会学へと向かうのではなく、あくまで国家を対象としながら、「倫理学との提携」を強めようとする。「人文の進歩の為めに国家は何を為すべきや、強制組織は如何に構成され、又運用されべ〔ママ〕きやを論ずるものとして政治学は或意味に於て国家の倫理学である」。「国家の為めにする事が善なのでは無い。国家をして善を行はしめねばならない」というのが「国家の倫理学」の立場だった。そのように吉野は、国家を自己目的から社会生活のための手段へ引き降ろす方向で政治学の革新を企てていた。

さて、吉野は、「現代通有の誤れる国家観を正す」(前掲)のなかで、官僚や軍人ら「指導階級」の「旧国家観」を徹底的に批判し、「新国家観」を説いている。吉野によれば、旧国家観は、「団体生活統制原理に関する理論として、権力一元説を取る立場」であり、「我々人類の団体生活は権力の統制あるによつてのみ可能である」、「団体生活は即ち国家生活である。国家を外にして社会があるのではない」とする立場だった。この「権力一元的国家観」からは、「国家万能主義」「法律万能主義」「権力万能主義」が帰結するという。吉野は、この「誤れる国家観」が横行する理由を考察しており、まず社会という文字に対する当局者の偏見を指摘したうえで、第一に封建的政治思想の残存、第二に政治法律の特殊専門視、第三に独逸思想の模倣、第四に悲観的人生観の問題を批判的に論じているが、日本の官僚支配の由来の思想史的考察として実に興味深い。

それに対して吉野の新国家観は、社会生活の理想を実現するために、そのためだけに国家の権力を用いようとするものだった。吉野によれば、新国家観は、「権力の濫用に反対し、権力一元の謬説を排斥し、権力の運用をして其適当なる分野に止り〔め〕、道義の要求と合致せしめ、以て真の鞏固なる社会生活の維持と発達とを図らんとする」という。そこでは権力は、「権力無くして完全に治まるやうな社会生活に導く為に、不完全な人性を訓練する」手段として、その限りで必要とされた。

しかも吉野の新国家観は、究極的には無政府を理想としていた。「我々の社会生活の究極の理想は無権力即ち無政府の状態である」。その理想は、福沢諭吉が文明の進歩の極度に「文明の太平」(『文明論之概略』一八七五年)を想定したのに似て、また河上肇が「国家の理想は即ち国家の自滅にある」(「自由と強制」『日本経済新誌』一九一〇年四月)と論じたのにも似て、権力のない自由な世界を無限の将来に展望するものだった。「無政府を理想すると云ふ意味は、政府や権力がない方がいゝと云ふのではない。権力だの強制だのと云ふ水臭い事をいはずとも、我々の社会生活が円満に治まるやうな世の中にしたいと云ふのが理想なのである」として、ここでも「権力」という「水臭い」原理に代って「道義心」が支配することを理想としている。

そのような吉野の思想が、一九一八年までとは違って、無政府主義の思想と共鳴していたことは明らかである。吉野は、すでに「国家と教会」(前掲)のなかで「我々の社会的理想は、一種の無政府的状態である」と語っており、「クロポトキンの思想の研究」(一九二〇年一月、本巻所収)のなかでは、クロポトキンの無政府主義について、その「即時実現論」と「人性楽観説」には反対しながら、「遠い将来の理想」としてなら賛同していた。この「現代通有の誤れる国家観を正す」のなかでも、クロポトキンの「科学的無政府主義」には同じ疑問を述べているが、その後の「人道主義的無政府主義」が「我々の国家生活をして出来る丈け道義的生活の要求と一致せしめよう」とする点に、「新国家観の見識」を見出している。そして無政府の理想は古来東洋にもあったとして、『書経』の「刑は刑なきを期す」に言及している(「国家と教会」「現代政治思潮」でも)。さらに「東洋に於けるアナーキズム」(『国家学会雑誌』一九二〇年三月)では、荘子の思想のなかに「理想社会に対する憧憬」を伴った「積極的アナーキズム」を認めている。

なお吉野の新国家観は、遠い将来の理想に照らして現在の国家生活を不完全とする点では、国家を時間的に相対化するものであり、多元的国家論が国家を空間的に相対化するのとは異なっていた。それゆえ吉野は、ギルド社会主義が「国家は我々の生活全般を蔽ふものではなくして、或一面の職分を抱持するものだから、即ち空間的意義に於て不完全だ」として、国家を教会や産業組合などと同列に置くのは、「英国特有の社会思想」を背景とする「妙な国家観」だと否定的に論じている。吉野の新国家観は、「現在の国家生活を更により高き理想的状態にまで進むべき途中のものと観る。永い進化の過程に於て、低き地位にあると云ふ」ものであり、国家を他の多元的集団の一つに過ぎないと見るほど相対化していたわけではなかった。それは、吉野にとっての社会が必ずしも多元的に分化していなかったことにもよると考えられる。

さて、吉野は、社会を国家から区別するとき、しばしば民族に言及している。たとえば「民族が歴史的に作るところの共同生活体は、之を社会といふべく直ちに国家と呼んではいけない」(「言論の自由と国家の干渉」前掲)と述べて、国家と民族との区別を強調している。それゆえ吉野における社会の発見は、主として民族の発見だったということもできる。その民族は、日本のばあい、自明のように天皇を中心とする道徳的な共同体だった。吉野にとって天皇は、法律上は主権者であっても政治上は権力者であってはならなかったが、ただ道徳的な指導者として「我々の愛慕の焦点となる」(「国家と教会」前掲)こと、「命令服従の形式的なものでなく、モット深いモット高い道徳的関係」としての「無政府的境地」(「クロポトキンの思想の研究」前掲)に立つことが理想的なあり方だった。権力的国家の観念に対する吉野の批判は、そのような道徳的共同体としての民族の観念に依拠していた面がある。吉野は、たしかに権力的な国家的ナショナリズムを否定したが、道徳的な民族的ナショナリズムまで否定したわけではなかった。

しかし吉野のナショナリズムは、対外的には、もはや自民族中心主義的な主張を帰結するのではなく、他民族のナショナリズムに対する共感をもたらしていた。とくに国家をもたない民族としての朝鮮人や中国人が異民族の強制組織による統治や干渉に抗議したとき、吉野がその民族意識を深く理解し、日本民族との対等な関係を要求できたのは、権力的な国家に対する道徳的な民族の観念に依拠していたからでもあろう。たとえば吉野は、日本帝国の権力的な朝鮮民族同化政策を批判して、「祖国の恢復を図ると云ふ事は、日本人たると朝鮮人たると支那人たるとを問はず、普遍的に是認せらる可き道徳的立場である」と主張している(「朝鮮統治策に関して丸山君に答ふ」一九二〇年四月、本選集第九巻所収)。そのような多民族主義的なリベラリズムの根底には、「四海同胞、相愛の義は人類の普遍的情緒の糸でなくてはならない」(「デモクラシーと基督教」前掲)とするキリスト教的な普遍主義の信念があった。

五　民衆の自由判断——一九二八、九年

一九二五年に普通選挙制度が成立し、無産政党が組織されていくなかで、一九二八年には最初の普通選挙が実施された。吉野は、その年から翌一九二九年にかけて「現代政治思潮」(本巻所収)を発表し、自己の政治学を整理して述べている。そこでは政治は、「我々人類の社会的生活が客観的支配の関係に依つて統制せらるる現象」、つまり「外部の力で統制して行く」支配の現象だとされている。そのような政治は、国家のなかだけでなく、家庭、学校、職業的組合などのなかにもあり、「我々の社会的生活に恒存遍在する」という。そのように政治を「広義」に理解するのは、国家の強制権が「我々の社会生活を完うする必要から起つた」ことを明らかにしたいからだという。そのように吉野は、ここでも「国家的強制権の基礎を我々民衆の生活上の必要とは全然無関係に樹立せんとする」国家至上主義的な政治観を退けて、国家を民衆の社会生活のための手段として位置づけている。

しかし吉野は、ここでは国家に対する社会の立場を強調するよりも、国家における客観的支配を合理的に説明しようとしている。それゆえ自由の問題についても、もはや人格的自由を説くのではなく、自己復帰としての自由というヘーゲル風の議論に戻っている。客観的支配には「単純なる強制」と「我々の生活を引き上げる為の強制」があり、後者は「経験的な自我から観れば強制だけれども、理想的自我の立場に立てば自己に還ることであり、即ち自由の恢復である」という。そして客観的支配の現象は人類の集団的生活の「自律的進化」の過程だとして、「国家といふと直に統制力が連想され如何にも人類に臨む外部からの支配を表徴する様に響くけれども、其実斯うした人類の生活其者の表現に外ならぬ」と述べており、国家における強制の面を必ずしも否定的に論じ

なくなった。むしろ「客観的支配をして国民の内面的要求に一致せしめん為の無意識的乃至意識的の努力奮闘」に注意を促し、「客観的支配を合理的ならしむる方法」を求めて考察を進めている。

もっとも吉野は、遠い将来の理想としては、依然として無政府を目標としていた。「人類生活の発展の極限に於ては、一切の客観的規範はもはや生活内面の必然的様式として取り込まれ、外部よりの拘束は一切無用と云ふことになる。所謂無政府の状態である」。しかし無政府主義の思想については、「無暗に現制を呪ふ感情的な破壊主義に非ずんば、自律的進化の過程を無視し理想境の飛躍的実現を空恃みする美しい夢想」でしかないと厳しい評価をするようになった。また、多元的国家論については、英国特有の「政権教権の対立を認めた思想」に帰しただけだった。

さて、この「現代政治思潮」における吉野の政治学の真価は、民衆の要望を客観的規範として具現する「新しい政治組織」の考察にある。吉野によれば、あらゆる政治組織には「規範を実質的に創る者」、「之を実地に施行する者」、「規範統制の対照〔対象〕となる者」としての「集団の全構成員たる民衆」という三要素がある。新しい政治組織においては、第一の「規範の創成」または「価値の発見」の任務が、もはや特殊の階級に独占されるのではなく、しかし民衆自身に委ねられるのでもなく、「民衆の裡に産れたる天才」によって担われる。我こそは最高の価値を発見したと称する者は複数いるので、「大衆の自由判断に託した上で、少しでも多数の味方を得たものを仮りに最高の価値とする」。そこで「仮りに」と称するのは、「一時の判断には誤りのあり得ることを予想する」からである。そして敗者も捲土重来その判断を「修訂」できるようにすれば、「各種の提説に正々堂々相競ふの機会が恵まるる」ことになり、「窮極に於て真の最高のものを勝たしむる」ことができるという。そのように吉野は、複数の政治家の自由競争と多数の民衆の自由判断を新しい政治組織の中心に置いた。

そのような吉野の政治組織論の根柢には、人間は無限に発達するという信念に立って、民衆の自由な判断を信頼して一歩一歩進んでいこうとする姿勢があった。吉野は、政治組織が最高の価値を実現するための主義として、一、絶対的真理に関する不可知論と相対的思考、二、政治における暫定的決定の必要、三、実験的精神と改訂の用意、四、悪いものが放棄される保障を挙げている。それは、福沢諭吉が文明の進歩について「千百の試験を経て其際に多少の進歩を為す可きもの」(『文明論之概略』)と考えたのにも似て、人間の判断が誤りやすいことを前提したうえで、最初から唯一絶対の真理を決めてかかるのではなく、複数の政策に関して民衆の自由判断を求め、数多くの実験を経て多少とも最高の価値に近づこうとする政治の方法であり、思考の方法だった。その方法にもとづく新しい政治組織のあり方こそ、「近代民主主義の政治様式」にほかならなかった。

吉野は、多数の民衆の自由判断としての多数決によって民主政治を基礎づけている。「民主政治は民心の帰嚮に依つて政権の留まる所を決めるので、謂はば各種の抱負経綸をして民心の地盤の上に相競はしめ、一人でも賛成の多いものを勝たしむるの仕組みである。斯くして始めて最も正しいものの最後の勝利を得ると云ふことが保障される」。そこでは多数決は、単なる決定のための便宜的手段ではなくて、「修訂の機会を豊富にし、少しでも良い考が順次に頭角を顕はす」ための合理的方法であり、しかも政治家の言論の競争による平和的な「政権争奪」を可能とし、民衆に対する「教育的効果」も伴うという。また代議制度は、多数決とともに近代の政治組織の二大支柱とされており、「選ぶ者と選ばるる者との関係が道徳的信頼の外の何者に依つても結ばれて居らぬこと」が理想とされ、民衆が政治家を監督すること、そのために民衆が政党から距離をとること、そして民衆の自由判断を保障することが説かれている。吉野は、そのような民衆の自由判断にもとづいて、複数の政党の自由競争とたえざる政権交代を確立しようとしていた。

その政権交代可能な複数政党制は、おそらく二大政党制よりも多党制的なものとして構想されていた。そこには、自由主義的政党観の立場から階級主義的政党観や単一無産政党論を批判してきた数年来の吉野の経験が活かされており、さらにいえば一九二〇年以来の多元説の立場、リベラリズムの思想が貫かれていた。しかもそこには、民衆の自由な判断力に対する強い信頼があり、一九〇五年当時と比べれば格段にデモクラシーの思想が徹底されている。そのように普通選挙のもとでの議会政治において、複数政党の自由競争と民衆の自由判断による政権交代、それを通じて民衆の要望を一歩一歩実現していく政治の方法を確立することのなかに、吉野のリベラル・デモクラシーの思想は表現された。

さて、最後に残るのは、一九三〇年代の国際的危機における吉野のナショナリズムの問題である。一九三一年の満州事変にさいして、吉野は、言論の自由の厳しい制約のもとで、明らかに日本の過度の「帝国主義的進出」を批判しているが、日本の官憲がそれを「自衛権の発動」と弁明するのを退けながらも、その代りに「日本民族生存の必要」という論拠を示している(「民族と階級と戦争」一九三二年一月、本選集第九巻所収、および「リットン報告書を読んで」一九三二年一一月、第六巻所収、でも)。それは、一九〇五年の「国家の生存発達」という論拠を形を変えて再現したもののように見える。ナショナリズムを克服する方向で歩んできた吉野も、遠い将来の理想に向かって一歩一歩進んでいくような解決を語ることができない危機においては、それを蘇らせざるをえなかったということだろうか。

■岩波オンデマンドブックス■

吉野作造選集 1　政治と国家

1995年12月8日　第1刷発行
2016年6月10日　オンデマンド版発行

著　者　吉野作造《よしのさくぞう》

発行者　岡本　厚

発行所　株式会社　岩波書店
〒101-8002　東京都千代田区一ツ橋2-5-5
電話案内　03-5210-4000
http://www.iwanami.co.jp/

印刷／製本・法令印刷

ISBN 978-4-00-730419-4　　Printed in Japan